태권도와
세계무술

태권도와 세계무술

1판 1쇄 발행 2005년 5월 31일
2판 1쇄 발행 2014년 9월 5일
3판 1쇄 발행 2023년 3월 31일
4판 1쇄 발행 2023년 8월 31일

저자 이규석

편집 문서아 **표지** 이새희 **마케팅·지원** 김혜지

펴낸곳 (주)하움출판사 **펴낸이** 문현광

이메일 haum1000@naver.com **홈페이지** haum.kr
블로그 blog.naver.com/haum1000 **인스타그램** @haum1007

ISBN 979-11-6440-415-5(03690)

머리말

저는 태권도에 입문한지 어언 66년이 되었으며 지금도 태권도의 수련을 통하여 실기와 이론을 연구하고 있습니다. 태권도에 대한 열정은 수련을 시작한지 66년이 넘은 지금도 변함이 없으며 태권도의 발전을 위하여 저의 힘을 다 하고자 합니다.

저는 경영학을 전공한 후 한때 경영학을 강의하였으나 태권도에 대한 열정으로 다시 체육학을 전공하여 태권도 지도자의 길을 걸어왔습니다. 한국체육대학교, 용인대학교, 가천대학교에 태권도학과를 개설하였으며, 2007년 정년퇴임하기까지 2000여명의 4단 이상의 제자들을 국제적 태권도인으로 양성하였습니다.

태권도 국제화의 필요성을 절감하고 1984년이래 아시아태권도연맹 사무총장으로서 열악한 환경에서도 아시아지역의 태권도 전파와 조직화에 힘써 왔고 그리고 2013년 11월 28일 아시아태권도연맹 회장으로 당선되었으며 2017년 6월 23일 아시아태권도연맹 회장으로서 재선, 2021년 10월 10일에는 선거를 통해 3선되었습니다. 아시아태권도연맹은 세계태권도연맹 산하 지역 연맹 중 가장 앞서는 대륙연맹으로 성장하였습니다.

아울러 세계태권도연맹 부총재 및 이사, 대한태권도협회 회장 직무대행, 국기원 이사, 국기원이사장 직무대행, 국기원산하 태권도연구소장 등의 직책을 수행하면서 태권도발전에 미력을 다해 왔습니다. 또한 2018 자카르타-팔렘방 인도네시아 아시안게임에 태권도 종목 품새 경기가 채택되었는데 있어 주도적인 역할을 하였습니다.

저는 태권도의 실기와 이론을 가르치는 교수로서 [태권도와 세계무술] [A Guide to Taekwondo] [Taekwondo and World Martial Arts]의 저서와 [태권도의 역사와 철학]을 비롯한 많은 논문이 있습니다.

저의 태권도의 목표는 무도로서의 태권도 성격을 명확히 하여 태권도 수련 생은 태권도 기술로서 자기 목표에 도달할 뿐 아니라 수련 시 체득한 수련방법이 사회에도 적용되어 성공적인 인생을 만들도록 하고 태권도를 통하여 자신의 이상을 실현하는데 도움이 되도록 하는 것입니다.

이 책을 집필하는데 수고해준 가천대학교 제자 김석태 군과 친우 고봉훈의 아들인 고경진 군 그리고 특히 집필 시작부터 마지막까지 지원을 아끼지 않은 나의 가천대학교 제자이자 현 영산대학교 교수 최현민 군에게 특별한 고마움을 표합니다.

2023년 8월
저자 이 규 석

목 차

서양의 무술

복싱	7
레슬링	59
사바트	93

중남미의 무술

| 카포에이라 | 119 |

동양의 무술

무에타이	139
펜작실랏	159
아니스	179
우슈	195
공수도	217
유도	243
스모	287
씨름	303
태권도	317

복합융합 무술

| UFC | 361 |

| 주요 용어 정리 | 381 |
| 저자 약력 | 385 |

서양의 무술

복싱

서양의 무술

제1장 복싱의 역사

　1. 복싱의 기원

　2. 고대의 복싱

　3. 중세와 현대의 복싱

　4. 한국복싱의 역사

제2장 경기규정

　1. 경기장

　2. 글러브

　3. 붕대

　4. 복장

　5. 링의 용구

　6. 국제 경기대회 체급

　7. 추첨 및 부전승

　8. 라운드(Rounds)

　9. 세컨드(Second)

　10. 심판(Referee and judges)

　11. 심판의 국제심판명단 가입자 선발 및 유지

　12. 배심원(Jury)

　13. 주심(Referee)

　14. 부심(Judges)

　15. 판정

　16. 반칙

　17. 점수의 부여(Awarding of point)

　18. 다운(Down)

　19. 악수(Hand shaking)

　20. 선수의 최소연령 제한

제3장 용어해설

제1장 | 복싱의 역사

>> 1. 복싱의 기원

 복싱은 인류가 이 세상에 출현한 것과 동시에 시작되었다고 볼 수 있다. 이는 무기도 없던 시대의 강건한 신체에서의 활동능력 즉, 체력과 주먹, 발기술을 이용하여 자기 방어 수단으로 삼았으며 그것은 원시인에게 생존투쟁에 대응하기 위한 유일한 수단이었기 때문일 것이다.[1] 이 주먹을 사용한 것을 기초로 하여 발전해온 것이 현대 복싱의 효시인 것이다. 그 유래에 대해서 말하자면 권투의 기원은 호메로스시대로 거슬러 올라간다. 즉 아폴로 신이 아레스 신과의 싸움에서 승리한 데서 유래되었다고 한다. 그리스인들은 권투에 글러브를 사용하지 않았고 대신 10피트 길이의 얇은 가죽 끈을 손에 둘둘 말아서 사용하였다고 하며, 권투 경기자들은 주로 머리를 타격했다. 링도 로프도 라운드도 진행자도 없었다. 쓰러진 상대방을 공격할 수는 없었으며 발로 차거나, 껴안거나, 맞붙들기(Clinching) 등은 금지되었다. 경기는 상대가 의식을 잃거나 부상이나 피로가 쌓여 한 편이 경기를 할 수 없게 되어 승복하여야 끝날 수 있었다. 권투 선수들을 체급별로 구분하지 않았으므로 선수들은 거의 중량급에 속했고 오늘날의 공격성과는 대조적으로 느린 속도로 경기가 진행되었다. 훈련은 현대 복싱과 유사하였는데 그 당시에도 헤드기어를 착용했으며 개인 연습 시에는 샌드백과 같은 보조 기구를 사용하였다.[2] 그리고 유사 이전의 전설 중 카인이 복싱의 시조라고 하는 신화가 있다. 형이었던 카인이 달리기와 레슬링에 각별히 재주가 있었던 동생 아벨을 주먹으로 강타해서 때려눕혔다는 전설이다. 말하자면 인류가 시작되면서부터 복싱이 존재했다는 이야기도 제기할 수 있다.[3] 끊임없는 변화와 개선을 거치는 동안 사회의 인정을 받거나 혹은 냉혹한 거부를 당하면서 오늘에 이르러 이제는 세계적으로 공인된 스포츠 종목이 되었다.

 복싱은 다른 종류의 스포츠와 마찬가지로, 그 당시의 시대적 배경과 상황 및 서로 다른 사회계층간의 상호관계에 따라 목표가 설정된다. 즉 여러 계층의 이해관계 및 인간에 대한 도전 의지를 표명해줄 뿐더러 특정계급으로 하여금 인격형성의 이상과 척도를 분명히 해줌으로서 대중에게 상당한 매력을 끌었다 할 수 있다. 또한 이 경기는 어느 한편이 이기도록 되어있어서 예상이 빗나가는 결과를 초래할 수 있어 관객들로 하여금 그 결과와 방식에 대해 커다란 관심을 갖도록 한다. 옛날부터 격투기에 속한 것으로서 현대의 복싱경기가 옛날과 다른 것은 사방의 로프 안에서 일정의 규칙에 따라 행하여지는 스포츠경기라는 것이다. 또한 복싱의 선수는 양손에 일정한 중량이 들어있는 특수한 가죽

---

1) 정운길(1998). 체육학 종합대사전-복싱. 한국사전연구사, p.263.
2) 최종삼(1993). 체육사-그리스의 체육. 보경문화사, p.69.
3) 정운길(1998). 전게서. p.259.

의 장갑을 사용한다. 그리고 이 경기는 3분 3회전제로 각 회전사이에 1분간에 휴식을 넣어 각 체급별로 행하여진다. 이 경기는 생리적 휴식만으로 운동 중 소모된 생체의 기능 상태를 완전하게 회복할수가 없으며 경기는 복잡하고 절묘한 상황에 따라 신체에 영향을 받으며 각 회전이 계속됨에 따라서 피로가 증가하기 때문에 선수자신의 정신력에 의하여 전반적인 운동능력이 유지되며 최종 회전에서는 자신의 체력을 최고로 발휘시키는 특성을 가진 경기이다.

≫ 2. 고대의 복싱

1) 고대의 복싱

미국 복싱사(史)의 연구가인 존 V. 그롬백(Grombach, J. V.)은 「The Saga of sock(강타의 영웅이야기)」라는 책에서 복싱에 대해 다음과 같이 언급하고 있다.

> 「B.C. 1만년에서 8,000년경에 이미 복싱의 원형으로 볼 수 있는 것이 에티오피아에서 이집트로 건너갔으며 이어 크레타 섬을 경유하여 그리스로 옮겨가 고대 올림픽의 꽃으로서 기반을 구축했다.」

한편 B.C 4,000년경 파라오(太陽의 아들)의 병사들은 주먹과 팔목 부분에 부드러운 가죽 끈 또는 헝겊을 감아 주먹의 관절과 손을 보호함과 동시에 타격의 효과를 극대화했다고 생각되는 것이 발굴 유적지의 상형문자에서 확인되었다고도 한다.[4]

B.C. 3,000년경에는 메소포타미아에서 슈메르인들이 복싱에 대한 기록을 하였고, 그리스의 신화속에 아젠스국의 왕자 세에세아스(B.C 1,000년)가 권투를 시도하였다고 전해지고 있다. 더욱이 B.C. 1,700년경 시대의 메소포타미아 발굴 조사에서 이 스포츠가 전하여지고 있었던 것이 증명되었다. 한마디로 많은 민족이 이미 고대로부터 스포츠 활동 및 경기를 실시했음을 말해준다. 그들의 일상생활은 힘과 용기, 순발력, 민첩성, 지구력 등을 전제조건으로 하였던 것이다. 자라나는 청소년들, 특히 남자들은 여러 가지의 스포츠 형태를 통하여 자신들의 신체를 단련하였다. 또한 제례행사, 승전식, 혹은 추모제때 경기가 열렸고 다양한 형태의 경기가 곳곳에서 행해졌다. 중앙아시아의 키에프루스 (현재 우크라이나 지역의 수도)에서는 이미 복싱경기가 열렸었고, 고대 일리리아(지금의 알바니아)인 및 에루투리아(로마 북쪽의 옛 지명) 인들에게도 복싱과 유사한 경기가 행하여지고 있었다. 특히 중국의 새도우 복싱은 그 전통이 매우 오래 되었고, 인도네시아와 남태평양군도에서는 유럽인들이 이 지역에 발을

. . . .

4) 정운길(1998). 전게서. p.259.

들여놓기 훨씬 이전에 이미 복싱과 유사한 투기가 존재하고 있었다.

2) 고대 올림픽 시대

B.C. 776년 제1회 대회를 개최하고, 매 4년마다 대회를 거듭하였던 고대 올림픽은 제 239회를 마지막으로 막을 내릴 때까지 등장한 여러 가지 종목을 보면 복싱을 비롯한 총 24개 종목이 있었는데, 이 중 복싱은 제23회(B.C. 688년)대회 때에 이르러 새로이 추가된 종목이었다.[5] 그러나 복싱경기는 대회를 거듭함에 따라 인기가 대단하여 다른 종목에 비해 중요한 종목으로 성장하게 되었고, 제41회 (B.C. 616년)때에 이르러서는 소년부 복싱까지도 새로이 첨가되는 등 각광을 받는 종목으로 성장하였다.[6] 또 경기자는 승패가 결정될 때까지 휴식도 없이 싸워야 했고, 비록 쓰러진다 해도 자신이 패배를 인정하지 않는 한 쓰러진 채 상대방의 공격을 받아야만 했다. 또한 현재의 '복싱'처럼 체중별 등급 제를 채택하지 않았기 때문에 일반적으로는 보다 체격이 좋은 자가 유리했다. 보통 경기자는 자기 주먹을 다치게 하지 않기 위해서 주먹에 가죽 끈(히만테스)을 감고 싸웠지만, 펀치가 적중했을 경우에는 눈알을 다치거나 코뼈가 부러지는 일도 있었다. 시대가 경과함에 따라 주먹에 감던 가죽끈에 금속제 압정을 박아 넣어서 피해는 보다 비참해져서 죽는 사람까지 생겨나게 되었다. 대전 상대를 죽여 버렸기 때문에 자책한 나머지 미쳐 버린 크레타의 디오그네토스 아스튜파라이아의 클레오메데스의 이름이 전해지고 있다. 그러나 무엇보다도 복싱의 참혹성을 보여주는 것은 마주 버티고 서서 '서로 때리는 일' 일 것이다. 경기자는 언제나 상대방을 쓰러뜨리는 것을 생각하는 동시에, 자신이 쓰러지는 것을 두려워하고 있기 때문에 서로 견제하는 나머지 가격하는 것을 망설일 때도 있어서 시합 자체가 오래 지연되는 일이 많았다. 이런 때는 심판이 '때리기'를 명해서 승부를 재촉하기도 했다. 그것은 경기자가 서로 한번씩 상대방이 쓰러질 때까지 가격하는 것으로 도저히 경기의 이름에 부합되지 않는 것이었다. 이와 같은 경기의 형식이 본래의 의미인 '체육술'(김나스티케)을 이탈하고 있음이 명백하지만, '복싱'은 시각적인 자극을 요구하는 일반 관중의 성원에 힘입어서 인기도가 높은 경기로 존속되어왔다. 이러한 높은 인기도 때문에 '복싱'의 승자에게는 높은 영예가 주어졌지만, 반면 패자는 냉대를 받았다. 얻어맞아 부어오른 얼굴을 흉내 낸 가면, 몹시 지쳐 주저앉아 버린 경기자의 얼굴, 야유와 조소로 가득 찬 시선 등이 전해지고 있다.[7] 올림픽 경기대회가 범그리스적 성격이 짙어져 감에 따라 그리스 본토 이외의 해외 식민지로부터의 선수참가도 증가하게 되었다. '복싱'은 이러한 본토 밖의 출신자가 처음 우승하게 된 경기이며 소아시아의 스미루나 출신인 오노마스토스가 제 23회(기원전688년) 대회에서 이겼다는 기록이 있다.

5) 최종삼(1993). 전게서. p.69.
6) 西川亮(니시카와 아키라) · 後藤淳(고토쥰)(1998). 고대 올림픽을 찾아서. 행림출판, p.77～78.
7) 西川亮(니시카와 아키라) · 後藤淳(고토쥰)(1998). 전게서. p.82～p.84.

이 무렵의 복싱은 두 발을 거의 나란히 하고 꼿꼿이 선 채 상대방과 맞서 왼팔은 쭉 뻗어 주로 방어에 사용하고, 공격은 오른손을 측면에서 휘두르는 스윙(swing)과 같은 방법이나 정면에서 바로 치는 스타일, 즉 오늘날에 말하는 스트레이트(straight)와 같은 타격법이 기조(基調)가 되어 있었으며, 스트레이트 타격이나 발의 동작을 잘 구사하는 풋워크(Foot work)와 같은 발놀림이 없었다고 영국의 복싱 연구가 본 린치(Lynch, B)가 고증하고 있다.

이러한 복싱이라도 B.C. 900년경 성행하였다고 하는, 돌바닥 위에 두 사람의 그라지이터(복서나 검투사를 의미)가 머리를 나란히 정좌(正坐)시켜 놓고 서로 타격토록 강요한 잔인성에 비하면 시대와 흐름에 따라 많은 발전을 가져왔다. 그러나 시간의 제한, 경기장의 링이라든가 경기시간의 제한 따위는 물론 없었다. 따라서 몸이 크고 완력이 뛰어난 거한(巨漢)이 우승하는 것은 당연했다.[8]

3) 하드글러브(Hard Glove)시대

가죽 끈과 같은 단단한 물체를 감고 복싱을 하였기 때문에「하드글러브 시대」라 칭한다.[9] 그 당시 복싱의 목적은 건강한 신체와 용맹심을 기르는 것이었으며 원형 경기장 안의 모래 위에서 체급의 구분과 시간제한 없이 상대가 투쟁 능력을 잃을 때까지 계속되었다. 초기에는 월계관(월계수에 신이 있다고 믿어 신과 접촉할 수 있게 된다는 의미에서 월계수 잎으로 관을 만들어 수여하였음)이 상으로 수여되었으나 점차 복싱이 선수들에게 직업화됨에 따라 동물, 소 등의 상품을 주었으며 후에는 상금도 수여되어 생활이 보장되었으며 당시 복싱의 이름은 '푸지'라고 하였다. 고대 올림픽의 복싱은 그 중반까지는 주로 심신의 단련을 목적으로 하는 아마추어리즘(Amateurism)에 입각하여 실시한 것이었다. 그러나 후반기에 접어들면서부터는 노예가 선수로 참가하고 승리자에게 상금 또는 노예에서 해방될 수 있는 기회를 부여하는 등 프로화나 쇼(Show)화하는 경향으로 흘렀다.

- 디아게네스: 일설에 의하면 기원전 5세기 경 최강의 복서였던 디아게네스는 2,102명에게 KO승을 거두었고 그 중 1800명을 죽음에 이르게 했다.

■ 하드글러브 시대의 대체적 개요
(1) 목적
강건한 신체를 만들며 용맹심을 기르기 위하여 고대 그리스에서 행하여졌다.

. . . .
8) 오동섭, 하남길, 정삼현(2001). 체육세계사-호모시대의 체육. 형설출판사, p.44.
9) 오동섭, 하남길, 정삼현(2001). 전게서. p.18.

(2) 규칙(Rule)

씨름하듯 맞붙어 잡는 행위 이외에는 어떠한 제한도 없었다.

(3) 링(Ring)

경기는 고대 원형 경기장(Stadium) 안의 모래 위에서 행하였으며 현재와 같은 4각의 링은없었다.

(4) 시합시간

시합은 상대가 투쟁 능력을 잃을 때까지, 혹은 검지를 펴서 팔을 높이 들어 시합포기의 의사 표시를 할 때까지 계속하였다.

(5) 주먹

초기에는 부드러운 가죽 줄(메이리하이)을 주먹에 감아 사용했으나 점차 직업적인 경기자의 출현에 따라 딱딱한 고급 가죽으로 만든 두껍고 동그란 것을 주먹에 감아 사용하게 되었다. 로마 황제 시대는 두껍고 딱딱한 가죽 끈에다 금속성의 세스터스(custus), 또는 미어믹스(myrmix)를 사용하였으며, 그 후에는 팔목을 얇은 판으로 보호하고 주먹 속에 돌 또는 금속성의 용구를 사용하기도 하였다.[10]

(6) 체급

소년과 성인의 권투로 나누어져 행하였으나, 중량별로는 나누어져 있지 않았다.

(7) 상(Award)

초기에는 월계관이 수여되었으나 직업화함에 따라 가축 등의 상품이 수여되었고 후에는상금도 수여되어 생활도 보장되었다. 그 가운데 매수되어 부정한 시합 등을 하는 선수도 있었다.

(8) 권투선수의 외견

권투 경기자로서 신체에 어떠한 특징을 가지지 않은 사람은 별로 없었다. 코가 찌그러지고 또는 이가 부러진 자, 그리고 눈알이 터져서 생생한 흉터를 남긴 자나 귀가 찌그러진 선수 등 성한 사람을 찾아보기 힘들었다.

....

10) 경희대학교 체육과학대학편(1990). 체육실기지도의 이론과 실제. 보경문화사, p.553.

(9) 시민의 지지

올림픽에서 권투경기를 우승한 자는 자기 지역으로 귀환했을 때 시민들이 성벽을 허물어환영했을 만큼 시민의 지지는 대단했다. 또 사람들이 권투의 승리를 얼마나 높게 평가했는지 기록을 더듬어 보면 그 당시 시칠리아의 나크소스市는 이미 흔적도 없이 바다 속에 가라앉아 소멸되었으나, 그 도시의 이름은 소멸되지 않고 사람들의 기억 속에 영원히 남아있었다. 그 이유는 올림픽 권투 경기에서 4번이나 우승을 한 산도로스가 그곳에서 태어났기때문이다.

(10) 선수의 자격

선수의 자격은 첫째로 노예가 아닌 순수한 그리스 남성일 것. 둘째로 형벌이나 신벌을 받지아니한 자, 셋째로 짐나지온(gymnasium)에 10개월 이상 연수를 한 자 등을 요건으로 하였다. 그들은 제례 30일 전에 심판원의 지도를 받고 난 후 경기 출장이 허가된다.

(11) 심판

심판은 10명에서 12명의 다인수 제도로 행하였다.[11]

4) 로마시대의 복싱

고대 로마의 체육은 군사적인 성격을 띤다. 복싱은 군사교육의 일부였고 로마인들은 스포츠 경기에서 관객일 뿐이었다. 실질적인 선수는 투사와 프로 선수들로서 대부분 노예였으며, 경기는 대중의 관람욕구를 충족시켜주는 수단으로 행해졌던 것이다.

로마 시대를 맞이하자 가죽 끈의 장구(裝具)에다 금속제의 미르믹스(myrmix) 스파이크와 같은 것을 붙인 세스터스(cestus)라고 하는 잔학한 용구가 출현하여, 경기의 패배가 곧 죽음을 의미하는 잔혹한 쇼로 타락하면서 복싱의 인기는 급속하게 떨어졌다.[12] 로마 케스튜스 시대의 복싱은 동물과 인간, 인간과 인간의 대결 등이었으며 너무도 잔인한 것이었다. 그러한 경기를 행한 이유는 호민관 선거에 당선되고자 유권자의 마음을 사로잡기 위한 방편으로 자극적인 경기가 행해졌으며, 또한 도박이 행하여지기도 했다. 그래서 로마 말기 그리스도교 신부들의 요청에 의해 로마 황제 호노라스가 이 복싱을 금지하였다. 그 후 1,200년간 공식적으로 지상에서 모습을 감추게 되었다. 비록 복싱은 금지되었지만 사람들은 경기의 매력을 잊을 수 없어 중세기에도 공식적은 아니었지만 무기를 갖지 않는 맨손의 호신술로 계속하게 되었다.

· · · · · · · · ·

11)   정운길(1998). 전게서. p.263.
12)   정운길(1998). 전게서. p.259.

5) 게르만 민족의 복싱

공식적인 경기가 사라진 후에도 중세기의 그리스 및 로마를 중심으로 한 여러 도시의 사람들이 복싱 경기의 매력을 잊을 수가 없어 그 수련을 계속한 자가 많았는데, 무기를 가지지 않는 맨손(bare knuckle)으로 호신술 형태의 복싱 경기를 즐겼다. 때마침 게르만 민족이 알프스를 넘어 로마로 침입하였는데 이를 기회로 로마 시민들 사이에서 행하여지고 있던 베어너클 형식의 복싱은 게르만 민족에게 전해지게 되었다.[13]

>> 3. 중세와 현대의 복싱

1) 중세의 복싱

중세 시대에 동남아시아, 중앙아시아 및 러시아에는 다양한 형태의 복싱이 있었다. 1대1, 혹은 집단대결, 전체의 대결 양상 그리고 이탈리아 등에서의 잦은 주먹싸움이 등장하였다.

복싱은 대중 속에서 젊은이의 체력양성과 군사적인 목적의 신체단련, 혹은 민속축제, 이교도의 종교의식 수단으로 이용되었으나 통치자들에 의해 저지를 당하거나 종교계에 의해 인정을 받지 못하는 경우도 종종 있었다. 르네상스 시대에는 고대 그리스 인본주의 사상에 대한 관심과 동시에 고대 체육의 부활이 요구되었는데, 그것이 현실화되기까지는 오랜 기간이 걸려야만 했다.

2) 영국의 복싱

위와 같은 복싱의 암흑시대는 기원 480년에 시작되어 1890년까지, 약 1200년이라는 오랜 세월에 걸쳐 계속되었다. 그러던 중에 영국에서 1719년「아담과 이브」라는 복싱 교습소가 설립되었으며 초대(初代) 챔피언이라고 자칭했던 제임스 피그(Figg, J.)의 출현이 영국복싱의 시초라고 전해지고 있다. 피그는 검술과 곤봉술에 능했으며 칼과 봉, 게다가 주먹으로써 치는 새로운 무술을 개발하였다. 그리하여 1727년에는 스스로 강호(強豪) 네드 서톤(Sutton, N.)과 같이 봉과 주먹의 3판 승부로 대결, 3판 승부에 우승을 차지하여 패권을 확보하였다. 그는 스스로 패자의 자리를 지켜 나갔을 뿐만 아니라 1734년 런던에서 사망하기까지 복싱 진흥을 위해서 이바지하였으며 다수의 후계자를 양성하였다. 그 당시 복싱은 맨주먹으로 행하여졌고, 라운드의 제한 없이 KO가 있을 때까지 계속되었으며 한 라운드는 한쪽이 다운되면 극적으로 라운드가 끝났다.

그의 수제자였던 잭 브로톤(Brougton, J.)은 복싱의 역사를 이야기하면서 빼놓을 수 없는 인물이다. 그는 베어너클(bare knuckle, 맨손으로 치는 경기)의 선수로서 화려하게 활약했을 뿐만 아니라, 1743년에

· · · · · · · ·

13) 정운길(1998). 전게서. p.264.

제정한 복싱 경기규칙을 창안하여 더욱 유명해졌다. 한편 현재 사용되고 있는 글로브의 원형이라고 할 수 있는 '머플러즈' 라는 것을 고안했으며, 자칫하면 광폭해지기 쉬운 복싱에 새로운 공방(攻防)의 기술을 도입하였다. 즉 블로킹(blocking)으로 상대방의 공격을 막는다든가「풋워크」를 구사하는 등 획기적인 개혁을 하였다. 말하자면 복싱을「스포츠」적인 것으로 전환시킨 공적이 크다는 것이다. 그가 처음으로 규정한 규칙에서 보면 우선 땅바닥에서 거행되었던 경기장의 중심에 백묵(白墨)으로 1변(邊)이 5야드가 되는 방형(方形)을 그려 그 곳을 경기의 기점으로 하였다.(1야드=91.438cm) 또한 다운된 상대방을 가격하는 일이나 하복부를 가격하는 행위를 금지시켰으며, 심판 2명을 관중 속에서 선발하고, 이「엄파이어」라고 불리는 심판의 의견이 엇갈렸을 때에는 이 심판이 다시 제3자를 선정해서 승패를 결정했으며, 경기의 보수(報酬)는 승리한 선수가 2/3를 취득할 것 등 개조(個條)를 구성한 것이었다. 이 브로튼 규칙은 1838년「영국복서보호협회」라고 하는 단체가 신규로 실시한「런던 프라이즈 링 규칙」이 나타날 때까지의 약 95년 동안에 걸쳐 복싱 경기를 관리하는 지침이었다. 이 브로튼 규칙에 대신하는 새로운 규칙으로서 링이라고 불리는 것이 처음으로 등장하였다. 이것은 잔디 위에다 24feet의 정방형(正方形)의 링을 설치한 것으로 이 안에서 복싱시합을 하게 된 것이다.(1feet=30.48cm) 이와 동시에 잔디 위에서 경기를 하게 되어 미끄러지는 것을 방지하기 위하여 신발 밑바닥에 1개의 스파이크를 박도록 허용하였다. 오늘날과 같이 마룻바닥 위에서 편평한 운동화를 신고 경쾌하게 돌아가며 치고 피하는 복싱에 비교한다면, 특히 스피드 면에서 그야말로 엄청난 차이가 있었음을 상상할 수 있다. 대전자(對戰者)의 후원자와 세컨드가 두 사람의 주심을 추천, 이 주심이 다시 1명의 부심을 결정해서 경기를 하게 하였다. 이 규정에서 주목할 만한 것은 그 때까지만 해도 그대로 허용되었던 '차고, 받고, 물고' 하는 난폭하고 위험한 동작을 금지한 점에 있다. 그러나 그 규칙에는 아직도 거친 면이 그대로 몇 가지 남아 있었다. 즉, 어떤 선수든 맞아서 쓰러지지 않고 고의로 넘어졌을 때는「실격패」가 선고되었으며 그밖에 어느 편 선수든 전력(戰力)을 상실하여 쓰러지기 전까지는 라운드를 끝내 주지 않는 난폭한 점이 그대로 남아있었다. 다시 말하면 결국에는 한 선수가「녹초」가 되어 완전히 바닥 위에 넘겨져야만 그 경기를 끝낸 것으로 취급하는 잔혹한 것이었다. 결국 이런 식의 경기는 문명의 발전과 더불어 비판과 비난을 받지 않을 수 없게 되었다. 그래서 이대로 베어너클 경기를 방치하면 다시 로마시대와 같이 멸망하고 만다는 극론이 대두되었을 때 구세주가 출현하였다.

복싱의 애호가인 동시에 강력한 후원자이기도 했던 퀸즈베리 후작을 비롯하여 론스테일경 같은 이들을 들 수 있다. 이 두 사람의 유력한 후원자는 존 그라함 챔버스에게 퓨질리즘의 난폭한 점을 제거하기 위한 새로운 규칙의 기안을 명령하였다. 이렇게 해서 만들어진 새로운 규칙이 이른바「퀸즈베리 규약」이라는 이름의 규칙이었다. 이것은 1865년에 공표되었다. 이 새로운 규칙은 장으로 나누어져 복싱을 하다가 씨름을 한다든가 상대방을 껴안고 매달리고 하는 일을 금지시켰으며 한편 라운드 제도가 비로소 확립되었던 것이다. 즉 현재와 똑같이 3분 시합 후에 1분 쉬도록 정해졌으며 동시에 경기에는 반드시 규정된 글러브를 착용하도록 규정하고 있다. 당시로 봐서는 그야말로 혁명적인 개혁이 아닐 수 없다. 당시 이 규칙은 우선 아마추어에게 적용되었으며 그 후 점진적으로 프로들도 역시 이 규칙을 따르게 되었다. 1890년 무렵 페니칸 클럽이라고 하는 단체가 다시 이 규칙을 개정하였으며, 이것을 이어받은 내셔널 스포츠 클럽이 이것을 재차에 걸쳐 개혁하여 오늘날 세계에서 행하여지고 있는 복싱 규칙의 근간으로서 자리매김하게 된다.[14] 영국이 현대 복싱의 창시자라고 하는 것은 자타가 공인하고 있는데 이는 17세기 이전에 영국 각지에서 조직적으로 복싱경기가 진행되었기 때문이다. 그 후 복싱경기 규칙을 초안했는데 그 규칙은 1838년에 작성된 런던 「프라이즈 룰」의 근간이 되었다. 1846년은 고대 복싱과 현대 복싱과의 분수령이라고 할 수 있다.

그 해에 아마추어 경기연맹이(A.A.C) 존·체임버 그리고 퀸스베리와 마아퀴스의 협력 하에 설립되었다. 퀸스베리 규칙이라고 알려진 세부규칙이 1866년에 초안 1890년에 재검토 되었다. 링에서의 경기와 행동에 대해 보다 엄격한 통제가 가해졌다. 그럼에도 불구하고 여전히 마라톤처럼 긴 시합이 벌어졌는데 한 경기에서 110라운드가 계속되었으며 7시간 10분이라는 장시간 경기가 계속되었으나 시합결과는 무승부였다. 1867년 이래 아마추어 챔피언 대회는 라이트급, 미들급, 헤비급의 세 체급에 걸쳐 행해졌다. 이는 퀸스베리 규칙에 의거한 것이었다. 1880년에 아마추어 복싱 협회가 창설되면서 16개항의 규칙을 의결했는데 이중 가장 중요한 것은 심판관들이 점수를 기록하라는 것이었다. 그리고 ABA는 복서들이 어떤 경기에 참가하든지 의료검사를 받아야 한다는 결정을 내렸다.[15]

(1) 잭 브로튼의 규칙

체중에 관계없이 베어너클(bare knuckle)로 싸워서 상대가 일어날 수 없을 때까지 경기하던 당시의 복싱은 1743년 잭 브로튼(5대 챔피언)이 제정한 7개항의 권투 규칙에 따르게 되었다. 이 규칙에는 링을 규정하는 것과 쓰러진 상대를 가격한다든가 눈을 찌르거나 입으로 물어뜯는 행위, 무릎으로 상대방을 가격하는 행위 등을 금지하고 있는데 당시의 규칙과 비교해 볼 때 차원 높은 규칙이었다. 그는 선수들의 부상을 방지하기 위해 현재 우리가 사용하고 있는 패디드 글러브를 창안하였는데 이는 오늘날에 이르러 높이 평가받고 있다.

(2) 퀸즈베리의 규칙

1865년 퀸즈베리와 J. S. 룸바는 아마추어 스포츠로서의 복싱을 주장하는 한편, 새로운 복싱클럽을 만들어 새로운 「룰」을 발표하였다. 경기할 때 흔히 볼 수 있었던 비스포츠적 행동이 새로운 「룰」로

14) 정운길(1998). 전게서. p.260.
15) 경희대학교 체육과학대학편(1990). 전게서.

점차 시정되어 오늘날과 같은 참다운 스포츠로서의 복싱이 그 궤도에 오르게 되었는데, 이것은 퀸즈베리 룰(Rule) 때문이며, 오늘날 복싱 경기 규칙의 기초가 되었다.

■ **퀸즈베리 룰의 내용은 12가지로 볼 수 있다.**

① 링은 24제곱 피트, 또는 이것에 가까운 크기로 한다.(1제곱 피트=0.0281평)

② 상대자를 잡거나, 껴안거나, 물거나, 머리로 받는 행위 등을 일체 금지한다.

③ 1라운드는 3분간이고, 휴식은 1분간으로 한다.

④ 지치거나 그 이외의 이유로 한 번 쓰러졌을 경우, 타인의 도움 없이 10초 이내에 일어서지 않으면 안 된다. 이 때, 상대방은 자기 코너로 돌아간다. 10초 이내에 시합을 계속하지 않을 경우에는 상대방을 승자로 한다.

⑤ 로프에 기대거나 또는 넘어졌을 경우, 다운으로 인정한다.

⑥ 세컨드 또는 측근자라도 라운드 중에는 링에 들어가지 못 한다.

⑦ 불가항력의 부상 또는 이에 준하는 장애로 인해 도저히 경기를 계속할 수 없을 때에는 경기를 재개할 수 있는 장소와 시간을 가급적 신속하게 알려주어야 한다.

⑧ 글러브는 질이 좋은 것이어야 하며, 새롭고 규격에 맞는 것을 사용해야 한다.

⑨ 글러브가 파손되었을 경우, 반드시 레퍼리(referee)의 승인 하에 바꾸어 끼어야 한다.

⑩ 한쪽 또는 두 무릎을 바닥에 꿇었을 경우를 다운으로 간주하는데, 만약 이 때에 가격하면 가격을 당한 자를 승리자로 판정한다.

⑪ 금속물이 붙은 신발의 사용을 금지한다.

⑫ 위에 해당되지 않는 규칙은 런던 '프라이스링 룰'에 따른다.[16]

3) 미국의 복싱

영국에서 최초로 스포츠로서 권투가 행해진 후 아메리카 대륙의 영국 군대에 의해 점진적으로 신대륙에도 보급하게 되었다. 이리하여 아메리카의 권투는 영국과 패권을 겨루게 될 만큼 발전하였으며, 1860년 미국의 챔피언 하이난은 영국으로 건너가 그 나라의 챔피언 세이야스와 세계챔피언을 걸고 42라운드나 싸웠으나 결국은 무승부로 끝났다. 거기에 세이야스는 그 시합에 응하지 않고 챔피언 벨트를 그에게 넘겨주고 은퇴하였다. 근대 권투의 기초가 된 영국 권투계도 시합에 현상금과 보수가 따르기 시작하자, 직업적인 선수가 나타나 스포츠로서의 권투는 마침내 고대 올림픽과 같은 길을 걷게 되었다. 그리하여 권투는 국민의 인기를 상실함과 동시에 영국 권투 발전에 지장을 초래하기 시

. . . .

16) 정운길(1998). 전게서. p.264.

작하였다. 이와 때를 같이하여 미국의 권투계는 꾸준히 발전을 거듭해왔다. 미국에서는 제1차 세계대전시에 군대의 신체 단련에 권투가 채택되어 신체의 조정력, 순발력, 민첩성, 결단력 등의 훈련을 목적으로 널리 보급 권장되었을 뿐만 아니라, 대학의 정식 운동 종목으로도 채택되었다.

1880년 하버드 대학에서 정식 운동 종목으로 권투가 채택되었으며, 그 후 1940년경에는 학생층에 보급되어 약 100여개 대학에서 권투가 행하여지게 되었다.

권투의 과감한 요소가 남성적인 기질의 미국인과 잘 조화되어 점차적으로 융성해져서 드디어 아메리칸 스타일이라 불리는 하나의 독립된 형태를 구축하게 되었다.

(1) 1915년 이전의 복싱

미국은 현재 세계프로복싱의 통할권은 WBA(World Boxing Association, 세계복싱협회)에게 있으나 언제 누구에 의해 보급된 것인지는 기록에 나와 있지 않다. 그러나 믿을만한 소식에 의하면 미국 남부지방의 상류 인사들의 자제들이 영국 유학에서 돌아올 때 그곳에서 배운 복싱을 노예인 흑인들에게 가르치며 경기하도록 권장하였던 것이다. 영국의 복싱을 일시 쇠퇴시킨 것과 같이 미국 최초의 복싱을 타락시킨 것은 맨주먹 권투를 함으로써 참혹한 싸움을 하는 광경을 군중들에게 보여주는 데 있었다. 미연방 각 주는 이를 법률로서 금지시킴으로써 1915년 이전에는 합법적인 복싱경기를 하지 못했다. 최초의 맨주먹 시합은 1887년 7월 미시시피 러치퍼크에서 거행된 존 엘 설리반(John L. Sullivan)과 잭 킬라인(Jack Kilain)과의 대전인데, 이 시합의 승자인 설리반은 그 후 다시는 맨주먹 시합을 하지 않겠다고 성명을 발표한 후 글로브만을 사용한 경기가 개선 발전시킬 수 있는 것이라고 했다. 사실상 1915년 이전까지 합법적인 복싱은 존재하지 않았다. 현재 복싱은 뉴욕, 캘리포니아, 루이지아나, 플로리다, 네바다 다섯 주에서만 합법화했다.

뉴욕에서는 호튼 법칙이 1900년부터 1915년까지 계속 적용되었고, 현재 복싱은 비합법적으로 인정되었으나 클럽 대항시합의 명칭 하에 거행되었던 것이다. 서해안 지방(태평양)에서는 20회전이 거행되었고 캘리포니아에서는 1815년 4회전 시합이 거행되었는데, 그 당시로 보아 아마추어 시합이긴 했지만 세계 챔피언들이 이 시합에 참가하였다고 전해지고 있다.

(2) 1915년 이후의 복싱

1915년 미국 뉴욕에서는 워커(Walker)규약이 제정 공포됨으로써 활발히 경기가 거행되었고, 중동부지방에서는 위스콘신주(州)를 위시로 각 주에 많은 발전을 가져오게 되었다. 복싱이 최고로 발전을 보게 된 것은 앞서 말한바와 같이 제1차 세계대전이었고, 허약과 공포에 떠는 청년들에게 강인한 신체를 단련시키고 적과 맞서 과감히 백병전을 벌일 수 있도록 하기 위하여 체육과목에 넣어 훈련시켰다. 그 결과 다음과 같은 성과를 보았다.

- 첫째, 적진을 돌파하는데 용감한 투지력을 발휘할 수 있다.
- 둘째, 적의 급습에 대한 올바른 신체 균형을 유지할 수 있다.
- 셋째, 신속한 반격 태세와 상황판단을 해 나갈 수 있다.
- 넷째, 백절불굴의 감투정신과 인내력을 기를 수 있다.

이상과 같은 효과를 얻을 수 있다는 주장이 대두되어, 육군에서 뿐만 아니라, 해군, 공군, 해병대에서도 이를 널리 보급, 권장시켜 나갔다.

(3) 현재의 세계 복싱과 발전

퀸즈베리의 규칙은 아마추어 복싱의 엄격한 요구사항에 의해 미흡하고, 특히 선수와 심판에 관한 부분을 소홀히 다루었기 때문에 런던의 몇몇 복싱클럽은 1830년에 아마추어 복싱협회(Amateur Boxing Association, ABA)를 만들었다. 이 단체는 그 협회의 규정 및 조직과 더불어 다른 국가의 아마추어 복싱 단체의 모범이 되었고, 후에 아마추어 복싱세계연맹의 창시자로서의 역할을 하였다. 그리고 퀸즈베리의 규칙은 1923년까지 통용되었으며, 그 이후에는 National Sporting Club의 규칙으로 대체되었는데 이것은 현대 복싱 형성의 촉진제가 되었다. 런던의 National Sporting Club은 현대 복싱의 보호육성에 공헌한 단체이자 우수한 복서들의 메카로서 영국 전역에 많은 복싱클럽을 형성하게 하였다. 또한 복싱경기에는 자연히 관중들이 몰려들었고, 경기장도 증가하였다. 영국의 프로복싱은 물론 현대복싱의 발상지로서, 원칙론적인 한계를 긋는 복싱에 새로운 견해가 19세기 중엽에 대두되었다. 즉 돈을 위한 복싱이 아닌, 인간 신체운동의 조화와 기술과 체력의 발현으로부터 오는 즐거움을 찾는 스포츠로 이해하고자 하는 것이 그것이었다. 이렇게 해서 아마추어 복싱이 탄생하게 되었다. 아울러 많은 복싱클럽을 규합하고 통합된 규칙을 제정하기 위한 독자적인 단체의 구성을 필요로 하게 되었다.

ABA의 규정은 오늘날까지 아마추어 복싱의 골격을 형성하게 되었는데, 특히 심판의 의무와 경기 결과의 평가방법에 관련된 부분이 많다. 또한 점수를 획득할 수 있는 정확한 타격과 공격 및 방어의 판정방법에 관한 규칙도 만들었다. ABA의 최초 챔피언전은 1881년 런던에서 4체급(페더, 라이트, 미들, 헤비급)으로 나뉘어 실시됐다. 1884년에는 밴텀급이 추가되었고, 이후 계속해서 개선되었다.

복싱은 점차 다른 나라에도 보급되었다. 18세기말, 아메리카에서는 프로복싱이 활성화되기 시작되기 결국에는 복싱의 발상지인 영국을 능가하기에 이르렀다. 미국에는 19세기 후반에 아마추어 복싱이 생겨났으며, 20세기 초엔 프랑스 아마추어 연맹이 구성되었고, 영국에서는 그들의 식민지에 복싱을 전파시켰다. 북유럽국가의 복싱은 신속하면서도 성공적으로 발달하였다. 올림픽 개최는 복싱 종목에 계속적인 발전을 가져온 계기가 되었다. 1904년 최초로 올림픽 경기에 채택되었고, 1913년에 중단되었다가 1920년의 올림픽 이후 정식종목이 되었다. 그해 파리에서는 국제 아마추어 복싱협의회(FIBA)가 구성되었다. FIBA는 5개 연맹이 창설하였으나 2차 대전 초기에는 나치에 의해 통제받기도 하였다. 1924년부터는 아마추어복싱 유럽대회가 거행되었다. 그 후 1946년에는 국제 아마추어 복싱협회(International Amateur Boxing Association: AIBA)가 결성되어 공통된 규칙에 의해 세계적인 경기가 이루어지게 되었다.

아마추어 경기는 1924년에 설립된 국제 아마추어 복싱연맹에 의해서 통제되고 있다. 프로에서는 한때 NBA(National Boxing Association)에 의해서 통제되었으나 1962년에 이것이 해체되어 WBA(World Boxing Association)가 미국 각 주(州)의 커미션 혹은 각 국의 커미션을 단위로 해서 설립되었다. 그 후 이듬해인 1963년에는 세계를 라틴아메리카, 극동, 영(英)연방, 유럽, 북미 등 5개 지역으로 나누어 소위 블록(block)을 단위로 한 WBC(World Boxing Council)가 설립되었다. WBC는 본래 WBA가 미국에 치우쳤다는 비판에 대하여 WBA의 자문기관으로 설립된 것인데 최근에는 IBF(International Boxing Federation)가 창설되었고 그 양상이 달라져 버리고 말았다. WBC는 필리핀에서 시작되었으나 오래 소속된 국가 순서대로 바뀌면서 각 지역으로 돌아가면서 행하여지고 있다. WBA는 미국에 본거지를 두고 있다.

복싱의 원칙적인 방식과 훈련체계는 다음과 같은 목표 하에 끊임없이 완성되고 있다. 즉, 복싱 훈련의 목적을 보다 나은 인격의 조화로운 발전에 두고 스포츠 성취능력을 촉진시켜, 정신과 기술 및 체력의 통일과 균형이라는 복싱의 장점을 최대한 효과적으로 발휘하는 것이다.[17]

- NBA: 미국권투협회
- WBA: 세계권투연맹
- WBC: 세계권투평의회
- IBF: 국제권투연맹

4) 일본의 복싱

페리(Perry, M.) 제독이 이끄는 검은 배(黑船)의 승무원들에 의해 「엑스비죤매치」라고 하여 행하여졌는데 이것이 일본인이 최초로 참가한 복싱이다.

(1) 메이지(明治) 20년대의 복싱

그 후 1892년 경 하마다라는 쾌걸이 나타나 일본 최초의 권투가라는 애칭을 갖고 있었다. 그 후 29년 사이도 도리노수게가 요코하마에 겡도쉬츠시낭의 간판을 걸고 복싱도장을 개설하게 되었으며, 33년 사구라이가 정방목재서양권투술(政防目在西洋拳鬪術)이란 최초의 복싱서를 출판했으나, 일반에게는 보급하지 못했다. 그 후 메이지 40년경 유도와 복싱의 대항시합이 거행되었다.

········

17)　정운길(1998). 전게서. p.261.

(2) 대정말기(大正末期)의 복싱

1921년 미국에서 복서로서 활약하던 와타나베가 귀국하고 다음해 도쿄 메구로에 권투구락부를 창설하고 이때부터 본격적으로 복싱을 보급하게 되었다.

(3) 대정말기 복싱연맹 결성

그 후 대정말기까지 일본 아마추어복싱연맹과 일본학생 아마추어복싱연맹이 동시에 결성되어 1927년에는 명치 신궁대회(국민체육대회의 전신)에 등장해서 1928년 제9회 암스테르담 올림픽대회에 최초로 출전하였다. 제2차 세계대전 중에는 다른 스포츠와 마찬가지로 복싱도 고난의 길을 걸었으나, 전후 스포츠의 부흥과 1946년 제1회 국민체육대회에 그 모습을 나타내어 모든 스포츠 가운데 중심 종목의 하나로 되었다. 1950년 AIBA에 가입했고, 52년에는 제15회 헬싱키올림픽에 참가했고, 60년 제17회 로마올림픽대회에서도 플라이급 다나베 선수가 최초로 동메달을 획득했고, 64년 제18회 도쿄 올림픽대회에는 밴텀급의 사구라이가 금메달을 획득했고, 68년 제19회 멕시코 올림픽대회에서는 밴텀급의 모리오까선수가 동메달을 획득했다.

일본 아마추어 복싱계는 대단히 활발한 움직임을 보이고 있으며 매년 대학선수권대회 및 4개 지역 대항전을 개최함으로써 일본 학생 아마추어복싱연맹이 복싱활동의 중추적 역할을 하고 있다.

5) 타이완(대만: 중화민국)의 복싱

대만 아마추어복싱연맹은 1932년 상해에서 창설되었다. 제2차 세계대전 중에는 복싱연맹의 활동이 중단되었다가 1955년 대만의 타이페이에서 다시 조직되었다.

대만 복싱연맹은 AIBA에 가입했으며, FAAB의 창설회원국이기도 하다. 복싱연맹은 전국에 각 기구가 산재해 있으며, 250명이 넘는 회원과 21명의 이사가 있다. 또 대만 복싱연맹은 자체 상임이사회와, 국가심판위원회와 기술위원회로 구성된다. 대만 ABA는 가장 능동적인 아시아의 연맹이며, 16, 17, 18회 올림픽경기에 참가했다. 또 복싱선수들은 제2회·제3회 아시아 경기 대회와 대만이 창설회원국인 아시아 아마추어복싱연맹이 주최하는 복싱경기에 참가했다.

대만은 아시아 아마추어복싱연맹의 모든 활동에 적극 참여하고 있다. 이외에도 복싱선수들은 많은 나라를 찾아다니며 경기를 했을 뿐만 아니라, 많은 국제 친선경기를 주관하여 왔다. 복싱연맹은 해마다 국가 선수권대회를 열어오고 있으며, 경기 발전과 향상을 위하여 지방에서 개최되는 복싱경기를 지원해 주고 있다.

6) 미얀마의 복싱

미얀마의 양곤은 세계대전 이전, 특히 30년 동안 수에즈 운하 동쪽의 복싱의 중심지였다. 전에는 미국인 Al. Rivers와 Gunboat, 그리고 필리핀의 Young Frisco와 Little Nene, 이집트의 Mohammad Fahmi, 싱가포르에서 활약하다 온 흑인 Diammond, 태국의 Nai Smarn과 Nai Boonmah등이 주먹 싸움을 했다. 이들은 양곤에서 충분한 링 재능을 발견했다. 미얀마의 아마추어 복싱은 직업적으로 변모하여 팬들은 자주 재미나는 시합을 구경했다. 그래서 팬들이 두고두고 이야기할 수 있는 격렬한 장면이나 멋있는 순간들이 많았다. 미얀마는 그 시대에 유명한 선수들을 배출했는데, Queen, Goudie형제, Koko Gyi, 커드실버 등이 있다.

미얀마의 학교와 대학들은 새로운 선수를 계속해서 길러내는 실제적인 복싱의 온상이었으며, 일류급 아마추어 선수들을 육성시켰다. 오늘날의 수많은 복싱계의 지도자들은 그 당시의 졸업생들이다. 미얀마에 전쟁이 나자 일반 스포츠와 함께 복싱 역시 피해가 막심했다. 1948년에 새로운 아마추어 복싱기구인 미얀마복싱연맹이 스포츠를 중흥시키기 위해 앞서 말한 복싱선수들을 포함한 스포츠인들에 의하여 발족되었다. 1948년까지 눈부신 발전을 거듭하여 런던올림픽경기에 두 명의 복싱 선수를 출전시킬 수 있게 되었다.

7) 태국의 복싱

아마추어복싱과 태국 스타일의 복싱은 그 종류가 다르다. 태국 스타일의 복싱은 프로로서 인기가 대단한데, 글러브를 착용한 상태에서 발로 차고 팔꿈치로 치며 무릎치기 등 허용되는 호신술로 태국의 국기이다.

한편 아마추어 복싱은 국제규칙을 지키며 상을 주지 않고, 다만 명예를 추구하는 것이다. 국제 복싱 경기 형태에서 유래된 아마추어 복싱은 1919년 문교부 장관에 의하여 방콕과 톤버티의 중등학교 소년들 간에 처음으로 조직되었다.

그 당시에는 다음과 같은 6체급이 있었다. 즉, 특급(136파운드 이상), A급(126~135파운드), B급(118~125파운드), C급(112~117파운드), D급(105~111파운드), 그리고 E급(95~104파운드) 등이다.(1파운드 =0.45359kg)

최초의 국내 학생아마추어복싱 규칙과 법규가 만들어지고 1927년에 효력을 발생했다. 1934년 체육교육회가 설립되었고, 국내 복싱경기를 지도하는 책임을 맡았다. 1937년에 체육회는 복싱선수들을 8개 체급으로 나누었고(135·126·118·112·105·100·95·90파운드) 10년 후에 협회는 135 파운드를 제외한 각 체급에 이름을 붙였다. 126파운드는 웰터, 118파운드는 라이트, 112파운드는 페더, 105파운드는 밴텀, 100파운드는 플라이, 95파운드는 페이퍼, 90파운드는 핀급이라고 했다. 그리고 각 체급을 측정하는 데는 파운드 보다는 오히려 킬로그램을 사용했다.

1953년에 초대 ABAT의 회장인 파천니미 부터가 지휘하는 몇몇 간부들이 아마추어복싱협회(ABA)를 잘 연구한 결과 태국 ABA를 창설함으로서 그 협회를 재인식하게 되었다. 태국 ABA는 25명의 위원들로 구성되어 있고 위원의 임기는 4년이었다. 협회 창설의 결과 해가 거듭할수록 눈부신 발전을 거듭하였다.

》 4. 한국 복싱의 역사

우리나라에 복싱이 소개, 발전되기까지는 약 100년의 역사를 가진다. 그 기간은 국운을 비롯한 정치, 경제, 사회, 교육, 문화 등 각 방면에서 급격한 변화를 맞았던 격동기였다.

우리나라에 복싱이 처음으로 소개된 것은 1912년 10월 7일, 당시 단성사 주인이었던 박승필이 유각 권투클럽을 조직한 것으로부터 유래한다. 그 후, 1916년 미국인 선교사 질레트가 새로운 복싱용구를 소개하였고, 1922년부터 YMCA(Young Men's Christian Association)가 연중행사로 시작한 실내 운동회 때 복싱 경기를 소개하였다.

1924년 9월 YMCA는 복싱부를 정식으로 창설하여 링을 설치하였고, 많은 수련생을 지도하였다. 특히, 1925년 1월에 시행한 제9회 YMCA 실내 운동회 때에는 규clr과 설비를 갖추어 정식 종목으로 채택하였다.[18] 우리나라 아마추어 복싱연맹이 발족한 것은 1932년 1월 20일의 전(全)조선 아마추어 권투연맹의 결성이다. 1945년 해방을 맞이하기까지 전조선 아마추어 복싱 연맹은 아마추어 복싱의 보급과 발전을 위한 원동력이 되었다.

8·15 해방이 되자, 대한 아마추어 복싱 연맹으로 개칭하여 대한 체육회의 가맹단체가 되었고, 런던 올림픽을 위시한 역대 올림픽대회 및 각종 국제 경기 대회에서 상위에 입상을 하여 국위 선양을 하였다.

우리나라의 복싱이 어떠한 과정으로 성장해 왔으며 그 결과 우리 국민에게 어떠한 영향을 미쳤는지에 관해 4단계, 즉 태동기(1912~1935), 개척기(1936~1944), 발전기(1945~1960), 도약기(1961~1981)로 나눌 수 있다.

1) 태동기

(1) 복싱의 도입

우리나라에서 서구 스포츠가 도입, 실시되기 시작한 것은 1885년과 1886년에 각각 설립된 배재학당과 경신학교에서이며, 그 전수자는 일부 서양 선교사들이다. 복싱도 물론 이때에 도입되었지만 1912년 10월 7일 박승필이 유각권투구락부를 조직하여 회원들 간에 실시하게 된 것이 시초이다. 이 구락부가 있던 단성사에서는 체육 보급을 목적으로 복싱, 유도, 씨름 등 세 종목의 경기가 개최되었다.

1916년에는 당시 황성 중앙기독청년회 총무로 있던 질레트(Gillet)가 복싱 글러브를 갖고 와서 회원

....

18) 정운길(1998). 전게서. p.260.

들을 지도하였다. 질레트는 우리나라에 야구와 농구를 전한 사람이기도 하다. 특히 그 당시에 농구와 야구선수였던 이혜택과 이혜봉 형제가 복서로서도 크게 활약하여 우리나라의 복싱 보급에 선구적 역할을 하였다.

(2) 한국 복싱의 개척자

한국 복싱의 선구자라 할 수 있는 이혜택은 수년 동안 복싱 보급에 열을 올리는 한편, 1922년 12월 24일에 미국인 수바를 맞아 YMCA실내경기장에서 시합을 가졌던 바, 주심 버네트에 의하여 RSC(Referee Stop Contest)승을 거두기도 하였다. 이 경기는 한국에서 개최되고, 한국인이 출전한 한국 복싱 경기의 시초이다. 태동기의 한국 복싱을 지도, 보급함에 앞장섰던 인물로는 박승필, 이혜택 형제 외에도 김영구, 성의경, 황을수 등이 있다. 김영구는 1924년 YMCA에 국내 최초의 합리적인 시설을 갖춘 복싱체육관을 개관하여 한국인의 체질에 맞는 복싱을 지도하였다. 그러나 한국 최초의 복싱코치를 굳이 지명한다면 그는 이규홍이다.

1928년에는 YMCA주최 제1회 전조선복싱대회가 동아일보사 후원으로 개최도어 4체급(플라이, 페더, 웰터, 미들급)의 승자를 탄생시켰다. 이 대회는 한국 최초의 복싱선수권 대회로서 제14회(1941년)까지 계속되었다.

일본에서 복싱을 익히고 귀국한 성의경은 1929년 9월 17일에 식도원에서 조선권투회를 창설하고 훌륭한 복서들을 배출해 내는데 힘썼다. 창설 3년 만에 그는 5명의 제자 선수를 이끌고 일본에 원정, 우승하였다. 같은 해인 1932년, 라이트급의 황을수 선수가 제10회 로스앤젤레스 올림픽에 출전해 한국 최초의 올림픽 출전 복서가 탄생되었다.

1933년 4월에는 경성일보사 주최로 일본 Jenseu 대학팀의 내한 경기가 있었는데 조선권투구락부팀이 승리하였고, 6월에는 Waseda 대학팀이 내한, 2차에 걸친 경기에서 모두 국내팀이 승리하였다. 그 여세를 몰아 같은 해 10월 우리나라팀이 일본에 원정하여 도쿄, 나고야 등지를 돌며, 4차례에 걸친 경기에서 모두 승리하였다. 이와 같이 대(對)일본 경기에서 필승을 가져올 수 있었던 것은 복서 각자가 가졌던 민족자존의 암울했던 시대에 활력을 주는 애국심의 발로에서였다고 할 수 있다. 스포츠를 통한 이러한 애국정신의 발로를, 우리는 1934년 1월 20일 서울 천향각에서 조직된 조선 아마추어 권투연맹의 발족 취지문에서 발견하게 된다. 그 내용은 다음과 같다.

『수문연무(修文鍊武)는 민족흥륭(民族興隆) 상론(常論)이다. 조선이 금일에 가장 부족한 것은 무의 훈련이다. 근일에 일반적으로 승무의 기풍이 진작되는 것은 중흥의 조짐으로 기쁜 일이다. 복싱처럼 정신을 집중하고 긴장하고 최후의 일순간까지 싸우고야 마는 운동은 없다. 복싱링에서 Boxer Spirit을 전 국민이 모두 가진다면 그 민족은 문화의 각 방면에서 놀라운 위력을 발휘할 것이다.』[19]

(3) 한국 복싱의 푸른 싹

민족투혼의 결의를 강조한 복싱인들의 활동은 날로 활발해져서 1935년 6월에는 황을수가 사재(당시의 거금 1만원)를 들여 수표동에 동양 권투회관을 건립, 복싱보급에 박차를 가하였다. 당시 코치로 활약한 노병렬(1914~1972)등 많은 복싱선배들의 피눈물 나는 노력은 후대 한국 복싱의 훌륭한 밑거름이 되고 있다.

프로복싱계 세계 랭킹 6위(플라이급)에 오른 서정권 선수는 일본인 이름으로 개명하여 출전했던 인물로 작은 호랑이(Little Tiger)라는 별명을 가졌었다.

그는 WBA세계 밴텀급 챔피언인 미국인 영 토미와 미국에서 3회에 걸쳐 대전했던 한국인으로서 미국 본토에 상륙한 첫 복서가 되었다. 다만 그가 식민 통치라는 불운한 시대상황에 따른 제한된 활약을 펼쳐 그 기량을 충분히 발휘하지는 못했지만 뛰어난 선수였다.

2) 개척기

이 시기는 일제의 식민지 탄압이 더욱 고조되었던 때다. 1937년, 소위 만주사변의 발발과 함께 일제는 한국내의 스포츠 활동을 탄압하기 위하여 1928년 5월에 조선체육회를 강제로 해산시켰다.

그러나 그 와중에도 라이트급의 이규환 선수는 일본 선수를 KO로 물리치고 제11회 베를린 올림픽대회(1936)에 출전하였다. 물론 일본을 대표한 선수로 출전한 것이지만, 당시 한국인으로서 올림픽 출전 선수가 되려면 일본인의 대전에서 KO승이 아닌 판정으로서는 불가능했다. 그 때문에 KO결정이 있을 때까지 연장전 제도도 임시변통으로 통용되었던 것이다.

일제의 탄압이 날로 극심해가던 이 시기에는 국내 복싱 경기도 1년에 1회 정도의 행사밖에 치를 수 없었다. 즉 표면적인 피압박민족의 강한 저항의식을 발로하기가 어렵게 됨에 따라 1년에 한두 번의 복싱경기라도 개최하고 내실, 즉 스포츠적 성격의 기능을 신장시켜 나갔다. 1945년 광복 직전까지의 복싱행사를 살펴보면 다음과 같다.

- 1937년 9월 29일, 조선일보사 강당에서 전조선권투선수권대회가 개최되어 플라이급, 밴 텀급, 페더급, 라이트급, 웰터급 등 5체급에서 선수가 탄생하였다.
- 1938년 5월 21일, 서울운동장에서 전조선 대 필리핀과의 대항전이 개최되었는데, 이때 승점은 1, 무승부는 0.5로 계산하여 3.5대 1.5로 점수제에서도 승리하였다.
- 1939년 11월 18일에는 미국 싼 토세(San Tose)대학팀을 초청하여 경기를 가졌으며, 1940년 1월

19) 정운길(1998). 전게서. p.261.

에는 동양권투회팀이 전 일본을 대표하여 필리핀 원정경기를 갖기도 했다. 동년 10월에는 전하와이팀의 내한 친선경기에서 3대 2로 승리하였다.

이와 같이 당시의 한국 복싱은 일본 복싱계를 석권하였다. 이에 일본은 소위 대동아 전쟁 시에 체육운동을 전쟁 목적수행에 결부시키는 한편, 이를 완전 통제하기 위하여 조선체육진흥회를 발족시켜 국방경기라는 전기(戰技)훈련을 등장시켰다. 이러한 의도와는 역행하여 일제의 배타정책의 극성은 마침내 운동경기에까지 미쳐 적성스포츠라는 구실로 미영식(美英式) Ball Sports경기에 이어 복싱의 경기 개최 중단에 이르렀다.

한편, 이러한 상황에서도 국내와 일본 등지에서 맹활약하던 선수들은 중국 상하이에서 주로 활동하다가 1945년 8·15해방을 맞아 귀국함으로 개척기의 한국 복싱은 바야흐로 발전기를 맞게 된다. 이 전환기에서 두드러지게 활약한 선수로는 정복수, 박형권, 송방현 등이 있다.

3) 발전기

1958년 8·15광복직후인 10월 23일, 대한아마추어복싱연맹이 조직되었고, 1951년에는 그동안 두 단체로 양립해 있던 프로복싱이 통합되었다. 해방과 더불어 복싱계가 힘찬 부활을 하게 된 것이다.

아마추어 복싱은 1948년 제14회 런던올림픽대회에서 플라이급의 한수안 선수가 동메달을 획득하는 쾌거를 거뒀다. 광복의 환희와 아직 정비되지 않은 사회 환경 속에서 체육인이 거둔 큰 성과였다. 그러나 1950년 6·25 전쟁의 발발은 복서로 하여금 전쟁 수행과 복서 기능을 동시에 요구하였다. 조국의 존망이 예측 불허했던 전시에 제15회 헬싱키올림픽대회(1952년)에 참석한 밴텀급의 강준호 선수는 동메달을 획득했으며, 1956년 제16회 멜버른올림픽대회에서는 밴텀급의 송순천 선수가 은메달을 획득하였다.

한편 프로복싱계는 1953년 9월 서울 수복 직후 서울 명동에 사무실을 개설하고, 1955년과 1956년에 마닐라와 방콕에서 개최된 동양권투연맹(OBF) 제 1.2차 총회에 임원을 파견하는 등 복싱 외교에 박차를 가하기 시작했다.

1957년 3월, 당시 국회부의장이었던 이재학이 한국권투위원회 회장에 추대됨으로 복싱이 국가적인 체육으로 성장할 기틀을 마련했으며, 같은 해 제3차 동양권투연맹총회가 서울에서 개최됨으로서 한국 복서들의 대 아시아 대전의 계기를 마련하였다.

1958년 1월 28일, 일본 도쿄에서 제2차 대전 후 처음으로 한일 대항전이 있었으며, 이를 계기로 적대시하던 일본과의 사이에 스포츠맨십의 가교가 놓여졌다. 당시 복서로서 돋보이게 활동한 선수는 밴텀급의 양재근, 미들급의 강세철 선수였다. 이들 두 선수는 국내에서보다 필리핀 등 동남아시아에서 주로 활약하여 좋은 성적을 거두었다.

1960년 4 · 19 혁명 직후, 회장단의 기능상실로 집행부가 마비되었으나, 9월 임시총회에서 자유당 국회의원 이재학 대신 집권 민주당의원 유진산과 김영삼을 각각 회장과 부회장으로 추대함으로써 한국 복싱협회는 제 기능을 회복했다. 새로 구성된 집행부에서는 우리나라 복싱계도 선진 외국의 추세에 따라 커미션제도를 도입할 것을 결의함으로써 복싱 발전의 기틀을 더욱 다져나갔다.

Korea Boxing Commission이 주관한 첫 경기로 1960년 11월 30일에 동양타이틀전이 서울운동장에서 개최되었다. 강세철 선수는 필리핀의 러시 메이언 선수를 맞아, 주니어 미들급 초대챔피언 결정전에서 5회 2분 22초 만에 KO승을 거둠으로서 국내를 축제분위기로 만들기도 하였다.

4) 도약기

우리나라에 복싱이 전래(1916)된지 꼭 반세기만인 1966년 6월 25일 김기수 선수가 이탈리아인 벤베누티를 물리치고 WBA미들급 타이틀을 획득함으로서 한국 선수로서는 최초로 세계정상도전에 성공하였다. 이는 광복과 전란 이후 복싱인이 국민에게 준 최대의 선물이었다.

프로복싱계에서 신화를 창조한 것은 1974년 7월 3일 WBA벤텀급 타이틀전이다. 홍수환 선수가 적지 남아공화국에서 챔피언 카라스키야 선수를 맞아 4번이나 다운되고서도 상대를 KO시키고 새 챔피언이 된 것이다. 이 경기에서 보여준 홍수환의 승부근성은 국내의 많은 복서들에게 모범을 보여주었으며, 이를 계기로 하여 각 체급 세계 챔피언들의 탄생 및 우수한 선수들이 등장하였다.

아마추어 복싱계도 그 활동이 활발해져서 1961년에 대한석탄공사, 1962년에 해군 등 정부투자기관과 국군 부대에 복싱부가 창설되었으며, 1963년 7월에 제1회 성의경배 쟁탈 전국 아마추어 복싱 선수권대회가 개최되었다. 전국에 복싱체육관이 70여개나 확장 운영되고, 복싱인구도 점차 증가하였다.

특히 선진국의 복싱 기량을 도입하기 위해서 저명한 복싱 코치들이 많이 초청되었다. 1963년 10월에는 동경올림픽을 대비하여 미국인 조 허먼(Joe Herman)을 초청, 선수 훈련강화에 박차를 가했고, 1972년에는 영국인 테리 스핑스(Terry Spinks)가, 1982년에는 미국인 크리스토 G. 히토폴로스(Christo G. Hitopolous), 1983년에는 로버트 더시(Robert Dorsey), 1985년에는 캐나다 볼리시 짓맨(Bolish Gitman) 등이 초청되어 한국 복싱의 새로운 기술개발에 일조하였다.

1982년 한국화약의 김승연 회장이 아마복싱연맹 회장에 취임함으로서 복싱 선수의 기량 개발과 복싱인의 활동이 한층 활발해질 수 있었다. 그 결과 1984년 LA올림픽에서는 금 · 은 · 동메달 각 1개씩 획득하여 한국 복싱의 저력을 유감없이 발휘했다. 그 여세를 몰아 1986년 제10회 아시안 게임에서는 12체급 전체에서 금메달 획득이라는 복싱 역사상 초유의 획기적 성과를 거두어 오늘에 이르게 되었다.

이와 같이 복싱계가 짧은 연륜 속에서도 장족의 발전을 거듭했던 것은, 1962년에 시작된 경제개발 5개년계획의 추진으로 국민 경제생활의 질이 향상되었고, 국력신장의 여력이 체육계에 쏟아졌기 때문이기도 하다. 또한 정부와 기업체에서 복싱인의 활동을 적극 뒷받침하기 시작했으며, 그에 힘입어 복싱인구의 저변이 확대되어갔던 것이 1970년대에는 70개, 1988년 초에 이르러서는 360여개로 복싱체육관이 늘어난 데서도 쉽게 볼 수 있다.

또한 복싱인들의 국제 활동 및 국제관련단체와의 교류 등에도 힘입은 바가 크다고 하겠다. 1946년 해방 이듬해 4월에는 국제아마추어복싱연맹(AIBA)에 가입하였고, 1960년에는 3명의 국내 복싱인이 국제심판자격을 획득했으며, 1988년에는 9명으로 증가했다. 1982년 이래 김승연 회장이 AIBA부회장 겸 FAAB회장으로 활동한 사실은 1974년 9월 탄자니아에서 개최된 AIBA총회에서 김택수 회장이 집행위원으로 선출된 이후 복싱 외교의 신장세를 나타낸 준 것이라 하겠다.

도약기에 있어서 복싱의 발전은 국가의 정책적인 지원과 그에 따른 복싱의 저변인구 확대, 그리고 전국적인 체육관의 확장 등으로 나타났다고 볼 수 있는데, 특히 대한체육회에서는 1976년부터 연금제도를 마련, 국위를 선양한 선수들에게 훈련비를 지급하는 우대정책을 마련했다. 이 제도는 1948년 제14회 런던올림픽대회 이후 지난 제23회 LA올림픽과 아시안게임까지 국제대회에서의 전적을 점수제로 계산한 후 금장·은장·동장으로 구분, 매월 지급하고 있으며, 선수들을 육성시킨 체육관 관장에게도 이 제도를 적용하고 있다.

이와 함께 1981년부터 전국소년체전에 복싱을 정식종목으로 채택하여 중학생들에게까지 확대시켜 나갔다. 이에 앞서 1977년 11월 이후 우수선수에게 장학금을 지급해 온 고 김명복 배 학생선수권대회 등도 좋은 자극제 역할을 했다.

제2장 | 경기규정

≫ 1. 경기장

1) 요건

(1) 규격(Size)

링은 정방향으로 로프(rope)내측의 한 면의 길이가 16피트(4.90M)이상, 20피트(6.10M) 이하로 하여야 하며, 국제경기에서는 링의 한 면의 길이가 20피트(6.10M)이어야 한다. 링 표면은 지면으로부터 3피트(0.91M)이상, 4피트(1.22M)이하로 설치되어야 한다.

(2) 링바닥(Platform) 및 코너 패드(Corner Pads)

링의 바닥은 튼튼하게 구축되어 평평하고 경기에 장애가 될 돌출물은 제거되어 있어야 하며, 로프

선 밖으로 최소한 19인치(46cm)이상 연장되어 있어야 한다.

상기 사항은 사방의 코너포스트(Corner Post)설치에도 적용되며, 코너포스트에는 선수가 부상당하지 않도록 패드(Pad) 등을 설치하여야 한다.

- 배심원장으로부터 가까운 좌측코너: 홍코너 (Red Corner)
- 배심원장으로부터 가까운 우측코너: 청코너 (Blue Corner)
- 배심원장으로부터 먼 좌측코너: 중립코너 (Neutral Corner)
- 배심원장으로부터 먼 우측코너: 중립코너 (Neutral Corner)

(3) 링 표면(Floor Covering)

링 표면은 펠트천(felt : 양털이나 캐시미어를 적셔 열과 압력을 가한 후 조직을 조밀하게 만든 넓은 천)이나 고무 또는 기타 적절히 인가된 물질로서 균일한 탄력 하에 1.3cm 이상 1.9cm이하의 두께로 덮어야 하며, 그 위에 캔버스(Canvas)를 깔고 고정시켜야 한다. 링 바닥을 덮는 물질(펠트 천 또는 기타 인가(認可)한 물질)이나 캔버스는 링의 바닥전면(Platform)을 덮고 있어야 한다.

(4) 로프(Rope)

로프는 최소 3cm(1.18인치)로부터 최대 5cm(1.97인치)의 굵기를 지녀야 하며, 링에는 3줄이나 4줄의 로프를 코너 포스트로부터 잡아당겨 팽팽히 쳐야 한다.

로프는 링 포스트를 기준으로 링 바닥으로부터 각각 3줄을 칠 경우 40cm(1피트 3.7인치), 80cm(2피트 7.5인치), 1m 30cm(4피트 3인치)지점에 4줄을 칠 경우에는 40.6cm(16인치), 71.1cm(28인치), 101.6cm(40인치), 132.1cm(52인치)지점에서 설치하여야 한다. 각 면마다 2줄씩 동일한 간격을 두고 캔버스와 동일 재질의 폭 3~4cm(1.2~1.6인치)로 로프가 미끄러지거나 벌어지지 않도록 상호 연결시켜야 한다.

(5) 계단(Steps)

링에는 3개의 계단이 설치되며, 상대되는 양 코너에 설치되는 2개의 계단을 선수와 세컨드 사용용으로, 그리고 나머지 1개는 심판과 의사 사용용으로 중립코너에 설치하여야 한다.

(6) 구급상자(Plastic Bag)

양 중립코너에는 링 밖으로 작은 구급상자를 부착하여 심판(Referee)이 경기자의 유혈(流血)을 닦아내기 위하여 사용할 솜이나 엷은 천은 넣어 두어야 한다.

(7) 추가 링(Additional Ring)

주요한 선수권대회 때는 2대의 링을 사용할 수 있다.

≫ 2. 글러브(Gloves)

1) 공인글러브

선수는 대회 조직위원회가 준비하고 AIBA집행위원회, 또는 AIBA에서 파견한 기술지도위원이 승인한 글러브를 착용한다. 선수는 자기 글러브를 착용하지 못한다.

2) 규격

모든 체급의 선수는 10온스(284g) 글러브를 사용하되, 가죽의 무게와 펫트의 무게가 반반씩 되어야 한다. 글러브의 타격면은 분명히 식별할 수 있는 색채로 표시되어야 한다. 글러브의 내용물은 움직이거나 찢어져서는 안 된다. 글러브의 끝은 글러브 손목 등 쪽 외부에 맨다. 청결하고 실용적인 글러브만이 사용된다.

≫ 3. 붕대(Bandage)

1) 규격

길이 8피트 4인치(2.5m), 폭 2인치(5cm)를 초과하지 않는 부드러운 의과용 붕대나, 길이 6피트 6인치(2m)를 초과하지 않는 벨트형의 붕대를 양손에 감을 수 있다. 그 외에 붕대는 사용할 수 없다. 기타의 테이프, 고무, 반창고 등은 붕대로서 사용하는 것을 엄격히 금지한다. 단, 붕대를 고정하기 위하여 길이 3인치(7.5cm), 폭 1인치(2.5cm)의 한 가닥의 반창고를 손목 상부에 사용해도 좋다.

2) 지역, 세계 및 올림픽 대회

지역, 세계 그리고 올림픽대회에서 사용하는 붕대는 주최국에서 제공한다. 매 경기마다 경기자는 경기 직전에 탈의실에서 경기 관리인에 의해 지급되는 새 붕대를 사용해야 한다.

>> 4. 복장(Dress)

1) 공인복장

(1) 복장

선수는 스파이크의 뒷굽이 없이 가벼운 부츠나 신을 신으며, 넓적다리 반쯤까지 닿는 팬츠와 가슴과 등을 덮는 셔츠를 착용하여야 한다. 만약 팬츠와 셔츠가 같은 색깔이라면 벨트라인은 다른 색채로써 명백하게 표시되어야 한다.(주의: 벨트는 배꼽으로부터 엉덩이 상단까지의 가상적인 선이다.)

(2) 마우스피스

마우스피스(Gum Shields)를 사용하여야 하며 선수에게 맞는 것이어야 한다. 선수에게 맞는 마우스피스는 선수 자신의 마우스피스가 없는 자를 위하여 주최국에서 갖추어 놓아야 한다.

선수가 경기 중 고의로 마우스피스를 떨어뜨리는 것은 금지되며, 만일 또 그런 행동을 한다면 경고 또는 실격 당한다. 타격을 당하여 마우스피스가 밖으로 나왔을 때 첫 번째에는 레퍼리가 선수를 그의 코너로 보내고 마우스피스를 닦게 한 후 재착용 하게한다. 이러한 행동이 진행되는 동안 세컨드는 선수에게 말할 수 없다.

(3) 헤드가드

경기용 헤드가드의 사용은 복싱글러브와 동일하다. 규격은 먼저 AIBA집행 위원회의 승인을 받아야 하며 그때 제조업자들은 AIBA규격에 맞는 생산품을 제출하여야 한다. AIBA가 그 생산품을 승인하고 제조업자로 하여금 헤드가드를 생산토록 허가하였을 시 승인된 헤드가드는 사용될 수 있다. 선수권대회나 경기대회에서 모든 참가자는 동일한 글러브를 착용하는 것과 같이 참가자 모두가 동일한 헤드가드를 착용한다.

2) 금지사항

이외의 다른 물건은 경기 중 착용할 수 없다. 상대방에게 해(害)를 주는(불쾌감을 주는) 구리스, 바세린을 얼굴, 팔 및 기타 신체의 다른 부분에 바르는 것은 금지되어있다.

3) 복장위반

레퍼리는 컵 프로텍터나 마우스피스를 착용하지 않았던, 불결하고 규격에 맞지 않은 복장을 착용한 선수는 경기에 참가시키지 않는다. 선수의 글러브나 혹은 복장이 경기 도중 풀어지거나 흐트러졌을 때는 레퍼리가 그를 시정키 위하여 시합을 중지시킨다.

4) 유니폼(Uniform)

국제대회에 혼합팀을 보내는 대륙사무국과 지역조직위원회는 AIBA규칙에 적합한 팀 유니폼을 준비한다. 대륙사무국이나 지역연맹은 국가팀과 혼동될지 모를 개인 유니폼 착용을 허락하지 않는다. 어쨌든 지역팀을 이루는 각 지역 선수들은 그 지역에서 제공한 복장을 착용하여야 한다.

≫ 5. 링의 용구

1) 링 비품

링 비품에는 송진이 담긴 두 개의 얇은 상자, 두 개의 의자, 경기 중간 휴식 시 선수가 사용할 두 개의 작은 회전의자, 두 개의 물컵, 두 개의 물병(링사이드까지 직접 오는 송수파이프가 없을 때), 톱밥이든 두 개의 용기, 두 개의 물 양동이, 임원용 테이블 및 의자, 스톱워치(stop watch : 가능하면 2개), AIBA규칙에 맞는 채점표찰, 구급상자 1개, 확성기에 연결한 마이크 1개, 제2조 규정에 의해 동일 제조회사의 두 벌의 글러브 및 헤드가드가 있다.

≫ 6. 국제 경기대회 체급

1) 복싱체급

- 라이트 플라이급   48kg 미만
- 플라이급   48kg이상 ~ 51kg 미만
- 밴텀급   51kg이상 ~ 54kg 미만
- 페더급   54kg이상 ~ 57kg 미만
- 라이트급   57kg이상 ~ 60kg 미만
- 라이트 웰터급   60kg이상 ~ 63.5kg 미만
- 웰터급   63.5kg이상 ~ 67kg 미만
- 라이트 미들급   67kg이상 ~ 71kg 미만
- 미들급   71kg이상 ~ 75kg 미만
- 라이트 헤비급   75kg이상 ~ 81kg 미만
- 헤비급   81kg이상 ~ 91kg 미만
- 슈퍼헤비급   91kg 이상

2) 계체량

(1) 세계선수권, 올림픽 및 지역선수권대회 계체량 및 추첨 규정

모든 체급의 선수들은 대회 최초 당일 추첨으로 경기를 갖게 되는데, 첫날 계체량은 모든 체급의 선수가 08:00~09:00에 실시하지만 다음 경기 날부터는 경기가 있는 선수만 08:00~09:00시 사이에 계체량을 필히 해야 한다. 만약 불가피하게 지연되는 일이 발생하였을 때 상기 시간의 사소한 연장은 AIBA집행위원회의 기술지도위원이 처리할 권한을 갖는다. 복싱경기는 계체량 종료시간으로 정하여진 시간 후 3시간 전에는 개시하지 못하며, 또한 그 시간 이내의 경기는 집행위원회가 의료위원회와 상의한 후 결정을 내릴 때만 가능하다.

계체량은 AIBA공인 임원에 의하여 실시된다. 각 선수가 소속하는 각 국가연맹의 대표는 계체량에 참가할 수 있으나 계체량에 방해가 되어서는 안 된다. 제1일 공식 계체량 시 등록된 체중은 전 경기 기간 중 선수의 체급을 결정한다. 선수는 시합이 있는 그날 계체량을 하여야 한다. 매일 계체량 시 선수는 단1회에 한하여 공식 저울에 설 수 있으며 그때의 체중이 최종적인 체중으로 기록된다. 그러나 본래의 계체량에서 체중을 조절하지 못한 국가의 선수에게는 더 높은 체급이나 낮은 체급으로 들어갈 수 있으며, 그러한 경우 해당 국가가 그 체급에 출전할 수 없고, 또한 계체량이 아직 종료되지 않는 체급에 한한다. 또한 후보 선수가 허용되는 경기에 있어서 교체선수가 해당체급, 또는 기타 다른 체급의 후보 선수로 교체할 수 있다. 국가 간 경기, 또는 국제 경기에 있어서 선수 계체량은 30분 이내로 끝낼 수 있다. 계체량에 합격되지 않거나 계체량을 시간 내에 나타나지 않는 선수는 패자로 선언한다. 선수는 계체량 이전에 집행위원회에서 지명된 자격 있는 의사로부터 경기를 할 수 있다는 판정을 받아야 한다. 집행위원회는 계체량의 원활한 수행을 위하여 조기에 의료검사를 실시하도록 결정할 수도 있다. 계체량은 나체로 하며 계체량에 표시된 메타법 계량기를 사용한다. 전자계량기도 사용할 수 있다. 선수는 공시계체량 시 자격을 인정받은 체급에 한하여 시합할 수 있다. 각 선수는 의사의 진단 및 계체량을 통과하고 의사와 임원이 서명한 카드를 소지하여야 한다.

(2) 국제시합

① 2개, 혹은 그 이상의 국가 간 경기대회의 경우 계체량은 주최국이 지명한 임원이 실시하며 주최국, 또는 초정 받은 국가의 대표자는 이를 지원한다. 초청받은 국가의 대표는 각 선수의 체중을 검토할 권리를 갖는다.

② 만약 선수가 자기 체급의 한계 체중을 초과하였을 때 초과 체중이 영국의 1파운드 (454g) 미만일 경우에는 시합을 할 수 있으나, 경기의 결과에 관계없이 체중을 초과한 선수는 패자에게 할당

되는 점수만을 팀을 위해 얻으며 상대방 선수(계체량 및 의료검사에 통과하고 경기복장을 갖춘)는 승자에게 할당되는 점수만을 얻는다. 만약 양선수가 해당체급 제한 체중을 초과한 경우에는 그들은 패자에게 할당되는 점수만을팀을 위해 획득하게 된다. 만약 선수의 체중 초과가 영국의 1파운드 (454g)를 초과하나 5파운드(2.7kg)미만이라면 상대방 팀의 공식대표는 그 선수와 대전한 것으로 할수 있으나 그 시합은 계체량을 통과한 선수의 팀이 승리할 것으로 간주된다.

선수는 계체량 전에 AIBA의무분과위원회 소속 의사의 검진에 합격하여야 한다. 주최국은 방문 팀이 도착되면 계량기와 훈련장을 제공한다.

≫ 7. 추첨 및 부전승

1) 추첨

추첨은 계체량과 의료검사 종료 후 실시된다. 추첨은 관계팀의 대표임원이 참석한 가운데 실시되며, 가능한 한 모든 선수가 최저1회전도 하기 전에 다른 선수가 2회전 시합을 하지 않도록 추첨한다. AIBA집행위원회는 특별한 경우 본 규정을 적용하지 않을 수도 있다. 추첨은 1회전에서 대전할 선수를 먼저 뽑고 다음엔 부전승자를 뽑는다. 세계, 지역선수권, 올림픽대회에서는 대전을 하지 않은 선수에게 메달을 수여하지 않는다.

2) 부전승

4인의 선수 이상이 참가하는 경기에서는 2차전에서 4, 8, 16, 혹은 32까지 선수 숫자를 줄이기 위하여 1회전에 적절한 수의 부전승을 추첨한다. 1회전에서 부전승을 한 선수는 2차전에서 첫 번째 시합을 갖는다. 만약 부전승의 숫자가 우수일 경우 부전승을 추첨한 선수들은 그들의 추첨한 순서로 2차전에서 첫 번째 경기를 갖는다. 선수는 어떠한 경우에도 1회전, 2회전 연속 부전승을 할 수 없다.

이러한 경우가 생겼을 때에는 전 회전에서 부전승을 거치지 않고 남아있는 다른 선수끼리 추첨된 첫 번째 선수가 전 회전에서 부전승을 한 선수와 대전한다. 그 다음 보통방법으로 다시 추첨한다.

3) 진행

세계선수권, 올림픽, 지역선수권대회 등의 경기진행은 경량급에서 중량급의 순서로 1회전을 진행하고, 2회전도 동일 순서로 진행된다.

>> 8. 라운드(Rounds)

1) 세계선수권, 올림픽, 지역선수권대회

세계선수권, 올림픽, 지역선수권대회에서는 3라운드 각 3분씩으로 하고, 경고, 주의, 복장이나 용구를 재정비하는 시간, 또는 기타 이유로 인해 지연되는 시간은 3분 안에 포함되지 않는다. 라운드 사이에 정확하게 1분 휴식 시간을 갖는다.

2) 국제대회

국제대회에서 라운드는 위와 동일하나, 사전에 합의가 있는 경우에는 3분씩 4라운드, 혹은 2분씩 5~6라운드로 할 수 있다. 그러나 항상 라운드 사이에 1분간의 휴식을 하여야 한다.

>> 9. 세컨드(Second)

1) 규칙

각 선수는 다음 규칙에 의거 규정한 세컨드 및 1인의 보조 세컨드를 동반할 권리가 있다.
① 세컨드와 보조 세컨드만이 링에 오를 수 있고 1명만이 링 안에 들어갈 수 있다.
② 경기 도중에는 세컨드, 혹은 보조 세컨드가 링의 바닥에 있을 수 없다. 세컨드, 혹은보조 세컨드는 라운드가 시작되기 이전에 링의 바닥으로부터 의자, 타월(towel), 물통들을 치워야 한다.
③ 세컨드는 코너에서 자기 일을 하는 동안 그의 복서를 위하여 스펀지나 타월을 가지고있어야 한다. 세컨드는 자기편 선수가 곤란한 지경에 처해 있다고 생각될 때에는 주심이 카운터를 하고 있을 때를 제외하고 링 안에 스펀지나 수건을 넣을 수가 있다.
④ 심판위원회 의장은 매 대회마다 그 대회에서 종사하는 심판과 세컨드들에게 소회의를소집할 수 있다. 그리고 이 회의에서 AIBA규칙이 적용될 것임을 주지시키고, 만일규칙을 위반할 경우 점수뿐만 아니라 선수권도 박탈당할 것임을 강조한다.
⑤ 라운드가 진행되고 있을 때에는 자기편 선수에게 어떤 방식으로도 충고, 조언 및 격려를 할 수 없다. 라운드 진행 중에 선수에게 조언하거나 격려, 또는 말이나 표시로서관중을 선동하고 고무하는 세컨드, 혹은 보조 세컨드나 임원은 그 위배사항이 일어난경기대회에서는 세컨드나 보조 세컨드, 혹은 임원으로서 계속 활동하지 못한다. 만일세컨드, 보조 세컨드가 규정을 위반한다면 경고를 받거나 실격당할 수 있다. 선수도역시 자기 세컨드나 보조 세컨드가 범한 반칙에 따라 주심으로부터 주의, 또는 경고를 받고 실격당할 수도 있다. 세컨드나, 혹은 보조 세컨드가 주심으로부터 코너에서물러나게 조치를 받았다면, 그 대전에서는 세컨드를 더 이상 볼 수 없다. 한

번 주심으로부터 물러나가게끔 조치를 받으면 그 경기에 남아 있는 선수를 위하여 복싱 경기장을 떠나야 한다. 대회 기간 중 두 번째 조치를 받으면 그 대회에서는 계속 세컨드나보조 세컨드를 볼 수가 없다.

>> 10. 심판(Referee and Judges)

1) 복싱 선수권 대회

세계선수권대회, 올림픽대회 및 지역선수권 대회나 기타 국제선수권 대회에서 매 시합은링 안에 있는 AIBA승인 레퍼리가 진행하되 채점을 하지 않는다.

2) 국제 경기

2개국, 혹은 그 이상의 국내연맹으로 구성된 국제경기에서 경기는 관계국 연맹의 공식 대표자간의 합의에 따라 통제된다. 다만 그러한 합의는 AIBA규정에 정한 심판 원칙을 준수하는 조건에 한한다.

3) 부심(Judge)

매 경기는 5인의 부심이 채점하며 부심은 링에 근접하고 관중으로부터 떨어진 장소에 참석한다. 부심중 2인은 충분한 거리를 두고 링 한쪽에 위치하며 나머지 부심 3인은 서로 다른 3편의 링의 중앙에 앉는다. 임원수가 충분하지 않을 때는 3인의 부심이 채점할 수 있다. 그러나 올림픽대회, 세계선수권대회 및 지역선수권 대회에는 이것이 적용되지 않는다.

4) 중립성

공정성을 확보하기 위하여 매 시합의 주심과 5인의 부심은 다음과 같은 지침에 따라 심판위원회에서 선발된다.

① 각 심판은 경기 참가 선수들과 서로 다른 국가의 심판이어야 한다.

② 상기 심판은 시합을 하고 있는 선수가 속한 나라의 지배, 식민지, 보호령을 받고 있는나라의 국민이나 거주자이어서는 안 된다.

③ 심판의 국적이 변경되었을 때 그 심판은 원래 국적인 선수가 참가하고 있는 시합, 또는 그 나라의 레퍼리 및 저지가 심판에 임하는 시합에서의 임무를 수행할 수 없다.

④ 같은 시합에서 2명 이상의 심판이 같은 대륙에 속해서는 안 된다.

⑤ 올림픽경기대회 및 세계선수권 대회에서 주심 및 부심의 지명은 가능한 한 다음과 같이 한다. 시합에 임해서 아프리카, 아시아, 오세아니아, 유럽, 북아메리카, 남아메리카에서 각 1명의 부

심, 주심은 추첨하되 어느 대륙에 속해도 좋다. 추첨은 AIBA심판위원회가 각 시합 전에 링사이드에서 행한다.

⑥ 심판위원회가 특별한 경우 상기 지시를 적용할 수 없는 경우에는 심판위원회는 지명된 심판의 중립과 공평성을 확보함으로서 문제를 해결하고 속히 이를 집행위원회에 보고한다.

⑦ 어떤 경우에 심판위원회가 상기 지시를 적용하기가 불가능하다고 판단될 경우에는 심판위원회 위원장, 혹은 그의 대리인이 문제된 경기를 위한 심판 1~2명을 추첨할 수 있다.

5) 심판의 중립성

주심이나 부심으로 임무를 수행하는 심판은 자기국가 소속 선수가 참가하는 시합의 심판을 볼 수 없고, 그 팀의 감독이나 트레이너가 세컨드 혹은 보조 세컨드로 행동할 수 없다.

6) 징계

집행위원회, 혹은 그의 대리인은 배심원의 권고에 따라 AIBA규정을 준수하지 않는 주심, 혹은 판정이 만족하지 않다고 생각되는 부심의 임무를 임시 또는 영구히 해임할 수 있다.

7) 주심 교체

경기 중 주심에 사고가 생겼을 때는 계시원은 공을 쳐서 경기를 중단시킨 후 다른 주심이 올라가서 경기를 속행시킨다.

8) 점수 기록관

AIBA집행위원회의 승인에 의하여 점수 기록판을 사용할 수도 있다.

9) 참가의무

집행위원회에서 선정된 주심 및 부심의 해당 연맹은 정당한 사유가 없는 한 세계선수권대회, 올림픽대회 및 지역선수권대회의 초청에 따라 관계 심판을 파견해야 한다. 만일 올림픽팀, 혹은 유사한 지역대회의 재정 책임이 다른 단체에 의해서 취급되는 국가에서는 그 단체가 그 대회에 선발된 임원들의 수송 및 숙박의 책임을 진다.

>> 11. 심판의 국제심판명단 가입자 선발 및 유지

1) 국제심판

국제주심, 부심, 또는 국제심판의 칭호는 아마추어 복싱심판에 대한 최고 명칭이다. 국제심판명단에 등록된 사람은 AIBA국제레퍼리 및 저지 자격증을 수여받으며 그의 칭호에 따라 AIBA로부터 배지와 신분증을 받게 된다.

2) 국제심판 후보

① 후보자는 그 후보자가 소속한 국가연맹으로부터 제출되며 지역(대륙)연맹에 의거 추천된다.
② 그는 최저 2년간 지역연맹 국제심판으로 훌륭하게 직무를 수행했어야 한다.
③ 후보자는 심판 의무를 수행할 수 있는 육체적 적응성을 보증하는 의사증명이 있어야한다.
④ 후보자는 48세 이하로 한다.
⑤ 국가연맹의 국제심판 정수는 8명을 초과할 수 없다. 상기 사항에 위반될 경우 국가연맹은 관련 명단을 철회해야 한다.

>> 12. 배심원(Jury)

1) 임명

올림픽 경기대회 및 세계선수권대회 기간 중 집행위원은 배심원으로서 활동하거나 혹은 배심원을 임명한다.

2) 임무

(1) 각 실행배심원은 담당 시합을 채점하고 채점표는 부심의 채점표와 비교한다.
(2) 배심원은 다음 사항을 검사하기 위하여 5인의 부심 채점표를 확인한다.
　① 점수가 정확히 합산되었는가.
　② 선수의 이름이 정확히 기재되어 있는가.
　③ 승자가 지명되어 있는가.
　④ 채점표에 서명되어 있는가.
　배심위원장, 혹은 실행배심원은 5개의 채점표에 따라 승자로서 표시된 선수의 성명을 아나운서에게 통고한다.

>> 13. 주심(Referee)

1) 의무

선수보호는 주심의 제1관심사이어야 한다.

2) 임무

주심(Referee)은 링에서 경기를 관리한다. 그는 백색하의에 백색 셔츠와 뒷굽이 없는 가벼운 신이나 부츠를 신는다.

① 규정된 페어플레이(Fare play)가 준수 되었는가를 감시한다.

② 모든 경우에 있어서 경기를 관리한다.

③ 열세한 선수가 부당하거나 불필요한 강타를 받는 것을 막는다.

④ 글러브와 복장을 점검한다.

⑤ 주심은 3가지 명령어를 사용한다.

　Stop- 선수들에게 경기를 중단하도록 지시할 때.

　Box- 선수에게 경기를 계속하도록 지시할 때.

　Break - 클린치된 것을 뗄 때 양 선수가 계속하기 전에 일보 뒤로 물러나게 한다.

⑥ 주심은 적절한 몸짓과 신호로 규정 위반을 선수에게 알린다.

⑦ 경기 종료시 5인의 심판채점표를 수집하여 검토하며 검토한 후에 이들 심판채점표를배심원에게 전달하거나 배심원이 없을 때는 아나운서에게 전달한다.

⑧ 주심은 아나운서의 발표가 있기 전에 선수의 손을 들어 올려 승자를 표시하지 못한다. 승자가 발표되었을 때 승자의 손을 올린다.

⑨ 주심은 한 선수의 자격을 박탈하거나, 혹은 경기를 중단시켰을 때는 그는 첫째로어느 선수가 자격을 상실하였는지를, 혹은 어떤 이유로 경기를 중단시켰는가를 배심원에 알려, 배심원이 아나운서에게 지시하여 그 결과를 관중에게 분명히 알리도록 한다.

>> 14. 부심(Judges)

1) 의무

① 모든 부심은 양선수의 득점을 독자적으로 판단하며 규정에 따라 승자를 결정한다.

② 모든 저지는 시합 중 주심이외에 선수나 다른 부심 및 다른 어떤 사람과도 이야기 해서는 안 된다. 그러나 필요한 경우 라운드 끝에 세컨드의 비행이나 로프가 느슨해지는 등 주심이 눈치 채

지 못한 사항을 레퍼리에 알려줄 수 있다.

③ 각 선수에게 주는 점수는 각 라운드가 종료된 직후 부심이 채점표에 기재한다.

④ 경기의 끝에 부심은 점수를 합산하여 승자를 기록하며 채점용지에 날인한다. 그의 판정은 관중에게 알려진다.

⑤ 부심은 판정이 관중에게 발표되기 전에는 자리를 떠나지 못한다.

2) 복장

부심은 흰옷을 입어야 한다. 사적인 재킷은 공인을 받아야 입을 수 있다.[20]

≫ 15. 판정

1) 판정승(Win on points)

경기가 끝난 후 부심 과반수의 결정으로 판정을 받은 선수는 승자로서 선언한다. 만약 양 선수가 부상을 입었거나 혹은 동시에 다운이 되어 경기를 계속할 수 없을 때는 저지는 경기 종료까지 획득한 점수를 기록한다. 그리고 경기 종료까지 많은 점수를 획득한 선수가 승자로 선언된다.

2) 기권승(Win by retirement)

한 선수가 부상이나 기타 이유로 혹은 자의로 기권하거나 라운드 사이에 휴식을 한 후에도 즉각 경기를 계속하지 못한다면 상대방 선수의 승리로 선언된다.

3) RSC승(Win by Referee stop contest)

(1) 일방적인 때(out classed)

주심의 의견으로 한 선수가 일방적이고 더 이상 과도한 가격을 받을 필요가 없다고 생각되었을 때 경기를 중단시키고 상대방 선수의 승리를 선언한다.

(2) 경기 중 부상을 입었을 때(Injury)

① 주심의 의견으로 한 선수가 부상이나 육체적인 이유로 경기를 계속 할 수 없을 때 는 경기를 중단시키고 상대방 선수의 승리를 선언한다. 이러한 결정을 내리는 권리는주심에게 있으며, 주심은 의사와 상의할 수 있다. 의사와 상의한 다음 주심은그의 충고에 따라야 한다.

· · · · · · · · ·

20)　정운길(1998). 전게서. p.306~p.312.

② 두 나라의 친선 경기나 토너먼트 경기의 결승전에서 라운드가 지난 경우 부심은 부상, 사고가
났다면 부상당하지 않은 선수가 챔피언으로 선언한다.

③ 주심이 선수를 진찰하도록 의사를 링으로 부를 때는 이들 두 임원만이 참석하여야 한다. 이유를
막론하고 세컨드는 링에 오를 수 없다. 부상에 대하여 주심이 의사와 상의하지 않고 또 경기도
중단시키지 않는다면 2인의 의무위원이 경기가 끝난후 선수를 진찰하여야 하며 의사가 경기를
중단되어야 한다고 판단하면 주심은 심 판위원회나 배심위원에게 보고하여야 한다.

④ 카운트 제한은 같은 라운드에 3회 카운트를 당하거나 경기 중 통산 4회의 카운트를당한 경우이다.

4) 실격승(Win by disqualification)

한 선수가 실격되면 상대방 선수는 승자로 선언, 만약 양 선수가 실격되면 그 이유를 방송 진행자
가 설명해야 한다. 선수는 여하의 상이나 메달, 트로피, 명예, 시상 등 그 선수가 실격당한 경기에 관
한 일체의 상을 받을 수 없다. 단, 특별한 경우는 집행위원회, 배심위원회, 대회 조직 위원회 책임자
등이 별도의 방법을 정할 수 있다. 그러나 집행 위원회가 행한 모든 결정은 요청이 있으면 그 건에 관
한 보고를 집행위원회가 재고해서 확인하는 것을 조건으로 한다.

5) KO승(Win by Knock-out)

경기 중인 한 선수가 다운되고 10초 이내에 경기를 계속하지 못한다면 상대방 선수는 KO승으로
선언한다.

6) 노 콘테스트(No contest)

링의 파손, 전등의 고장, 관중의 소란 및 천재지변 등과 같이 주심이 통제할 수 없고 선수의 책임밖
에 사태가 일어난다면 주심은 경기를 중단시킬 수 있다. 그러한 상황에서 경기는 노 콘테스트로 선언
되고 선수권 대회의 경우에는 배심원이 필요한 조취를 취한다.

7) 워크 오버에 의한 승리(Win by walk over)

한쪽 선수가 완전한 시합 준비를 하고 링에 올라왔는데 상대선수가 방송으로 호명되고 벨이 울리
고도 3분이 경과하도록 나타나지 않을 때 주심은 한쪽 선수에게 부전승에 의한 승리를 선언한다. 주
심은 저지에게 채점표에 "워크오버"라고 기록토록 하고 채점표를 모으고 선수를 중앙에 불러 결정이
방송된 후 선수의 손을 들어 준다.

두 단체 혹은 두 나라간의 친선경기(dual match)에 있어서는 과반수의 부심이 동점을 준 경기에 대하여 추첨을 할 수 있다. 또한 친선경기에서 1라운드 부상 사고는 추첨에 의해 판정한다.

≫ 16. 반칙

경기자가 주심의 명령에 복종하지 않거나 스포츠맨답지 않게 경기를 하여 규칙에 위반하는 행위를 할 경우에는 주의 또는 경고나 실격을 당한다.

① 세컨드에 대하여는 동일한 책임을 진다.

② 주심은 경고할 때에는 경기를 정지시킨 다음, 반칙 내용을 몸짓으로 각 저지들에게 알린다.

③ 벨트라인 이하의 가격, 또는 붙잡거나 발을 걸거나 무릎이나 발로 차는 행위

④ 머리, 어깨, 팔꿈치로 밀거나 목을 조르는 행위, 또는 팔꿈치로 상대편의 얼굴을 누르는 행위

⑤ 오픈 글러브나 글러브의 내측 손목의 측면 가격행위

⑥ 선회타 즉, 피벗 블로(pivot blow)행위(pivot : 중심점, blow : 강타 – 몸을 한번 회전시켜서 그 반동으로 치는 것))

⑦ 상대방의 등 또는 뒤통수를 가격하는 행위

⑧ 로프를 잡고 가격하거나, 로프를 부당하게 이용하는 행위

⑨ 홀딩, 다운된 상대를 가격하는 행위, 벨트라인 이하로 수그리는 행위, 이중 방어 행위,고의로 쓰러뜨리기

⑩ 경기 중 무례한 언동이나 브레이크를 명하여도 뒤로 일보 후퇴하지 않는 행위, 주심에게 반항적인 언동을 하는 행위 등

⑪ 마우스피스(mouth piece)를 고의적으로 내뱉는 행위

⑫ 잡아당기거나 팔꿈치로 가격하는 행위

⑬ 껴안고 차는 행위

⑭ 상대방에게 매달리거나 상대방의 팔을 껴안는 행위

≫ 17. 점수의 부여(Awarding of point)

1) 지침

점수 부여 시 다음 사항이 준수되어야 한다.

(1) 히트(Concerning Hits)

① 득점 히트

매 라운드 중 저지는 각 선수가 획득한 시트 수에 따라 각기 채점한다. 득점 가치있는 히트는 잘 쥐어진 주먹의 너클파트(Knuckle part)로 상대의 안면 및 복부라인부터 상부의 전면, 측면에 방해되거나 방해됨이 없이 직접 맞는 것이어야 한다. 스윙도이와 같이 맞으면 득점이 된다. 인파이팅(infighting)에 있어 채점은 연타가 그쳤을 때그 우열의 정도에 따라 채점한다.

② 비득점 히트 : 득점이 되지 않는 히트는 다음과 같다.

- 반칙에 의한 히트
- 너클파트, 또는 오픈 글러브에 의한 히트
- 팔에 맞는 히트
- 몸이나 어깨의 중량이 실리지 않는 가벼운 히트

2) 파울(concerning fouls)

(1) 주심 경고

주심이 선수에게 경고하였을 때 부심은 상대편 선수에게 점수를 줄 수 있다. 주심의 경고를 인정하고 감점하였을 때는 해당란에 'W'자를 기입하고 만약 부심이 주심의 경고를 인정하지 않고 감점을 안했을 때는 'X'자를 기입한다.

(2) 기타

매 라운드 중 부심은 주심이 목격을 했거나 안했거나 간에 부심이 목격한 파울의 중요성을 사정하고 적절한 채점을 한다. 만약 부심은 주심이 지적하지 않아도 경고할 만하다고 인정하여 감점한 경우에는 'J'라고 기입하고 그 이유를 표시한다.

3) 점수의 부여

(1) 라운드의 끝

각 라운드에 20점이 주어지며 소수점은 줄 수 없다. 각 라운드의 끝에 우세한 선수는 20점을 상대방 선수는 비례하여 더 적은 점수를 받는다. 양 선수의 점수가 동률일 때는 각 선수는 각각 20점을 받는다.

(2) 점수의 결정

점수는 다음의 원칙을 지켜 산정한다. 3개의 깨끗한 히트에 1점, 주심이나 부심에 의한 경고에 1점, 히트의 수에 따라 〈표-1〉에 의거 점수가 결정된다.

<표 1> 히트 수에 따른 점수결정

히트 수	1	2	3	4	5	6	7	8	9	10	11	12	13	14
채점	0	1	1	1	2	2	2	3	3	3	4	4	4	5

(3) 경기의 끝

경기의 끝에 상기 '가'항 및 '나' 항에 따라서 양선수의 점수가 같을 때는 다음 선수를 승자로 결정한다.

- Leading off, Better style을 보여 주는 선수
- Better Defence (블로킹, 패링, 덕킹, 사이드스텝)로 상대 공격에 미스를 유발하는 선수
- Dual Match에서는 추첨에 의한 판정도 가능하다.

(4) 다운

다운(knock-down)에 대하여 여분의 점수가 주어질 수 없다.

≫ 18. 다운(Down)

1) 정의

다음 경우는 선수가 다운당한 것으로 간주한다.

① 타격, 또는 연타의 결과 선수의 발 외에 몸의 다른 부분이 바닥에 닿아있는 행위

② 타격, 또는 연타의 결과 선수가 무력하게 로프에 매달려 있는 행위

③ 타격, 또는 연타의 결과 선수의 몸 또는 몸의 대부분이 로프 밖으로 나가있을 경우

④ 강한 펀치로 바닥에 떨어지지도 않고 로프에 매달려 있지는 않으나, 의식이 불분명하여 주심의 의견으로 경기를 계속할 수 없다고 판단 될 때.

2) 카운트

다운의 경우 주심은 즉각적으로 카운트를 세어야 한다. 한 선수가 다운되었을 때 주심은 큰소리로

하나에서 열까지 1초간의 간격을 두고 세어야 한다. 그리고 다운되어 있는 선수가 카운트를 알 수 있도록 손으로 표시해야 한다. 카운트 시작은 선수가 다운된 시간으로부터 1초의 간격을 두어야 한다. 그리고 '원'하고 카운트를 시작한다. 만약 선수가 주심의 명령으로 중립코너로 가지 않으면 주심은 상대방이 중립코너로 갈 때까지 카운트를 중지한다. 카운트는 중단된 곳부터 다시 카운트 된다.

≫ 19. 악수(Hand shaking)

1) 목적

선수는 경기 전후 복싱규정에 따라 스포츠맨답고 우호적 태도로 악수해야한다.

2) 시기

시합 개시 이전과 3라운드 공이 울리면 실시하여 경기 결과가 발표된 후에 한다. 라운드와 라운드 사이 더 이상의 악수는 금한다.

≫ 20. 선수의 최소연령 제한

17세 미만의 선수나 37세 이상의 선수는 올림픽경기, 세계선수권대회, 지역선수권 대회 및 국제 시합에 참가할 수 없다.[21]

제3장 | 용어 해설(가~하)

가

- 가드(guard): 수비
- 가딩(Guarding): 상대방의 펀치를 사전에 제어하는 방어법의 한 가지로 이쪽에서 팔을 뻗어 상대방의 펀치의 위력을 감퇴시키거나 피하는 기술
- 개런티(Guarantee): 복서의 시합 출전수당
- 개쉬(Gash): 펀치로 인한 열상
- 갤럽 스텝(Gallop step): 급속한 풋 워크

. . . .

21) 정운길(1998). 전게서. p.312~p.315.

- 것(Gut): 근성
- 게임치킨(Game chicken): 끈질긴 조그만 복서
- 공(Gong): 각 라운드의 시작과 끝을 알리는 종
- 그라운드 로진(Ground rosin): 송진가루로 만든 미끄럼 방지제
- 글라디에이터(Gladiator): 고대 로마 시대의 복서
- 그로기(Groggy): 강한 펀치로 뇌에 충격을 받아 비틀거리는 상태
- 그로인(Groin): 하복부, 사타구니
- 그리스(Grease): 피부 표면을 윤활하게 하여 펀치로 인한 열상을 방지하고 쇼크를 완화시키기위해 얼굴이나 몸에 바르는 바셀린 등의 기름
- 그린보이(Green Boy): 신출내기 복서, 그린 혼(Green Horn)이라고도 한다.
- 글라스죠(Glass-jaw): 약한 턱
- 글라스 아이(Glass-eye): 복서가 지쳤을 때 나타나는 흐리멍덩한 눈 표정

나

- 너드(Nod): 심판의 판정
- 너클 파트(Knuckle Part): 주먹의 제1관절과 제2관절 사이의 부분
- 노 디시젼(No decision): 무판정, 판정 없는 시합
- 노 콘테스트(No contest): 무효 시합
- 노 하우(Know-how): 복싱을 이해하는 능력 지식
- 녹 다운(Knock down): 상대방의 가격으로 넘어 지는 것
- 녹 실리(Knock silly): 펀치를 맞고 기절한 상태.
- 녹 아웃(Knock out): 다운이 되어 10초 내에 일어나지 못 하는 것
- 뉴트럴 코너(Neutral corner): 중립코너
- 니어 풋(Near foot): 복서가 나가려는 방향의 가까운 발
- 님블 풋(Nimble foot): 밀접한 다리

다

- 다이브(Dive): 속임, 시합에서 일부로 넘어 지는 것
- 다이어트(Diet): 식사규정
- 대미지(Damage): 펀치로 인한 상해, 부상
- 더미(Dummy): 타격력을 강화 하는 연습도구, 샌드백, 헤비백

- 더블 크로스(Double cross): 배신행위, 기만 술책
- 더블 펀치(Double punch): 같은 손으로 연속 두 번 때리는 펀치
- 더킹(Ducking): 상체를 굽혀 펀치를 피하는 방어법
- 데드 웨이트(Dead weight): 군살이 붙은 체중
- 데드 히트(Dead heat): 막상막하의 경쟁 실력이 비슷함.
- 데뷔(Debut): 처음 시합
- 듀크(Duke): 주먹
- 드라이 아웃(Dry out): 체중조절의 한 방법으로 24시간 동안 수분 섭취를 금하는 것. 체 내는 이온화되어 신경을 자극하고, 스피드와 지구력을 증가시키 는데 효과 있다는 조정법

더킹

- 드레싱 룸(Dressing room): 대기실.
- 드로(Draw): 무승부, 추첨
- 드로우 인 더 스펀지(Throw in the sponge): 링에 타월이나 스펀지를 던져 기권 의사표시를 함.
- 드로윙(Drawing): 상대방의 펀치를 유도해 내는 기술
- 드로윙 카드(Drawing card): 인기 있는 대전 결합
- 디시전(Decision): 판정
- 디펜스(Defense): 방어
- 디펜스 히팅(Defensive heating): 상대방의 공격을 미리 알아차리고 그보다 먼저 가격하는 선제공격

라

- 라라팔루저(Lallapalooza): 링 바닥이 울리는 강렬한 펀치
- 라운드(Round): 3분 간의 시합시간
- 라이선스(License): 자동차 면허증과 같은 것으로 프로복싱에 종사하는 임원, 복서등 의 면허증
- 라이트닝 패스트(Lightning fast): 전광석화와 같은 신속한 동작
- 라이트 크로스(Right cross): 상대방의 레프트 잽을 슬리핑하고 팔을 교차시켜 라이트 스트레이트나 훅으로 상대방 팔 너머로 카운터펀치를 가 하는 동작
- 래빗 펀치(Rabbit punch): 머리 위나 목 뒤를 가격하는 반칙 행위, 레빗 킬러라고도 한 다.
- 램베스트(Lambast): 상대방을 마구 가격함.
- 러기드 파이터(Rugged fighter): 체력과 인내력이 강인한 복서
- 러버리 레드(Rubbery leg): 낡은 고무와 같이 탄력성이 없어진 발의 상태

- 러버 매치(Rubber match): 같은 상대와의 3번째 시합
- 러스트 펀처(Lust puncher): 타격력이 맹렬한 복서
- 레이드 아웃 스티브(Laid out stiff): 혼미 상태로 넘어지는 것
- 레이 오프(Lay-off): 휴식하는 것
- 레인지(Range): 시합거리인 레인지는 가격할 수 있는 거리 크로스 레인지는 접근전,아웃 오브 레인지는 가격할 수 없는 거리의 세 가지로 구분할 수 있다.
- 레인지 보이(Rangy-boy): 키가 큰 복서
- 레퍼리(Referee): 링 안에 있는 심판 또는 주심
- 랜턴 죠(Lantern jaw): 갸름한 턱
- 로브(Robe): 보통 가운이라고 하는 복서의 장식복
- 로 블로(Low blow): 벨트라인 이하의 가격
- 로지컬 콘텐더(Logical contender): 자격이 갖추어진 도전자
- 로프 스키핑(Rope skipping): 줄넘기
- 록 어웨이(Rock-away): 상체의 뒤로 젖혀 펀치를 피하는 방어법
- 롤링(Rolling): 상대방이 펀치를 가해올 때 몸이나 머리를 그 펀치가 진행하는 방향으 로 움직여 펀치의 위력을 둔하게 하는 방어. 대표적인 것으로 숄더 롤 이라 하여 어깨로 미끄러지게 하는 방법이 있다.
- 롱 레인지(Long range): 가격권 밖, 가격이 불가능한 원거리
- 롱 레인지 복싱(Long range boxing): 떨어져 싸우는 복싱
- 루저(Loser): 패자
- 리딩(Leading): 시합의 주도권을 잡는 것. 리드오프도 같은 의미
- 레버리지 가드(Leverage): 상대방이 가격해 오는 순간에 자기의 팔을 뻗어 상대방 펀치의 힘을 감소시키는 방어법
- 리버 펀치(Liver punch): 간장을 치는 펀치
- 리벤지 파이트(Revenge fight): 설욕을 목적으로 하는 보복시합, 명예를 회복하기 위한시합
- 리액션 타임(Reaction time): 반사운동을 일으키는 순간
- 리치(Reach): 팔길이, 주먹이 닿는 거리, 가격권
- 리타이어(Retire): 기권, 은퇴
- 리턴 매치(Return match): 재시합
- 리턴 어 타이틀(Return a title): 챔피언을 호칭
- 리틀 치킨(Little chicken): 밴텀급이 최경량이었을 때 이 체급의 선수를 놀려댔던 속어

- 릴렉스(Relax): 몸과 마음을 즐겁게 함.
- 링네임(Ring name): 복서의 예명
- 링돔(Ringdom): 복싱계
- 링 매너(Ring manner): 시합 태도
- 링 스터(Ring ster): 같은 패거리.
- 링 아비트레이터(Ring arbitrator): 링의 독재자와 같은 강한 복서
- 링 제너럴 십(Ring general ship): 링 전략
- 링 캐리어(Ring career): 시합 경력
- 링 크라프트(Ring craft): 링 전술, 작전 방침

마

- 마쉬(Mush): 얼굴이나 턱의 별칭
- 머스큘러 패티그(Muscular fatigue): 근육에 노폐물이 누적되어 근육의 평상 기능이 실조된 컨디션
- 마우스 피스(Mouth piece): 입 속의 점막과 이를 보호하기 위해 사용하는 고무로 만든 완충용구, 복서의 선전 담당계라는 뜻으로 사용된다.
- 마크(Mark): 명치, 득점이란 뜻도 있다.
- 매뉴버드 블로(Maneuvered blow): 충분한 책략을 세운 펀치
- 매니저(Manager): 연습과 시합의 지휘, 감독, 팀 구성 등을 맞아보는 사람. 프로의 경우는 담당복서와 계약 하고 시합의 추진, 교섭과 개런티 책정 등을 주요 임무로 한다.
- 매드 스크램블(Mad scramble): 맹렬한 타격의 교환
- 매치 메이커(Match maker): 시합을 추진하는 사람
- 메인 이벤터(Main eventer): 주전 시합에 출전하는 복서, 메인 파이라고도 함.
- 멀러(Mauller): 난폭적
- 메저링(Measuring): 상대방의 거리 측정
- 메이킹 어 피스트(Making a fist): 주먹을 쥐는 것
- 멘터(Mentor): 복싱계의 지도자
- 무드 어라운드(Move around): 상대방의 주변을 도는 발짓기
- 무쳐(Moocher): 무료입장권을 조르는 사나이
- 미드 섹션(Mid section): 복부
- 미스 매치(Miss Match): 실력에 차가 있는 선수들 간의 대전
- 미스 저지(Miss judge): 오심, 심판

- 미스 카운트(Miss count): 채점 착오
- 믹스드 매치(Mixed match): 백인과 흑인의 시합
- 믹스 업(Mix up): 기술을 초월한 난타전

바

- 백 핸드 블로(Back hand blow): 손등으로 가격하는 반칙행위
- 밸런스(Balance): 몸의 균형이 잡인 상태
- 버딕트(Verdict): 심판의 판정
- 버클 니즈(Buckle knees): 펀치의 충격으로 무릎을 굽히며 휘청거리는 것
- 버터플라이스(Butterflies): 시합 전에 복서가 신경이 조급한 것
- 버튼(Button): 버튼을 누르면 넘어진다는 데서 온 턱의 속칭
- 버팅(Butting): 머리로 박거나 팔꿈치로 치는 반칙 행위
- 베테랑(Veteran): 경험이 풍부한 고참자
- 보디(Body): 복부, 명치
- 보디 파운더(Body pounder): 보디 블로와 같음
- 보로 펀치(Bolo punch): 회전 반경을 크게 하여 가격하는 스윙이나 훅, 어퍼 커트
- 보링 인(Boring in): 발을 짧게 움직이면 전진함.
- 보빙(Bobbing): 머리를 앞뒤로 숙여가며 상대방 펀치를 피하는 동.
- 보트(Vote): 심판의 투표
- 복서 펀처(Boxer puncher): 기술과 펀치가 함께 훌륭한 복서
- 봅 위빙(Bob-weaving): 보빙과 위빙을 혼합한 방어법, 공격을 전체로 상대방에게 접근할때도 사용된다.
- 블래스팅 블로(Blasting blow): 폭발적 위력을 가진 펀치
- 블로(Blow): 가격, 펀치
- 빅 펀치(Big punch): 통쾌한 강타

사

- 사우스 포(South paw): 왼손잡이 사이드 휠러라고도 함.
- 사이드 스텝(Side step): 발을 옆으로 옮기는 방어
- 사이드 와인더(Side winder): 강렬한 스윙펀치
- 셔플(Shuffle): 풋 워크를 빠른 속도로 함.

- 샤프 슈터(Sharp shooter): 레프트 잽이 능숙한 복서
- 새도우 복싱(Shadow boxing): 가상의 상대를 연상하여 혼자서 공방 전술을 연습하는것
- 서스펜션(Suspension): 출장 정지 처분
- 선데이 펀치(Sunday punch): 가장 주무기인 펀치
- 세미 크라우치(semi-crouch): 상체를 약간 앞으로 숙인 대전 자세
- 소울러 플랙서스(Solar plexus): 명치
- 쇼트 립스(Short ribs): 늑골의 맨 아래 부분
- 스내피 블로(Snappy blow): 탄력 있는 펀치
- 스멜링 설트(Smelling salt): 극도로 피로한 복서의 코에 갖다 대고 냄새를 맡게 하는 일종의 피로 회복제
- 스로피 컨디션(Sloppy condition): 야무짐이 결여된 컨디션
- 스위치 히터(Switch hitter): 좌우 인턴스를 바꿔가며 가격할 수 있는 복서, 스위치 복서라고도 함.
- 스윙(Swing): 팔을 굽혀 반원형으로 후려치는 펀치
- 스쿨링(Schooling): 복싱을 순서 바르게 규칙적으로 지도함.
- 스킬(Skill): 숙달
- 스태거(Stagger): 휘청거리는 상태
- 스탠드 업 복싱(Stand up boxing): 똑바로 서서 가격하는 복싱
- 스탠스(Stance): 대전 자세
- 스탠저(Stanza): 승부가 결정된 라운드
- 스테이블 메이트(Stable mate): 같은 도장의 동지
- 스툴(Stool): 링의 코너에서 앉아 쉬는 작은 의자
- 스트레이트(Straight): 팔을 곱게 뻗어 일직선으로 가격하는 펀치
- 스파링(Sparring): 상대와 둘이서 하는 공방 연습
- 스파링 파트너(Sparring partner): 스파링 상대, 스파링 메이트라고도 함.
- 스폰서(Sponsor): 복싱을 선전, 광고로 이용, 그 비용을 부담하는 사람이나 후원자
- 스프릿 디시전(Split decision): 판정이 일치하지 않음.
- 슬램 너티(Slam-nutty): 격렬한 난타전
- 슬러거(Slugger): 강타자. 난타전에 능숙한 복서
- 슬러그 너티(Slug-nutty): 뇌 장해를 일으킨 복서

슬립핑

- 슬립핑(Slipping): 머리나 상체를 옆으로 움직이며 펀치를 피하는 방어법
- 시프트(Shift): 발의 위치를 바꿈, 대표적인 것으로는 드롭 쉬프트라고 하여상대방이 왼쪽을 가격 해올 때왼발을 뒤로 15cm가량 재빨리스텝하고 오른발을 한걸음 전방으로 바꾸어 상반신을 앞으로 굽히고 상대방을 공격한다.

아

- 아셔(Usher): 시합장의 안내인
- 아웃 스탠딩 복서(out standing boxer): 최우수 복서
- 아웃 포인트(out point): 상대방을 기술적으로 때려눕히는 요령
- 애니 오클리(Annie oakley): 시합장의 무료입장권
- 어스트라이트(Astride): 두 발의 벌림이 넓은 것
- 어퍼컷(Uppercut): 수직으로 올려 치는 가격법
- 언더독(Underdog): 시합의 패자
- 언오더독스 포지션(Unorthodox position): 왼손잡이의 폼
- 업라이트 스탠스(Upright stance): 상체를 굽히지 않는 대전 자세
- 업셋(Upset): 시험순서의 변경
- 에프론(Apron): 링 외각의 경기대
- 엘보윙(Elbowing): 무릎으로 상대방을 차는 반칙행위

어퍼컷

- 오버 웨이트 매치(Over Weight match): 체중 제한이 없는 시합
- 온 더 룩(On the rook): 로프에 기대거나 주저앉는 것
- 와이드 마진(Wide-margin): 판정 내용에 큰 차가 있는 것
- 와이드 오픈(Wide open): 무방비 상태
- 와이즈 덕(Wise Duck): 약삭빠른 복
- 와일드 초퍼(Wild chopper): 난타
- 워닝(Warning): 레퍼리의 시합 태도에 대한 경고
- 워밍업(Warming up) : 예비운동, 중요한 시합 전에 행하는 시합을 말한다.
- 워블(Wobble): 발등이 휘청거리는 것
- 원 투 쓰리 블로(One two three blow): 레프트 잽, 라이트 스트레이트, 레프트 혹 또는레프트 잽, 레프트 혹, 라이트 스트레이트로 연타하는 펀치
- 원 투 블로(One two blow): 레프트 잽과 라이트 스트레이트로 연타하는 펀치
- 웨이스트 피봇(Waist pivot): 허리를 회전시켜 펀치에 힘을 가하는 동작

- 웨이 인(Weigh-in): 계량기로 체중을 재는 것
- 웰 타임드 블로(Well-timed blow): 타이밍에 잘 얹힌 펀치
- 위빙(Weaving): 슬립핑과 더킹을 혼합한 방어법, 주로 접근 전의 선행동작으로 사용된 다.
- 위어리 다운(Weary down): 펀치에 너무 맞아 피로해져 비틀거리며 넘어지는 상태
- 윕펀치(Whip punch): 회초리를 때리는 것과 같은 탄력 있는 타격, 프랑스의 죠루쥬 칼판체의 라이트 타격이 유명하다.
- 유내니머스 디시전(Unanimous decision): 심판 전원의 의견이 일치한 판정
- 이븐(Even): 무승부
- 이펙티브 블로(Effective blow): 유효타

자

- 잽(Jab): 팔을 곱게 뻗어 가볍게 얼굴이나 보디에 공격하는 가격술
- 저지(Judge): 링 사이의 대각선에서 심판하는 임원
- 저지멘트 오브 디스탠스(Judgement of distance): 상대방과의 거리를 측정하는 판단력
- 조깅(Jogging): 천천히 뛰는 로드 워크
- 졸트(Jolt): 상대를 KO는 못시켜도 그에 가까운 손상을 가하는 펀치로 팔꿈치를 옆구 리에 붙이고 짧고 날카롭게 가격하는 기술, 졸터 또는 자링이라는 명칭도 있다.
- 주어리(Jury): 아마추어 시합의 심판 감시 임원 또는 배심

차

- 쵸퍼(Chopper): 위에서 내려치는 펀치
- 쵸핑 블록(Chopping block): 가격하기 쉬운 표적, 수월한 적

카

- 카운터 클럭 와이즈(Counter clock wise): 왼쪽으로 돌지 않고 오른쪽으로 움직임
- 카운터 펀치(Counter punch): 반격, 받아치기
- 커리어(Career): 복싱의 경력
- 캐치(Catch): 상대방의 펀치를 글러브로 받아 막는 방어술, 주로 레프트 잽에 사용된다.
- 커트 맨(Cut man): 세컨드, 상처를 조치 간호하는 데서 생긴 말
- 커튼 레이저(Curtain raiser): 첫 번째 경기
- 커핑(Cuffing): 상대방 펀치를 손으로 막아 가격을 깨뜨리는 행위

- 컨텐더(Contender): 도전자
- 컨비네이션 블로(Combination blow): 복합 펀치로 연타하는 공격법
- 컵 더 라운드(Cop the round): 그라운드에서 승리하는 것
- 코너 워크(Corner woork): 코너에서의 싸움
- 코머(Coma): 혼수상태
- 코오션(Caution): 레퍼리가 주는 주위
- 코크스크류 펀치(Corkscrew punch): 미국의 기트 맥코루이가 고약한 혹을 비트는 듯 이 가격하는 펀치
- 콘트롤드 복싱(Controlled boxing): 특수한 기술만 한정해 연습하는 것
- 크랩빙(Crabbing): 불평
- 크로스 카운터(Cross counter): 상대방의 레프트 펀치에는 라이트로 팔을 교차시켜서 가하는 카운터 펀치
- 크루저 웨이드(Cruiser weight): 라이트헤비급의 영국식 호칭
- 크리스 크로스(Criss cross): 좌우 펀치로 번갈아 가격하는 공격술
- 클라우터(Clouter): 강타자, 난폭한 복서
- 클린 아웃(Clean out): 몰락 또는 파산함.
- 키드니 블로(Kidney blow): 신장 부분을 가격하는 반칙
- 킬러 인스팅트(Killer instinct): 상대방을 살상하는 본능

타

- 타켓(Target): 펀치의 표적
- 타이밍(Timing): 펀치를 가격할 수 있는 때와 간격
- 타임키퍼(Time keeper): 계시원
- 탱크 파이트(Tank fight): 엉터리 시합
- 터투잉 블로(Tattooing blow): 연속가격
- 턴업 파이트(Turn up fight): 컨디션을 시험해보는 시합
- 테크닉(Technique): 기술, 기교
- 텔리그라핑 블로(Telegraphing blow): 상대에게 가격하는 것을 알리는 타격법
- 토스 타월 인투 링(Toss towel into ring): 타월을 링으로 던져 넣어 기권함
- 트라이얼 호스(Trial horse): 실력을 시험해 보기 위한 상대
- 트랩핑(Trapping): 책략으로 한대 먹임

- 트렁크(Trunk): 몸통
- 트렁크스(Trunks): 복서가 착용하는 팬츠
- 트레이너(Trainer): 연습지도원
- 트리플 블로(Triple blow): 삼단연타, 삼단치기
- 티케이오(TKO-technical knock out): 기술차이가 현저하거나 부상으로 인해 시합을계속 할 수 없을 때 심판의 중지명령으로 기권 퇴장하는 것
- 팁톱 컨디션(Tip-top condition): 최고의 컨디션

파

- 파링(Parring): 상대방의 펀치를 손으로 쳐내는 방어법 전에는 쇼빙이라고 했다.
- 파이터(Fighter): 힘이나 지구력으로 싸우는 복서를 말하는 것인데 최근에는 이러한 타입을 펀치라고 부르기도 한다.
- 파일 업 포인트(Pile up points): 득점으로 리드함.
- 팜(Palm): 손바닥
- 패스트 앤드 클리버(Fast and clever): 동작이 민첩하고 잘하는 것
- 패싱(Pacing): 자기의 작전대로 움직임
- 퍼스(Purse): 복서의 시합 수입 하찮은 복서의 수입은 사이몬 퍼스라고 한다.
- 퍼스트 에이드(First aid): 구급조치
- 펀치(Punch): 타격, 타격력
- 펀치 드렁크(Punch drunk): 뇌장애로 사고력도 동작도 둔해진 사람

하

- 핸디캡(Handicap): 생략해서 핸디라고 하며 불리한 조건을 의미함.
- 핸드 랩스(Hand raps): 손목과 손뼈를 보호하기 위하여 연습 시 감는 붕대
- 핸드 블로(Hand blow): 두부에 가격하는 주먹. 두상의 의미가 아니고 관자놀이 (temple), 뺨턱(chin)을 포함해서 목 부분에서부터 위의 전체
- 헤드 브러시(Head brush): 머리를 상대방의 얼굴이나 가슴에 문질러 반칙하는 경우
- 헤드 기어(Head gear): 연습 때 머리 얼굴의 파열상을 면하기 위한 기구
- 헤드 워크(Head work): 머리를 움직여서 가격을 피하는 법
- 헤딩(Heading): 머리가 부딪쳐 지는 것(반칙행위)

- 히트 오어 힛팅(Hit or hitting): 적은 힘으로 가장 효과적인 가격을 말함.

- 히트 앤드 어웨이(Hit and away): 가격하고는 물러나는 전술

- 히팅 드릴(Hitting drill): 가격을 훈련시키는 방법

- 홀드(Hold): 상대방을 붙잡는 행위(holding)

- 훅(Hook): 팔꿈치를 낚싯대모양으로 하여 상대방을 타격 하는 것

- 호프(Hope): 장래가 촉망되는 권투선수, 희망을 가질 수 있는 유명한 선수

- 호라이즌틀 복서(Horizontal boxer): 제10류 이하의 권투 선수

참고문헌

金牛仲(1985). 世界体育史. 高麗大學校 出版部.

金日煥, 許垙(1982). 體育史. 螢雪出版社.

西川亮(니시카와 아키라)·後藤淳(고토 준)(1998). 고대 올림픽을 찾아서. 행림출판.

羅絢成, 趙明烈, 盧熙惠(1985). 體育史. 螢雪出版社.

申浩柱(1983) 体育史. 明志出版社.

오동섭, 하남길, 정삼현(2001). 체육세계사. 형설출판사.

이승기(2000). 운동경기전집. 홍인문화사.

李來華(1982). 體育史. 螢雪出版社.

정운길(1998). 체육학 종합대사전. 한국사전사연구사.

최종삼(1993). 체육사. 보경문화사.

레슬링

서양의 무술

제1장 레슬링의 역사

1. 개관

2. 역사

3. 세계 각국의 레슬링

4. 현대의 레슬링 강국들

5. 우리나라의 레슬링 역사

제2장 기술

제3장 경기규정

1. 레슬링의 규칙과 운영 방법

2. 심판원의 구성

3. 득점에 대한 규정

4. 패시브와 경고(빠테르)

5 기술적 우세승

6. 승자의 형태

7. 국제 레슬링 경기규정

8. 반칙과 금지사항

제4장 용어해설

제1장 | 레슬링의 역사

>> 1. 개관

Wrestle이란 용어는 격투, 씨름으로 해석된다.

Wrestling이란 상대방과 맞서서 맨손으로 상대를 공격하고 방어하는 것이다. 자기의 힘과 기술만 이용하는 것이 아니라 상대방의 힘과 기술을 이용하여 상대를 제어하는 경기이다.[22] 레슬링과 유도와 씨름의 차이점은 기술 적용 시 잡고 행하는 것이 다르다. 레슬링은 유도와 씨름과 같이 동작과 근지구력, 스태미나를 필요로 한다. 따라서 레슬링은 합리적인 스포츠로 힘을 배합하여 위험을 방지하고 공평을 기하기 위하여 중량이 10체급으로 나누어져 있다. 승부는 2분 3회전이다. 만약 무승부일 경우 1회전을 추가하여 실시한다.

레슬링에는 Free style(자유형), Greco-roman style(그레코로만형), Sambo style(삼보형)이 있다.

>> 2. 역사

1) 고대 레슬링

레슬링의 기원은 멀리 유사 이전으로까지 거슬러 올라간다. 동물 등을 포획하기 위한 기술이나 전쟁 때 맨몸으로 맞붙어 싸우는 일 등에서도 레슬링의 한 원형을 찾을 수 있다. 고대 이집트나 인도, 메소포타미아 등의 고대 국가에서도 레슬링 경기가 있었다는 것이 유적지의 출토품 등을 통해 입증되고 있다.[23]

기원전 2,300년경 이집트의 유적에 있는 베니핫상의 분묘로부터 레슬링을 하는 경기자의 군상 벽화가 발견되었다.

그리스 시대에서는 레슬링이 모든 제전에서 중요한 행사가 되었으며 고대 올림픽에서도 투원반에 다음가는 중요한 경기였다. 아테네의 테시우스에 의해 fall에 의한 승패를 결정하는 규칙이 제정되었다.[24] 기원전 776년에 개최된 첫 올림픽 제전에서 레슬링 경기를 그리스 시인들은 흥미 있게 기술하였다. 레슬링은 제18회(B.C. 704년) 올림피아드까지 지속한 경기일 뿐 아니라 5종경기로도 행하여졌다.[25] 당시 레슬링은 '파레'라고 불렸다. 그 후 기원전 68년의 제33회 올림피아드에선 복싱과 레슬

....

22) 문교부(1978). 레슬링의 역사: 레슬링. 서울신문사 출판국, p.11.
23) 손형구, 김창환 외 편저(1998). 레슬링. 체육종합대사전. 한국사전연구사, p.248.
24) 오동섭, 하남길, 정상현(2001). 고대그리스 체육. 체육세계사. 형설출판사, p.43.
25) 손형구, 김창환 외 편저(1998). 전게서. p.249.

링을 합한 판크라치온이라는 경기가 채용되었다. 이 경기는 손, 발, 팔꿈치, 무릎 등 신체의 전부를 무기로 하여 싸웠다. 상대의 눈을 파거나, 귀를 찢거나, 머리카락을 쥐어뜯거나, 이빨로 손가락을 물어뜯는 행위, 그 밖의 어떠한 공격법이든 뭐든지 허락되었다. 그리고 상대를 질식시키는 것도 반칙이 아니었다.

(1) 밀론의 비극

레슬링 역사상 이름을 남긴 최고의 경기자는 크로톤의 밀론이다. 그는 제60회 올림피아드대회(B.C. 540년)의 '소년 레슬링'에서 우승한 것을 시작으로 성인이 된 다음부터는 제62회 올림피아드 대회(B.C 532년) 이후 연속해서 5회를 우승, 밀론의 '피타고라스학파'의 문하생으로 문하생들의 집회 중에 허물어져 내린 지붕의 기둥을 다른 문하생들이 모두 피해 달아날 동안 버티고 있었다고 전해지기도 한다. 이와 같이 엄청난 힘의 소유자였지만 자기 힘을 과신한 나머지 고향인 코포톤 근처에서 비참한 최후를 맞이하게 되었다.[26]

기원전 500년경부터 레슬링은 직업선수가 등장하면서 순수한 올림픽 정신이 망각되었고, 생계를 유지하기 위하여 상품에 의존한 직업 선수로 변하면서 많은 관중들은 관람객으로써 직업 선수의 연기를 보고 즐겼다. 올림피아 경기는 그리스인이 행한 초기의 레슬링과 로마인이 행한 특유한 레슬링을 혼합한 규칙이 그레코로만형인 레슬링의 원형으로 새로운 형태의 레슬링이 탄생하기 되었다.

(2) 그레코로만형의 유래: 1860년 프랑스 인에 의해 고안되었다.

그레코로만은 그리스 로마라는 뜻으로 고대 그리스와 로마의 제전에서 행해 겼던 전통적인 경기로서 로마 시대에 들어서면서 좀 더 건전한 레슬링 경기를 보급하고자 상대방의 허리 밑으로는 손이나 다리를 대는 것을 금지하는 등 새로운 규칙을 제정하였다. 이것이 현재 그레코로만형의 원형이며. 1860년 프랑스 사람들에 의해서 고안되었다. 주로 유럽에서 성행되어 오다가 우리나라에는 1962년에 도입되었다. 경기 방식은 상반신을 잡고 공격이나 방어를 할 수 있으며 어떠한 경우에도 허리 아래를 잡고 공격이나 방어할 수 없도록 규정되어있다. 만일 하체를 잡거나 공격하면 반칙으로 심한 경우에는 패시브(passivity:벌점)를 받게 된다.[27]

2) 근대 레슬링

한편 1066년 윌리엄 1세가 잉글랜드를 정복하고 영국에 노르만 왕조를 세웠을 무렵 기사와 귀족

26)   서천량, 후등순 저. 정성호 옮김(1988). 레슬링, 고대 올림픽을 찾아서. 행림출판사, p.21.
27)   최신체육사대사전(1985). 한국일보사 출판국. p.489.

에 의해 여러 가지 스포츠가 행하여졌고 레슬링도 이때 유럽으로부터 전해져 왔다. 18C 후반에 영국은 유럽 대륙과 절연되어 강력한 해군력을 가지고 있어 외적의 침입이 없었으며 대륙 제국에서는 체육이 정치적, 국방적인 의의를 갖고 전투력 있는 청년 양성을 목표로 한데 비하여 영국은 자유제도, 자유주의 사상의 국민으로써 자유스런 스포츠나 유희가 행하여 졌다.

레슬링도 영국에서 행한 캐치 캔형(Catch as catch can style)으로 허리 아래를 잡고 걸고 할 수 있는 새로운 형으로 등장하였다. 양모(羊毛)공업 지방인 랭커셔에서 발달한 랭커셔 스타일로써 그 후 1948년 14회 런던 올림픽 대회에서 긴 명칭을 free style로 개칭하였다. 1896년 근대 올림픽의 부활과 더불어 제 1회 대회가 아테네에서 개최되었을 때는 레슬링이 정식 종목으로 등장하였으나 형이나 몸무게의 구별 없이 참가한 모든 선수가 동일하게 경기를 하였다. 그 후 자유형은 1904년 제3회 대회부터 그레코로만형은 제 4회 대회부터 8체급 제도로 행하여 졌다.

1921년 스위스의 로잔에서 국제 아마추어 레슬링연맹(Federation International de Lutte Amateur=FILA, International Amateur Wrestling Federation = I.A.W.F)이 창설되어 레슬링 경기의 국제적 총괄 기관으로 오늘에 이르고 있다.[28]

(1) 제정(帝政) 러시아의 삼보(Sambo)

삼보란 무기를 갖지 않은 자기 방어술이라는 러시아의 머리글자를 모아서 만든 합성어(合成語)이다(Combo).[29]

삼보의 유래는 11세기에 라후덴지에프 연대에 젊은 슬라브인과 건장한 터키인이 착의(着衣) 그대로 격투하게 된 것이라[30] 하는데 이와 같은 제정(帝政) 러시아 시대(時代)로부터 전국각지(全國各地)에 그 지방(地方)의 문화(文化)로서 또 고장의 비기(祕技)로서 남아있던 23종(種)의 토착민속무기(土着民俗武技)를 러시아혁명(革命)(1917年)후(後)에 아나트리·알카디예비치·하를람피에프가 신종합(新綜合) 격기(隔期)로 창설(創設) 하였다. 그는 국내(國內) 각지(各地)를 답사(踏査)하면서 이들 자료(資料)를 바탕으로 유도, 레슬링 및 각종투기의 기술을 분리(分離), 정리(整理)함으로서 1938년에는 스포츠로서 탄생시켰다.[31] 이러한 그의 의도에 많은 학자, 교사, 코치가 찬의와 함께 적극적인 협력을 보였고 그 또한 연구를 거듭하여 삼보경기의 규칙을 만들었다.

삼보경기는 상의가 유도복과 흡사하고 유도와 공통된 기술이 많으며 서서하는 기술이 대부분이고 누워서 하는 기술과 관절기술은 행할 수 없으며 승부도「폴」(한판)이면 경기가 끝나게 되어 있다.

• • • • • • • •

28)   문교부(1978). 전게서. p.17∼p.18.
29)   체육백과대사전 편찬실(1965). "삼보"경기편. 교육출판 위원회, C-168.
30)   문교부(1978). 전게서. p.125.
31)   체육백과대사전 편찬실(1965). 전게서. C-168.

1932년 소련에서 최초로 삼보 개인선수권대회가 개최되었으며 1949년부터는 단체선수권대회가 1968년 이후에는 국제아마추어레슬링연맹의 정식 관리 종목이 되었다. 최근 소련의 삼보경기자는 (삼비스트) 무려 100만 명이 넘는다고 하며 세계 레슬링선수권대회에 삼보레슬링선수권 대회가 추가되고 있고 앞으로 올림픽 대회에서도 삼보종목이 정식종목으로 추가될 전망이다.

① 경기와 기술

메치기·굳히기로 승부를 겨룬다. 굳히기에는 누르기와 꺾기가 있고 조르기는 포함되지않는다. 꺾기에서는 팔꿈치·허리·무릎 등 관절과 정강이의 압박에 의한 고통주기 등이허용된다. 메치기와 꺾기는 한판(폴)의 대상이 되지만 누르기는 판정점수를 얻는다. 다음과 같은 기법과 행동은 금지되어 있다.

- 머리부터 곤두 박히게 메치는 일.
- 일체의 조르기와 목을 비트는 일. 또는 양다리로 머리를 조르는 일.
- 상대방의 팔을 등 뒤로 비트는 일.
- 때리기·할퀴기·물기 등.
- 팔꿈치나 무릎으로 비트는 일.
- 상대방의 팔을 등 뒤로 비트는 일.
- 메치기 자세에서 꺾기를 하는 일.

② 경기장

10m 사방으로 두께 52cm의 매트를 깔고 그 위에 비닐제 캔버스를 덮는다. 캔버스에는8m 사방에 너비 10cm의 색깔이 있는 선으로 사각형 선이 그어지며 그 안에서 경기를한다.

③ 복장

복장은 유도복과 비슷한 모양의 상의 팬츠(수영 팬츠를 대용해도 된다)를 입으며 삼보슈즈(레슬링 슈즈와 마찬가지로 바닥에 뒤꿈치가 없는 것)를 착용해도 된다.

④ 체급제

체급은 다음의 8체급으로 구분된다. [32]

. . . .

32)   최신체육사대사전(1985). 전게서. p.489.

플라이급	58kg이하
밴텀급	59kg부터 ~ 62kg까지
페더급	63kg부터 ~ 66kg까지
라이트급	67kg부터 ~ 70kg까지
웰터급	71kg부터 ~ 75kg까지
미들급	76kg부터 ~ 80kg까지
라이트헤비급	81kg부터 ~ 87kg까지
헤비급	87kg이상

≫ 3. 세계 각국의 레슬링

스위스와 티롤레스 골짜기의 일부지역은 레슬링의 한 스타일이 쉬뱅긴이랑 이름하에 번창하고 있다. 초반에 벨트를 착용한 특별한 팬츠들을 이용, 우리의 씨름과 유사한 스타일로 시리아와 러시아의 일부지역에서도 만연하였다.

일본인들은 종교적인 의식으로서 행해 왔는데 8세기에 스모는 연중 오곡추수 축제 행사의 하나로서 승리자는 관선 중재인으로 임명하고 사지왕자 부채까지도 수여하였다. 특히 두 가지 스타일이 있는데 중량에 비중을 둔 스모와 상대사자의 중량으로 자신의 불리한 점을 역이용하는데 역점을 둔 쥬쥬츠가 있었다.

인도는 양어깨가 바닥에 닿음으로서 하나의「폴」을 구성하는 아주 과학적인 형태의 레슬링이었다.

유럽대륙은 1860년경 프랑스 사람들에 의하여 고안된 그레코로만이라 불리는 스타일이 실시되고 있다.

루마니아에서 레슬링은 이제 고등교육 기관들에서 학문으로 연구되어 지고 레슬링이 사회적인 자질들과 도덕적인 품성을 발달시키는데 크게 도움이 되고 있다고 믿고 있다.

≫ 4. 현대의 레슬링 강국들

미국 대학생 레슬링은 아이비리그에서 발달된 이래 제2차 세계대전 동안 운송 기관 문제들로 운동팀 전체가 좌절을 겪고 1960년 초반에 일어나 현재까지 큰 성장이 점진적으로 이루어지고 있다. 현대의 올림픽 대회와 세계 선수권 대회의 결과는 프리 스타일, 그레코로만 스타일에서 소련이 단연 강하고 그 밖엔 이란, 터키 등 중동제국이 강하며 루마니아, 불가리아, 헝가리 등 발칸반도 제국이 장족의 발전을 거듭하며 또한 자유형에서는 미국과 일본을 빼 놓을 수 없고 근년에는 한국과 몽고가 놀라운 속도로 발전하고 있다.

>> 5. 우리나라 레슬링 역사

1) 광복 이전의 레슬링

레슬링은 외국에서 수입된 특이한 격투기이다. 우리나라에 소개된 것은 근대 교육 기관이 개설된 이후이고 1934년 중앙 기독교 청년회관에 조순동, 김후옥, 유덕길 세 사람이 레슬링부를 창설하여 시작하였다.

1941년 4월 5일에는 경성부(YMCA)주최로 제1회 선수권 대회를 개최함으로써 시민들에게 레슬링을 처음 소개하였고 1942년 4월 서울 공설운동장에서 국내선발 팀과 일본 유학생팀 간 친선 대항전은 당시 잔악한 일제 탄압에 맞서 우리 젊은이들의 기백을 과시하는 데 큰 공을 세웠다.

2) 광복 이후 레슬링

1945년 광복과 더불어 레슬링은 새로운 외래 스포츠이자 흥미 있는 경기 종목으로 등장하였다. 1945년 3월 조선 아마추어 레슬링 협회가 창설되면서 그 해 11월에 제1회 전국선수권 대회가 개최되었다. 1948년 7월 대한 아마추어 레슬링 연맹으로 개칭하여 그 해 8월에 국제연맹에 Korea로 가맹하였다. 제14회 런던 올림픽 출전과 더불어 레슬링은 일대 전환기라 할 수 있으며 약진의 계기가 되었다. 제21회 몬트리올 올림픽대회에서 양정모 선수가 한국 올림픽사상 첫 금메달을 획득하였다. 그 뒤로 각종 국제 경기에 계속 출전하여 우수한 성적을 거두고 있다.[33]

제2장 | 기술

(1) 자세

가장 기본적인 자세로 '정면 자세', '오른쪽 자세', '왼쪽 자세'의 세 가지가 있다. 이 자세는 신체의 각 부분이 서로 단단히 맺어져 중심이 안정되는데, 특히, 발끝, 하복부(下腹部), 턱(시선)의 연결(連結)이 중요하다. 이 세 부분의 「밸런스」가 무너지면 중심이 불안해진다.

정면 자세는 양발의 간격을 어깨 폭 보다 양간 넓게 벌려 옆으로 나란히 하고, 중심은 앞쪽에 두고 유연하게 유지한다. 겨드랑이는 딱 붙이고 시선은 상대를 본다.

---

33) 문교부(1978). 전게서. p.18~p.19.

(2)「태클」들어 넘기기

상대의 양 넓적다리의 관절 부분으로「태클」하여 들어가는 것이다. 스피드를 붙여 중심을 낮추어 머리를 상대의 몸 바깥쪽으로 내밀고 겨드랑이를 쥔다. 그런 다음 양어깨를 밀면서 상대를 완전히 들어 올려, 무릎으로 받치고 내리친다. 이 경우 무릎을 받치지 않고 내리치면 위험하므로, 반드시 무릎을 받쳐 줄 것, 상대를 내리친 다음에는 즉시 상태를 덮쳐 누르고 팔로 상대의 목을 구부려, 자신의 다리로 '방어'하면서「폴」한다.

(3)「태클」무너뜨리기

「태클」들어 넘기기와 마찬가지로 이 기술로「태클」상대를 뒤쪽으로 넘기는 기술이다. 이 경우, 양팔과 가슴, 머리, 양다리의 '균형'에 주의할 것, 다음에 속도를 붙여 중심을 낮추고 양다리를 '잠금'한다. 상대가 쓰러지면 재빨리 목에 둘러 굳힌다.

열린자세

(4) 되돌려 씌우기

앞쪽 위에서 어깨와 목을 잡고 옆으로 회전시켜 뒤집는 기술이다. 위쪽에서 양팔로 상대의 목과 어깨를 잡고 손가락을「인디언 그립」으로 연결한뒤, 상대를 오른쪽, 왼쪽으로 흔들어 '균형'을 무너뜨린다. 상대의 체세(體勢)가 무너지면 오른발쪽부터재빨리 오른쪽으로 돌아 상대에게 오른쪽 겨드랑이를 향하는 동시에 머리와 몸통을 뒤로 젖힌 다음왼발을 뒤쪽 자신의 오른발과 동일선상으로 벌리고 내리친다. 여기에서 상대를

닫힌자세

들어올리면서 뒤로비틀어 돌려 매트에 자빠뜨리고는 그대로 눌러 굳힌다. 이 경우, 왼발에 주의하며 지나치게 올라타지않도록 가슴으로 누르면서 위에 올라타 자신의 발로 누르면서 굳힌다.

(5) 목 내리치기

상대가「태클」로 들어오는 순간 상대의 목을 비틀어 내리친다. 다음에 발을 걸어 가위조르기(scissor hold)하여「폴」로 이끌어 간다. 이 경우, 상대의 머리를 손으로 누르고 허리를 끌어 찌부러뜨린 다음, 목에 손을 넣어 지레의 힘을 이용하여「쿼터낼슨」으로 이끌어간다.

(6)「태클」되돌리기

상대가「태클」로 들어온 경우, 먼저 팔과 목을 누르고 꼼짝 못하게 하고 비틀듯이 하여 메친 다음,

손을 잡아 상대의 몸을 눌러 찌부러뜨리면서 반대로 되돌린다. 이 경우, 가슴과 허리의 비틀기를 재빨리 하는 것이 중요하다.

(7) 그라운드 레슬링(ground wrestling)

① 낚아 자빠뜨려 굳히기

이 기술은 상대의 다리 가랑이에 재빨리 손을 넣어 상대를 들어올리는 것인데 처음에 상대의 왼쪽 가랑이에 왼발을 넣고 오른손으로 상대의 오른쪽 발목을 잡아 끌어올려 상대의 몸을 찌뿌러뜨린다. 다음에 상대를 한번 공중으로 들어올려 가슴으로「컨트롤」하면서 상대의 어깨에 중심을 걸어 거꾸로 세워 굳힌다.

② 다리 휘감기

낚아 자빠뜨려 굳히기의 변형으로, 한 팔로 상대의 왼쪽 넓적다리를 잡고 다른 한팔로상대의 허리를 잡는다. 상체로 상대를 뒤쪽으로 끌어올리고 남은 상대의 오른발에 자신의 오른발을 휘감아 올려 넘어뜨린 다음, 왼팔로 머리를 끌어당겨「폴」하는 기술이다.

③ 바디 프레스(body press)

상대의뒤쪽에서 거는 기술의 대표적인 것이다. 양발을 상대의 가랑이 사이에 넣고, 배에 중심을 걸어 누른다. 상대를 매트에 평평하게 누르고 양손으로 공격한다. 상대는 몸을돌려 매트 위에 눕게 되는데, 이 때 조금 옆으로 움직여「폴」로 이끌어 간다. 이 바디프레스의 방어 방법으로서는 상대의 양발을 자신의 안쪽 넓적다리에 넣게 하지 않는 일이 중요하다. 상대가 양발을 넣은 경우에는 즉각 자신의 왼발을 뻗어 오른발 쪽으로 끌어 당긴다.

④ 자세(자유형)

왼쪽을 반 발짝 앞으로 내어 체중의 60%를 싣고, 왼팔을 조금 내민다. 팔꿈치는 겨드랑이에 붙이고, 무릎을 구부려 몸의 무게중심이 낮도록 한다. 시선은 상대를 향하고 언제나똑같은 보폭으로 움직이도록 한다.

⑤ 손 끼는 방법

양손을 깍지 끼는 것은 위험하다(경고를 받는다.).

「후크」로 쥔다.

다른 쪽의 손의 손목을 쥔다.

⑥ 다리 휘감기

상대의 몸통과 발목을 단단히 잡고 상대의 발을 뒤로 끄는 것처럼 하여 단숨에 올린다.반대쪽 발을 자신의 오른발로 휘감고, 허리를 중심으로 앞으로 넘어뜨린 후에도 발을 올려「폴」로 이끌어간다.

⑦ 다리 휘감기의 방어법

다리가 들어올려졌을 때에 자신의 오른발로 상대의 오른쪽 넓적다리를 힘껏 밀치고 그대로 앞으로 피한다.

발뒤꿈치 들어올리기

⑧ 안아 넘기기
- 상대의 왼팔을 끌어안고 자신의 왼팔을 상대의 몸통에 두른다.
- 왼발부터 들여놓고, 그에 오른발을 맞춘다.
- 상대를 배에 싣는다.
- 브릿지 한다.
- 비스듬히 굳히기로 누른다.

⑨ 어깨 매어 넘기기
- 상대를 끌어당긴다.
- 허리를 넣는다.
- 상대의 팔을 끌어 어깨에 넘긴다.
- 중심을 실어 누른다.

⑩ 「태클」되돌리기(반격)

상대가 들어 왔을 때, 허리를 구부려 상대의 팔을 후리고 머리를 누른다. 상대가 일어서려 할때, 상대의 겨드랑이 팔을 넣어 반대로 돌린다.상대가 쓰러지면 오른발로 상대의 발을 휘감아「컨트롤」한다.

⑪ 옆 굴리기에 대한 가치평가

옆 굴리기에 대한 점수는 위험한 자세에서 수행했을 때 2점, 위험한 자세가 아닐 경우는 1점을 수여한다. 이러한 「홀드」는 기술점을 얻기 위해 연속적으로 여러 번 시행 할 수 없다. 이미 옆굴리기 수행 전에 다른 기술로 1점의 기술점을 따야한다. 시합을 「다이나믹」하게 유지하고 선수들에게 다른 「홀드」수행을 이끌게 하기 위해 시합은 옆 굴리기 후 중단되지않아야 하며 만약 선수가 다른 「홀드」나 혹은 「폴」을 행하고자 할 때 옆 굴리기는여러 번 수행할 수 있다. 그러나 단지 점수는 처음 수행한 점수만 인정된다.

제3장 | 경기규정

» 1. 레슬링의 규칙과 운영 방법

1) 레슬링의 종목

(1) 그레코로만 스타일

이것은 그리스-로마라는 뜻으로 고대 그리스와 로마의 제전에서 행하여 졌던 전통적인 경기로 유럽에서 많이 보급되어 있지만 우리나라는 1962년에 도입되었다. 경기방식은 상대편의 상반신을 잡고 공격이나 방어를 할 수 있으며 어떠한 경우에도 허리 아래를 잡고 공격이나 방어를 할 수 없도록 규정되어 있다.

(2) 프리 스타일

경기 중 상대방의 상·하체 어느 곳이나 잡고 공격과 방어를 마음대로 할 수 있다. 자유롭게 잡고 레슬링을 할 수 있기 때문에 기술도 다양하며 선천적으로 상체가 강한 서양인이나 하체가 강한 동양인도 해볼 만한 종목이다.

(3) 삼보 스타일

국제 아마추어 레슬링 연맹(F.I.L.A)이 1968년부터 구소련 지방의 민속경기를 레슬링 종목으로 채택하여 새로이 보급한 경기로서 삼보란 러시아어로 Cambo이며 원래의 뜻은「무기를 소지하지 않은 호신술」이라는 뜻이다. 구소련에는 옛날부터 전하여 온 고유한 민족 격기로 중요한 23종류의 전통적인 격기가 있었다. 이것을 1917년 혁명이후 하르란피에프라는 사람이 정리하여 새로운 체제의 경기로 만들었으며 이 원형을 구소련의 스포츠 위원회가 새로운 경기로 인정한 데서 시작 보급되었다.

2) 경기방법과 운영

(1) 경기개시

경기 시작 전에 각 선수들은 호명에 따라 각자에게 지명된 매트의 코너 위치로 간다. 각 선수의 코너는 선수에서 청이나 홍의 유니폼의 색깔과 같은 색깔의 코너로 가야만 한다. 주심은 매트 중앙 가운데로 두 선수를 불러 자기의 양옆에 세우고 그들이 복장을 검사하고 선수들이 미끄럽거나 끈끈한 것을 바르지 않았는지 땀에 젖지 않았는지 손에 아무것도 없는지, 손수건을 갖고 있는지를 조사한다. 선수는 서로 인사나 악수를 나누고 심판의 명령에 따라 경기를 시작한다. 레슬링 경기시간은 2분 3회전으로 무승부 때는 1회전이 추가된다.

대전 방법은 예선전과 결승전으로 나누어 실시되며 각 체급의 4인 이상이 참가하는 개인 경기 전 종목에 해당하며 A, B 2개 그룹으로 나누어 시합을 갖는다.

경기 일정은 올림픽대회는 5일 동안, 세계 선수권 대회 및 대륙 간의 대회는 4일간으로 예정 경기 참가 수에 따라 일정 및 매트 수를 결정한다. 각 체급의 경기는 첫째 날, 둘째 날은 예선전, 3일째는 결승전이 실시된다.

≫ 2. 심판원의 구성

(1) 구성

모든 경기에서 매 경기를 담당하는 심판은 다음과 같다. 심판장 1명, 주심 1명, 부심 1명, 즉 국제 심판규정에 따라 자격이 있는 3명의 심판으로 구성된다. 경기 도중에는 심판원 교체는 엄격히 금지되며 단, 다급한 병으로 의사가 확인한 경우에는 예외로 한다. 심판원은 어떠한 경우에도 같은 국적을 가진 두 명의 임원으로 구성될 수 없다. 더욱이 선수와 국적이 동일한 심판원은 그 선수가 출전하는 경기에 엄격히 담당할 수 없다.

≫ 3. 득점에 대한 규정

(1) 1점
- 상대방의 양 무릎을 꿇게 제압할 때
- 상대방의 공격을 받고 순간적으로 뒤로 돌아가서 잡았을 경우
- 상대를 공격하여 엉덩이를 매트에 닿게 하고 제압하였을 경우
- 상대방을 넘겨서 빠떼르 자세에 이르도록 제압하는 것

- 스탠드 혹은 빠떼르 자세에서「홀드」하는 선수가 상대방을 정확히 위험한 자세에 이르게 하지 않은 경우
- 상대방을 한팔 또는 두 팔로 제압하는 경우
- 상대방에 의하여 반칙으로「홀드」가 방해받은 경우 1점 그리고 이 선수는 그의「홀드」를 계속 실행할 수 있다.
- 상대선수가 매트를 벗어나거나 혹은「홀드」를 회피 할 때 공격선수에게 1점
- 상대선수가「홀드」, 매트이탈, 시합속개 거부, 불법적인 맨손 혹은 격렬한 행동을 할 때 공격선수에게 1점
- 위험한 자세에서 5초 혹은 5초 이상「홀드」할 때
- 빠떼르 자세에서 지배 혹은 제압되어지고 있는 선수나 혹은 스탠딩 자세에서 들어올려 져서 그라운딩되는 선수
- 큰 기술을 요구하는 자극적이고 극적인「홀드」를 하기 위해 심판은 그라운드에서들어 수행한 어떤「홀드」에 추가 점수를 수여해야 한다. 왜냐하면 공격선수가 매트 에서「컨택」에 완전한 실책이 있기 때문임.
- 기술 득점의 경우에도 엄지손가락을 하나 높이 수직으로 들어서 1점을 표시한다.

(2) 2점

- 빠떼르 자세에서 정확히「홀드」를 수행한 선수와 그의 상대선수를 위험한 자세나혹은 즉각적인「폴」자세로 이르게 할 때
- 공격선수가 상대선수의 양어깨를 매트에 닿으면서 굴릴 때
- 방어하는 선수가 위험한자세의「홀드」로부터 피하기 위해 매트 밖으로 나갈 때
- 상대선수가 완전한「홀드」로부터 피하기 위해 공격선수에게 불법적인「홀드」를 할때
- 공격선수가 즉각적인「폴」자세나 혹은 상대선수 양어깨를 매트에 닿으면서 굴릴 때
- 스탠딩 자세에서「홀드」수행 시 그의 상대선수를 방해하는 선수
- 제압한 상태에서 상대를 브릿지 자세로 누르거나 상대방 배를 하늘로 향해서 회전시 킬 때
- 한쪽 어깨를 대고 시간에 관계없이 누르고 있을 때
- 넘어진 상태에서 팔꿈치를 대고 위험한 자세에서도 2점으로 간주한다.

(3) 3점

- 스탠딩 자세에서「홀드」를 써서 그의 상대선수를 짧은 폭의 큰 기술로 직접 던져위험한 자세로 이르게 할 경우

- 공격선수가 한 무릎 혹은 양 무릎을 대고 있다 할지라도 작은 폭의 큰 기술로 방어선수를 즉각적인 위험한 자세에 이르게 하는 경우
- 큰 기술「홀드」를 시도한 선수가 직접 그리고 즉각적인 자세로 상대방을 이끌지 못 했 을 때

(4) 4점

- 상대의 발이 공중에서 회전하는 상태와 같이 큰 기술을 아름답게 시도했을 때
- 상대는 큰 포물선을 그리고 공격자가 무릎을 꿇지 않고 넘기는 상태

(5) 5점

- 스탠드 자세에서 상대를 제압하여 직접 그리고 즉각적인 위험한 자세로 이끌게 하는 큰 폭의 모든 기술
- 빠떼르 자세에서 상대방을 들어 올려 큰 폭의 기술로 넘겨 직접 그리고 즉각적인 위 험한 자세에 이르게 할 경우[34]

(6) 폴(fall)

「폴」은 경기 시간 종료와는 관계없이 상대를 넘기고 위험한 자세로 눌러서 1초 동안 어깨가 매트에 닿게 되면 「폴」을 당하게 되는 것이다.

공격선수에 의해서 주심이 「폴」을 확인할 수 있는 정도의 충분한 시간동안 방어 선수의두 어깨가 매트에 닿게 했을 경우 그것으로 충분하다. 그의 머리는 보호지역에 닿아선 안된다. 만약 선수가 자신의 불법적인 「홀드」나 규정에 위배된 「홀드」를 하여 양어깨가 닿는 경우는 효력을 가진다. 부심과 심판장이 동의하는 경우 부심과 심판장의 상의로 「폴」을 결정한다. 「폴」이 시행되고 인정하기 위해서는 본 조항의 첫 구절에서 보았듯이 「폴」은 짧은 시간동안 선수의 양어깨가 동시에 매트에 확실히 닿아 있어야 하고 이것은 스탠딩에서도 마찬가지이다. 어떠한 경우에도 주심은 부심의 확인을 받은 후에야 매트에 손바닥으로 매트를 치면서 「폴」을 선언한다. 부심의 확인을 받지 못하면 심판장의 확인을 얻고 호각을 불어야 한다.

- 폴의 종류
- fin fall-「홀드」로 누르며 두 어깨가 매트에 닿게 하는 것
- flying fall-메어쳐서 동시에 두 어깨가 매트에 닿게 하는 것

. . . .

34) 이승기(2000). 레슬링, 운동경기전집, 홍인문화사, p.370~p.371.

- rolling fall-몸이 옆으로 구르면서 두 어깨가 동시에 매트 에 닿는 것

(7) 채점 1점

- 상대의 등 뒤로 돌아 빠떼르 후 제압했을 때
- 「태클」하여 상대가 양손을 바닥에 짚었을 때
- 공중에서 상대를 회전 시켰을 때

(8) 채점 2점

- 상대를 순간적으로 브릿지 상태로 몰아갔을 때

(9) 채점 3점

- 스탠드 레슬링에서 던졌을 때
- 「태클」하여 상대가 스탠드 상태에서 직접 양 팔꿈치를 뒤로 짚었을 때

(10) 채점 5점

- 그라운드 레슬링에서 큰 기술로 상대를 위험한 상태에 빠뜨렸을 때(보너스 포인트)

≫ 4. 패시브와 경고(빠떼르)

- 정확한 「홀드」수행을 시도하지 않았을 때
- 상대방의 공격을 무효로 하려는 목적이 신체적만족 하는 것
- 공격의도를 갖지 않고 몸으로 맞대는 데에만 만족 하는 것
- 상대방의「홀드」를 계속해서 방해하는 것
- 매트 혹은 빠떼르 자세에서 고의적으로 매트를 이탈하는 것
- 어떤 반격 없이 배를 대고 쭉 엎드려 있는 경우
- 경기진행을 방해할 의도로 한 손 혹은 양손으로 상대방 을 끌어
  당길 때
- 그레코로만형 경기에서 몸과 몸을 밀착시키는 것을 피하려고
  이마를 맞대는 경우
- 자유형에서 싸우지 않고 배를 바닥에 깔고 지체하면서 상대방
  의 한 다리를 두 다리로 조이는 경우

하위시작자세

상위시작자세

- 상대를 매트 밖으로 밀어낼 때
- 상대방을 매트 중심으로 밀 때
- 선수가 고의로 부상인척 가장하고 매트에 누울 때
- 상대선수의 「홀드」를 피하기 위해 빠떼르 자세에서 펄쩍 일어날 때
- 이탈하는 척하기 위해 상대방을 매트에 떠밀어 내밀 때
- 모든 경기 중 빠떼르에서 끝난 동작은 빠떼르로 시작되며 스탠드에서 끝난 동작은 스탠 드로 시 작한다.

≫ 5. 기술적 우세승

「폴」, 기권, 실격의 경우와 마찬가지로 선수들 간의 점수 차가 10점이 되면 시합은 정규시간 이전에 끝나게 된다. 완전히 동작이 끝나기 이전에는 기술적 우위에 위한 승리를 발표하기 위해서 경기를 중단할 수 없다. 심판장은 점수 차이가 10점(승점 4점)이 되면 주심에게 신호를 한다. 심판원단의 확인 후에 주심은 승리자를 발표한다. 그러나 승자가 상대선수에게 폴승(승점 5점)을 얻기 위해 시합을 계속할것인가를 심판이 물어야 한다. 선수가 원한다면 (「폴」이 없으면) 시합 종료 시간까지 계속해야 한다.

≫ 6. 승자의 형태

경기는 다음에 의해서 승자가 결정된다.
- 「폴」
- 명백한 우세(10점 차이)
- 상해, 기권, 경기의 결장
- 상대방 선수의 자격상실
- 점수, 규정시간이나 연장전에서 최소한 3점의 기술적 점수를 획득하고 있는 승자
- 연장전의 종료 시에 심판원단의 결정, 승자가 없다면 더욱 일찍 선언되어 질 수 있다.[35]

≫ 7. 국제 레슬링 경기규정

제1장 경기와 일정- 제4조 경기시스템과 방법

. . . .

35) 이승기저(2000). 전게서. p.365.

- 경기방법은 예선에 3~4명의 선수들로 편성 각 그룹 리그전 승자끼리만 대진하는 직 접제의 토너먼트 시스템이며 그 방법은 다음과 같다.

A. 그룹예선

- 선수는 계체량 후 추첨순서에 따라 작은 번호부터 높은 번호 순서대로 대진표가 작성 된다.
- 대진표 양식에 따라 3혹은 4명의 그룹으로 나눈다. 선수들은 그룹별로 리그전으로 실시 한다.
- 시합에서 가장 많은 다득점 선수만이 계속되는 시합에 참가할 자격을 갖는다. 승점이 같을 경우 아래의 순서에 따라 승자의 등위가 결정된다.

  ① 승자승
  ② 기술득점
  ③ 벌점
  ④ 패시브

- 각 그룹 승자는 직접제의 토너먼트 방식으로 경기를 계속한다.
- 각 그룹에서 탈락한(패한) 모든 선수들은 위에서 언급한 바와 같은 평가에 따라 순위 가 결정된다.

■ 특별한 경우

- 한 체급에 단지 9~10혹은 11명의 선수만이 참가한 경우 각 그룹의 2위 선수들에게준결승전 진출을 위한 패자리그 부활전을 갖는다.
- 승자는 4번째의 준결승(1/2)진출 자격자가 되며 대진표의 아래에 놓는다.
- 패자 부활 선수가 이미 각 그룹 3명의 선수 중 이미 시합을 했을 경우 준결승전(1/2)에 서의 대진은 없다.
- 분류평가가 동점일 경우 최대「폴」승 선수가 선두가 된다.
- 만약 한 선수가 부상 등으로 인해 경기를 계속 실행할 수 없을 경우 그 선수는 예선 전의 획득 점수 결과에 따라 순위가 결정된다.
- 다음 대진표는 변경될 수 없으며 그의 상대선수는 그 시합의 승자가 된다.

B. 참가자격 라운드

- 각 그룹의 승자들은 16강, 8강, 4강의 경기속개를 위한 참가자격 직접제와 토너먼트경기 방법을 필히 알고 있어야 한다.
- 대진 방법은 맨 위 번호 순서부터 이루어진다.
- 참가자격 라운드 동안 패해 탈락한 선수들은 자동적으로 각 그룹에서 패한 선수들의 앞에 순위 가 부여된다.

- 순위는 승점, 기술점, 벌점, 패시브 따라 결정되며 단 참가자격 라운드의 기본에 준한 다.

C. 결승

- 결승전에 진출하기 위해 직접 제외되는 토너먼트에 참가한 선수 중 탈락하지 않은 2 명의 선수가 결승전 경기를 갖는다. 준결승전에서 패한 선수는 3 ~ 4위전을 갖는다.
- 직접 제외되는 토너먼트에 참가 결승에 진출하지 못하고 탈락한 선수들은 예선 라운 드에서 획득한 승점에 따라 순위가 결정된다.
- 그들이 같은 승점일 경우 아래 평가로 결정된다.
- 기술점
- 벌점
- 패시브
* 참고 : 결승전 진출을 위한 자격라운드 시합동안 어떤 이유로 한 선수가 매트에 출장하지 않을 경우 그의 상대선수가 승자로 결정된다)[36]

(제1조 목적)

- 그레코로만형, 자유형, 여자레슬링
- 정관 제2조 조항의 이행을 목적으로 함.
- 회계규정 제 7조의 규정을 준수하여야 함
- 징계규정 제 2 부의 제 1장의 규정을 준수하여야 함
- 국제대회 조직규정을 준수하여야 함[37]

(제2조 목적)

국제 레슬링 경기규칙의 특별한 목적은 아래와 같다.
- 대회진행에 대한 실질적이고 기술적인 조건을 규정하고 정확히 정한다.
- 레슬링 동작과「홀드」에 맞는 적당한 자세를 정한다.
- 가능한 상황과 금지사항을 작성한다.
- 임원의 기술적인 기능을 정한다.
- 선수들의 급수분류 징계 및 대전제의 방법을 정한다.

· · · · · · · · · ·

36) 이승기저(2000). 전게서. p.141 ~ p.142.
37) 이승기저(2000). 전게서. p.340.

그것들에 대한 설정의 적용범위는 변화 가능한 것이며 여자레슬링의 부분사항은 11장 에 첨부에 부었다. 그리고 민속경기는 그 규정의 적용을 받는다. 다음에 나오는 각 조 항은 금지종목에 대해 불일치가 발생할 경우 F.I.L.A기술 위원회만이 관련된 조항의정확한 내용을 결정할 자격을 가진다. 불어 규정집만 신빙성(최종 결정을 할 수 있다 는 것)을 가진다.

* 제3장 심판원단-제13조 구성

모든 경기에서 매 경기를 담당하는 심판은 다음과 같다.

심판장 1인, 주심 1인, 부심 1인 즉, 국제 심판 규정에 따라 자격이 있고 3인의 심판으로구성된다. 경기 도중에는 심판원 교체는 엄격히 금지되고 다만 다급한 병으로 의사가 확인한 경우에는 예외로 한다. 심판원은 어떠한 경우에도 같은 국적을 가진 2명의 임원으로 구성될 수 없다. 더욱이 선수와 국적이 동일한 심판원은 그 선수가 출전하는 경기에엄격히 담당할 수 없다.

제3조 적용

본 규정은 올림픽 경기 세계 선수권대회 및 기타 모든 F.I.L.A. 통제 하에 개최되는 국제대회에 적용한다. 국제시합동안에 사용되어질 수 있는 규정에서 선언된 것과 다른 경기절차들은 모든 참가국들과 F.I.L.A.에 의해 승인되어진 규정들을 적용한다.

제5조 경기 프로그램

A. 올림픽대회 4일 3개 매트(각형)

B. 시니어 세계선수권대회 4일 3개 매트(각형)

C. 주니어 세계선수권대회 4일 3개 매트(각형)

D. 카뎃 세계선수권대회 4일 3개 매트(각형)

접수된 엔트리에 따라 한 매트가 추가 혹은 줄일 수 있음.(모든 경기 타입 F.I.L.A.등의)원칙으로 모든 경기 타입 섹션은 3시간 이상 지속될 수 없음. 모든 경기타입을 위해 한 체급은 최저 2일 후 종료된다.

• 첫날과 둘째 날 분류라운드

• 셋째 날 준결승과 결승

일반규정은 한 선수는 하루에 4매치 이상을 할 수 없다.

• 모든 대회에서 5. 6. 7. 8위 결정전은 없으며 올림픽에서만 4강전에서 패한 선수 사이 에서 5˜ 6 위전 시합이 실시된다.

• 같은 체급의 경기는 한 매트에서만 경기를 진행 시켜야하며 또한 같은 시각에 각각 다 른 매트에서 동시에 경기를 할 수 있다.

① 연령

연령 구분은 다음과 같다.

- 초등학생 : 14 ~ 15(13세는 의료증명서)

- 카 뎃 : 16 ~ 17(15세는 의료증명서)

- 청 소 년 : 18 ~ 20(17세는 의료증명서)

- 일 반 : 20세 이상

주니어 연령그룹에서의 선수는 시니어 연령 그룹에 참가 할 수 있다. 연령은 계체량6시간 전 마지막 등록동안 모든 선수권대회와 경우에 따라 정해진다. 따라서 각 대표단의 단장은 F.I.L.A.의 기술단장에게 다음과 같은 사항을 제출해야 한다.

- 경기 해당연도 유효 선수증

- 선수의 개인 여권이나 신분(단체 여권은 접수 불가)

- 국내 연맹 회장이 발급한 선수 연령 증명서

본 증명서는 F.I.L.A.에서 정한 양식에다 최상단에 국내 연맹 명칭을 기입하고서 작성되어야 한다. 국제 경기에 각각의 참가자들의 국적은 여권이나 신분증의 제시에 의해계체를 통과해야 한다. 선수 각 개인은 그의 여권에 기재된 국적에 따라 국제 경기에서 참가할 수 있다. 만일 F.I.L.A.에 신고 사항이나 위조 사항이 있게 되면 해당 사항을 즉시 연맹과 선수 그리고 잘못된 증명서 서명자에게 책임을 묻게 된다. 경기 참가선수는 자동적으로 경기증진 혹은 보급을 위해 자신의 이미지 사진이나 혹은 비디오촬영을 F.I.L.A.에서 할 수 있도록 허용 받아야 한다. 만약 선수가 이러한 조건에 동의하지 않을 시 서면으로 명백히 해야 한다. 그렇지 않으면 경기에서 제외된다.

선수는 자신의 자유 의지와 책임으로서 경기에 참가하는 선수는 공식적인 계체량시의체중에 해당하는 단 하나의 체급만 시합이 허용된다. 시니어 체급에 있어서 선수는그들이 등급된 체급보다는 상위체급을 선택할 수 있으나 헤비급은 선수가 계체량 첫날 97kg이 넘는지를 반드시 점검해보아야 하며 중량 미달 시에는 여기서 제외한다.

② 체급

<표 2> 레슬링 체급구분

초등학생 (13 ~ 14세) ECOLIERS	소년 (15 ~ 16세) CADETS	청소년 (17 ~ 18세) JUNIORS	준일반 · 일반 ESPOIRS(1920) ETSENIOR(20세 이상)
27kg ~ 30kg까지	37kg ~ 40kg까지	43kg ~ 46kg까지	45kg ~ 48kg까지
30kg ~ 33kg까지	40kg ~ 43kg까지	46kg ~ 50kg까지	48kg ~ 52kg까지

33kg ~ 37kg까지	43kg ~ 47kg까지	50kg ~ 54kg까지	52kg ~ 57kg까지
37kg ~ 41kg까지	47kg ~ 51kg까지	54kg ~ 58kg까지	57kg ~ 62kg까지
41kg ~ 45kg까지	51kg ~ 55kg까지	58kg ~ 63kg까지	62kg ~ 68kg까지
45kg ~ 50kg까지	55kg ~ 60kg까지	63kg ~ 68kg까지	68kg ~ 74kg까지
50kg ~ 55kg까지	60kg ~ 65kg까지	68kg ~ 74kg까지	74kg ~ 82kg까지
55kg ~ 60kg까지	65kg ~ 70kg까지	74kg ~ 81kg까지	82kg ~ 90kg까지
60kg ~ 66kg까지	70kg ~ 76kg까지	81kg ~ 88kg까지	90kg ~ 100kg까지
66kg ~ 73kg까지	76kg ~ 83kg까지	88kg ~ 115kg까지	100kg ~ 130kg까지
73kg ~ 85kg까지	83kg ~ 95kg까지		

③ 경기

각 연령에 따른 국제 시합은 다음과 같다.

초등학생 : 14 ~ 15세

- 쌍방 지역적 국제시합

카뎃 : 16 ~ 17세

- 국제시합

- 세계선수권

카뎃 경기에 참가하고자 하는 선수는 참가 당해 연도 기준에서 최소한 14세 이상이어야 하며 협회에서 인정하는 의료 검사서를 제출하여야 한다.

주니어 : 18 ~ 20세

- 국제대회

- 대륙 선수권

- 세계 선수권

주니어 경기에 참가하고자 하는 선수는 당해 연도 기준에서 최소한 17세 이상이어야하며 협회에서 인정하는 의료 검사서를 제출하여야 한다.

- 국제대회

- 대륙 선수권 컵

- 세계 선수권대회 컵(올림픽년도 제외)

- 도전대회, 마스터 시합, 국제 그랑프리 대학 F.I.L.A.그랑프리 대회, 슈퍼스타대회

- 올림픽 대회

시니어 경기에 참가하고자 하는 주니어 선수들은 당해 연도에 최소한 17세가 되어야한다. 그들은 국내 협회 공인 진료 증명을 제출하여야 한다. 위에서 열거한 모든 경기는 F.I.L.A의 규칙에 따라서 진행된다.

올림픽, 세계선수권대회, 월드컵, 대륙 선수권대회, 국제지역대회에 참가하는 카넷, 주니어, 시니어 선수들은 특별 규정에 따라서 국제 선수증을 소지하여야 한다. 선수는 계체량시에 F.I.L.A.임원에게 선수증을 제출하여 검사를 받고 당일로 해당 선수 입원에게 선수증을 반환한다. 이 선수증은 당해 연도 F.I.L.A. 스탬프가 첨부된 선수증만이 유효하다. 스탬프를 구성함으로써 선수는 그가 참가하는 (세계 대륙 선수권대회, 세계 국가 컵 대회)공식 선수권 대회에서 보험혜택이 된다.

제8조 복장

선수는 지정된 색(적색과 청색)의 원피스형 유니폼을 입고 매트의 가장자리로 나와야 한다. 적색과 청색으로 혼합되어 만든 유니폼을 입는 것은 금지됨.

- 그레코로만형에서 선수는 무릎이나 무릎아래까지 내려오는 유니폼 팬티를 입을 수도 있다.
- 자유형에서 유니폼 팬티는 무릎 중간까지 내려오는 것을 입어야만 한다.
- 레슬링 유니폼 팬티는 F.I.L.A.에서 승인된 형태이어야 한다.
- 유니폼 팬티는 신체에 밀착되어야 하며 가벼운 무릎 보호대를 착용할 수도 있다.
- 선수의 신발은 레이스(끈의 누출)없이 신어야 한다.
- 끈이 있는 신발을 신을 경우 시합동안 테이핑 등의 방법으로 신발 끈이 풀리지 않게 하기 위해 신발 위에 감아 단단히 붙여야 한다.
- 각 선수는 자신이 테이핑 등으로 고정하는 등 신발 끈의 안전에 대해 책임이 있다.

선수는 가슴에 자신의 국가 표시를 한다. 유니폼 팬티의 등에 선수는 약자로 자신의나라 이름을 표시할 수 있다. 최대 사이즈는 $10cm \times 10cm$ 선수는 다른 나라의 약자는 표시된 것을 입을 수 없다. 세계선수권 그리고 다른 시합동안에 선수는 넓적다리 대퇴 나 등에 스폰서의 이름이 표시된 유니폼을 입을 수 있다. 이것은 올림픽 대회동안은 IOC규정에 의하여 허용되지 않는다.

선수들은 가운의 소매 자락이나 등에 스폰서의 이름을 표시할 수 있다. 귀 보호대나헬멧은 사용할 수 없다. 단지 F.I.L.A.에서 승인한 탄력성 있는 천으로 만들어진 옷은 허용된다. 경기 중단(부상이나 기타 이유로 인한) 선수의 몸을 따뜻하게 보호하기 위해 의복(가운)을 사용하는 경우를 제외하고서는 기준 복장 외 어느 것도 사용할 수 없다. 선수는 발목을 보호하기 위해서 신발을 착용해야 하며 뒤꿈치에 못이나 침이 박힌 신 발 금속고리나 신발 끈의 끝 부분이 쇠붙이로 된 신발의 착용은 엄격히 금지된다. 특 히 끈이 길게 나오거나 연결고리가 쇠나 단단한 재질인 것은 사용할 수 없다. 선수는 선수화를 신고서 매트 위에서 지정 자리를 옮길 수는 없다.

다음 사항은 금지된다.

- 의사로부터 처방이나 상해를 입은 경우 제외하고는 손목, 팔, 발목 등에 붕대를 감는행위

- 몸에 기름이나 끈적끈적한 물질을 바르는 행위

- 땀에 젖어 매트에서 나오는 행위

- 상대방에게 부상을 입히기 쉬운 반지, 팔찌 등을 착용하는 행위 매 시합 시 각 선수들 은 깨끗이 면도를 해야 하며 그렇지 않으면 수개월 동안 자란 수염이어야 한다. 머리 는 짧고 혹은 머리 뒤를 잘 매어 있어야 한다(심판 필요시).

각 선수는 이 조항 첫째절의 요구사항을 충족시킬 수 있는 홍, 청색 유니폼을 마치 자 신이 항시 손수건을 휴대하듯이 소지하고 있어야 한다.

제9조 매트

F.I.L.A.에서 승인된 매트는 1.5m폭의 같은 두께로 된 보조매트로서 둘러싸인 직경 9m의매트가 다음과 같은 대회에 의무화되어 있다. 즉 올림픽대회, 선수권대회 컵 그리고 모든국제 대회는 직경 9m의 원형 안에 원 전체에 대하여 1m의 폭은 붉은색으로 칠하여져있는데 이곳은 경기 면적의 일부를 이룬다.

매트의 각 부분들을 명칭하는 전문용어는 다음과 같다.

1.5m - 보호구역

7m - 수동적 지역

1m - 중앙 레슬링 지역

- 중앙 레슬링 지역인 붉은선 안쪽 매트(직경 7m)

- 붉은 선 : 수동적 지역(폭 1m)

- 보조매트 : 보호구역(폭 1.5m)

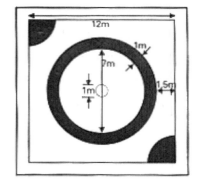

레슬링 링

경기를 잘 볼 수 없는 경우에는 1.10m를 초과하 지 않는 높이의 프레이트폼을 설치한다. (지주와 지주줄은 금지한다.) 만약 매트의 설치가 보호구 역의 주변이 2m가 안될 때는 45도의 경사판으로 설치해야 한다. 보호 구역의 보조매트는 항상 매 트와 다른 색이어야 한다. 매트 주위의 바닥은 부 드러운 것으로 덮어야하며 잘 고정되어야 한다.매트는 오염을 방지하기 위하여 모든 레슬링 시 합기간 전에 깨끗이 소독된 시트(캠파스)로 씌워 야 하고 이 캠파스와 쇠고리는 다치지 않도록 천 으로 싸여져 있어야 한다.

다만 표면이 부드럽고 균일한 현대식 매트(캠파스 포함)를 사용할 경우 위생면을 고려 해야 한다. 매트의 중앙에는 직경 1m의 원을 그려야 하며 그 원의 두께는 10cm로 한 다. 이렇게 경기의 범위를 표시하고 지역을 나타내는 색은 붉은색이 되어야 한다. 매트 의 코너는 각 청색과 홍색으로 한다. 마

지막으로 매트의 설치는 선수들의 경기를 정상 적으로 발휘할 수 있도록 주위로부터 충분히 넓게 분리되어야 한다.[38]

제10조 의료검사

제7조에서 국내선수증에 관한 규정에 의하여 모든 선수는 선수권대회 컵 게임대회 시작3일전 자국에서 의료검사를 받아야 한다. 대회조직위원회 개체된 진료 감독을 보장하고시합 동안 안전을 보장할 의료진을 구성하고 특히 도핑검사를 시행할 수 있도록 의료반을 지원하여야 한다. 시합기간 동안 위에 언급한 의료진은 F.I.L.A.의료분과 위원회의 권한하에 있게 된다.

선수의 개체 전에 의사는 신체검사와 건강상태를 검사하며 선수가 건강한지 아니면 본인과 타인에게 영향을 미칠 위험한 상태에 있어 경기에 참여할 수 있는지를 판단하여 위의경우 경기에 참여하지 못하게 한다. 전 경기가 진행되는 기간 중 의료진에서는 사고 발생 시에 대비하여 항상 대기하여 경기를 계속할 것인지 결정한다. 참가팀의 의사는 부상자(자기 팀)를 치료하는 모든 권한을 가지는데 치료 시에는 그 팀의 코치 또는 감독만이입회할 수 있다.

제11조 의사의 개입

F.I.L.A.의 공식 의료진은 선수가 아닌 자신이나 또는 상대방 선수에게 위험하다고 판단되면 경기 심판을 통해 경기를 중단시킬 권한과 책임을 가지고 있다. 의사는 양 선수 중한 선수에게 경기를 계속할 수 없다고 인식함으로서 경기를 즉각 중단시킬 수 있다. 공식의사가 없을 때 시합중지는 2분간이며 심판은 고의적이지 정당한 것인지를 판단 결정해야 한다. 부상(또는 논쟁)이 일어날 경우는 심각한 부상으로 즉각 이동해야 할 상황을제외하고 선수는 여하한 경우에도 매트를 떠날 수 없다.

- 만약 한 선수가 부상당했을 때 주심은 시합을 중지시키고 직접 의사를 불러 부상이가장된 것인지 정당한 것인지 의사의 의견을 확인 협의해야한다.
- 만약 의사가 가장된 부상으로 고의적이라고 보고하면 주심은 심판장 부심과 제재 규 정을 적용토록 협의함(벌점+점수)
- 한 선수가 명백한 부상이고 그 선수가 피를 흘릴 경우 의사는 의료조치를 위해 책정 된 시간을 사용할 수 있으며 그 선수가 시합을 계속할 수 있는지 혹은 없는지를 결정 하며 제한 시간은 없다.
- 만일 본인의 의사와는 F.I.L.A. 의사나 대회 주최 측의 의사에 받아들여 질 수 있는 모 든 사고에 의해 시합을 계속 진행할 수가 없다면 심판은 경기를 위해 최대 3분간 경기 를 연기할 수 있다. 이러한 중단은 두 선수에게 몇 번이고 받아들여질 수 있고 정당한 것 이다. 이 경우 매 39초 간격

· · · · · · · · ·

38)   이승기저(2000). 전게서. p.340~p.349.

으로 해딩 매트의 시간 측정계원이 알려주어야 한다. 2분 이 끝나기 10초전 심판은 두 선수를 매트 중앙으로 불러 경기를 속개시켜야 한다.

의사의 진단에 논쟁이 있을 때 그 팀의 의사는 그 사고에 개입하고 공식의사의 개입또는 결정에 대해서 자기팀의 견해를 나타낼 권리를 갖는다. 단지 F.I.L.A.의 의료분과 위원회의 대표자는 경기의 중단에 관한 공문을 제출할 수 있다. F.I.L.A의 의료분과위원 회가 참가하지 않은 국제 대회에서 F.I.L.A의 대표자는 경기가 지속되는 상황에서 선 수들에게 경기의 중단을 결정하는 의사는 그 선수와 다른 국적이어야 하며 체급관계에 포함되지 않아야 한다(건강규정).

제12조 약물복용

연맹 제9조의 규정을 적용하여 공식적으로 금지된 Doping(약물복용)을 검사하기 위하여F.I.L.A에 의해 감독되는 모든 경우에서 선수들에게 검사를 받도록 한다. F.I.L.A. 올림픽대회 및 대륙별 경기 규정과 I.O.C (국제 올림픽 위원회)규정에 따라서 본 규정은 국제대회 선수권 대회 등에서도 의무적으로 적용된다. 어떠한 경우에도 선수나 감독은 도핑검사에 따른 승인과 즉각적인 제명 결정에 대해 합의 할 수 없다.

F.I.L.A.의 의료분과위원회는 이 검사의 시간과 횟수의 빈도를 결정하며 선수에게 해가되지 않은 방법을 검사를 실시한다. 적당한 혈액 채취가 F.I.L.A.가 인정하는 의사에 의해실시되는데 이것은 검사 받는 선수와 임원의 입회 하에 진행된다. 위에서 언급한 조건에입각하지 않고 수행된 혈액재취 결과는 무효로 간주된다.(도핑규정 참조)

제14조 일반적 의무

① 심판은 경기규정에 정해진 모든 사항과 논쟁의 대상이 되는 문제를 확실히 규정해 준다. 심판원의 임무는 각 경기를 가장 주의 깊게 관찰하여 동작을 잘 판단하여 그 기술의 결과를 채점표에 정확히 결정해 주어야 한다.

② 심판장 주심 그리고 부심은 경기를 공통적으로 평가해야 한다. 결정적인 판단을 내리기 위하여 심판의 임무를 조정하는 심판장의 지시아래 협의해야 한다.

③ 규정에 따라서 점수를 주고 규정에 의해 처벌하는 모든 심판기능을 수행하는 것은 심판원의 의무이다.

④ 부심과 심판장의 채점용지의 기록은 두 선수에 의해 행한 모든 동작에 따라 기록된다.점수 주의(O), 수동적인 경기에 대한 경고(P)는 경기의 다양한 국면과 일치하기 위해서 정확하게 기록되어야만 한다. 이러한 채점용지는 부심과 심판장에 의해서 각자 따로 서명되어져야 한다.

⑤ 경기자「폴」에 의해 끝나지 않으면 결정은 심판장이 내리며 그러기 위해서 경기의시초부터 끝가

지 양 선수이 모든 동작을 심판장과 부심의 채점용지의 기록을 기초로평가한다.

⑥ 부심이 부여한모든 점수는 표지판 또는 전광판이나 기타의 방법으로 관중에게 발표한다.

⑦ 경기의 수행을 위하여 그들의 임무에 대해서 심판원은 F.I.L.A.용어로서 의사표시를 하며 경기 중에는 그들의 임무의 특별한 경우를 제외하고는 어떠한 말을 할 수 없다.

제15조 주심

① 주심은 올바른 경기운영에 책임이 있고 규정에 따라서 진행해야 한다.

② 주심은 경기자의 존경을 받아야 하며 동시에 경기장에 대하여 주심이 권한을 잘 유도하여 선수로 하여금 즉각적으로 명령과 지시에 따르도록 하며 부적당하다고 불필요한외부적 간섭이 제외된 경기를 진행해야 한다.

③ 주심은 부심과 심판장의 지시에 따라 긴밀한 협조를 하여야 하며 경기 감독에 있어서 감정에 끌린 간섭이나 우발적으로 중개하는 것을 삼가 진행하고 호각으로 경기시작과 중단 및 경기 종료를 알린다.

④ 주심의 권한으로 선수들이 매트를 떠났을 때는 부심이나 심판장의 동의로 매트로돌아올 것과 시합계속을 명령할 수 있고 서 있는 자세나 앉은 자세에 경기를 하도록지시한다.

⑤ 주심은 왼손에 적색 오른손에 청색소매를 하고서 시합 진행 중 손가락을 사용하여 해당 점수를 가리키며(기술이 유효한지 그 기술이 매트 내에서 일어났는지 또는 선수가위험한 상태인지 등)또한 자신의 팔을 이용해 오른손을 올리며 청 코너 선수가 왼손을 올리면 홍코너 선수가 점수를 땄는지를 알리게 된다.

⑥ 주심은 다음 선수에게 경고를 한다.

- 수동적인 선수에게 경고를 한다.
- 너무 빨라도 안 되고 너무 늦게도 안 되고 필요한 순간에 경기를 중단한다.
- 매트 끝에서 일어난 동작이 유효한지 아닌지를 지적한다.
- 선수가 브릿지 상태를 유지하고 있는 동안에 뚜렷하게 5초를 카운트하고 이러한 상황 동 안에 추가 점수를 부여한다.
- 부심이(그 자신)반대 의견일 때 심판장의 동의를 얻은 후 (「폴」을 선언한다. 선수의 두 어깨가 동시에 매트에 닿았는지를 확인하기 위하여 주심은「폴」을 마음속으로 생 각하고 Tomber(「폴」)손을 들어서 부심이나 심판장의 동의를 구하고 손으로 매트 를 친 뒤에 호각을 분다.
- 경기를 중단시키지 않고 부심이나 심판장에게 합의를 본 후 수동의 선수를 지적한다.

⑦ 주심은 다음 사항에 대하여 주의하여야 한다.

- 선수들의 시야가 잘 보일 수 있도록 선수들이 서있을 때 너무 가까이 접근하지 않는 다. 그러나 만일 선수들이 "빠떼르"상태에서 경기를 할 때에는 가까이 접근할 수 있다.

- 선수들을 매트 중앙으로 보낼 때 서있어야 하는지 "빠떼르"를 해야 하는지 취해야 할 자 세를 즉시 그리고 명확히 명령한다,
- 부심이나 관중의 시선을 막지 않고 특히 「폴」을 유도하는 상황을 위해서 선수들에너무 가까이 접근하지 말고 시선을 방해하지 않도록 한다.
- 선수가 시합 중에 땀을 닦거나 코를 풀거나 신발 끈을 매거나 부상을 가장하여 쉬지 못하도록 해야 한다. 이런 경우 경기를 중단시키고 계시원에게 신호를 해야 한다.
- 주심은 매트에 언제든지 자세를 바꿀 수 있어야 하는데 이것은 즉각적인 「폴」을 잘보기 위해서 엎드릴 수 있는 자세를 취할 수 있어야 한다.
- 매트 밖으로 선수들이 벗어나지 않도록 하면서 수동적인 선수들로 하여금 경기를 적극적 으로 진행하도록 유도한다.
- 선수가 매트의 가장자리에 접해 있을 때는 호각을 불 준비를 하고 있어야 한다.
⑧ 주심은 다음과 같은 것도 실행한다.
    - 그레코로만형 시합에서 주심은 특히 선수의 발을 잘 관찰해야 한다.
- 시합 결과를 발표할 때까지 양 선수는 매트 위에 남아있도록 한다.
- 동의가 필요한 그의 모든 경우에 심판장의 맞은편 즉 매트의 가장자리에 있는 부심의 의견을 먼저 참조해야 한다.
- 실격 또는 승리를 명할 경우 심판단원과 같이 가부를 정하기 위한 구두 판결을 참여 한다.
- 심판장의 동의에 따라 거친 행위에 대한 처벌을 요구한다.
- 주심은 규정위반이나 거친 행위에 대한 처벌을 요구한다.
- 주심은 심판장과 의논한 후에 선수들의 점수가 10점 차이가 났을 때 기술적 우위에 의 해서 승리를 선언할 수 있고 경기를 중단시켜야 한다.

제16조 부심

① 부심은 일반경기 규칙에 따라 정해진 의무를 다하여야 한다.
② 부심은 조금도 소홀하지 않고 경기를 아주 주의 깊게 관찰하고 경기 개시부터 종료까지 경기 중에 주심과 심판장 동의하에 점수를 채점용지에 기록한다.
③ 모든 동작을 단계에 따라 주심의 지적 기초로 부심은 문제시되는 모든 동작에 점수를 기록하고 그 결과를 관중과 선수가 잘 볼 수 있도록 점수판에 기록한다(또는 심판장이 지적하지 않은 사항에 대하여).
④ 부심은 의견을 나타내고 수동적인 선수를 지적할 수 있다.
⑤ 부심은 「폴」을 확인한다.
⑥ 경기 도중에 부심은 주심이 알아야 할 행동을 발견하고 주심은 이를 보지 못했을 때(「폴」또는 불법

적인「홀드」)이런 경우에는 주심이 부심의 의견을 묻지 않았다 하더라도 그 선수와 동일한 색깔의 판을 들어주심에게 알려주어야 한다. 모든 경우에 부심은 경기 진행이나 선수의 행동이 불법적이고 불합리하다고 생각되는 경우 주심에게주의를 요구할 수 있다.

⑦ 부심은 경기 종료 후 채점용지에 서명을 하고 패자의 성명에 분명히 줄을 그어 승자의 이름을 명확히 하여 경기의 결과를 명백히 기록해야 한다.

⑧ 부심과 주심의 결정이 일치할 경우 심판장이 개입 없이도 유효하지만 기술적 우위에의한 승리의 선언은 예외로 한다(주심의 중재 없이).

⑨ 부심의 점수는「폴」승, 기술적 우위, 포기 또는 그 밖의 다른 방법으로 경기가 끝난후에 정확한 방법으로 기록한다.

⑩ 특히 식별이 곤란한 자세가 발생했을 경우 경기의 관찰을 수월하게 하기 위하여 부심은 매트의 주의를 따라 자리를 옮길 수 있다.

⑪ 부심은 수동적인 행동에 의해 경고를 받은 선수에게 그때마다 "p" 자로 채점용지에표시해야 한다.

⑫ 부심은 또한 양선수가 옆 굴리기로 취득한 점수를 밑줄을 그어 표시하여야 한다.

⑬ 매트에서 벗어나거나 불법적인「홀드」, 빠떼르 자세의 부정확한 행동이나 거친 행동에 의한 주의는 그 선수의 벌점란에 "O"으로 표시된다.

제17조

① 심판장의 기능은 매우 중요하며 재결권을 갖는 것으로 경기규칙에 모든 의무를 확실히한다.

② 주심과 부심이 함께 협의 조정한다.

③ 경기규정에 입각한 모든 경우들에서 심판장은 경기 연장을 명령할 수 있다.

④ 심판장은 여하한 경우에도 주의 깊게 경기결과 점수「폴」등을 결정하는 것은 그의 의무이다.

⑤ 부심과 주심의 의견이 불일치 할 때 경기결과 점수「폴」등을 결정하는 것은 그의 의무이다.

⑥ 어떤 경우에도 심판장은 주심과 부심이 판정을 내리기 전까지 자신의 최초 판정을 내릴 수 없다. 심판장은 판정결정에 영향을 줄 자격이 없다.

⑦ 명확한 규칙 위반의 경우 시합을 중지시키고 또한 주심과 부심에게 그 결정 사유를요구할 수 있는 권한을 가진다. 주심과 부심과의 협의 후에 심판장은 과반수이상(2:1)즉, 2인의 동의를 얻어 결정을 즉시 정정할 수 있다.

⑧ 일반적으로 심판장은 사용기술을 평가하고 국제 심판단의 규정과 관련된 장의 부분 사항을 평가하여야 한다.

① 주심은 확실한 방법으로 자신의 손가락을 이용 점수를 표기하면서 자신의 팔을 들어결정 사항을 알린다. 심판장은 주심과 부심의 의견이 일치하였다면 결정사항에 변동이나 영향을 줄 자격이 없다. 그러나 규정사항의 명백한 위반의 모든 경우에는 합의를요구할 수 있다

② 투표의 경우에는 부심과 심판장은 표지판으로 판정을 표시한다. 청색, 홍색, 흰색의서로 다른 색으로 표시된 11개의 표지판은 다음과 같다.

- 한 개의 흰색

- 해당 선수에게 경고를 하기 위한 표시되지 않은 것 하나와 1, 2, 3, 4, 5번호 표시된 5개 의 적색

- 적색과 같은 번호 표시된 5개와 표시되지 않은 하나의 총 6 개의 청색 이들 표지판 은 심판의 손의 범위 내에 있어야 한다.

　주심은 어떠한 상황에서도 기권할 수 없고 모호함이 전혀 없이 명확하게 자신의 결정 을 표명하여야 한다. 일치가 되지 않은 경우 심판장이 최종 결정을 내린다. 이 결정은 주심은 부심의 의견과 논쟁이 충분히 이루어진 후에 생긴 두 가지 의견으로 고려되어 져서 심판장이 그 투표의 책임을 지게 되는 것이다.

③ 만일 시합이 경기에 주어진 시간이 끝날 때까지도 계속되면 심판장의 점수표는 승리한 선수를 정하기 위하여 참조를 하게 된다. 일반에 대한 게시판은 즉시 심판장의 점수표와 일치되어야 한다. 주심의 점수표와 심판장의 점수표 사이에 현격한 점수 차이가 생길 경우는 심판장의 점수를 우위에 두게 된다.

④ 심판장은 주심과 주심이 상이한 견해를 나타냈을 때만 자신의 견해를 제시하게 된다.

① 점수배당 또는 주의

　매 상황에 있어 주심과 부심은 다음에 표시된 수동적 행동에 대한 주의와 경고를 하게 되는데 다음의 각각의 경우에 공식적 결과를 표시한다(R = 홍색선수, B = 청색선수, O = 0점).**39)**

· · · · · · · · ·

39)　이승기(2000). 전게서. p.349～p.357.

➤➤ 8. 반칙과 금지사항

1) 반칙

① 그레코로만형 발 걸기

그레코로만형 스타일일 때 발을 걸어서는 안 된다. 공격자일 때 주의

② 그레코로만 태클

그레코로만 스타일에서의 태클(허리아래)

1번째 - 주의, 2번째 - 코션 +1점 테크니컬점수

③ 린 상태에서 발걸기

그레코로만 스타일일 때 들어 올려진 상태에서 들어 올린 선수의 다리에 발을 거는짓(코션 + 2점 테크니컬 점수).

④ 매트 이탈

한 선수가 스탠딩 혹은 빠떼르 자세에서 매트를 이탈할 때 경고는 벌칙 선수에게 발효되어야 한다.

- 매트 이탈 : 1점 + 상대선수에게 경고
- 위험한 자세에서 매트이탈 : 2점 + 상대선수에게 경고
- 매트이탈의 모든 점수는 기술점으로 간주되어야 한다.

⑤ 머리카락 당기기

첫 번째는 주의, 두 번째는 경고 + 기술점이 주어진다.

⑥ 목잡아 던지기

목잡아 던지기를 할 때 머리만「로크」하여 던져서는 안 된다. 공격자 주의 받음.

⑦ 발가락 쥐기

발가락을 잡거나 옆으로 비튼다. 즉각 주심 시합 중지 후 주의

⑧ 불법적인「홀드」

- 목조르기
- 90도 이상 팔 비틀기
- 팔꿈치를 등위에 갖다 붙이는 것
- 양손으로 3/4넬슨 할 때
- 더블 넬슨, 상대방의 몸의 어느 부위에 다리를 올리지 않고 그것을 옆에서 실시하 지 않는 경우
- 상대선수의 팔을 그 선수의 등위로 동시에 양팔과 팔 윗부분이 오그라들도록 그팔을 억누르 는 것
- 상대방의 척추를 누르면서「홀드」를 하는 경우

- 어떤 방향에서든지「홀드」가 가능한 범위 내에서 머리만「홀드」하는 경우
- 상대방이 위에서 아래로 던질 때 배위에서 시도된「홀드」에 있어서「폴」은 옆에 서만 시도되어 야 하며 결코 직접 위에서 아래로 실시할 수 없다.

⑨ 브릿지 중 머리 말기

브릿지한 경기자의 머리를 앞쪽으로 밀어냈을 때, 즉각 경기중지 및 공격자 주의

⑩ 손가락 잡기

손가락을 2개 이하로 잡을 때(주의)

⑪ 얼굴 공격

상대의 얼굴에 손을 대거나 잡아당긴다.

⑫ 유니폼 잡기

유니폼을 잡아당긴다(주의).

2) 일반사항

① 머리카락, 귀, 생식기를 잡아당기고 살갗을 꼬집거나, 물고, 손가락, 발가락 등을 비트는 행위는 금지되고 있으며 일반적으로 상대방을 고통스럽게 하고 괴롭게 할 의도를가지고 어떤 행위를 하거나 제스처를 써「홀드」를 하여 경기를 포기하도록 하는 행위

② 발로 차거나, 머리로 부딪히거나, 질식시키거나, 밀거나「홀드」를 써서 상대의 생명에 위험을 초 래하거나, 골절상을 입히거나, 팔이 부러지거나, 상대의 발을 짓밟거나,얼굴을 만지거나, 입을 만지는 행위

③ 팔꿈치나 무릎으로 상대의 복부나 위장을 치는 것

④ 고통을 일으키는 발 꼬기, 상대방의 팬티를 잡아당기는 것

⑤ 매트에 밀착하거나 꽉 잡는 것

⑥ 시합동안 이야기하는 것

⑦ 단지 상대 선수의 다리만 잡고 있을 때

⑧ 팔 구부리기

팔을 등위에서 90도 이상 구부린다(시합중지, 주의).

⑨ 폴넬슨

폴넬슨 조르기는 사이드에서 행해질 때는 상관없다.(시합중지, 경고)

⑩ 홀드이탈

홀드이탈은 방어선수가「홀드」수행 시 혹은 본래「홀드」로부터 그의 상대선수를 방해하기 위해 접 촉하는 것을 거절할 때 발생한다. 이러한 상황은 스탠딩과 빠떼르 자세에서 일어난다. 이것은 레슬

링 중앙이나 혹은 패시브존 사이에서 발생할 수도 있다. 「홀드」이탈은 매트이탈과 같은 방법으로 벌칙을 받게 된다. 벌칙 선수에게 경고, 상대 선수에게 1점의 기술점을 준다.

■ 제4장 | 용어해설

- 고비하인드 (go behind): 상대방의 뒤로 돌아가는 기술적인 동작
- 라운드 레슬링(ground wresting): 쌍방의 누운 상태에서 기술을 걸고 있는 상태
- 널(null): 무승부
- 넬슨(nelson): 상대방의 뒤쪽으로부터 겨드랑이 밑으로 팔을 넣어서 뒤통수에 팔을돌려 목을 누르는 기술, 한 쪽 팔만 사용하는 것을 하프 넬슨, 양팔을 사용하는 것을「풀」넬슨이라고 한다.
- 니어폴(near fall):「폴」에 가까운 상태
- 디스퀄리피케이션(disqualification): 실격패
- 디시전 바이 포인트(decision by point): 판정승
- 레퍼리 포지션(referee position): 선수가 매트 밖으로 나갔을 때, 레퍼리가 시합을 중지시키고 매트 위에서 시합을 재개시키는 방법
- 루저(loser): 패자
- 밸런스 (balance): 계량기(균형 잡기)
- 백킹 어웨이(backing away): 오른손으로 상대방의 오른손목을 잡고, 왼발을 상대방의두 다리사이로 뻗어 상대가 앞으로 나오려는 순간 왼발을 뒤로 빼어 상대방의 등 뒤로 돌아가는 기술
- 배드 포인트(bad point): 벌점
- 바디프레스(body press): 자기의 체중을 실어 상대방의 신체를 누르면서「폴」을 시키는 기 술
- 브리지(bridge):「폴」을 당하지 않기 위해서 뒤로 누워 머리와 다리를 이용해 신체 전체를 활처럼 휘는 기술
- 스탠드 레슬링(stand wrestling): 선자세로 기술을 겨루는 상태
- 스톨링(stalling): 경기를 회피하는 동작
- 어텐션(attention): 소극적 방해에 대한 경고 전의 예고
- 이스케이프(escape): 고의로 매트 밖으로 나가거나 상대방을 떠밀어 경기를 회피하는 반칙행위
- 인디언 그립(indian grip): 손을 손가락 밖으로 나오지 않게 마주 쥐는 방법
- 카운터(counter): 상대방이 실행한 기술을 그대로 뒤집어 반대로 상대를 넘는 기술
- 콘택트(contact): 그라운드 레슬링 상태에서 공격자가 수비자의 등에 두 손을 놓는 것

- 크라우치 홀드(crotch hold): 사타구니를 끼고 틀어서 넘기는 하체 공격기술
- 태클(tackle): 양팔로 상대방의 하체나 허리를 잡으며 밀어 넘기는 공격기술
- 토털 레슬링(total wrestling) : 전(全)시간동안 계속 움직이며 공격을 취하는 레슬링 스타일의 하나
- 토홀드(toehold) : 다리를 잡고 하는 굳히기 기술인데 다리를 꺾거나 비틀면 반칙이다.
- 톱 시저스(top scissors) : 상대방의 뒤로부터 두 다리를 가랑이 사이에 넣고 상대의 두손목을 안쪽으로부터 감으면서 쓰러뜨리는 기술
- 「폴」(fall) : 두 어깨를 동시에 매트에 닿게 하는 것, 플라잉 폴, 롤링 폴, 핀 폴의 3가지가 있다.
- 플라잉 폴(flying fall) : 메어쳐서 동시에 두 어깨가 매트에 닿게 하는 것.
- 핀 폴(pin fall) :「홀드」로 누르며 두 어깨가 매트에 닿게 하는 것.
- 롤링 폴(rolling fall) :몸이 옆으로 구르면서 두 어깨가 동시에 매트에 닿게는 것.
- 해머 록(hammer lock) : 팔을 감아 꺾는 기술로서 반칙이 된다.
- 헤드 록(head lock) : 양팔로 상대의 목을 감아 머리만 잡고 기술을 부리는 반칙행위
- 헤드 시저스(head scissors) : 두 다리 사이에 상대의 얼굴을 끼워 조르는 기술로서 금지되어있다.
- 패시브 : 레슬러가 반칙이나 경고를 받을 경우 선언되는 수동적 자세
- 빠떼르 : 공격 자세를 의미하며 Attack motion이라고도 한다.
- 쿼터넬슨 : 목공격의 일종
- 매트 체어맨(Mat chairman) : 매트 체어맨은 주심과 부심의 점수와 제반 동의에 대하여 이를 수락하고 조정할 권리와 의무를 가지며 주심과 부심의 판정이 정당치 않다고 판단될때 이를 시정할 수있다.
- 컨트롤러 : 경기 진행을 주시만 하며 저지 시트에는 기록을 하지 않으나 판정과 동시에 수동적인 경기에 대하여 이를 판정한다.

참고문헌

金牛仲(1985). 世界体育史. 高麗大學校 出版部.
金日煥, 許坺(1982). 體育史. 螢雪出版社.
西川亮(니시카와 아키라), 後藤淳(고토쥰)공저(1998). 고대 올림픽을 찾아서. 행림출판사.
羅絢成, 趙明烈, 盧熙惠(1985). 體育史. 螢雪出版社.
문교부(1978). 레슬링 .서울신문사 출판국.
申浩柱(1983) 体育史. 明志出版社.
오동섭, 하남길, 정삼현(2001). 체육세계사. 형설출판사.
이승기(2000). 운동경기전집. 홍인문화사.
李來華(1982). 體育史. 螢雪出版社.
정운길(1998). 체육학 종합대사전. 한국사전연구사.
최종삼(1993). 체육사. 보경문화사.
체육백과 대사전 편찬실(1965). 체육종합대사전. 한국사전사연구.
한국일보 출판국(1985). 최신 체육 대사전.

사바트

서양의 무술 | 프랑스

제1장 사바트의 역사

1. 고대

2. 현대

3. 프랑스 여성 사바트 권투

4. 국제적인 발전

5. 승급시험

6. 경기의 종류

제2장 경기규정

1. 공식경기 진행단

2. 시합

3. 아마추어와 프로페셔널 경기에서 득점

4. 링 위에서의 상황

5. 체급

제1장 | 사바트의 역사

≫ 1. 고대

1) 첫 번째 발차기

아주 오래된 책인 성경은 누가 처음으로 자신을 방해하는 사람의 얼굴에 주먹질할 생각을 했는지를 우리에게 밝혀주지 못한다. 훨씬 더 오래된 Lascar협곡의 암각화도 그 주제에 대하여 알려주는 바가 없다.

반대로 고대의 많은 문헌이 더 명확하다. 그 예로 권투의 기원과는 다른 pugiliat(피질라: 고대의 권투)가 제23회 올림피아드에서 Eryx와 Epeus에 의해 처음으로 도입되었다. 최고의 문명인으로 간주되던 그리스 사람들(그 당시 그리스 사람이 아닌 사람들은 야만인으로 간주되었다)은 주먹기술을 찬양했다. 그리고 시인들은 그 신성한 기술을 찬양하는 시를 지었다.

즉, 권투를 좋아함으로써 완벽한 문명인이 되고 시인까지도 되었다.

그들은 더 어려운 물질적인 조건에서도 생존하기 위해 종종 아주 냉혹해야 했다. 아테네 법의 근본 정신이 "힘은 법을 만든다"라는 사실은 이를 말해준다. 다시 말해서 그 시대에는 힘 센 자가 항상 옳았다.

피질라로 돌아와서, 그것을 연습하는 것은 그 시대와 연결되어있다는 사실에 놀라지 말아야 한다. 다시 말해서, 난폭하고 거칠었다. 그 사실을 다음 글에서 상상해보자.

"오만한 그의 머리는 그의 넓은 이마를 산산조각 냈다."
"두개골이 깨어져 피로 물든 뇌로부터 피가 흘러 사방으로 솟는다."

위의 글은 Eneide(로마의 시인. 베르길리우스의 서사시, Enee의 방랑을 노래한 것)에서 베르길리우스에 의해 묘사된 Entelle과 Dore의 시합을 묘사한 것이다. 또 다른 작가 Theocrite는 그것에 영감을 받아 그의 목가 중 하나에서 Pollux와 거인 Amycus 사이의 격투를 노래했다. Amycus는 Bebryces의 왕인데 그의 왕국에 뛰어든 모든 외국인들에 도전하는 습관이 있었다. 그들은 그와 싸운 후 힘이 남아있다면 그의 왕국에서 다시 떠날 수 있었다. 그가 격투하던 모습을 다음 글에서 상상할 수 있다.

"Pollux의 왼쪽 주먹은 상대방을 후렸다. 입을 향한 그의 주먹질로 인해 이빨이 부러졌다. 그는 또한 ceste(세스뜨: 고대 로마에서 투사들이 권투를 할 때, 주먹에 감던 쇠나 납을 박은 가죽 끈)로 턱을 부러뜨렸다."

앞에서 보듯이 피질라는 종종 치명적이었다. 그것의 원인은 무엇보다도 세스뜨의 사용에 있었다. 세스뜨는 팔뚝까지 잘 짜인 가죽 끈으로 만들어진 일종의 글러브이다.

피질라의 격투사는 격투할 때 엉폴리드(관자놀이와 귀를 완전히 보호하는 장비)를 착용했다. 또한 남성다운 방법으로서 맨 주먹으로 싸우는 것도 흔했다. 하지만 주먹과 발을 격투의 몇몇 동작과 연결시킨 경기종목인 판크라티온(레슬링과 권투를 합친 투기)이 더 남성적이었다.

또한 다른 작가들 중 Homere가 쓴 고대문서에 그것에 대한 이야기가 나온다.

앞에서 그리스인들의 예를 들었지만 주먹을 발처럼 사용하여 공격할 줄 알았던, 켈트족과의 싸움을 벌였던 프랑스인들의 조상 골(Gaulle)인과 더 가까운 로마인에 대해서도 이야기 할 수 있을 것이다.

그 후로 시대가 바뀌고, 지배문명에 지배받게 되었다. 즉 다른 문명이 도래했고, 국경은 전투 결과에 따라 끊임없이 변했다. 이제 위대한 역사는 접어두고 격투기 역사로 되돌아가서 중세와 특히 르네상스(16세기)를 거쳐 우리는 모든 종류의 싸움을 집계(集計)할 수 있다. 그 싸움의 종류는 거의 나라 수만큼이었고 심지어는 각 나라의 지방 수에 육박했다. 예를 들자면 네덜란드의 방어, 바타비아 싸움, 목동의 술책, 무어 전투, 수병의 방법, 직공의 기술 등이 있다.

진지한 이야기로 돌아가서 영국에서는 피질라의 전통을 이어나갈 줄 알았다. 알프레드 왕 통치기간에 찬양 받았던 "고상한 자기 방어 기술"은 점점 더 성공했다. 국왕이 저명(著名)해진 이상 그것은 왕립운동이었다. 신하의 귀 뒤를 한 주먹으로 쳐서 죽인 Richard 1세(이름하여 사자 심장)와 사람들이 그의 힘을 찬양하는 Richard 3세가 그 예이다.

2) 영국 사람들이 첫 번째로 시작했다.

결정적인 전환점이 되었던 18세기에 권투는 더욱 더 체계화되어 갔다. Tom Figg가 밧줄로 경계 지어진 링에서 싸운 첫 번째 승자였다. 1743년 무시무시한 격투사인 Jack Broughton은 첫 번째 규칙들을 정했다("London prize and rules"). 그는 영국의 첫 번째 챔피언이었다. Tom Johonson, 또는 권투의 신사 John Jackson이 그의 뒤를 이었다. 다른 유명한 선수들 중 Lord Byron이 그의 제자였다. 일반적으로 시합은 평원의 울타리로 둘러싸인 땅에서 이루어졌다. 권투선수들에게는 상의를 벗고 세컨드의 무릎에 앉아 기운을 회복할 1분간의 시간이 있었다. 드디어 4시간 45분간 지속된 시합에서 두 선수 중 한 선수가 쓰러졌다. 196번의 휴식시간이라니! 몇몇 시합들은 진정한 관심을 불러일으켰는데, 1790년에 Humphties와 Mendoza 사이에 개최된 시합이 그러했다. 그 권투는 우리가 오늘날 알고 있는 것과는 거의 관계가 없다. 오히려 Tom Short와 John Smaller의 시합 이야기를 통해 그 당시 권투 시합을 상상해보라.

"John은 양미간 사이를 얻어맞았다. 그의 눈꺼풀은 그를 장님으로 만들 정도로 즉시 부풀어 올랐다. 식초에 젖은 칼을 이용하여 눈꺼풀을 절개 한 후 그는 다시 방어자세를 취할 수 있었다. 그는 시합을 이어나갔다. 그러나 Tom이 그에게 몽둥이로 귀 뒷목과 턱 사이의 각에 일격을 가하고 불쌍한 John은 곧 의식을 잃었다. 피가 귀, 코, 입으로부터 흘렀다. Tom은 판칙패였다."

영국에는 다음과 같은 속담이 있다. '권투선수가 미소를 짓는다면 그는 패하지 않았다.' 그것처럼 John의 경우에는 그가 미소 짓지 않았기 때문에 그의 세컨드가 기권을 선언한 것은 당연했다. 그러나 영국식 유머의 권투에 대한 평가에도 불구하고 시합은 종종 치명적이었다. 그것은 유감스러운 일이 아닐 수 없었다.

1866년 10월 11일, Wilmot는 2시간의 시합 후 죽었고 그의 부인은 그의 옷으로만 그를 알아 볼 수 있을 정도였다.

그 때 Queensburry 후작이 어느 정도 질서를 부여하고 권투에 좀 덜 야만적인 면을 부여했다. 1891년, 오늘날에도 권투선수들이 준수하는, 글러브의 의무사용, 3분 1라운드와 1분 휴식의 시합, 체급의 제정 등을 포함하는 12개의 조항에 걸쳐 규정을 제정했다.

영국이 시합 기술에 마지막 손질을 가하는 사이에 프랑스에서는 동일한 영역에서 완전히 다른 방법으로 발전하고 있었다. 영국 사람들은 주먹을 사용했고 프랑스 사람들은 정반대의 입장을 취했다.

3) 거리에서 시작된 사바트

순식간에 프랑스 수도의 귀족 계급에게 까지 알려지고 실시되었던 이 운동은 사람들에게 더 잘 묘사되기 위해 Michael Casseux 『Boxe Francaise-savate』에 표현에 포함된 "사바트"라는 단어를 일부러 만들어 냈다. 사실 사바트라는 단어는 프랑스에서 경멸(輕蔑)적인 의미를 가지고 있다.

사바트는 19세기 초반에 파리의 빈곤한 구역에 거주하고 있는 주민들이 강도들에 대항하기 위한 싸움의 한 방법으로 발생하였다. 하지만 거리의 귀족계급에게 전파된 것은 그리 오래되지 않았고 고상(高尙)하지도 않았다.

사바트의 아버지 Michel Casseux(측근들에게는 Pissuex라고 불린다)는 1794년 Courtille에서 태어났다. 다음 글은 당시 그의 모습을 엿볼 수 있다.

"그는 36살인 것 같다. 천연두 자국이 있는 그의 얼굴은 음울하고, 그의 회색 눈은 책략으로 가득 찼으며, 그의 사지(四肢)는 길고 앙상했고, 그의 커다란 손은 나무처럼 거칠었다. 그는 날렵하고 사지를 자유자재로 움직일 수 있었다. 그는 갈색 비단 상의와 큰 바지를 입고 있었고, 거대한 장식이 양 끝에 달린 챙 모자를 쓰고 있었다."

변두리에 거주하는 그는 거리의 싸움에 익숙했다. 그의 관찰력, 실제경험과 종합적인 사고력이 사바트의 탄생을 가져왔다. 또 Casseux는 여러 공격 방법 목록을 작성하고 그가 가르치는 방법에 따라 그것을 분류했으며 사바트를 전파하기 위해서 그 자신이 체육관을 세우기도 했다.

Charles Lecour의 덕분에 사바트와 영국 권투는 하나가 되었는데 Cassuex의 제자였던 그는 1808년 Oissery에서 태어났고 파리의 변두리 '몽마르트'가에서 사바트를 가르쳤다.

그 당시, "예의를 갖춰야 하는" 장소가 아니라면 어떠한 곳에서라도 사바트를 가르쳤다. 사람들은 규칙에 맞게 발차기를 할 수 있다는 것을 보여주기 위해 체육관에 자주 다녔다. 왜냐하면 예를 들어 외각지대의 "신사"와 대로의 "신사"가 맹렬한 싸움을 벌일 때와 같이 발차기를 실시할 경우가 많기 때문이다.

Lecour는 장소와 환경을 변화시키면서 사바트를 세련되게 변화시키는데 성공했다. 그 당시 신사들이 사바트를 배우는 이유는 그들의 반은 천한 사람들과 어울리고 절반은 방어하는 것을 배우기 위해서 사바트를 연습하기 시작했다. 그러한 사회적인 변화와 동시에 Lecour는 기술적 변화에도 성공했다.

Alexandre Dumas는 그 자신이 사바트의 애호가였는데 "처녀들, 로레뜨, 화류계의 여성"에서 이를 묘사하였다.

Charle Lecour는 사바트를 가르치는 것부터 시작했다. 그는 밤낮으로 그 기술을 완벽하게 만드는 것을 꿈꿨다. 그는 권투가 '영국의 사바트다' 라고 말하는 것을 들었다. 사바트를 할 때 파리 사람들은 주요 요소인 손을 방어무기로만 간주하면서 다리와 발로 공격했다.Lecour는 사바트를 꿍장히 잘 했지만 어느 날 영국 권투 챔피언 Owen Swift에 의해 완전히 패배하였다. 그날 이후로 그는 영국의 또 다른 전문가 Adams와 같이 권투를 배우고 수업을 받았다. 보편적인 운동으로서 프랑스 권투는 개인적 동화로 태어난 것이다. 공격 시 주먹을 쥐었다면 팔은 더 이상 방어의 수단이 아니었다. 사지(四肢)의 도움으로 그때까지 단순하던 경기가 복잡해 졌다. Theophile Gautier는 Lecour의 체육관에 자주 들렀는데 1847년 8월 16일자 "la presse"에서 다음과 같이 기술하였다.

"사바트는 그 이름으로 불려져야 하기 때문에, 오랫동안 창백하고 허약한 몸을 가지고 오래된 동전처럼 누런 얼굴빛을 가진 불한당만이 실시할 수 있는 천박한 장르의 시합으로 알려졌고, 지금도 그렇게 알려져 있다. Charles Lecour는 이와 같은 불한당의 검술을 기술로 만들었다. 이 기술을 익힌 사람은 자신의 지팡이, 권총을 잃어버릴 수 있지만 다리와 팔은 절대 잃어버려서는 안 된다."

복장 역시 변했다. 그 시대의 "la presse"에서 색깔이 들어간 복장의 묘사를 찾을 수 있다. Charles Lecour와 그의 형 Henri가 검은 색 줄무늬가 들어간 오렌지색 바지와 장미 빛 셔츠를 입고 시범을 보였다.

"le bachelier(기사 지망생)"에서 Jules Valles(1832~1885)는 Lecour의 성격을 상기시켰다.

"le bachelier"의 주인공인 Jacques Vingtrads는 "낮은 발차기를 누구 못지않게 하며 격렬하고 능숙하게 샤세의 공격으로부터 벗어났다."

Jacques Vingtras의 이웃에 살고 있는 킥복싱 선생은 마굿간에서 그에게 사바트의 기초기술을 가르쳤다. "내 이웃 사바트 선수는 서툴지 않았으며, 킥복싱의 명성을 잘 알고 있었다. 그는 그 당시 유명한 Lecour에게 동료를 위해 체육관에 나타날 것을 부탁했다. Lecour는 왔고, 그는 영국식 춤을 추면서 딱딱한 일로부터 기분 전환하러 가곤 했던 젊은 의사들, 연수생, 변호사들, 힘센 금리 수입자로 구성된 상류사회 사람들이 자주 다니는 Tournon거리에 있는 그의 체육관에 다녔다.

» 2. 현대

1) 황금기

20세기 초에 프랑스 권투는 가장 크게 발전했다. 대전 전까지 Charlesmont의 활동에 의해 쇄신된 프랑스 권투를 전파하기 위해 많은 사범들이 활동하였다. 그들 중 몇몇을 예를 들면 다음과 같다. Mainguet, Bayle, Chabrier, 파리의 Leclerc 형제, 마르세이유의 Allard, 릴의 Deruelle 형제, 아미망의 Bouchez등이 있다.

1990년에 제1회 세계 아마추어 선수권대회가 개최되었는데, 프랑스인들을 제외하고는 단지 몇 명의 벨기에인들과 스위스인들만이 참가했기 때문에 세계 아마추어 선수권대회라고 하기에는 어느 정도 과장된 면이 없지 않았다. 첫 번째 선수권은 Castere를 이긴 Charlemont에게 돌아갔다.

프랑스 권투가 국가운동이라는 증거는 영국 권투 챔피언인 Georges Carpnetier가 그의 첫 번째 시합을 프랑스에서 진행했다는 것이다. 그는 "인생에서의 나의 시합"이란 자서전에서 그의 조숙한 데뷔(12살에 데뷔)를 이야기 하였다. 그 내용을 대략 보면 다음과 같다.

"꾸준히 Descamps의 체육관에 다니는 동안 나는 사바트라고도 하는 프랑스 권투를 점점 더 많이 하곤 했으며 Descamps는 나를 성인부에 가입시켰다. 나는 아주 빠르게 그 집단에서 가장 우수한 자가 되었고 집단 강습 후 우리는 종종 시합을 하였다. 상대자의 나이나 키와는 상관없이 나의 날렵함과 나의 공격 효과로써 그들을 제압하곤 했다. 나는 무엇보다도 '낮은 발차기'를 주로 이용하여 그 발차기로 내 상대의 넓적다리를 전속력으로 공격했다. 프랑스 권투는 훌륭한 운동종목이며 내 직업적 성공의 어떤 부분은 확실히 그것에 빚지고 있다. 나는 사바트를 함으로써 계속해서 나에게 도움이 될 다리의 강건함과 유연함을 얻게 되었다."

보충 설명하기 위해 그의 수상명부를 살펴보자. 데뷔하자마자 Carpentier는 1906년 12월 14일 Bethun에서 개최된 그의 첫 번째 시합에서 승리했다. 몇 달 후 세계 아마추어 선수권 대회의 준결승전에서 상대편의 스윙에 패했다. 그의 패배는 그가 주먹을 사용하도록 했고 1908년 14살의 나이에 선수권을 차지할 수 있었다.

Georges Carpnetier의 예는 프랑스 권투가 프랑스에서 그의 절정기였는데도 1900년 이후로 거의 사용되지 않았던 경향(주먹 사용)으로의 대 전환이었다. 사람들은 학교나 운동모임에서 심지어는 군대에서 조차도 프랑스 권투를 연마했다.

절정기 이후 프랑스 권투는 급격히 몰락했고 Eugene Criqui와 같은 다른 챔피언들도 Carpentier와 똑같이 영국권투에 패했다. 그 와중에 1903년 프랑스 권투 연맹이 창설되었다. 이 연맹은 권투연습을 돕기 위해 두 권투 선수들을 짝지어 훈련시키려 했으나 Charlemont는 그런 결합을 거부했다. 그 후로 아마도 프랑스 권투는 느리고 점진적인 퇴보의 움직임을 겪게 되었다.

2) 사향

프랑스 권투가 그의 결정적인 경쟁자인 영국 권투에 비해 신임을 잃어갔다면 그것은 현대사회의 요구에 부응하지 못했던 까닭이다. 다시 말해서 절정기 이후 사바트는 급격한 몰락의 길을 걷게 되었는데 사실 사바트의 성공의 여세는 귀족 자신들까지도 이 무술을 연습했던 영향이 컸다. 그런데 그것이 변화하면서 그 결과 사바트는 운동종목으로서 더 이상 볼만한 것이 없었다. 아마추어 경기 일색이었던 사바트와는 달리 영국의 복싱은 선수와 매니저에게 배당금의 이윤이 확보되자 급속도로 확산되었다. 물론 프랑스 권투는 그 내부에 실패 요인을 가지고 있었다. 어떤 의미로는 성격상 결함이 있었다. 그것은 편협한 국가 운동이었고 아마추어 경기였다.

이러한 침체기 속에서 1924년 파리에서 개최된 올림픽에서 시범종목으로 채택되었다. 하지만 사바트는 국제적 공개에도 불구하고 그것을 재기시키지 못했다. 그 이유는 1, 2차 세계대전 사이 권투에 대한 대중의 관심은 영국 권투의 프로시합에 있었기 때문이다.

세계적으로 오랫동안 주먹을 사용했음에도 불구하고 오로지 내부의 발전에만 관심을 가지고 있었던 프랑스 권투는 프로정신을 도입하지 않았고 단순히 아마추어 운동이었으며, 프랑스 권투가 생존하기 위한 유일한 방책은 올림픽 종목으로 채택되는 것이었다.

그러나 벌써 1914년에 영국 권투의 성대한 시합이 대단한 성공을 거두었다. 제1차 세계대전 후 그런 현상은 가속화되기만 했다. 그런 권투 방식이 흥행되었고 수익성도 있었다. 전쟁으로 악화된 상황 속에서 대부분의 사범과 교관들이 죽었고, 1918년 이후로 원동력은 완전히 사라졌다. 그렇지만 프랑스 권투가 사양길로 접어들었음에도 불구하고 완전히 버려진 것은 아니었다. 그것은 꺾기지 않는 몇몇 공적(功績)으로 생존할 수 있었다.

3) 침체기

프랑스 권투가 영국 권투와의 대결에서는 졌지만 한 세기 반 동안 지속되어온 전통적 공격방법이 쉽게 말살되지는 않았다. 몇 명의 사람들이 프랑스 권투의 부흥을 기다리며 불씨를 버리지 않았다. 전통의 수호자들 중에는 Frimat, Jean Clet, Demerle, Gosset, Haquin, Bouchez, Grumelart, Saurin가, Lafond가(3대에 걸쳐 사바트를 했음) 그리고 Eugene, Roger, Jean은 세기 초부터 지금까지 권투 선수 그룹을 구성하고 있다.

1930년, Pierre Baruzy가 프랑스 권투 위원회 수장인 Docteur Peugniez의 뒤를 이었을 때, 파리의 몇 몇 체육관에는 단지 500명이 넘는 선수들만이 활동하고 있었다.

1937년 후 마지막 프랑스 선수권 대회 후 2차 대전이 발발했고 마지막 프랑스 권투 선수들은 뿔뿔이 흩어졌다. 그러나 오랜 침체기 후 결정적으로 유행이 지나버린 것으로 생각되었던 이 운동은 좋은 조건 아래서 재기(再起)하는데 성공했다.

4) 재정복

1944년 Pierre Baruzy는 프랑스 권투 연맹 안에 프랑스 권투 위원회를 설립하면서 프랑스 권투의 합법적 존속을 보장하는데 성공했다. 20년 동안 Alliot, Berceau, Cayron, Dugardin, Goin, Lafond, Lyon, Plasait, Prevost, Vasserot와 몇몇의 다른 익명의 후원자들이 낡아빠진 것으로 간주되는 전통의 헌신적인 수호자 역할을 맡았다.

오랜 은둔 후, "야심에 찬 젊은이들"은 마침내 프랑스 권투를 부각시키고자 했다. 1965년 1월 5일 마침내 Bernard Plasiat와 Marc Kunstle의 합심된 노력 덕분에 국립 프랑스 권투위원회(C.N.B.F.)가 발족되었다.

이 위원회에서 이미 언급한 지지자들의 이름을 찾아볼 수 있는데 이들은 Georges Carpentier(명예회장), Pierre Baruzy(설립 회장), Lucien Alliot, Jean Dionnot, Marc Kunstle, Bernard Plasait,Claude Simonot 이다.

같은 해 12월 아주 젊은 집단인 C.N.B.F.는 관련 종목의 자격으로 국립 프랑스 유도연맹(F.N.J.D.A.)에 통합되었다. C.N.B.F.에게는 조직구성의 시간이었던 것이다. 5년 뒤 C.N.B.F.는 행정적으로도, 그 당시 이미 거대한 기구였던 F.N.J.D.A.에 통합되었다. 그 결과, 대략 30개 정도의 클럽에 분산되어 있던 1,000명 가량의 선수들은 그 당시 수련증명서를 의무적으로 소지해야 했다.

지난 50년간의 침체기에 비해 10년이 못되어 이 국립 위원회는 프랑스 권투의 발전을 위해 더 많은 일을 했다. 물론 그것이 상황뿐만 아니라 사람들, 의지의 문제이기는 하지만 오랜 정체 상태를 벗어나 C.N.B.F.는 조직화와 연구 활동이라는 주요사업을 제안하고 무엇보다도 그때까지 사범들과 별개로 추구한 노력들이 유치한 단계를 넘어서면서 새로운 도약의 발판을 마련했다. 이 집단적인 활동은 다음과 같은 측면에서 Marcel le Saux에 의해 추진되었다.

국제 시합, 기술적, 경기 판정측면, 유니폼, 체급, 임원교육, 각급 학교와 대학교에의 도입.

1969년 Lucien Alliot는 Syvian Salvini에게 의장직을 넘겨주었고 Sylvini는 국제적인 발전에 노력을 기울였다. 1970년 4월 11일 파리의 공제조합 체육관에서 개최된 제 1회 유럽 대회와 국제연맹의 기초가 된 조직 구성은 그의 공로 덕분이다. 새로운 연맹의 회장직을 맡은 Sylvian Slavini는 직업상의 의무로 그것에 깊게 관여하게 되었고, C.N.B.F.에서 그의 직책을 내놓았다. 그 후 Michel Marliere가 1970년 6월 그의 뒤를 이었다.

5) 분열

Sylvian Salvini가 떠난 뒤, 구성원의 과반수가 교육적이고 학술적 경향을 보였던 집행위원회와 스타주의 효과를 찬양하는 강경한 경향의 집단 간 대립이 가속화 되었다. 전후, 공포의 대상으로 알려진 챔피언 Jacques Cayron에 의해 고무된 국립 프랑스 권투 사범 협회의 일부에서 붉어진 첫 번째 동요가 1971년 2월에 일어났다. F.N.J.D.A는 C.N.B.F.가 퇴보했다고 판단하고 새로운 심판 규정에 대해 C.N.B.F.와 대립했다. 아주 맹렬한 의견 교환과 날로 복잡해져 가는 분쟁이 뒤이었다. 1973년 12월 9일 Michel Marliere가 위원장직을 맡은 국립 프랑스 권투 연맹(F.N.B.F.)이 창설되었다. F.N.B.F.가 F.N.J.D.A.의 품을 떠나 행정적으로 조직되기 위해 확실하게 독립하자 충돌은 첨예화(尖銳化)되었다.

결국 1974년 5월 집행위원회가 연맹 운영의 투명성에 대해 탄핵을 제기한 총회 후, 몇 명의 회원들이 F.N.B.F.와는 별개로 투쟁을 계속해 나갈 것을 결정하고 국립 프랑스 사바트 권투 연맹(F.N.S.B.F.)을 창설했다. 공식적으로 인정받은 분열은 클럽 위원장의 언급에서 다음과 같이 판단되었다.

"그 사람들은 자신들의 생각을 정당하게 관철시키기 위해 연맹 내부에서 계속 투쟁하는 대신, 우리의 운동의 모든 미래를 완전히 재검토할 위험이 있는 불길한 상황은 생각지도 않고 반대 기구를 창설하는데 더 관심이 있는 사람들이다."

F.N.B.F.는 F.N.S.B.F.의 회장인 Michel Marliere과 그를 추종하는 Guy Proust에게 제명(除名) 선언을 했고, 다른 회원들에게는 2년 간 F.N.B.F.의 이름으로 훈련하는 것을 금했다. 반대자들은 그 당시 엘리트 선수들 중 일부였다. 전통을 지지하는 사람들에게 사바트는 이단의 냄새가 났으며, 가장 나쁜 죄목을 들어 사바트를 비난했다.

각각의 진영에 대한 언론의 호의적인 기사에 곧바로 반박하는 기사가 실리는 동안 분쟁은 지배권에 대한 법적 대응 국면에 도달하게 되었다. 각 진영의 기저는 서로 혼합되어 있었지만 그 분쟁은 비공식적이고 독재적인 것이었다.

정반대 진영의 저항자는 경기와 기술개발에 있어서 보수주의와 대항하여 싸웠다. 교육적인 권투와 그 선수들에게는 사바트 경기가 너무나도 무분별한 존재였다. 그것은 결코 받아들일만한 것이 아니었다. 사바트는 그 역동성으로 인해서 많은 혁신을 했다. 새로운 기술 법규, 경기 시 라운드의 적용, 강화된 의료 검사, 전통적인 양말 착용을 하지 않는 복장으로의 변화 등을 제시할 수 있으며 다른 무엇보다도 이러한 과정을 통해 사바트가 대중과 미디어의 관심을 끌었다는 점이다.

6) 용서

1975년 2월 17일 스포츠 청소년부가 F.N.B.F.에 그의 권한을 이양할 것을 동의하자 F.N.B.F.는 125개 클럽에 분산되어 있던 4000명의 선수등록증 소지자를 조사했다. 사바트보다 5배가 더 많았다. 같은 해 Michel Marliere는 F.N.B.F.회장직 사표를 내고 우선 임시로 Louis Lasselin에게 회장직을 넘겨주었고 곧 Marc Kunslte가 회장으로 취임하여 재통합을 위해 헌신했다.

1976년 6월 1일 F.N.B.F.는 공식적으로 프랑스 사바트 권투 및 유사종목 연맹이 되었다. 말하자면 사바트가 부활한 것이다. 게다가 스포츠 청소년부 장관 Andre Bourreau는 재통합을 위해 Maurice Sarry와 Marc Kunstle를 반대자인 Michel Laruelle, Guy Pourst와 만나게 했다. 사바트의 회장인 Pierre Silve는 Marc Kunste와 함께 공익을 위한 통합에 협조했다. 사바트는 1974년 F.N.S.B.F. 회원들에게서 인정받았다. 재통합을 위한 위원회가 설치되어 증명서의 동등성 확보, 사바트라는 명칭 하에 모임을 결성할 수 있도록 한 F.N.S.D.A.의 독자성 보장을 성공적으로 이끌었다. 결국, Ermont 학회에 의해 계속적으로 추진된 모든 노력 끝에 1978년 6월 10일 총회에서 프랑스 권투와 사바트는 재통합되었다. 물론 제 1회 프랑스 통합 선수권 대회는 굉장히 경쟁이 치열했고, 1977년 2월 11일 개최된 경기장이 프랑스 사바트 권투를 하는 사람들만큼도 결코 수용할 수 없었다. 그러한 경쟁심은 이 운동이 좋은 조건하에 다시 시작할 수 있게 했다.

Daniel Hecquet는 Marc Kunstle를 이어 마침내 하나가 된 이 연맹의 회장직을 맡아 3년 동안 1975년에 새롭게 대두된 격투기를 프랑스에 알려지게 했고, 그것은 아주 신속하게 대부분의 사람들이 선호하는 종목으로 도약하였다.

7) 올림픽을 겨냥

Daniel Hecquet 이후로 Pierre Roux가 지명되기까지 Pierre Silve가 회장 대리를 맡았다. 결단력 있고 융통성 있는 그는 프랑스 사바트 권투를 본궤도에 올려놓았다. 3,000명의 관중 앞에서 결승전이 파리의 Japy 체육관에서 6월 19일에 열렸던 유럽 컵 대회는 다소 모험적인 시도였지만 성공을 거두었다. 경기의 성공과 20,000명의 선수등록증 소지자 배출이라는 괄목할 만한 발전에도 불구하고 Pierre Roux는 그의 약속을 지키며 82 ~83 시즌 초에 사임했다.

연맹 의사인 Pierre Gayraud가 그의 뒤를 이어 회장을 맡았다. 그의 재임기간은 프랑스 사바트 권투가 마침내 그의 현대적 정체성과 통일성을 찾을 수 있었던 안정화 기간이었다.

Marc Guerin의 후원 하에 1983년 3월 18일 Coubertin에서 7000명의 관중을 모은 프랑스와 미국 간의 시합은 대단한 성공을 거두었다. 그 후 Guillaume - Silve - Georges의 지지아래 1984년 개최된 제 2회 유럽 컵 대회도 성공했다. 1985년 3월 23일에 결성된 국제 연맹은 프랑스 사바트 권투의 유럽 공동체를 확장하기 위한 야심을 가지고 2년마다 선수권 대회를 개최하고 있다.

Daniel Hecquet에 의해 제기된 진실 즉, 사바트가 가진 구성 요소의 다양성을 존중하지 않으면 그것의 미래는 없다라는 진실을 Pierre Gayr가 실현했다. 그는 서로 다른 입장이 공존하도록 했다. 1985년에 25,000명의 선수등록소지자가 소속된 연맹은 정보화되고 재정과 행정 조직면에서 개혁을 단행한 변동의 시기를 맞았다. 현재는 프랑스 사바트 권투의 올림픽 채택이라는 중요한 시기를 맞고 있다.

≫ 3. 프랑스 여성 사바트 권투

1) 역사

프랑스 여성 권투는 1900년경에 태어났다고 말할 수 있다. 몇몇의 개척자가 짧은 바지모양 스커트와 덧신을 신고 체육관에서 프랑스 권투를 연습했다. 운동복은 해를 거듭하여 변화했다. 60년대에 짧은 바지 모양 스커트를 대신 검은 양말을 신었다. 1979년에는 전체 운동복(팔을 제외하고 몸 전체를 덮은 컴비네이션(combination))과 첫 프랑스 권투화가 나타났다. 1985년에는 거의 모든 운동선수들이 그 운동복을 입었으며 덧신은 더 이상 사용되지 않았다. 물론 1900년처럼 1985년에도 여성들은 권투 글러브를 착용했다.

1900년처럼 몇 년 전까지 대중 앞에서 권투를 할 수 없었고 시합 횟수는 적었다. 70년대 까지도 여성 사바트의 발전은 지체되었다.

그런데 여성들은 왜 사바트에 집착했을까? 왜냐하면 신체적으로는 여성들의 타고난 유연함을 필요로 하며 신체의 모든 근육을 움직이도록 하는 운동이었으며 또한 자신의 방어수단을 갖추도록 하기 때문이었다. 그리고 정신적으로는 자신을 표현하며 욕구를 발산할 수 있으며 피곤한 하루일과 후의 스트레스를 풀어주기 때문이었다.

여자 경기 종목으로서 프랑스 사바트 권투는 상대적으로 최근에 대두됐다. 프랑스 여자 사바트 권투가 경기종목으로서 이 운동에 무엇보다도 애호가들에게 플러스 요인을 가져다줄 것이라는 것을 확신하고, 따라서 이 운동에 호의적인 소수의 남자와 여자의 추진 하에, National Challange 라는 이름으로 1979년 6월 Vincennes에서 제 1회 공식 여자 경기를 가졌다. 그것은 확실히 요구에 부응하는 성공적인 운동 종목이었다.

경기는 현재와 마찬가지로 아쏘(힘은 완벽하게 조절되어야 하고 모든 난폭함은 배제되는 타격의 정확성과 기술에 의해 평가되는 시합)형식으로 진행되었다.

그때부터 선수등록소지자의 수는 급속도로 증가했고, 사범들은 그 수가 4,000~5,000명가량으로 계속 증가하는 그들의 수강생에게 많은 관심을 갖게 되었다.

소수의 선수권소지자들에게 84~85시즌에는 최연소자에서 시니어까지 120명의 경쟁자들이 있었는데 그들 중에는 프랑스 챔피언이나 프랑스 선수권 대회 우승자라는 몇 개의 선수권을 가지고 있는 19세에서 30세 사이의 약 90명의 주니어와 시니어가 있었다.

청색 글러브 등급과 녹색 글러브 등급은 단지 지방 경기에만 참가할 수 있다. 나머지 글러브에 대해서는, 연령에 따라 17세 미만의 청소년을 위한 지역경기와 국가경기가 있었다.

1980~82년에 프랑스 선수권대회가 황색 글러브 선수권자들과 기술 은 글러브선수권자 사이에 있었다. 1983년 그 선수권 소지자들의 기술이 발전하고 참가자들의 수가 증가함에 따라 경기는 동 글러브와 경기 은 글러브(경기를 함으로써만 획득되는 등급)에 국한되었다.

경쟁자들이 동색 글러브와 기술 은 글러브(프랑스 선수권 대회) 등급이라면 그들의 또한 황 글러브와 기술 은 글러브(프랑스 컵 대회) 등급이기도 하므로 대부분의 경쟁자들은 2개의 국가경기에 참가할 수 있었다.

처음에 여자 아쏘는 거의 일률적이고 잘 조절되지 않는 일련의 동작들을 구사하며 민첩함이 부족했다. 5년 후 기술 수준은 굉장히 개선되었고 비약적인 발전을 기하였다. 날렵함과 복잡한 동작의 연결은 틀에 박힌 동작과 최초의 상대적으로 느린 움직임을 대체하였다.

참가자들의 수준과 라운드 수(프랑스 선수권 대회에서는 1회전 이상이다)에 따라 프랑스컵 대회와 프랑스 선수권 대회는 다르다. 판정 기준이 같다하더라도 프랑스 선수권대회에서는 신체적 강함이 더 중요하다. 신체적 접촉은 그것을 원하지 않더라도 아주 종종 타격이 된다. 동작의 날렵함은 또 다른 요소이다. 남자들처럼 청중들을 위해 완전히 자신을 나타내는 것이 필요하다.

여자 경기의 진행은 남자 경기 진행과 비슷하다. 1984년 남녀 프랑스 컵 대회는 동일한 날짜, 동일한 장소, 동일한 링에서 개최되었다.

1985년~1986년에 새로운 발전이 있었다. 프랑스컵 대회에서 탈락한 선수들은 결승전까지 더 이상 대회에 참석할 수 없다. 프랑스 선수권대회에서는 남자선수들은 결승전까지 적어도 한 달이 경과한 후 다음 시합을 진지하게 준비할 수 있다.

국립여성 위원회는 새로운 방향의 선택에 직면했다. 2년 전부터 여자들도 남자와 같이 보호장비(헬멧, 마우스피스, 경골보호대, 무엇보다도 특히 여자를 보호하기 위한 장비인 하복부와 흉부 보호대)를 의무적으로 사용하도록 규정한 시합에 대해 논쟁했다.

새로운 형식의 경기는 그의 반대자들에게 프랑스 여자 사바트 권투의 새로운 이미지를 심어주었다. 마침내 반대자들은 선택을 했다. 그것의 목적은 2가지 형식의 시합을 제안할 수 있도록 하기 위한 것이었다. 즉, 기술적 접촉면을 중요시하는 아쏘와 여전히 기술적인 면을 중요시 하지만 타격 효과가 추가된 꽁바가 그것이다. 꽁바는 연맹이 결단을 내리게 됨에 따라 1986년에 알려졌다.

이와 같은 발전과 함께 여자 프랑스 권투는 남자에 의해 외국에 전파되었다. 프랑스는 몇 번의 국제 경기를 치른 후 1896년 이태리, 벨기에, 네덜란드, 튀니지가 참가하는 제 1회 국제 여자 아쏘 대회를 개최할 수 있었다.

외국으로 방향을 돌릴 수 있다는 사실은 프랑스 여자 사바트 권투가 성숙했음을 보여주는 증거이다. 프랑스 선수들은 몇 년간의 경기 후에 아주 훌륭한 기술을 습득했다. 신체적으로, 심리적으로 그들은 프랑스 여자 권투 선수들의 층을 넓혀줄 외국선수와 시합할 준비가 되어있다.

≫ 4. 국제적인 발전

앞에서 언급했듯, 프랑스 권투는 완전히 사라질 뻔했다. 그리고 오늘날도 여전히 논쟁이 계속되고 있지만, 다행히 프랑스 권투 지지자들과 반대자들은 1985년 장 마리 루소가 의장인 프랑스 사바트 권투 국제 연맹의 탄생과 함께 분쟁을 종식시켰다.

1) 프랑스 인증

프랑스 권투는 누구도 다르게 불리는 것을 원하지 않지만 번역에 따라 미국과 브르따뉴에서는 "사바트" 또는 "프랑스 사바트" 라고 하며 세네갈에서는 "사바트 복싱" 이라고 불리어졌다. 그것은 프랑스 권투가 전 세계적으로 실행될 때에만 진정으로 그의 몫을 찾을 수 있기 때문이다. 그리고 아주 옛날에 그것이 프랑스에서 체계화되었다는 사실을 희미하게나마 기억할 것이다. 그렇지만 중요한 것은 이 운동이 무엇보다도 동일한 기술 규칙에 따라 가르쳐지고 실시된다는 것이다. 현재는 국제 연맹이 적어도 링 위에서는 동일한 언어를 사용하도록 권고하고 있다.

2) 유럽 만들기

20세기 초에 사바트의 영광은 프랑스 선수권 대회에 참가한 몇몇 벨기에 선수권자들 덕분이었다. 사실 벨기에와 이태리 사람들은 오랫동안 프랑스 선수권자들의 유일한 상대자였다. 그 후 1970년대가 되어서야 유럽전역으로 전파되었다. 사바트를 "킥복싱"이라고 부르는 네덜란드에서는 점점 더 많은 수의 사람들이 이 운동을 실시하고 있다. 반대로 영국에서는 현재로서는 몇 개의 서클만이 이 "프랑스식" 운동을 실시하고 있다. 왜냐하면 영국은 지리적으로 많이 떨어져 있기 때문이다.

지도자를 보내고, 연수를 계획하는 것들은 비용이 많이 들지만 필수적인 투자이다. 최근에는 유고와 에스파냐가 이 작은 유럽 공동체에 동참했다. 독일은 Phillipe Rebillaud의 추진 하에 체계적으로 배우기도 전에 우선 유럽 컵 대회에 참가했다. 또한 토대가 약하지만 몇 개의 서클이 스위스, 포르투갈, 그리스에 있다.

3) 잠재력을 보유한 아프리카

그 전달하는 방법에 있어 번거로울 수는 있어도 아프리카 대륙은 사바트의 국제적 발전에 있어서 가장 큰 잠재력을 가지고 있다. 현지에 파견된 많은 지도자들은 그곳의 열광과 무엇보다도 아프리카 선수들의 꿍장한 뛰어난 신체적 조건을 확인할 수 있었다. 그러나 아직까지는 행정조직의 부재와 국제교류의 상대적 빈약함이 그런 열정에 상당한 제동을 걸고 있었다. 현재 아프리카의 프랑스 권투 보급은 세 나라를 중심으로 전개되고 있다. 세네갈, 카메룬, 코트디부아르를 비롯하여 몇몇 팀 또는 나라가 튀니지에서 편성되었고, 그런 움직임들은 교육 중심적이기보다는 관광 지향적이라고 할 수 있다. 대표적으로 아프리카에서 사바트를 전파하고 있는 인물을 언급한다면, Phillope Bass(프랑스와 유럽의 챔피언)라는 사람일 것이다. 현재 그는 세네갈의 수도 다카르에 계속 거주하면서 사바트 복싱을 활성화시키기 위해서 노력하고 있다.

4) 북미에서의 사바트

미국은 권투 분야에서 더 이상 대단한 성과가 나타낼 가능성이 적었다. 이 광대한 면적을 가지고 있는 미국에서 몇몇의 개인적 시도 덕분에 현재 뉴욕, 시카고, 로스엔젤레스에서 사바트는 실시되고 있고 또 좋은 반응을 얻고 있다. 1983년 이후로 몇몇 시도들이 캐나다에서 행해지고 있다.

≫ 5. 승급시험

살바가 씨름선수를 위한 것인 것과 마찬가지로 글러브는 프랑스 사바트 권투 선수를 위한 것이다. 글러브는 엄격한 규칙을 준수하면서 상대의 공격을 방어하기 위한 수단이었다. 시간이 지남에 따라 프랑스 사바트 권투는 일련의 규칙, 더 정확하게는 일련의 기술들을 수정했고, 그 기술은 여러 국립 연맹 또는 국제 연맹으로부터 인정받아 많은 선수들이 그것을 따라했다. 사바트는 글러브의 색깔로 등급을 표시한다.

등급은 크게 색 글러브(청색, 녹색, 적색, 백색, 황색)와 은 글러브(1단계 기술, 2단계 기술, 3단계 기술)의 두 단계로 구분된다.

* 등급은 2개의 큰 범주로 나뉜다.

1. Gant de Couleur(색 글러브)

2. Gant d'Argent(기술 은 글러브)

* 색 글러브는 몇 가지 범주로 나뉜다.

1. Gant Bleu(청색 글러브)

2. Gant Vert(녹색 글러브)

3. Gant Rouge(적색 글러브)

4. Gant Blanc(백색 글러브)

5. Gant Jaune(황색 글러브)

* 은 글러브는 다음과 같이 다시 나뉜다.

1. Gant d'Argent technique 1er degre(G.A.T ler degre)-1단계 기술 은 글러브

2. Gant d'Argent technique 2er degre(G.A.T 2er degre)-2단계 기술 은 글러브

3. Gant d'Argent technique 3er degre(G.A.T 3er degre)-3단계 기술 은 글러브

16살 미만의 선수들에게는 〈1단계 기술 은 글러브〉는 〈자 글러브〉로 대체되는데, 〈1단계 기술 은 글러브〉와 동일한 시험이 부여된다. 그러나 여러 테스트에서 합격점만 받으면 〈자 글러브〉 취득에 충분하다는 점에서 〈1단계 기술 은 글러브〉와 구별된다. 〈자 글러브〉 자격 선수가 16살이 되었다고 해서 자동적으로 〈1단계 기술 은 글러브〉를 취득하는 것은 아니고 등급의 정규시험에 응시해야 한다.

* 경기 능력을 평가할 수 있는 일련의 또 다른 등급이 있는데 이 등급은 프랑스에서만 유효하다.

1. Gant de Bronze(동 글러브)

2. Gant d'Argent Competiton 1er degre-1단계 경기 은 글러브

3. Gant d'Argent Competiton 2er degre-2단계 경기 은 글러브

4. Gant d'Argent Competiton 3er degre-3단계 경기 은 글러브

5. Gant d'Argent Competiton 4er degre-4단계 경기 은 글러브

6. Gant d'Argent Competiton 5er degre-5단계 경기 은 글러브

* 명예등급은 연맹위원장에 의해, 높은 애정과 지속적인 관심을 가지고 프랑스 권투의 발전과 이익을 위해 애쓰는 사람들에게 수여된다.

1. Medaille de Bronze -동메달

2. Medaille d'Argert-은메달

3. Medaille d'Or-금메달

4. Gant Vermeil ou d'Or -도금 은메달 또는 금메달

기술 글러브 승급시험에 대해 말하자면, 프랑스 사바트 권투를 직업으로 하는 사람들은 백 글러브 등급까지는 지역 기술의장 앞에서 시험을 치러야 하며, 황 글러브는 반드시 국가기술 의장 앞에서 시험을 치러야 한다.

>> 6. 경기의 종류

상당히 많은 사람들이 프랑스 권투 애호가인데, 권투를 하는 주목적은 권투기술 향상과 무엇보다도 스트레스의 해소이다.

사실 그들은 말 그대로 경기를 하고자 하는 것이 아니라 단지 시합을 갖는 것임에도 불구하고 완벽하고 뛰어난 선수가 되기 위해 연습하면서 프랑스 사회의 특징적인 호전적 공격성을 평가하고자 한다. 경기는 완벽한 조건(신체적 조건뿐만 아니라 심리적 조건까지)을 갖추고 '녹다운'으로 끝나는 시합의 혹독함에 익숙한 선수들로 구성된 정예집단에 한정된다. 확실히 공격하는 것은 쉽지만 공격받는 것은 어렵다. 왜냐하면 점진적으로 상해 없이 '녹다운'이 될 수 있도록 공격에 대해 적절하게 방어하는 것을 배우는 것이 필수적이기 때문이다.

선수들은 여러 유형의 경기에 참가한다.

1) 듀오

가장 비 형식적 격투기 시합이다. 다양한 동성 또는 혼성팀이 겨룬다. 고난도 기술과 조화로운 시합기술을 평가한 후 승리 팀이 결정된다. 조화롭고 흥미진진한 시합 진행을 위해 각 팀의 선수들은 협력하며 상대팀의 경기진행과 비교해 평가받는다.

2) 아쏘

기술시합이라고도 불리는 아쏘는 녹다운으로 승패를 결정하지 않는다. 그런 돌발사태가 발생하면 그 사태의 원인이 되는 선수는 실격된다. 남녀 모두 이 유형의 경기에 참가할 수 있으나 남녀 별개로 경기는 진행된다. 이 형식의 시합은 완벽한 기술과 정확한 타격으로 판가름 난다. 정 반대로 타격의 강도가 절대 과도해선 안 된다. 일반적으로 아쏘의 경기시간은 2분간 3라운드이다.

3) 프레꽁바

〈제 2 시리즈 시합〉이라고 불린다. 전통적인 시합규칙을 따르며 부상을 최소화할 목적으로 보호장비의 의무착용을 명시한다. 이런 경우 부심들은 타격효과를 중시한다.

4) 꽁바

〈제 1시리즈〉, 혹은 전국대회 시합이다. 〈제 2시리즈〉와 같이 기술보다는 타격효과가 우선한다. 시합 라운드는 3회, 4회, 5회의 3종류가 있고 경기 시간도 1분, 1분 30초 또는 2분이 될 수 있다. 라운드 수와 경기 시간과의 여러 조합의 선택은 나이, 성별, 선수들의 기술 수준에 따라 결정된다.

제2장 | 경기규정

>> 1. 공식경기 진행단

경기 시 두 명의 선수 외에 아래의 진행요원들이 참가한다.

1) 세컨드

- 라운드 간 휴식시간에 선수를 보살핀다.
- 세컨드 또는 치프는 모든 시합을 예상해야 한다.
- 긴급한 상황이나 승산 없는 녹다운 된 선수의 기권은 세컨드가 결정한다.
- 또한 그는 공식대표자에게 이의(異議)를 제기할 수 있다.
- 세컨드는 휴식시간이나 심판의 소환이 있을 때 링 위로 올라갈 수 있는 유일한 사람이다.
- 시합이 진행되는 동안 그의 선수에게 시합을 방해하지 않는 범위에서 큰 소리로 조언 할 수 있다.

2) 공식 대표자

경기연맹 대표자의 자격으로, 다음과 같은 책임과 의무를 가진다.
- 시합을 공표한다.
- 각 시합에 주심과 부심을 배정한다.
- 시합의 진행을 감시한다.
- 결과와 판정을 공포(公布)한다.
- 경기 결과를 공증하기 위해 경기여권과 집회서류에 서명한다.

- 집회 행정문서 책임자이다. (:계체문서, 집회서류, 판정문, 사고 진술서)
- 경쟁자의 이의를 기록한다.

3) 추첨인단 대표자

모든 경기가 규칙에 따라 진행되도록 하며 다음의 의무가 있다.
- 선수의 계체 시 공식대표자를 보좌한다.
- 경기 전 선수들의 보호 장비의 합법성을 확인한다.
- 로프의 합법성을 확인한다.
- 글러브와 헬멧의 마모 상태를 확인한다.

4) 주심

주심의 의무는 수없이 많다.
- 주심은 규칙을 준수하도록 하고, 규칙 위반의 경우에 적용할 처벌 제재를 결정하기 위 해 부심의 의견을 구해야 한다.
- 한 선수가 다운된 경우 주심은 큰 소리로 10을 카운트 다운해야 한다.
- 8초를 세어도 그 선수가 시합을 계속할 의사를 나타내지 않거나 주심이 시합을 재개 하기에 적절하지 않다고 판단하면 그 선수는 녹다운으로 선언된다.
- 심판은 다운된 선수에게 10초의 시간을 주면서 그 선수가 시합을 계속할 수 있는가를 판단할 수 있다. 또한 그는 두 선수의 육체적 상태에 대한 의견을 듣기 위해 공식 의사의 도움을 요청할 수 있는 유일한 사람이다.

5) 부심

- 부심은 3 ~ 5명 일 수 있으며 링 주위에 자리한다. 부심은 각 라운드가 끝난 후 두 선 수 중 승자를 결정한다.
- 심판의 제재 요청이 있을 시 약속된 간략한 동작으로써 그들의 의사를 동시에 표명해 야 한다.
- 찬성 : 머리 위로 팔을 든다.
- 반대 : 얼굴 앞에 팔을 직각으로 교차시킨다.
- 중립 : 머리 위로 두 팔을 든다.("나는 보지 못했다"라는 것을 의미한다.)
  주심이 요구한 제재는 부심의 다수결에 따라 결정된다.

6) 시간측정원과 부시간측정원

- 라운드의 시간과 휴식시간을 준수해야할 의무가 있다. 일반적으로 시작과 끝을 알리는 공(gong)

을 치는 부시간측정원의 도움을 받는다.

- 한 선수가 녹다운 상태가 될 경우 그가 10초를 측정한다.
- 각 라운드 초에 그는 두 선수와 심판에게 '시작하시오'라는 명령을 내림으로써 주위를 상기시킨다.
- 라운드 시작 5초전 그는 '시간이 다 되었다.'는 것을 알리고 휴식시간이 끝나면 라운 드 시작을 알리는 공을 친다.
- 심판이 시합을 재개시키려 할 때에만 경기시간의 측정이 시작된다.
- 심판의 '중지'라는 명령이 내려질 때마다 시간측정원은 시간측정기를 멈추어야 하고 '시작하시 오' 명령에 시간측정기를 다시 작동시킨다.

7) 경기공식 의사

경기에 관여될 능력과 비능력에 관한 보고서를 제출하기 위하여 각 선수를 경기시작 전 검진해야 한다. 필요시 전신상해를 입은 선수에게 응급 처치를 한다. 부상이나 상해가 발생했을 경우 그가 경기 속행과 조기 중단을 결정한다. 그의 소견은 주심에 의해서 요구될 수도 있다. 녹다운 또는 기권으로 경기가 중단될 경우 패자는 반드시 공식의사 검진을 받아야 한다. 그리고 집회 후 집회서류에 서명해야 하며 선수들에게 그들의 경기여권을 넘겨주어야 한다.

≫ 2. 시합

사바트의 시합은 약 25m와 36m사이 공간에서의 중심에서 시합이 전개된다. 지면은 약 1cm의 두께를 가진 카페트 위에서 행해지는데 카페트는 나무로 덮여 있다. 25m와 36m사이의 공간에서의 중심은 링이나 약 50cm의 간격을 가진 두 끈에 의해 경계가 지워짐.

시합은 2회 혹은 3회 혹은 4회전으로 전개되며 2분, 혹은 3분 혹은 4분 경기를 한다. 승패는 득점이나 KO로 결정된다.

심판(주심) 한명이나 링 밖에 있는 보조심판들의 판결에 의해 판정은 이루어진다. 판정기준은 시합유형, 공격의 효율성과 공격의 질에 의해 결정된다.

≫ 3. 아마추어와 프로페셔널 경기에서 득점

1) 아마추어 경기

- 매 라운드마다 최고 20점까지 득점이 가능하며 다른 어떠한 점수가 주어지지 않음
- 매 라운드가 끝날 때 두 선수 중 우수한 선수가 20점을 받음(시합 시 그의 경기가 어 떠했던 간에). 그리

고 상대선수는 비율적으로 낮은 점수를 받음

- 심판은 l'A.I.B.A에 의해 만들어지고 l'E.A.B.A 와 la F.F.B.에 의해 적용된 채점 방법 에 의해 점수표에 기입한다. 즉, 규정에 의해 3번 타격하면 1점 득점이고 만약 이 방법 이 정확하게 적용이 된다면 시합 후 이의가 없을 것이다. 게다가 무승부의 경우는 줄 어들 것이다.

- 경기 중 심판은 각 선수가 가격한 공격의 수를 계산하고 점차적으로 타격의 차이를 계 산하고 이 차이가 점수로 환산된다(3 타격의 차이 = 1점).

<표 1> 타격에 따른 점수

타격이 같은 경우 혹은 1점의 차이	20점
2, 3, 4 타격의 차이	19점
5, 6, 7 타격의 차이	18점
8, 9, 10 타격의 차이	16점
11, 12, 13 타격의 차이	16점
13 타격 이상의 차이	심판의 판단

※부위별 타격에 의한 차등점수는 없다.

- 타격은 힘이 있고 충격이 있는 경우에만 계산이 된다. 산발적이고 타격이 상대선수의 팔에 의해 막아진 경우, 팔뚝 혹은 장갑은 계산되지 않는다.

- 링에서 몇 미터 떨어진 순간부터, 많은 타격이 정확해 보여도 이 공격이 유효하다고인정하지 않는 심판에 의해 계산되지 않는다. 타격의 힘이 어떠하든 간에, 한 타격은단지 한 타격으로 계산된다. 강한 3 타격은 단지 3 타격의 가치만을 가진다. 즉, 1점이 다.

- 타격의 이러한 계산법과 라운드 중에 타격의 차이에 의한 즉각적인 빼기(위의 계산표참조)에 의해, 심판은 그 라운드의 승자에게 최대 20점(타격의 수가 어떠하든 간에)을 주고 상대선수에게 19, 18, 17점을 줄 수 있는 점수 법이 나온다.

예) X는 16번 가격 Y는 11번 가격

차이 = X가 5번 더 가격함 --->링의 점수 : X=20점, Y=18점

※우리는 여기서 시합이 시작되자마자 최대의 점수를 획득하려고 하는 선수의 관심을 이 해할 수 있다. 왜냐하면 일 라운드에서 획득한 점수는 마지막 라운드에서 획득한 점수 와 같은 가치를 가지고 있기 때문이다.

① 심판이 각 선수의 점수가 동점인데도 만약 시합이 무승부가 인정되지 않는 경우
   - 경기를 적극적으로 임한 선수 혹은 좋은 경기를 한 선수.

- 좋은 방어 기술을 보여준 선수(피하기, 막기, 보법)

② 만약 이러한 위의 요인들이 선수들에게 승자의 판정이 결정적이지 않을 때

- 정정당당하게 경기를 임한 선수

- 벌점이 적은 선수가 승자가 된다.

③ 직업 선수의 경우 10점이 주어지는데

- 공격 : 힘, 공격성, 정확성, 상대선수의 몸과 얼굴에 공격이 허용된 부분에 가한 타격 규정에
맞고 명확한 경우

- 방어 : 피하기, 막기, 공격을 차단하는 방법

프로페셔널한 시합에서 K.O(아마추어 복싱과는 다르게)를 당하면 1점 감점

≫ 4. 링 위에서의 상황

1) 카운터

- 선수가 링에서 쓰러져서 방어의 능력을 잃었을 때, 심판은 멈춤(stop)을 외치고 1이란 숫자를 세
고 일초 뒤 2, 3에서 10까지 센다(이때 손가락으로 쓰러진 선수를 가리키면 서 셈을 한다). 선수가 외국인일
때 영어로 숫자를 부른다.
- 쓰러진 선수가 시합을 재기하기 위해 일어났을 때 최소한 8초간의 회복시간을 준다.
- 아마추어 복싱에서 K.O는 선수가 안면에 공격 혹은 여러 번 공격을 당하면 K.O로 인 정된다. 한
라운드에서 3번 K.O가 되면 시합이 정지된다.
- Juniors(청소년 : 18~20살)와 senior(주니어와 베테랑사이의 나이 : 21~34살)에서는한 라운드에 4번 다운
되면 시합 정지이다.

2) 여성 사바트에서 심판

- Cadet(막내 : 16~17살)는 한 라운드 혹은 시합 중에 2번 다운되면 시합정지, 경기 중 3번 다운되어
도 시합 정지이다.
- 아마추어 복스에서 K.O는 선수가 안면에 공격 혹은 여러 번 공격을 당하면 K.O로 인 정된다. 한
라운드에서 3번 K.O가 되면 시합 정지이다. 만약 한 라운드에서 2번째 다 운이 반칙에 의해서 이루
어지거나 혹은 시합에서 3번째 다운이 반칙에 의해 이루어지 면 잘못을 저지른 선수는 실격처리 된
다. 또 상대방의 주먹을 맞고 부상을 당해 K.O 가 되어 바닥에 눕게 되면 심판은 8까지 수를 센다.

3) 실격

- 심판은 관중으로부터 3번이나 w(1점 감점)를 받은 선수는 의무적으로 실격처리를 하 여야 한다. 하지만 심판은(잘못을 몸짓으로 나타낸) 앞의 두 번의 w를 부과한 것처럼, 잘못을 저지른 선수와 다른 심판들에게 자기의 의미를 이해하게 하면서 세 번째 w를 주 어야 한다.
- 심판은 의도적이든 비의도적이든 간에 상대편 선수에게 경기를 하지 못하게 하는 중대한 잘못을 저지른 선수를 즉각 실격시켜야 한다.

예)

① 의도적이든 비의도적이든 돌이킬 수 없는 부상을 초래하는 머리 공격

② 규칙에 어긋나는 주먹질로 상대방 선수를 다운시키는 경우

③ 무릎으로 공격하여 상대방을 다운시키는 경우

④ 심판이 멈춤(stop)을 명령했는데도 듣지 않고 계속 공격하는 경우 혹은 라운드가 끝났는데도 계속 공격하는 경우

⑤ 쓰러진 선수에게 공격을 가하는 경우

⑥ 링 밖으로 상대방 선수를 던지는 경우

⑦ 페어플레이를 하지 않는 경우

 - 심판은 규칙을 어긴 선수의 코치를 질책할 수 있다. 계속 잘못이 재발되면 코치를 링 에서 멀어지게 할 수 있거나 공식적으로 경고를 하거나 선수를 실격시킬 수 있다(링 에 서 멀어지는 것은 시합 중 계속 유효)

- 심판은 선수가 시합 중 위험한 상황에서 벗어나기 위해 혹은 경기를 자신에게 유리하 도록 하기 위해 마우스피스를 벗어 던지는 선수에 대해서는 경고나 실격처리 할 수 있 다.

4) 마우스피스를 벗는 경우에 적용되는 규정

① 의도적이거나 비의도적이거나 입에서 나오는 경우 질책을 받는다. 자세히 말하면 벗는 경우 w(1점 감점)를 받을 수 도 있고 벗은 후에 또 다시 벗는 경우 다시 1점이감점이 된다. 하지만 타격에 의해 입에서 튀어 나오는 것은 처벌 대상이 아니다.

② 마우스피스가 벗겨지면 심판은 정지시킴(하지만 프로 복스에서 결정적인 행위를 중단시키지 않고). 심판은 양 선수를 서로 떨어지게 하고 마우스피스를 주워서 링 밖에있는 코치에게 마우스피스를 씻어서 잎에 다시 물리게 함. 이때 코치는 선수에게 말을 걸지 못하며 수 초 내에 이러한 행위가 이루어져야 한다.

③ 만약 선수가 다운이 되는 경우 우선 카운터를 하고 난 후 쓰러진 선수가 다시 시합에임하려고

할 때 stop 후 마우스피스를 입안에 물게 한다.

④ 프로복스에서는 비록 마우스피스가 벗겨져도 시합을 즉각 중지시키지 않고 심판은 적절한 기회를 기다렸다가 마우스피스를 선수에게 주어야 한다.

※심판은 두 선수를 실격 시킬 수 있다. 이 경우는 승자가 없다.

>> 5. 체급

모든 유형의 시합에서 선수들은 아주 정확한 체급에 속한다. 다음의 〈표-2〉는 주니어 체급을 포함하여 각 체급에 해당하는 한계 체중을 명시한 체급 목록표이다.(현재에는 남녀 모두 동일)

<표 2> 사바트 공식 체급

사바트 공식 체급			
체급	체중	체급	체중
Moustiques (모스키토급)	24kg이하	Pre-mini-mouchs (프리 주니어 플라이급)	24초과~27이하kg
Pre-mini-coqs (프리 주니어 밴텀급)	27kg초과~30kg이하	Pre-mini-plumes (프리 주니어 페더급)	30kg초과~33kg이하
Pre-mini-legers (프리 주니어 라이트급)	33kg초과~36kg이하	Mini-mouchs (주니어 플라이급)	36kg초과~39kg이하
Mini-coqs (주니어 밴텀급)	39kg초과~42kg이하	Mini-plumes (주니 페더급)	42kg초과~45kg이하
Mini-legers(legeres) (주니어 라이트급)	45kg초과~48kg이하	Mouchs(플라이급)	48kg초과~51kg이하
Coqs(벤텀급)	51kg초과~54kg이하	Plumes(페더급)	54kg초과~57kg이하
Super-plumes (슈퍼 페더급)	57kg초과~60kg이하	Legers(legeres) (라이트급)	60kg초과~63kg이하
Super-legers(legeres) (슈퍼 라이트급)	63kg초과~66kg이하	Mi-motens(nes) (웰터급)	66kg초과~70kg이하
Super-mi-motens(nes) (슈퍼 웰터급)	70kg초과~74kg이하	Moyens(nes) (미들급)	74kg초과~79kg이하
Mi-lourds (라이트 헤비급)	79초과~85kg미만	Lourd (헤비급)	85kg이상

참고문헌

Bernard plasait(1986). Defense et illustration de la boxe francaise. Sedirep.

Christian Guillaume et Dominique Georges(1971). Boxe française savate. sedirep.

U. Manoni, Les premiers coups(1994). Cours de savate box fransaise.

Editions de vecchi.

중남미의 무술

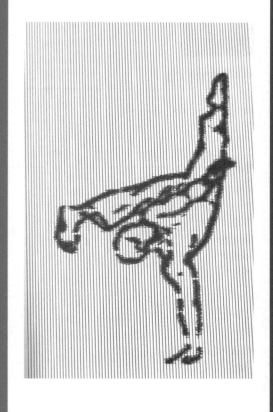

카포에이라

중남미의 무술 | 브라질

제1장 카포에이라의 역사

1. 개관

2. 카포에이라의 기원과 역사

3. 음악과 카포에이라

4. 카포에이라와 유파

제2장 기술

1. 카포에이라의 기술

제3장 경기규정

1. 호다의 의례

2. 수련 복장

3. 각 단체의 승급 체계

제1장 | 카포에이라의 역사

1. 개관

카포에이라는 15~16세기경 아프리카에서 브라질로 끌려온 노예들에 의해 탄생된 격투기로 발기술 중심으로 알려져 있다. 원래 아프리카에 전래되어 오는 토착무술이었지만 브라질에서 정착과정을 통해 적절히 변형발전하면서 오늘날의 카포에이라로 자리 잡게 된 것이다. 큰 범주 안에서 격투기로 정의되고 있지만 춤사위(악기의 연주에 맞춰 마치 춤을 추는 듯 한 모습)적인 요소와 종교의식(메시지와 철학을 내포)과도 같은 요소도 상당히 강하기 때문에 이 무술을 처음 접하는 이들은 도무지 무술인지, 종교의식인지 아니면 댄스를 추고 있는 것인지 쉽사리 가늠하기 힘들 것이다. 그만큼 카포에이라는 다양한 요소가 혼재하고 있다.

카포에이라의 모든 동작은 호다(사람들이 만든 원)라는 원안에서 이뤄진다. 2명의 선수가 호다 안에서 들어가서 조고(카포에이라 겨루기 시연)를 펼치는데 이때 주의할 것은 자신이 펼친 기술이 상대의 신체에 닿지 않도록 해야 한다는 점[40]이다.

조고는 승부의 결정이 목적이 아닌 악기의 연주 리듬과 노래에 맞춰 리듬을 타고 같은 장소에서 상대 시연자와 아름다운 신체의 하모니를 연출하는 데에 그 목적을 두고 하기 때문에 미세한 컨트롤로 자신의 움직임을 제어하고 그 동작을 상대의 직전에서 멈추게 하는 고도의 기술 구사여부는 이 무술의 숙련도를 판가름하는 중요한 요소로 작용하고 있다.

2. 카포에이라의 기원과 역사

중세(흔히 대항해 시대라고 일컫던 시기) 유럽의 열강들은 자국의 영토 확장을 위해 강압적인 무력의 사용도 서슴지 않았다. 또한 점령지의 현지인들을 노예로 부리던 것도 당연시되던 시기였다.

당시 유행처럼 번지던 역병과 끊임없는 전쟁으로 인한 사망자의 속출로 인적자원 확보에 어려움을 겪던 유럽 열강들에 있어서 점령지의 현지인들은 귀중한 인적자원(노예)이었다. 다만 현지인(남북아메리카의 현지인들-인디안)들은 의외

노예행로의 삼각지대: 포르투갈, 브라질, 앙고라

----

40) 카포에이라의 시연에서 상대방의 신체와 닿지 않는 이유는 부상을 방지하기 위해서이다.

로 병에 대한 면역력이 약해 병사자가 많았고 도망자(현지인들은 지리에 밝기 때문)의 속출로 인해 점령지의 지배자들은 골머리를 앓고 있었다.

지배자들이 그 대안으로 선택한 것이 아프리카의 노예들이었다. 강건한 육체, 강한 면역력, 그리고 무엇보다도 도망자의 속출로 골머리를 앓을 필요도 없었다.

이와 같은 이유로 아메리카 대륙으로 끌려오게 된 아프리카의 노예들에 의해 훗날 카포에이라는 당시 포르투갈의 지배지였던 남미 브라질에서 그 화려한 꽃을 피우게 된다.

카포에이라의 탄생 배경에는 갖가지 설이 난무하고 있지만 여기서는 그중 가장 유력시되는 몇 가지 설에 대해서만 살펴보기로 하겠다.

첫째, 카포에이라는 이미 아프리카에 전래되어오던 격투기가 브라질로 끌려온 노예들에 의해 더욱 변형 발전되어 오늘에 이르게 되었다는 설이 있고 그 두 번째로 지배자의 가혹한 착취에 대항하는 과정에서 자연발생적으로 탄생되었다는 설이 있다. 쇠사슬로 손이 묶여있던 노예들로서 부자유스러운 손보다 상대적으로 어느 정도 자유를 확보한 발에 의한 기술을 익히게 되었고 그것이 오늘날 다양한 발기술이 존재하는 카포에이라로 자연스럽게 발전되는 배경이 되었다는 것이다.

그밖에 다른 설로는 정글로 도망친 노예들이 공동체(키롬보라고 하며 훗날 이 공동체는 지배자가 파견한 군대에 의해 괴멸된다)를 만들고, 자위의 수단으로 무술과 비슷한 각종 동작을 익혔는데 이것이 발전하여 오늘날의 카포에이라가 되었다는 설이다.

아무튼 당시의 상황 하에서는 카포에이라는 내놓고 수련하기에는 부적절한 환경이었던 것만은 확실하다. 카포에이라의 수련을 두려워했던 지배자들은 카포에이라 수련현장을 발견하는 즉시 노예들을 붙들어 처형하기에 급급했기 때문이다.

따라서 노예들은 지배자들의 눈을 피하기 위해 편법을 동원했는데 이른바 악기 연주에 맞춘 춤동작의 흉내였다. 카포에이라를 무도(춤=댄스)의 동작이 유난히 많이 눈에 띄는 가장 큰 이유 중 하나일 것이다.

이와 같이 카포에이라의 탄생 배경을 두고 많은 설이 존재하지만 어느 설이 확실한 지에 대해서는 아직까지도 확인된 바 없다. 이는 브라질에 아프리카의 많은 노예들이 유입되었지만 정작 현존하는 노예에 대한 문건은 극소수에 불과하기 때문이다.

한편 카포에이라는 식민지 지배시대 이후에도 브라질에서 오랜 세월동안 법률에 위반된다는 이유로 금지되어 왔는데 그 주된 이유를 보면 다음과 같다.

- 카포에이라는 아프리카인에게 내셔널리즘을 갖게 할 수 있다(즉, 자아의식을 갖게 한다).
- 카포에이라는 소집단을 형성시키고, 아프리카인을 단결시킬 위험 요소를 안고 있다.
- 카포에이라는 시연가(카포에이리스타)에게 자신감을 갖게 한다.

- 위험인물이 많이 배출된다.
- 연습 중 부상자가 속출할 수 있고, 이는 곧 지배자에게 막대한 경제적 손실을 초래할 수 있다.

이와 같은 이유로 브라질 내에서는 오랜 세월동안 카포에이라의 수련이 금지되어 오다가 20세기에 이르러서야 카포에이라의 수련이 합법화되었다고 한다.

≫ 3. 음악과 카포에이라

카포에이라의 음악과 함께 행하여지는데 카포에이라가 언제부터 음악과 연결되었는지는 지금으로서는 정확히 그 근원을 찾아 볼 수 없지만 이미 음악과 더불어 친근해져 버린 오늘날의 카포에이라에서 음악을 떼어버릴 수는 없을 것이다.

카포에이라 탄생 배경에도 유력한 몇몇 설이 있었던 것처럼 카포에이라 음악이 결합된 데에도 몇 가지 유력한 설이 존재하고 있는데 그 가운데 두 가지의 설이 가장 설득력을 갖고 있다.

첫째는 카포에이라의 수련 시 동작의 단순함과 지루함을 피하기 위한 수단으로 다양한 루트를 통해 자연스레 아프리카의 종교음악이 유입되었다는 설이다.

두 번째로는 카포에이라 수련자체가 위법이었던 시기에 불량배들의 거리 싸움(당시 거리싸움은 중요한 돈벌이 수단이었다)에서 감시자의 눈을 피하기 위한 신호체계로써 사용되었다는 설이다. 즉 거리 싸움이 벌어지는 장소에서 약간 떨어진 곳에서 망을 보던 사람이 악기의 연주 리듬에 맞춰 노래를 하다가 감시자나 낯선 사람이 접근하게 되면 연주하던 리듬을 바꾸고, 그것을 신호로 거리싸움을 하던 이들은 자연스레 싸움을 멈추게 되었다는 것이다.

카포에이라의 동작은 연주하는 음악의 리듬과 속도에 따라 크게 좌우된다. 즉 템포가 빠른 음악에는 이에 대응하는 동작도 빨라지고 템포가 느린 음악에는 카포에이라의 동작도 그에 따라 느려지게 된다.

한편 카포에이라에 쓰여지는 음악은 카세트테이프나 기타 음악 재생기를 통해 흘러나오는 단조로운 배경음악이 아닌 실제의 악기를 사용하고 있으며, 카포에이리스타들의 투쟁심을 불태우는 빠른 템포의 연주 음악들이 주로 사용되고 있다.

1) 베림바우
베림바우 주변에는 많은 교훈이 담겨있다.

- 옛날에 Pastinha사범은 양면이 작은 낮 모양의 날로 된 칼이악기 끝에 달려 있었다. 이것은 그것

을 치명적인 악기로 만들 기 위해서이다. "결정적인 순간에 그것
은 악기가 아닌 무기로 서 역할을 한다." 그래서 카포에이라와 같
은 경기에서 그 악기 는 두개의 상반된 역할을 하게 된다. 음악과
죽음, 춤과 격투, 아름다움과 폭력 등의 상반된 성질을 갖는다.

- 아프리카 어느 지역에서는 가축을 돌보는 젊은이가 이 악기를 연
  주하는 것을 금했었다. 이 악기 소리가 젊은이의 영혼을 되 돌아
  올 수 없는 곳으로 데려간다고 믿고 있기 때문이다. 그 믿 음은 여
  전히 남아있다.

- 쿠바에서 "부름붐바(burumbumba)"라고 알려진 곳에서 그것은 죽
  은 영혼을 불러내는 의식에서 돌아가신 조상들(eguns)의 영혼과
  대화하는데 이용되었다.

- 19세기동안 베림바우는 아프리카와 브라질의 여러 지역에서도 사용
  되었는데, 그 용도 는 노래, 이야기, 시 등에 맞추어 연주하는 것이었다.

베림바우

베림바우는 분위기를 조성하고 경기장 내에서 벌어지는 경기의 본성과 리듬을 드러낸다. 나이든
사범들은 "베림바우는 가르친다"라고 말한다.

손바닥을 치면서 노래하고 판데이로, 아타바끄를 연주하는 것과 함께 베림바우 경기장 내부의 선
수들의 행동에 영향을 끼친다. 또는 당신이 흥이 나면, 이것들은 지정된 박자에 따라 다양해지는 경
기에 당신의 힘과 에너지를 쏟게 한다. 베림바우는 나무로 만든 활로 7뼘의 길이를 지녔으며 지름은
4분에 3인치에 해당한다.(1인치=2.54cm)

그 폭 끝에, 작은 못을 박아 철사줄을 매어놓았다. 다른 끝은 가죽 천으로 덮어져 있다. 이것은 철
사가 나무를 가르거나 관통하는 일이 없게 하기 위해서이다. 현재는 그 철사가 폐차 타이어의 내부에
서 얻어지고 있다(옛날에는 동물의 내장이 이용되었다).

속을 파낸 조롱박, 이것을 포르투갈어로 카바카(cabaca)라고 부른다. 이것은 악기의 소리를 증폭시
키는 타악기 종류의 북과 같은 역할을 한다. 넓은 원주의 개방된 것으로 과일의 줄기로 만들어진다.
반대편에는 두 개의 작은 구멍이 뚫려 있어 그 구멍을 통해 실을 꿰어 놓는다. 이것은 조롱박을 활에
꽉 조여 매는 역할을 한다.

베림바우는 보통 돌, 동전 또는 철사줄을 켤 때 또는 안 켤 때에 따라 달라지는 악기에의해 만들어
지는 두 개의 곡조 중 하나를 만드는 금속닦기(vintem)과 함께 왼손으로 잡는다. 베림바우의 소리는
약 12인치 길이의 나무 막대기로 철을 쳤을 때 만들어진다.

막대기는 짚을 엮어 만든 작은 쉐이커인 캑시시(caxixi)와 오른손으로 함께 잡는다. 말린 콩이나 작

은 조약돌을 캑시시 안에 넣어 흔드는 소리는 베림바우의 소리를 풍요롭게 하고 음감을 더해준다.

배 위에 호리병을 놓거나 제거함으로써 연주자가 같은 기본 음조의 다양한 조절을 할 수 있다 베림바우의 세 가지 형태가 있다. 세 가지 모두 경기장에 등장한다.

- 가장 깊은 소리를 내는 군가(gunga)는 베이스 역할을 한다. 그것은 리듬을 유지시키고, 주 로 변화 없이 일종의 박자의 기본 주제를 연주한다.
- 베림바우 메디오(barimbau medio)또는 데 센트로(de centro)또는 간단히 베림바우로알려진 이것은 군가의 기본 리듬 이상의 음을 연주한다. 이것은 리듬 기타의 역할과비슷하다. 예를 들어, 일종의 기본적인 박자의 테마를 연주할 수 있다. 그때 기본변이와기본 주제가 반복된다.
- 비올라(Viola) 또는 바이올린하(violinha)는 가장 높은 음을 내는 베림바우이다. 그것은 절분음 또는 즉흥적인 음을 책임지고 있다. 리드 기타의 독주와 같은 역할을 한다.

리듬의 풍요와 복잡함은 베림바우가 갖는 멜로디의 한계가 어디까지인가에 있다. 능숙한 연주가의 손에 맡겨지면 누구나 그것은 두 가지 음조만 갖는다는 것을 결코 의심하지 않을 것이다.

경기장 내부에서 선수에 의한 움직임은 연주되는 리듬을 반영한다. 연주되는 리듬과 박자에 따라 경기는 느려지고 방어적이며 빠르고 공격적이 되거나 개방되고 조화되게 된다.

베림바우의 연주에는 채택되는 많은 박자가 있다.몇몇은 보편적이다. 그것들이 앙골라(Angola), 상 벤토 페퀴노(Sao Bento Pequeno), 상 벤토 그랜데(Sao Bento Grande)이다. 다른 것들은 한 지역에 또는 다른 지역에만 한정되거나 다양한 사람들에 의해 만들어진다. 그것은 지역적 카포에이라를 하는 사람들, Bimba 사범에 의해 만들어진 리듬을 연주하는 사람들에 의해 연주되는 리듬의 경우이다. Bimba 사범이 만든 리듬은 상 벤토 그랜데(de Regional), 카발라리아(de Regional), 이우나(luna), 아마존아스(Amazonas)등이 있다.

>> 4. 카포에이라의 유파

현존하는 카포에이라의 유파를 살펴보면 크게 헤지오날(Regional)과 앙고라(Angola)로 나눌 수 있다.

1) 헤지오날(Regional)

1920년대 후반~1930년대 초반 무렵, 브라질의 바이어주에서 메스토렘빔바(1900~1970년, 본명 : 마노엘도스헤이스마샤도)에 의해 창안된 스타일로 앙고라에 비해 훨씬 공격적이다.

유파의 명칭이 된 헤지오날은 1932년 메스토레빔바가 창설한 카포에이라 스쿨(The regional fight from Bahia)에서 유래되었다고 한다. 베림바우는 악기에 의해 연주되는 리듬도 앙고라에 비해 템포가 빠르고 기술도 아크로바트(묘기)적인 요소가 많이 나타나고 있다.

빔바가 창안할 당시의 카포에이라(헤지오날)와 현재의 카포에이라에는 약간 상이한 점이 엿보이기도 하는데 이는 헤지오날센자(카포에이라의 보급을 목적으로 결성된 단체)라는 곳에서 타 무술(태권도, 가라데, 사바트, 유도 등)의 장점을 도입하고 연구하면서 지금도 꾸준히 발전시키고 있기 때문으로 여겨진다.

즉 카포에이라(현재 브라질에서 카포에이라는 바로 헤지오날을 의미한다)는 이미 완성된 무술이 아닌 현재 이 시간에도 꾸준히 변형-발전-성장하고 있는 과도기상의 무술이라는 의미이다.

한편 카포에이라를 구분하는 대분류로써 헤지오날과 앙고라를 나눴지만 헤지오날은 헤지오날이라는 대분류 아래에 수많은 유파를 두고 있다. 흔히 마스터의 숫자만큼의 유파가 존재한다(1인 1유파)고 하니 그 수를 추정하기란 쉽지 않을 듯싶다.

카포에이라는 태권도와 마찬가지로 수련연한과 기술의 습득정도(레벨)에 따라 등급을 두고 있는데 허리 부분에 착용하는 벨트(밧줄모양의 끈)의 색에 의해 구분(단, 각 유파마다 차이가 있다)하며 순서는 다음과 같다.

먼저 입문단계로부터 황녹-녹-황-청-적 그 상위 레벨로는 두색이 혼합된 황녹-적청-백녹-백황-백청-백 순으로 되어있다. 단 백(흰색)은 오직 한 유파의 대표자만이 착용할 수 있으며 대표자의 지명으로 후계자가 결정된다.

2) 앙고라(Angola)

정확한 창시자는 현재로서는 알 길이 없으며 다만 아프리카의 남서부에 위치한 앙고라 지방에서 태동되었다고 전해지고 있을 따름이다. 느린 리듬에 주로 입식 기술(서있는 자세에서 행하는 기술)위주의 헤지오날에 비해 거의 지면에 근접한 자세가 많은 것이 앙고라의 특징이다. 따라서 낮은 자세에서 행해지는 움직임과 공격기술은 헤지오날에 비교해 볼 때 원시적이면서 동물적인 요소가 많다고 볼 수 있다.

또한 발기술 위주의 헤지오날(근래에 들어서는 타 무술의 여러 장점을 도입하고 있지만)에 비해 앙고라는 몇 종류의 무기술도 갖고 있는 등 두 유파간에 보일 듯 말 듯한 차이점을 엿볼 수 있다. 그러나 현재 브라질에서 보급되고 있는 카포에이라는 양자가 혼합된 형태가 대부분을 이루고 있다.

제2장 | 기술

》 1. 카포에이라의 기술

앞서 언급했던 것처럼 현재 브라질에서 '카포에이라'로 통칭되고 있는 것은 전통의 '앙고라'가 아닌 1920년대 후반 ~ 1930년대 초반 '메스토레빔바'에 의해 창안된 '헤지오날'이다. 헤지오날에 많은 영향을 주었던 앙고라는 혼동을 피하기 위해 카포에이라라는 명칭을 쓰지 않고 '앙고라'라는 전통 명칭을 그대로 사용하고 있다.(카포에이라 수련자를 가리켜 '카포에이리스타'라 칭했던 것처럼, 앙고라 수련자는 '앙고레이로' 호칭한다)

헤지오날의 '조고(jogo=겨루기)'는 앙고라에 비해 템포가 빠르며 격투기적인 요소가 강하고 앙고라의 앉은 자세 위주의 기술에 비해 서있는 자세에서 이뤄지는 기술이 많다. 다음에 소개하고자 하는 카포에이라의 기술은 현재 브라질에서 가장 대중적인 인지도가 높은 '헤지오날'의 기술이라는 것을 미리 밝혀 둔다. 물론 소개하는 기술이 카포에이라가 추구하는 전부는 아니지만 가장 보편화된 기본기의 습득이야말로 그 무술을 이해하는데 있어서 많은 도움이 될 것으로 여겨진다. 따라서 여기에서는 기본기 위주의 소개를 중심으로 진행하고자 한다.

1) 기본동작

(1) 징가(Ginga)

징가

카포에이라의 가장 기본적은 스텝이다. 손발을 교대로 좌우로 교차시키면서 부드럽게 움직인다. 이때 앞쪽으로 내민 어깨로 얼굴과 가슴 부위를 보호한다. 각 동작의 연결은 부드럽고 끊임없이 진행되어야 한다는 점에 주의해야 한다.

(2) 아우(AU)

손짚고 옆구르기, 택견의 '날치기' 기술과 유사하지만 택견의 경우에는 단순한 덤블링(옆구르기) 자세만이 아닌 그 안에 공격기술(옆으로 도는 순간 발날로 상대를 차는 동작)도 포함되어 있다. 이 동작을 수행할 때 주의할 점은 얼굴(눈)은 항상 정면에 있는 대전 상대를 응시한 채(옆이나 바닥을 응시해서는 안 된다) 행해야 하며 바닥에 양손을 짚고 되도록 무리가 없는 작은 포즈로 가볍게 착지해야 한다.

무리 없는 기술 수행을 위해 간단한 요령에 대해 살펴보면 왼쪽으로 '아우'기술을 펼칠 때 왼손, 오른손의 순으로 땅을 짚고, 오른발, 왼발 순서로 착지하면 보다 안정적으로 기술을 펼칠 수 있다.

열린 아우

닫힌 아우

아우

(3) 호레(Role)

회전 이동 바닥에 양손을 짚고, 머리를 감싸 안은 자세를 취하며 회전을 한다. 주의할 점은 얼굴은 항상 정면의 대전 상대를 응시해야 하며, 절대로 다른 곳을 응시해서는 안 된다.

2) 공격기술

(1) 벤사웅

밀어차기 기술 : 타 무술과 비교해본다면 택견의 '곧은 발질'과 비슷하다고 할 수 있다.(단, 택견 발질의 경우 발질에 앞서 오금질이 선행되어야 하며, 무릎을 완전히 접어올린 다음 내질러야 한다는 점). 무릎을 올려서 발을 앞으로 밀어 내듯이 차는 기술, 찼던 발을 거 두어 들일 때는 차는 동작의 역순으로 발을 끌어들인 후 무릎을 내린다.

(2) 샤파(Chapa)

옆차기 기술 : 몸을 옆으로 향한 채 곧바로 차는 기술로서 많은 응용동작을 펼칠 수 있는데 몸을 뒤로 향한 채 몸을 굽힌 상태에서 이 기술을 사용할 수도 있다.

(3) 마르테로(Martelo)

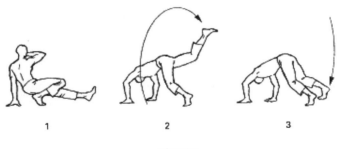

마르테로

돌려차기 : 몸통 바깥쪽에서 안쪽으로 예리하게 찌르듯이 차는 기술, 태권도의 돌려차기와는 다르고 가라데의 돌려차기와 비슷하다. 차기 동작 후 주의할 점은 차기 동작 후 찼던발을 신속하게 접어야 한다는 점.

(4) 케샤다(Queixada)

앞 돌려차기 : 몸통 안쪽에서 바깥쪽을 향해 원을 그리듯이 차는 기술, 찰 때 축이 되는 발을 일단 몸 안쪽으로 붙였다가 상반신을 먼저 회전시키면서 찬다.

(5) 메이아루아 데 후렌치(meia-Lu de Frente)

바깥 돌려차기, 케샤다와는 반대로 바깥쪽에서 안쪽을 향해 원을 그리며 차는 기술

(6) 아르마다(Armada)

아르마다

뒤돌아 후려차기 : 태권도의 뒤돌아 후려차기와는 다르며 극진 가라데의 뒤돌려차기 타입 중 하나

와 아주 흡사하다. 태권도의 경우에는 발뒤꿈치로 차는 것이 일반적이다.

몸을 360도로 회전시켜 순간적인 원심력을 이용해서 차는 기술, 얼굴은 정면의 대전 상대를 향한 채 상반신을 비틀어 비틀림이 정점에 도달한 순간 몸의 비틀림을 풀어주듯이 머리와 축이 되는 발을 재빠르게 회전시키며 돌려 찬다.

(7) 메이아루아 데 콤파소(meia-Lua de compasso)

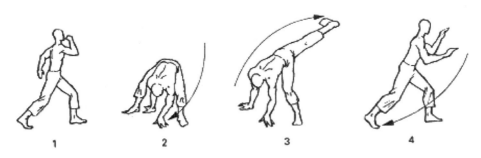

메이아루아 데 콤파소(콤파스 형태)

바닥 짚고 뒤돌려후려차기, 양손을 바닥에 붙인 채 머리는 대전 상대의 정면을 응시하면서 차는 기술 몸의 중심은 축이 되는 발에 있으며 손은 단지 보조수단으로 바닥에 살짝 대고, 밀어 차는 듯 한 느낌으로 원을 그리며 차는 기술.

3) 방어기술

(1) 코코리냐(Cocorrinha)

머리를 어깨로 감싸고 약간 앞으로 내딛으면서 웅크려 앉는 기술, 이때 발뒤꿈치와 손바닥은 완전히 바닥에 닿게 한다. 케샤다와 같이 상당 발차기를 피하면서 공격범위 안쪽으로 파고들어 갈 때 사용하면 효과적이다.

(2) 헤지스텐스시아(Resistencia)

발은 앞으로 약간 내딛으면서 상체는 뒤로 젖히는 자세를 취하며 웅크려 앉는 기술, 무릎을 꿇듯이 주저앉아 한쪽 어깨로 머리를 감싸고 다른 한손으로 체중을 지탱한다. 가슴이나 복부를 노리고 접근해 온 상대의 차기 기술을 회피할 때 사용한다.

(3) 네가치바(Negativa)

'헤지스텐시아' 처럼 웅크려 앉았다가 뒤로 몸을 비틀면서 일어나는 기술, 완전히 옆으로 쓰러지는 듯 행하는 네가치바의 기술도 있다. 헤지스텐시아와 마찬가지로 회피할 때의 높이는 동일하다. 단 헤지스텐시아가 직선 방향으로 날아오는 차기 기술을 회피할 때 사용한다면 네가치바는 신체의 상단부를 통과하는 돌려차기 기술을 회피할 때 사용한다.

지역 네가치바

앙고라 네가치바

(4) 에스카바(Esquiva)

상반신을 옆으로 비틀면서 비틀린 방향으로 몸을 이동시키며 공격을 회피하는 기술

네가치바 자세에서 굴러서 일어나기

(5) 카바레이치(Cavalete)

몸을 비틀면서 뒤쪽에 놓인 발을 끌어들이면서 그 방향으로 웅크려 앉는 기술, 앞쪽의 발은 서있을 때의 위치 그대로 둔다. 일어날 때는 앞발을 축으로 해서 차기 기술로 반격하면서 일어나면 효과적이다. 이때의

네가치바에서 일어나는 다른 방법

네가치바와 기술

반격 기술은 '메이아루아데코팜소'와 같은 기술이 효과적이다. 만약 뒤축을 축으로 할 경우에는 '호레'와 같은 기술로 몸을 회전시키면서 일어나는 것이 상대의 기습공격에 대해 효과적일 수 있다.

제3장 | 경기규정

≫ 1. 호다의 의례

사람들이 만들어놓은 인위적인 원안에서 두 명의 카포에이리스타가 조고(겨루기)를 펼치는데 이 때 사람들에 의해 인위적으로 만들어진 원이 호다이다.

카포에이라 수련시의 분위기는 타 무술에 비해 상당히 자유분방하다고 할 수 있다. 그만큼 카포에이라는 유희(놀이)적인 면이 강하기 때문에 타 무술과도 비교도 안 될 정도로 격식과 의례가 적은 편이다. 오히려 호다를 행할 때 하는 의례조차 평소의 수련모습과 비교해 보면 의아하게 비춰질 정도이다.

실례로 카포에이라의 본고장인 브라질-아프리카에서 전래되었다고 하지만 실제로 무술로써 꽃피워진 것은 브라질이다. 지역에 따라 호다 진행 의례는 많은 차이를 보이고 있으며 아예 생략되는 경

우도 많다. 그나마 호다 의례의 명맥을 유지하고 있는 곳은 본고장 중의 바이아주 정도를 손에 꼽을 정도이며 더구나 이곳에서 조차 호다 진행 의례에 대한 통일된 모습은 찾아보기 어렵다.

이제부터 소개하고자 하는 카포에이라의 호다 진행의례는 가장 보편화되고 일반적인 것을 바탕으로 했다. 진행순서는 다음과 같다.

라다아냐(ladainha)-칸도데엔토라다(canto de entrada)-코히도(corrido)-조고(jogo)개시

1) 라다이냐(ladainha)

라다이냐(ladainha)는 포르투갈어로 장가(長歌)라는 의미로 말 그대로 약간 긴 노래라는 뜻이다. 베림바우 연주자 중 한명이 연주를 하며 부르는 것이 일반적이다. 노래 가사는 노예들의 애환을 담겨있거나 고향에 대한 찬양 상대에 대한 도발적인 내용이 담겨있기도 한다.

2) 칸도데엔토라다(canto de entrada)

라다이냐의 후렴구와 같은 성격으로 찬양의 성격을 띠고 있으며 라다이냐의 구절이 끝남과 동시에 이에 비바와 같은 구절이 이어진다. 엔토라다는 입장을 뜻하는 말로 라다이냐를 부르는 사람이 이에 비바메우 데우스라고 외치면 주위에 있는 사람들이 그것을 되받아서 이에 비마메우데우스카마라고 이어 받는다. 경우에 따라서는 칸토데엔토라다를 생략한 바로 코히도를 시작하기도 한다.

3) 코히도(corrido)

카포에이리스타트들의 조고가 진행되는 사이에 불려지는 노래, 선창자의 리드에 대해 주변 인물들이 정해진 추임새를 넣어 흥을 돋우며 부른다. 코히도의 리더는 라다이냐를 불렀던 사람이 계속 맡아하는게 일반적이지만 사정에 따라 다른 사람으로 대체되기도 한다.

≫ 2. 수련복장

1) 카포에이라의 전통 수련복장

사실 언제부터 카포에이라의 수련복장이 흰색 상, 하의로 정해졌는지 정확한 근거 자료는 남아있지 않다. 다만 예전부터 남미 브라질의 도시 중 하나인 살바도르라는 곳에서는 위, 아래, 백색 양복을 착용하고 카포에이라를 즐기는 사람들의 모습이 자주 목격되곤 했다.

하지만 카포에이라=흰색이라는 등식 이전에 흑인들은 행사 복장으로 또는 외출복으로 흰색 옷을 즐겨 입었다는 말을 통해 볼 때, 추측컨대 그들 사이에서 카포에이라도 일종의 행사라는 의식을 갖고 있지 않았을까 추측할 수 있을 것이다.

2) 긴 세로줄 무늬가 선명한 하얀 팬츠

카포에이라 수련자 중 상당수의 사람들이 긴 세로줄 무늬가 선명하게 새겨진 하얀 팬츠를 즐겨 입는다. 많은 사람들이 즐겨 입는 다는 것은 카포에이라 수련 시에는 반드시 이것을 입어여 된다고 정해진 규칙은 아니지만 이미 암묵적으로 굳어진 전통이나 다름없다. 이미 전통이 되어버린 긴 세로줄 무늬가 선명하게 새겨진 하얀 팬츠는 브라질로 끌려왔던 아프리카의 노예들이 카포에이라를 할 때 즐겨 입었던 것에서 유래하고 있다.

3) 코르다운(cordao)=허리띠

카포에리스타(수련생, 경우에 따라나서는 시연가)의 단위(급수=띠)를 나타내는데 사용되는 허리띠는 그 짜임새에 따라 코르다(corda), 코르다운(cordao), 코르데우(cordel)등의 호칭으로 불려지는데 그 중 가장 일반적인 호칭이 코르다운(cordao)이다.

카포에이라에 최초로 승급 제도를 도입한 이는 헤지오날(현재 브라질에서는 헤오지날을 통칭 카포에이라라고 한다. 이하 카포에이라는 헤지오날을 의미한다)의 창시자인 마스토레빔바였지만 당시 그는 허리띠 대신 목 스카프를 채용했다. 코르다운을 처음으로 도입한 곳은 상파울로 혹은 리오데 자네이루로의 카포에이라 그룹이었다고 알려져 있다.

≫ 3. 각 단체의 승급체계

태권도, 가라테, 유도 등은 지구상에서 나름대로 전통을 자랑하는 무술은 승단연한이나 기술 습득 정도에 맞춰 레벨을 정해주는 승급체계를 갖추고 있다. 특히 태권도의 경우 이미 통일된 하나의 단체를 갖고 있어 세계 어느 곳에서나 띠의 색깔과 단수를 통해 그 사람의 수련 정도를 객관적으로 파악할 수 있다.

카포에이라 역시 타 무술의 그것과 마찬가지로 자체의 승급체계를 갖추고 있는데 허리에 두른 띠로 수련자의 단위(급수)를 파악할 수 있다. 다만 가장 큰 차이점이라면 그 기준이 수련 그룹에 따라 각기 다르며 배색의 순서와 수련자에게 단위를 주는 판단은 전적으로 메스토레의 주관적인 판단에 좌우되고 있다는 점이다. 같은 색깔의 띠도 수련 그룹에 따라 단위 체계에 있어서 많은 차이를 보이고 있는데 일례로 녹색의 코르다운은 브라질 연맹의 경우 제 1단계에 불과한 급수가 아바다의 경우에는 제 9단계의 베테랑이 갖는 급수에 해당된다.

앞서 잠깐 카포에이라는 수련 그룹에 따라 승급체계가 크게 다르다는 점에 대해서 언급한 바 있다. 카포에이라를 대표하는 두 단체를 통해 상이한 승급체계에 대해 살펴보기로 하자.

코르다운을 통해 본 승급체계는 다음과 같다.

1) 브라질 카포에이라 연맹(Conferracao Brasileira Capoeira)

① 초보자(aluno iniciante) : 코르다운이 없다.

② 세례를 받은 자(aluno batizado) : 초록

③ 수련생(aluno graduado) : 노랑→파랑(2단계)

④ 중급자(aluno intermediario) : 초록+노랑

⑤ 상급자(aluno adiantado) : 초록+파랑

⑥ 연수생(aluno adiantado) : 노랑+파랑

⑦ 졸업생(aluno formado) : 초록+노랑+파랑

⑧ 강사(monitor) : 초록+흰색

⑨ 선생(professor) : 노랑+흰색

⑩ 준사범(contra-mestre) : 파랑+흰색

⑪ 사범(mestre) : 흰색

①˜⑦은 수련생의 범주에 속하며 ⑨˜⑪은 교관의 범주에 속한다.

연맹은 수련생들의 승급에 대해서는 각 도장의 메스토레(지도자)의 재량에 맡기고 있으며 교관 이상의 레벨에 대해서만 연맹이 주최하는 강습회 등의 교육을 수강하고 지도하고 있다. 참고로 브라질 연맹이 정식 발족한 것은 1994년이다.

각각의 단위에는 최저 수련기간을 정해두고 있다. 이 최저 수련기간을 경과해야한 다음 단계로의 승급이 가능하다.

2) 아바다 카포에이라(ABADA Capoeira)

① 초보자(inciante) : 무색

② 수련생(aluno) : 5단계

　무색+노랑→ 노랑→ 노랑+오렌지→ 오렌지→ 오렌지+파랑

③ 상습수련생(aluno graduado) : 4단계

　파랑→ 파랑+초록→ 초록→ 초록+보라

④ 강사(insrutor) : 2단계

　보라→ 보라+밤색

⑤ 선생(professor) : 2단계

　밤색→ 밤색+빨강

⑥ 준사범(mestrando) : 빨강

⑦ 사범(mestre) : 빨강+흰색

⑧ 최고사범(Grao-mestre) : 흰색

아바다의 경우, 브라질 연뱅(12단계)과는 달리 사범 자격을 부여받기 까지 16단계의 승급단계를 거쳐야 한다. 코르다운의 색깔이 갖는 의미는 다음과 같다.

* 노랑=금, 오렌지=태양, 파랑=바다, 초록=숲, 보라=수정, 밤=카멜레온, 빨강=루비, 흰색=다이아몬드

16세 이하 청소년의 경우 별도로 정해진 규정에 따라 승급이 결정된다.

최고사범은 항상 1명만을 인정하는데 현재 최고사범은 메스토레카미자호샤이다.

참고문헌

Alex Ladd. The Little Capoeira Book. North Atlantic Books.
http://www.aumas.netian.com
http://www.muyelove.com
http://www.taekkyun.ch5.net

동양의 무술

무에타이

동양의 무술 | 태국

제1장 태국 복싱의 역사

  1. 개관
  2. 태국 복싱의 기원 및 역사

제2장 기술

  1. 태국 복싱의 기술

제3장 경기규정

제1장 | 태국 복싱의 역사

≫ 1. 개관

태국 복싱이란 남녀노소 할 것 없이 신체의 여러 부분을 이용한 힘의 대결이라 할 수 있다. 물어뜯기, 발로 차기, 주먹치기, 조이기, 박치기 등이 모두 허용된다. 즉, 인간이 가지고 태어나는 신체의 모든 부분을 이용하는 것이 태국 복싱의 특징이라고 할 수 있다.

태국 복싱은 고대부터 국가적 무술로 되어 왔으며 언제부터인지 모르지만 태국문화의 한 부분이 되어왔다. 태국 복싱을 정의하자면 다음과 같다.

태국 복싱은 무술이자 호신술이며 사용되지 않는 신체 부분을 한군데도 없다. 체력은 물론이고 정신력과 예지력을 갖추어야 하며, 싸울 때 절대 무기를 사용하지 않는다.

현재의 장비가 생겨나기 전에는 목화실로 꼬여 만든 딱딱한 조가비 같은 것을 손가락 마디마디에 끼웠고 손등을 단단하게 하려고 아교를 바르고 거기에 유리가루나 모래를 뿌렸다.[41] 후에 아교나 유리가루 사용은 멈추었지만 그 이후에도 목화솜을 이용한 손가락 붕대는 1929년 국제 복싱 경기에서 글로브가 생겨날 때까지 계속 사용되었다.

≫ 2. 태국 복싱의 기원 및 역사

1) 기원

원시 시대 사람들은 자신은 물론, 가족들을 보호하기 위해 적으로부터 공격에 온몸을 이용하여 방어해왔다. 즉, 신체를 이용한 모든 방법을 동원하여왔다. 항시 자신을 보호해야 하는 현실 속에서 점차 그에 따른 공격과 방어에 필요한 무기들도 점차 개발되어갔다. 이 이야기는 인간이 맨 처음 어떻게 손, 발, 무릎, 주먹을 사용하기 시작했는가를 말해준다. 근본적으로 인간이라는 동물은 혼자 사는 것보다 하나의 공동체를 이루어 자신의 가족을 보호하고 외부의 위험으로부터 서로를 보호하려는 본성을 지니고 있다. 이러한 집단을 우두머리를 필요로 하며 한 무리 중에서 가장 뛰어난 자만이 그 자리를 차지 할 수 있다. 이러한 자질을 갖춘 지도자는 손을 쓰지 않고도 주변의 사람들에게 우상, 경의 그리고 존경심을 심어주는데 이것은 마치 어린아이가 어른을 따라 행동하는 것과 같은 이치이다. 나약한 자는 강한자를 따르기 마련이며 지도력에 대한 존경심은 다른 무엇보다도 강했는데, 일단 지

---

41) 綜合競技指導大事典編輯委員會(1974). 킥복싱 경기. 學校體育社, p.1655.

도력을 가진 자는 사람들에게 행동하는 법, 생활하는 법, 가정을 이루는 법 등을 가르쳤을 것이다. 그리고 지도자는 사람들에게 적의 침략으로부터 자신을 보호하는 방법을 가르쳐주었다. 이러한 가르침에는 발, 주먹, 무릎, 팔꿈치, 팔과 다리 등을 이용한 호신법들 이었고, 질문을 받는 즉시, 지도자는 사람들 앞에서 민첩한 동작으로 시범을 보여야만 자신에 대한 경외와 존경심을 유지시킬 수 있었다.

시간이 지남에 따라, 무술에 있어 기술과 전략이 점차 중요해져 갔으며, 사람들 역시 두 가지에 주력하기 시작했다. 그런 후 이들은 다른 부족을 자기네 부족으로 끌어들였으며, 부족인구가 늘어감에 따라 커다란 공동사회로 변모하게 되었다. 여기에, 우수한 지도자들은 갖은 방법을 동원하여 화살과 방패 그리고 창이 나오기 전까지 자기네 부족사회의 정착에 커다란 번영을 가져다주었다. 사회적 발전과 더불어 칼, 창, 전투용 장비를 이용한 철제무기들이 만들어 졌으며 실제 전투에서의 사용법이 개발되어 갔다.

인구 증가와 더불어 한 공동체의 지도자는 우리가 흔히 일컫는 왕이라는 직위로 바뀌었으며 왕으로 뽑힌 자는 뛰어난 체력을 물론이고 정신력과 뛰어난 무술 그리고 호신술에도 능해야했으며 또한 대중을 한데 모아 자신의 격투술을 지도할 만한 역량도 갖추고 있어야 했다.

태국은 국가형성과 국력을 키우기 위해 이웃 국가들과 끊임없이 전쟁을 한 바 있으며 이는 한마디로 말해 국가 전체가 전쟁 준비에 모든 시간을 바치고 있었다고 할 수 있다.

공격과 침략은 항상 끊이지 않았으며 전투방법은 현재와 달라 당시에 주로 사용되던 전투방법은 육탄전이었던 만큼 창, 칼, Khaw-nago라 불리는 구부러진 창칼등과 같이 주로 크기가 작은 것들이 사용되었다. 이에 따라 인체의 부분과 함께 초창기 사용되던 무기들이 함께 접목되어 하나의 무술이 되었는데 그것이 바로 태국복싱의 시작이었을 것이다.

태국복싱은 늘 대기 중인 하나의 무기이다. 이것은 모든 무기들의 조상이며 가장 우수한 것이다. 아무리 우수한 무기를 사용한다 하더라도 자연의 무기(신체 및 기초무기)를 지닌 자를 이길 수는 없을 것이다.

태국복싱은 오래전부터 군인들의 정규과목으로 지정되어 전투기간 뿐만 아니고 평시에도 만반의 준비를 위해 수련이 지속되어 왔다. 태국 복싱은 왕족과 귀족은 물론 전 국민들로부터 사랑받는 무술이며, 사람들은 경기를 지켜보는 것 뿐 만이 아니고 참가하는데 커다란 의미를 두고 있다. Ayudhya 시대의 사기를 보면 Phra Sanphetch 제 8대 왕조시대에 살았던 Khum Luang Sarasra에 대한 이야기가 나온다. 그는 "호랑이 왕"이라 불렸는데, 태국복싱에 매우 능해서 종종 변장을 하고 평민들과 대련을 통해 전통적인 기술을 보존해 왔다고 한다.

2) 역사

(1) Nai Khanom Tom(태국 복싱 선수)

1767년 고대 수도인 Ayuthya가 붕괴될 즈음 통치자의 권력약화로 점차 도시가 파괴되어 가고, 미얀마 군대가 침략하여 태국민들을 노예로 붙들어 갔다. 이들 중에는 많은 복서들이 있었고 이들은 Ungwa 도시의 Kai Pho Sam Ton가의 Suki Phra Nai Kong이라는 지배자에게 억류(抑留)되었다.

1774년 랭군에서 Mangra 왕은 부처의 사리가 모셔진 탑을 세운 기념으로 7일간 축제를 열었다. 그는 자신 앞에서 태국 복서와 미얀마 투사의 경기를 열게 했으며 Likay라는 의상쇼, 코메디, 풍자극, 칼싸움 등이 축제의 행사들로 구성되었다. 복싱 링은 왕좌 앞에 설치되었다.

축제 첫날, 한 미얀마 귀족이 태국복서에게 자신의 왕에게 경의를 표할 것을 명하였다. 그리고 Mangradhkd은 한 미얀마 복서에게 태국복서와 겨뤄볼 것을 명하였다. 심판이 그 태국복서를 링으로 데리고 올라왔는데, 그는 Ayuthya에서 온 그 유명한 Nai Khanom Tom 이었는데 관중들은 그의 건장한 모습에 사로잡혔다. 관중들 속에는 그를 지지하는 태국인들도 있었다. 경기가 시작됨과 동시에 갑자기 그는 상대선수의 주위를 돌며 춤을 추어 미얀마 관중들을 어리둥절하게 하였다. 그러자 심판은 그가 춘 춤은 바로 태국 전통무인 Wai khruu이며 그 춤은 왕에게 자신의 존경을 표하기 위한 것이라고 했다.

경기 시작 신호가 떨어지자 그는 앞으로 돌진하여 상대선수가 쓰러질 때까지 가슴을 연타했다. 하지만 심판은 경기가 진행되기 전 태국 전통춤으로 상대방의 기를 제압했다는 이유로 태국 복서에게 녹아웃으로 인한 승리를 인정할 수 없다고 했다. 9명의 상대와 경기를 계속 진행하게 하자 그곳에 있던 태국 복서들이 자진해서 그 경기에 참여하였고 그들은 태국복싱의 명예를 지키기 위해 이에 응했다. 그의 마지막 상대는 축제를 즐기기 위해 그곳을 방문중인 Ya kai 도시 출신인 복싱 사범이었다. 그는 Khanom Tom의 발차기에 나가떨어졌고 그 이후 그 누구도 그에게 덤벼들지 못하였다.

그러나 Mangradhkd은 태국 복싱에 감명을 받아 그를 불러 돈이나 아름다운 신부감 중에서 무엇을 원하는지 물었는데 주저 없이 그는 신부감을 선택했고, Mangradhkd은 그에게 Mon부족 출신인 아름다운 두 신부감을 그에게 선물했다. 얼마 후 그는 아름다운 두 아내를 데리고 태국으로 돌아가 행복하게 살았다고 한다.

Tom은 미얀마 사서에도 나와 있듯이 국외에 태국 복싱의 우수성을 널리 알린 복서라고 여겨진다. 태국 복서의 역사자료에도, 위와 같이 활동한 복서의 이야기가 들어있는데 Tom이 매번 상대선수를 무너뜨릴 때마다 Mongadhkd은 감탄에 못 이겨 가슴을 두드렸고, 태국민들은 피 속에 그러한 용맹이 흐르며 그들의 능력은 참으로 대단하다고 했다고 한다. 이리하여 태국 복싱의 위대한 명성이 탄생하게 된 것이다. 다음은 Nai Khanom Tom을 활약상을 이야기한 글이다.

태국 복싱처럼 위대한 복싱은 이 세상에 없네.

그들은 발과 주먹 그리고 무릎과 팔꿈치를 사용하는 것이 전부라네.

아무리 키가 작은 복서라도 그를 이길자 없네.

미얀마 Mon족 9명의 선수들 모두가 태국 복싱에 패했다네.

Nai Khanom Tom이라는 이름의 명성이 되살아나네.

그는 비록 이 세상에 없지만 그의 이름은 아직도 살아있네.

후세에 태어난 우리들도 그의 이름을 듣네.

우리나라(태국)에 명예를 가져다 준 그...

우리 모두 그를 찬양하네.

(2) Rama 왕조 시대의 태국 복싱

이제 Rama 1세 7년인 서기 1788년 쇠퇴기로 접어든 Chulasakaraj로 가보도록 하자. 최초로 프랑스에서 온 두형제가 이 지방 저 지방을 돌며 돈을 벌 목적으로 복서들과 대련을 가져왔으며 이들은 단 한 번도 패한 적이 없었다. 방콕에 도착한 그들은 통역관을 통하여 고위 관리에게 태국 복서들과 대전할 것을 요청하였으며 이 요청이 Rama 1세에게 들어가자 그는 왕명을 내려 자신의 동생과 상의할 것을 지시하였다.

> "외국인들이 도전을 해왔으니 우리가 태국 복서를 통해 대전하지 않는다면 커다란 모욕이 될 것
>
> 이니, 그들의 도전을 받아 들여라. 받아들일 자가 없다면 우리의 불명예가 밖으로 퍼져 나갈 것이
>
> 다. 명하건 데, 그들의 도전에 맞설 우수한 복서를 찾아낼 것을 바란다"

Rama 1세는 동생의 조언을 받아들여 당시 아주 큰 액수인 4,000바트의 상금을 걸고 프랑스 도전자와의 경기를 준비하였다. 왕자 겸 왕의 동생은 Muen Phiaan이라는 복서를 발굴했는데, 그는 당시 국방부에서 레슬링과 복싱 사범으로 일하고 있었다. 또한 그는 그 누구도 복싱에 있어 그를 능가할 자가 없을 정도의 실력을 갖고 있는 선수이기도 했다. 왕자는 에머랄드부처사원 서쪽에 경기장을 만들 것을 명하였고 그는 프랑스 두형제와 경기에서 그들을 굴복시켰다.

태국 복싱은 사회 모든 계층이 즐겼고 특히 귀족들로부터 커다란 환영을 받았으며 Rama 왕 5세는 특히 관전을 즐기는 열렬한 팬 이였으며, 그는 우승권을 놓고 전국 각 지방대표 선수들이 참가하는 경기를 즐겼으며 그는 복싱과 무술에 대한 지원을 아끼지 않았고 지방별 최고의 선수들에게 이름을 지어주기도 했다. 이들 중에는 방콕의 복싱사범으로 있는 Phrachai Chokechokehana korat 출신인 Muen Sangad Cheung Chok과 Lopburi 지방출신인 Muen Muay Maen mad 그리고 Chaya 출신의 Muen Muay Mii Chue 등이 있었다.

그 당시 태국 복서들은 교양 있는 태도와 타의 모범이 될 만한 품행을 지닌 자들 이었고 복서들 중에는 야수의 왕처럼, 자신의 먹이에 다가가는 우아함을 지님과 동시에 방어의 민첩성을 가진 자들이 있었는가 하면, 상대방의 허리부분 높이까지 발을 들어 올려 얼굴을 공격하거나, 움츠린 몸을 이용하여 상대에게 가까이 다가가 수염을 잡아당기는 자들도 있었다. 상대방의 두 다리사이를 빠져나와 뒤로 몸을 움직이고자 할 경우 상대방은 팔꿈치로 머리를 공격할 수도 있고 똑바로 서서 상대방을 공격하고자 하면 "Hanuman이 링을 제공한다"라 불리는 위치에서 상대방의 턱을 칠 수 있다. 일부 복서들 중에는 쓰러진 척하여 상대선수 가까이 다가오면 동시에 발차기로 제압하기도 했지만, 이러한 계략을 쓴 자는 자신의 명예를 실추 당했다.

1921년 Rama왕 6세는 Sanaam Suan Kulaab(장미정원)에 대규모 복싱경기를 열었다. 이 경기는 마치 예전의 영광을 회복시킨 행사와 같았고 태국 역사에 있어 가장 큰 규모의 대회였다. 태국 복서들 외에도 중국, 인도, 미얀마 선수들이 경기에 참가하기 위해 태국으로 몰려들었다. 외국인들을 비롯하여 수많은 관중들이 경기를 지켜보았으며 입장료는 국방을 위한 무기구매에 사용되었다.

유럽인들이 태국 복싱에 관심을 갖기 시작한지는 약 60여년 정도이다. 제 1차 세계대전 때 태국은 동맹국들의 연합전선에 군대를 파견하였는데, 이때 태국복싱이「Le Sport Orient」라는 잡지에 실릴 정도로 유명세를 타기 시작했다.

"태국 복싱은 놀랍고도 보기 드문 무술이며 복서들은 아주 날렵하고 강하며 거칠다. 이 스포츠는 스릴이 있을 뿐만 아니라, 이상형이고 비일상적인 오락이다. 이 무술은 프랑스인들에게 태국이 진정 아시아 강대국 중 하나임을 일깨워준다."

(3) 태국 복싱의 발전

과거 태국 복싱의 수련은 군인들 사이에서 진행되었는데, 당시에는 그다지 무기가 많이 보급되지 못했고 대부분이 칼에 의존해야 했기 때문인 것으로 보인다. 당시 전투는 주로 육탄전이었기 때문에 군인들은 발차기와 같은 공격, 방어술을 주로 익혔다. 복싱이 수련된 이유는 첫째, 육탄전에서 공격기술을 익히고 둘째, 호신술로 사용하기 위해서였다. 당시, 복싱은 펜싱과 칼싸움의 보완역할을 하였다.

태국 복싱은 Suan kulaab 축구 경기장에 복싱 링이 설치됨과 동시에 조직화된 스포츠로 발전하기 시작했다. 링의 바닥은 송판들로 구성되었으며 매트는 골풀로 만들어져 판자 위에 깔았다. 경기시간은 분으로 나누었으며 심판이 경기를 진행하였다.

이제 태국 복싱은 전 세계에 알려졌으며 맨 처음 이 무술을 접하는 외국인들은 놀라움을 금치 못한다. 이 복싱은 1977년 3월 12일 미국에서 열린 가라데와의 경기처럼 무릎과 팔꿈치를 사용하지 않는 복서들을 불리하게 했지만 결국 그들이 승리했다. 1977년 9월 6일 화요일 방콕에 있는 Lumpini 복싱경기장에서 두 명의 태국 복서들이 태국 복싱의 무릎, 팔꿈치 부분을 이용하여 가라데 선수들을 가볍게 물리쳤다.

앞으로 태국 복서들이 방만(放漫)하지 않고 태국 복싱으로부터 멀어지지 않는다면 수세대에 걸쳐 내려온 이 전통 무술을 지켜 나갈 수 있을 것이며 그 어느 나라의 무술도 이와 겨룰 수 없을 것이다.

제2장 | 기술

≫ 1. 태국복싱의 기술

1) 주먹의 종류

(1) 잽

상대를 괴롭히고 상대의 약점을 찾기 위해 쓰인다. 정확하고 능숙한 잽은 상대를 짜증나게 만든다. 이런 종류의 펀치를 정확하게 가격하려면, 펀치백 연습을 많이 해야 한다. 잽은 공격, 방어, 후속처리 등에 쓰인다.

(2) 스트레이트펀치

이 펀치는 잽의 후속이다. 잽은 상대의 약점을 찾기 위한 펀치이기 때문에 스트레이트가 뒤따르게 된다. 스트레이트펀치의 파워는 직선에서 나온다. 상대가 잽을 해오면, 그 리치 밖으로 물러서는데 한 손으로는 잽을 피하고 몸통, 갈비뼈 등을 스트레이트 펀치(직선주먹) 공격을 한다. 상대가 킥을 하거나 레프트나 라이트 펀치 스윙을 할 때 카운터펀치로 사용한다. 상대가 잽을 써서 공격을 해올 때 멀리에서부터 스트레이트펀치를 날리며 스트레이트펀치에 대한 방어는 잽에 대한 7가지 경우와 같다.

(3) 카운터 공격

① 상대가 왼손 스트레이트를 가격할 경우(왼손잡이일 경우), 옆으로 비켜 빗나가게 하고 얼굴의 급소를 레프트 훅으로 공격한다.

② 상대가 레프트 스트레이트로 공격하면, 옆으로 비켜 그 펀치가 빗나가게 하고 얼굴, 하복부, 명치 왼쪽의 위장 등에 어퍼컷 공격을 가해 대응하라. 그러나 기회가 포착되면 몸을 펴서 상대의 턱을 주먹으로 공격한다.

③ 상대가 레프트 스트레이트를 날리면, 옆으로 비켜 펀치가 상대의 몸통에 타겟이부각될 텐데 재

빨리 상대의 머리 부분, 갈비뼈 등에 팔꿈치 공격을 한다.

④ 상대가 끝내기 레프트 스트레이트를 날릴 때, 하복부나 태양신경총 높이까지 발공격을 한다. 또 상대를 즉시 녹다운 시키려면 발 앞부분으로 태양신경총을 찬다. 스트레이트 펀치에 대한 가드 와 카운터 공격에는 몇 가지 방법이 있다. 그러나 이 모든 것은 기회와 신속한 공격의 결정에 있 다.

(4) 어퍼컷펀치

접근 대전에서, 어퍼컷이 가장 강력하고 날카로운 펀치라 하겠다. 어퍼컷을 공격하려면, 앞무릎을 굽히고 뒷다리를 곧게 펴야 한다. 주먹을 꽉 쥔 채 손바닥이 위로 가게 하여 몸을 곧게 펴고, 상대가 앞으로 나오는 경우, 1스텝 쯤 상대에게 다가서야 타격과 펀치의 파워가 커진다. 정상 가격 지점은 몸통, 가슴, 턱 등이다.

① 아래쪽에서 위쪽으로 목표물을 타격하기 때문에 몸의 유연성이 중요하다.
② 몸의 중심을 뻗는 주먹 쪽으로 이동하면서 몸을 약간 움츠려 준다.
③ 움츠렸던 몸을 일으키며 주먹을 뻗어 주면서, 같은 쪽 발을 돌려주고, 반대쪽 다리는 가볍게 펴 준다.
④ 어퍼컷의 가격부위는 복부와 옆구리 등 상체의 모든 부위다.

(5) 스윙 및 훅

스윙은 훅을 칠 수 있는 거리보다 멀리 떨어져 있을 때 쓴다. 스윙의 가장 좋은 목표는 턱선에서 낮게는 갈비뼈까지이다. 이 펀치는 상대의 몸통이나 안면에 틈이 있을 경우에 쓸 수 있다. 펀치는 격렬한 너클파트가 닿게 하라.

훅을 사용하려면, 목표지점에서 멀리 떨어져있으면 안 된다. 훅은 많은 공격을 요하지 않는다. 인사이드 파이팅에서만 쓰라. 목표는 대개 귀 부분, 턱 부분, 갈비뼈 등이다. 어퍼컷에 이어 훅을 치는 것이 좋다. 펀치의 파워를 증대시키려면 몸을 낮춰 바디 스프링을 이용하는 것이 중요한데, 이는 훅의 효과를 증대시키며 너클파트로 가격을 해야 한다. 상대가 이마에 팔꿈치로 카운터 공격을 하는 것에 주의해야 한다.

2) 팔꿈치 공격의 종류

팔꿈치의 날카로움은 면도날의 그것과 맞먹으며 팔꿈치는 치명적인 무기로서 날카롭게 자르고, 맨손으로 생존하는데 있어 최종적인 승리를 위한 귀중한 도구이다. 격파에 있어서 팔꿈치를 따라갈 부분은 없다. 능숙한 복서의 팔꿈치 공격은 상대의 걱정과 두려움의 대상이었으며 이는 사람을 죽일 수도 있었다. 무에타이는 타이밍과 기회에 따라 7가지의 팔꿈치 공격 유형이 있으며 팔꿈치 사용방법은 다음과 같다.

(1) 속티(팔꿈치 가격)

속티는 턱 근처, 코뼈, 눈썹사이, 태양신경총 등을 공격하는데 주로 쓰인다. 팔꿈치 공격을 하는데 있어서는 팔을 꺾어 마치 한 덩어리인 것처럼 만들어야 한다. 어깨를 비틀어 몸을 반대쪽으로 보내고, 목표를 겨눈다. 상대가 펀치로 받아치는 경우, 주먹으로 그 펀치를 막고 나서 원하는 목표를 향해 스윙을 하라. 공격 시간을 짧게 하도록 주의하라. 이 공격을 자주 쓰면 쉽게 방어된다.

(2) 속타드(팔꿈치 가격-위로)

속타드는 팔을 겨드랑이에 대 90도 각도로 손을 팔꿈치에 대해 30도 올림으로써 행해진다. 팔꿈치는 항상 바닥에 평행해야 하는데 스윙 동안에도 마찬가지여야 한다. 턱, 아구 등이 공격 목표인데 몸을 낮추어 가격할 경우, 갈비뼈까지 공격할 수 있다. 기본트레이닝을 펀치 백에서 기술 습득을 위해 행해야만 한다. 한 발자국 내딛어, 발끝에 무게를 집중시켜 잡는 것을 좋게 한다. 뒷다리를 따라 붙여 몸을 비틀어 팔꿈치의 공격력을 더하고 그 뿐만 아니라 엉덩이와 어깨가 완벽한 조화를 이루어 최고의 힘으로 팔꿈치 공격이 목표에 가해지도록 한다.

(3) 속후드(팔꿈치 올려치기)

속후드는 어퍼컷과 함께 쓰인다. 이는 펀치보다 훨씬 강하다. 펀치 백을 대상으로 기본연습이 이루어져야 한다. 앞으로 내딛어 발끝을 펀치백 아래에 놓고 어퍼컷을 날리라. 주먹이 타겟을 그냥 지나가 팔꿈치가 가격을 하게 해야 한다. 앞 뒤 무릎을 모두 굽혀 팔꿈치를 휘둘렀을 때 몸통이 똑바로 펴지게 하라. 일반적으로 무에타이 선수는 가드를 아주 허술하게 해 몸통에서 안면에 이르기까지를 노출키기 때문에 속후드는 매우 적합하다.

(4) 속치앵(대각선 팔꿈치 공격)

쉽게 상처를 깊게 내는 방법의 하나이다. 속치앵 연습은 그저 정상적인 가드를 올리면 된다. 속치앵을 하고자 하는 높이로 팔을 올리며 왼팔이든 오른팔이든 상관없다. 팔은 겨드랑이와 90도 각도를 이루게 되며 팔꿈치가 안면과 45도 각도를 이루게 즉, 주먹이 눈썹에 가게 한다.

(5) 속사브(팔꿈치 찍기)

속치앵과 밀접한 관계가 있으며 속치앵을 했는데 빗나갔을 경우, 상대가 마음을 놓고 있음으로 팔꿈치로 찌르기 동작을 한다. 그가 공격을 하려고 다가올 때, 뜻밖에 속사브 공격을 받게 되는 것이다. 기본동작은 속치앵의 경우와 매우 흡사하다.

(6) 속통(팔꿈치 휘두르기 위에서 아래로)

정통으로 맞는 경우, 상대가 의식을 잃고 나가떨어지게 된다. 속통 연습은 펀치 백을 아래로 둔 채 연습을 할 수 있으며 속통은 위에서 아래로 한다. 팔꿈치의 날카로운 곳을 사용하므로 속통을 천천히 하면 카운터 공격을 받게 되기 때문에 재빠르게 해야 한다. 속통을 할 때, 한손은 턱 근처에서부터 태양신경총[42]까지 가드를 해야 한다. 언제나 상대를 주시해야 하며 강한 충격으로 상대를 즉시 쓰러질 수 있도록 코뼈를 겨냥한다. 상대가 가슴이나 턱을 겨냥해 펀치로 공격할 경우, 몸을 옆으로 약간 움직여 펀치를 피하고 몸을 펴고 상대의 이마나 눈썹사이 등에 팔꿈치로 공격하라. 눈썹사이로 맞고 멈칫할 때 다른 기술을 사용하라.

3) 발차기 종류

발은 억세고 강했다. 키가 작고 체구가 크지 않는 태국인들은 자신들의 생명, 재산, 가족, 영토 등을 지켰는데 신께서 주신 도구인 발을 씀으로써 자신들의 육체적 불리함을 어느 정도 보완했다. "타오(발)"는 태국 남부의 말이다. 공식적인 무에타이 용어는"태"(킥)이다. 킥에는 태국 각 지역마다 때와 연습 정도에 따라 여러 가지 변형이 있다. 처음으로 직선발차기에 대하여 살펴보기로 하자.

상대의 넓적다리 돌려차기

(1) 네브(쪼아차기)

발끝, 즉 발 앞으로 목표를 후벼 파는 점에서만 다를 뿐 밀어내기 발차기와 같다. 이는 상대가 앞으로 나오지 못하게 할 때 쓴다. 자신이 지치고 상대가 따라붙을 때 자신을 보호하기 위하여 이용한다. 이에 대한 방어는 옆으로, 조금 비키기만 하면 된다. 또는 팔을 써서 밀쳐 낼 수도 있다. 이때 타이밍만 잘 맞으면 상대가 균형을 잃게 된다. 이 순간 그의 무릎-관절 옆을 차서 꺾을 수 있다.

. . . .

42)   태양신경총 : 중단전에서 가슴속으로 2/3쯤에 위치하는 자율신경을 지배하는 중추

(2) 중간차기

기본차기와 비슷하나 점프를 해서 차기를 해야 하며 이는 그저 날카롭게 차는 수직적인 것이다. 주요 목표지점은 가슴에서부터 하복부에 이르는 몸통이 된다.

(3) 높이차기

이는 허공으로 몸을 날려 두발을 바꿔 차는 2짓기 발차기이다. 예를 들어 오른쪽 발차기를 하려면 왼발을 들어 몸을 튀어 오르게 한다. 몸이 공중에 떠 있는 동안 오른발로 상대의 턱에 앞차기를 한다. 그 효과를 높이려면 빠르고 단호하며 냉철하게 움직여야 한다. 왜냐하면 실패할 경우, 링 바닥에 엎어지거나 나뒹굴어지게 된다.

정강이로 차는 공격

(4) 태 치앵(대각선 킥)

보통 제대로 차면 태 치앵이 되기 마련이다. 최대의 효과를 얻기 위해서는 바닥과 45도 각도를 이루어야 한다. 이 킥은 앞으로 똑바로 내차야 한다. 발의 안쪽이나 발등이 부분을 이용하여 목표를 찬다. 몸을 약간 상대쪽으로 젖힌다. 적당한 각도로 다리를 위쪽으로 휘두른다. 타격 전에 발의 아치부분을 아래쪽으로 돌려 목덜미를 찬다.

제3장 | 경기규정

제1조 경기장

일반경기용 링의 설치는 다음과 같다.

(1) 링은 정사각형으로 소형 링은 한 면이 20feet(6.10m)이고 대형 링은 24feet(7.30m)이다
   (1feet=30.48cm).

(2) 밧줄의 두께는 각 1.90cm로 단상에서 18inch, 35inch, 52inch 높이에 3줄로 링을 두른
   다.(1inch=2.54cm)

   부드러운 재질을 사용하며 4개 코너에 묶인 마디 역시 부드러운 재질로 감싸도록 한다.

(3) 링은 안전한 설치를 요하며 설치 바닥에 그 어떤 장애물도 있어서는 안 된다. 가장자리는 밧줄

에서 70cm 떨어진 곳이어야 한다. 또한 바닥으로부터 4feet에서 5feet 위에 만들어 져야한
다. 링 코너는 고정되어 선수의 안전을 고려해야 한다.(1feet=30.48cm)

(4) 링 바닥은 고무판이나 밀짚 혹은 코르크판을 깔아야 한다. 두께는 1/2inch이어야 하고 캔버스
로 단단하게 감싸되 링 바닥 전체를 둘러싸야 한다.

(5) 선수, 임원, 트레이너들이 오르락내리락 할 수 있는 2개의 사다리를 설치하되 높이는 3.5inch
반이어야 하며 선수 코너의 상대편에 설치한다.

제2조 장갑

장갑의 무게는 4온스(113.3g) 이상 6온스(172g) 미만이어야 한다. 모양을 변형시키거나 꼬거나 내용
물을 변화시키지 말아야 한다.(1온스=28.3495g)

제3조 손 붕대

넓이가 2인치 미만의 붕대를 감을 경우 길이 제한은 다음과 같다.(1inch=2.54cm)

(1) 플라이: 10야드(1야드=91.438cm)

(2) 라이트헤비 – 헤비: 12야드

석고붕대 사용이 가능하며 넓이는 1인치, 길이는 1피트 미만이어야 한다. 단 손마디붕대로는
사용할 수 없다.

제4조 복장

(1) 구강보호대는 선택사양이나 낭심보호대는 반드시 착용해야한다. 팬츠 길이는 허벅지길이와
같아야 하며 상의와 신발은 신지 않는다. 발톱은 짧게 깎아야 하며 목화솜은 WaiKrru 게임에
서만 사용할 수 있다. 천으로 만들어진 부적을 사용할 수 있되(프락시앗(praciat=주술적 띠)) 팔 윗부
분이나 허리 부분에 꽉 묶어두어야 한다.

(2) 발목 보호대를 사용하되 붕대는 허용되지 않는다.

(3) 벨트, 금속물질, 목걸이는 착용할 수 없다.

(4) 바셀린오일, 근육촉진오일, 지방, 허브, 기타 어떠한 물질도 얼굴, 팔, 상체, 장갑에 발라서는
안 된다.

제5조 링의 시설물

의자 2개, 물병 2개, 주전자 2개, 물 양동이 2개, 스툴 2개, 임원용 책상과 의자들, 벨이나 망치와
징, 시계 1-2개, 채점자, 구급상자, 마이크

- 반탐   118 파운드 미만
- 페더   126 파운드 미만
- 라이트   135파운드 미만
- 웰터   147파운드 미만
- 미들   160파운드 미만
- 라이트헤비   175파운드 미만
- 헤비 최대   175 파운드 이상

※선수연령: 17세 이상 40세 미만

제7조

■ 계체

(1) 계체는 경기시작 9-12시간사이에 한다. 1차 계체에서 체중과다로 통과하지 못하면 12시간 이내에 다시 계체를 할 수 있다. 2회에 걸친 계체에서 모두 체중초과의 결과가 나올 경우 경기에 출전할 수 없으며 계체는 전 나체로 할 수도 있고 복서용 복장을 입고 할 수도 있지만 장갑을 낄 수 없다. 경기는 계체 종료 후 최저 3시간이 지난 후 시작된다.

(2) 계체 전 선수는 담당의사로부터 건강을 진단받는다. 선수는 해당체급에만 출전할 수 있되, 경량급 우승자는 중량급으로 체급을 변경하여 경기에 출전할 수 있다.

제8조

■ 회전수

일반경기는 최저 3회전, 최대 3분 5회전으로 이뤄진다.

태국 선수권대회 결승전은 3분 6회전 미만이고, 휴식시간은 2분이다. 최저 회전수는 5회전이며 복서들은 1회전이 시작되기 전 전통에 따라 Wai Kruu 전통춤을 추어야 한다.

제9조

■ 코너맨 (Corner Men)

각 선수는 2명의 트레이너, 코치를 코너에 둘 수 있으며 조건은 다음과 같다.

(1) 경기가 진행되는 동안 복서를 도와서는 안 된다.

(2) 선수 대신 경기를 포기할 권리가 없으나, 아마추어 경기와 같이 선수가 이를 겸임할 경우 가능하다.

(3) 시합이 진행되는 동안 코치와 보조자들은 링 가장자리에 대기하고 있어야 한다. 매 회전이 시작되기 전 타월과 양동이 등을 가장자리에서 치워놓아야 한다.

(4) 양쪽 코치는 복서들을 보조해주며 점잖지 못한 복장을 해서는 안 된다. 복장에는 출신지 이름을 제외한 그 어떤 종류의 상품도 광고할 수 없다.

Wai Khruu 전통춤

(5) 마지막 경기에 3명의 코치가 들어갈 수 있다. 링 안쪽으로 들어가는 코치는 2명으로제한하고 나머지 1명은 링 바깥쪽에 있도록 한다.

(6) 코치나 보조자가 이를 무시할 경우 주의를 받거나 참가자격이 박탈된다.

제10조

■ 부심석

부심3명 즉, 심판관, 부심채점관 2명으로 구성되며 이들 모두는 노련한 경력의 소유자들 이어야 한다.

제11조

■ 심판관 역할

(1) 심판관은 경기규칙에 따라 공정하게 경기를 진행시켜야 한다.

(2) 규칙을 어기는 선수나 코치에게 주의를 준다.

(3) 매 회전 종료 시 채점을 매긴다.

(4) 경기 종료 시 부심 채점지에 점수를 적고 그 결과에 따라 승자를 발표한다. 채점결과를 감독관에게 제출한다.

(5) 사용하는 지침명령어는 다음과 같다.

• 그만- 시합을 정지시킬 때

• 복스- 권투를 하도록 할 때(즉 경기 시작)

• 갈려- 서로 끌어안고 있는 것을 떼어놓을 때, 경기를 계속하기 위해서는 심판관이 말 하지 않더라도 반드시 서로 떨어져야 한다.

(6) 제 1회전 시작 전에 심판관은 해당 규칙을 선수와 수석코치에게 지적해 주어야 한다.

■ 주심의 권한

(1) 주심은 링에서 자신의 임무를 수행할 권리를 갖는다.

(2) 구체적 권한은 다음과 같다.

① 상대의 강세로 더 이상 경기가 진행될 수 없다고 판단할 때 경기를 중지시킨다.

② 상대선수가 심한 부상을 입어 더 이상 경기를 진행 할 수 없다고 판단할 때 경기를 중지시킨다.

③ 지나치게 소극적인 경기가 될 때 이를 중지시킨다. 이 경우 주심은 해당 선수 모두를 퇴장시킨다.

④ 규칙을 위반하는 선수에게 주의를 주어 위반행위를 멈출 것을 명령한다.

⑤ 이에 불응하는 선수를 경기장에서 퇴장시킨다.

⑥ 선수나 코치가 모두 규칙을 어길 경우 모두 경기장에서 퇴장시킨다.

⑦ 사전에 주의를 받지 않았어도 반칙을 범한 선수를 경기장에서 퇴장시킨다.

⑧ 최종결정권은 심판관이 가지고 있다.

⑨ 규칙에 따라 경기를 진행하되, 규칙에 명시되지 않은 부분에 대한 결정은 전례에 근거하여 처리한다.

■ 부심채점관

(1) 링 양쪽에 두 명의 부심채점관을 두되, 관중석으로부터 떨어진 곳이어야 한다.

(2) 규칙에 따라 점수를 매긴다.

(3) 매 회전의 점수를 통산하여 승자를 결정하여 심판관에게 제출한다.

■ 계시자

회전수나 휴식시간을 관리하며 그 역할은 다음과 같다.

(1) 링 가장자리에 착석한다.

(2) 매 회전 시작 5초전에 코너맨을 링 밖으로 내보내 링을 원상태로 돌려놓는다.

(3) 종을 울려 회전의 시작과 끝을 알린다.

(4) 문제발생으로 경기가 잠시 중지되는 경우는 계산치 않는다.

(5) 정확한 시간을 재도록 한다.

(6) 녹다운 카운트 시 주심에게 매 1초당 수신호를 보낸다.

(7) (결승 마지막 회전이 아닌) 한 회전이 끝날 무렵 넘어진 선수에게 주심이 카운트를할 경우 3분 동안 종을 쳐서는 안 된다. 주심이 '복스' (경기시작)를 외치면 그때 종을 울린다.휴식시간은 매 2분간 이다.

제15조

■ 우승자 결정

(1) KO승은 한 선수가 바닥에 넘어지거나 로프에 무의식 상태로 기대어 있거나 10초, 즉 열을 셀 때까지 자신을 방어 할 의사를 나타내지 않을 경우 KO시킨 선수에게 선언된다.

(2) TKO (Technical Knock-out)은 상대 선수가 도저히 이길 승산이 없다고 판단되거나 시합이 끝난 후 곧바로 다음 경기에 임하지 못하거나 부상이 심화된다고 판단될 경우 선언된다.

(3) 득점 승이나 무승부:

경기가 끝나면 우승자는 심사 위원회의 다수결에 의해 결정된다. 두 선수 모두가 심한부상을 입거나 경기를 계속할 수 없을 때, 별다른 이견이 없는 한 무승부로 결정한다.

(4) 기권승

(5) 실격승

(6) 다음과 같은 경우 승자와 패자가 결정될 수 없다.

경기장이 파괴되고 관중들이 진행을 방해하거나 선수들이 짜고 경기를 행하는 경우.

제16조

■채점

(1) 회전 당 최고 점수는 5점이다. 한 회전이 끝날 때마다 우수 선수에게 5점, 상대 선수에게 적은 점수를 준다. 무승부 경기를 펼칠 경우 양 선수 모두 5점을 받는다. 경기가 끝난 직후 주심은 점수를 통산하여 승자를 선언한다.

(2) 태국 복싱 동작에 한해 점수를 준다. 즉, 주먹치기, 차기, 발 지르기, 박기. 즉, 득점을 위한 태국 복싱 동작은 다음과 같다.

① 주먹치기, 발차기, 발 지르기, 박기 등의 횟수. 타격의 강도와 효과를 본다.

② 방어, 반격, 주먹, 무릎, 발 공격 막기, 피하기

③ 태국 복싱 동작에 의한 공격술을 펼치기

④ 발, 무릎, 팔꿈치의 뛰어난 사용술

⑤ 주심은 반칙을 범한 선수에게 주의를 주고 부심 채점관에게 0.5점 감점을 지시한다.

※득점 기준은 다음과 같다.

① 무승부로 끝나는 회전에서는 양 선수 모두에게 5점을 준다.

② 막상막하의 경기에서는 각 5점과 4.5점을 준다.

③ 월등하게 차이 나는 경기에서는 각 5점과 4점을 준다.

④ 경기를 주도하고 상대 선수를 한 번 다운시키면 각 5점과 3.5점을 준다.

제17조

적절한 채점 행위- 채점이란 태국 복싱의 방식으로 경기를 이끌어 갈 때 매겨진다. 때리고 치고 차고 등등.

제18조

■ 반칙행위

심판관의 명령을 무시하고 경기 규칙을 위반하거나 반칙을 범할 때 심판관은 주의를 주거나 그 정도가 지나치다고 판단될 경우 '자격상실'을 근거로 경기를 끝낼 수 있다. 일반적으로 주의를 최대2회 받을 수 있고 규칙을 3번 위반할 경우 경기 종료를 선언한다. 코치가 반칙을 할 경우 해당 선수의 책임으로 돌아간다.

규칙 위반과 반칙 내용은 다음과 같다.

(1) 물어뜯거나, 찌르거나, 눈을 치거나, 침을 뱉거나, 머리로 박거나 등.

(2) 들어 던지거나 꽉 조이는 경우, 의도적으로 팔꿈치나 무릎으로 공격하기 위해 상대 선수 위로 쓰러지는 경우, 유도나 레슬링을 이용하여 상대를 던지는 경우.

(3) 밧줄로 묶거나, 주먹으로 치거나, 발로 지르거나 팔꿈치로 내려치거나 박기를 시도하는 경우.

(4) 넘어진 선수를 계속 공격하는 경우.

(5) 기회를 엿볼 목적으로 고의적으로 넘어지는 경우.

(6) 바람직하지 않은 언동을 일삼는 경우.

제19조

■ 넘어지기

(1) 로프 쪽으로 쓰러지거나 무방비 상태로 선 채 발을 제외한 신체의 부분이 바닥에 닿는 경우를 말한다.

(2) 주심은 녹다운된 선수를 향해 카운트를 하고 상대 선수는 즉시 코너 쪽으로가 있어야 한다. 넘어진 선수가 다시 일어나 '경기 시작' 명령을 받으면 경기를 계속한다. 주심의 명령에도 불구

하고 상대 선수가 코너에 가 있지 않으면, 그렇게 할 때까지 카운트를 중지한 후 다시 계속한다.

(3) 선수가 넘어진 경우 주심은 1초 간격으로 1에서 10까지 센다. 이때 수신호도 함께 병행한다. 카운트 '하나'를 세기 전 1초간 선수가 일어날 기회를 준다.

(4) '열'을 세기 전에 넘어진 선수가 일어나고 '여덟'을 세기전 대전 준비를 하면 다시 '여덟'을 센 후 경기를 속개한다. 그러나 주심이 이미 '열'을 센 후에는 경기가 끝난 것으로 본다. 이때 넘어진 선수는 '녹아웃'으로 패자가 된다.

(5) 동시에 두 선수 모두 넘어지는 경우 주심은 넘어진 동안 카운트를 시작한다. '열'을 센 후에도 두 선수 모두가 넘어진 상태로 있으며 별다른 결정이 없는 한 무승부로 처리한다.

(6) 넘어졌다 일어난 선수가 펀치를 맞지 않았는데도 다시 넘어지면 이전에 센 숫자부터다시 카운트를 한다.

(7) 휴식 시간이 끝난 후 곧바로 경기에 임하지 못할 경우 카운트를 하느냐 마느냐는 주심의 판단에 달려있다.

제20조

■ 악수

경기 규칙에 관한 간단한 지침을 받은 선수들은 1회전 시작에 앞서 그리고 마지막 회전 시작에 앞서 서로 악수를 교환하여 스포츠맨 정신을 보여준다. 하지만, 경기 도중에는 악수가 금지된다.

제21조

■ 해설

본 규칙의 해석이나 규칙에 명시되어 있지 않은 문제가 경기 도중 발생할 경우 주심이 결정권을 갖는다.

참고문헌

文絞部(1976). "타이권투". 서울신문사출판국.

綜合競技指導大事典編輯委員會(1974). 킥복싱 경기. 學校體育社.

PANYA KRAITUS DR. PITISUK KRITUS(1998). MUAY THAI. mas & media, Co. Ltd.

펜작실랏

동양의 무술 | 인도네시아

제1장 펜작실랏의 역사

　1. 기원 및 역사

　2. Silat의 형태

　3. Silat Olahraga 배경

제2장 기술

　1. 기본 자세와 동작

　2. 무기

제3장 경기규정

　1. Silat 경기규칙

제1장 | 펜작실랏의 역사

>> 1. 기원 및 역사

1) 개관

　유사이전시대에 현재 알려진 인도네시아 섬으로 이민을 온 사람들은 방어술을 갖고 있었는데 아마 최초 원시인들은 사나운 동물들에 대항하기 위해 호신술을 익혔을 것이다.

　그 후 그들은 다른 지역으로 갔고, 또 다른 종족과 만났으나 약간의 비사교적이던 그들은 인간에 대한 방어를 필요하게 되었다.

　A.D 8세기경 수마트라와 말레이반도 사이에 놓여있는 Riouw Archipelago에서 투쟁술이 시작되어 발전했다. 이것이 인도네시아에 들어가 발전했고 다른 아시아 여러나라에 영향을 주었다. 그리고 인도네시아에서 투쟁술로서 보급되었다. 수마트라의 메난카바우인들은 이 초기 투쟁술을 갖고 있었고 인도네시아에 보급·발전시켰다.

동남아시아

　7세기에서 14세기까지 수마트라의 스리비자자의 초기의 강력한 왕국은 투쟁술의 실력을 향상시키었다. 11세기 자바의 문명은 무기의 많은 발달을 가지고 왔다. 그리고 13세기에서 15세기의 마자

파히트왕조에서 무기와 무술에 있어서도 광범위하게 기술적 완성에 이르게 되었다.

본래 무술은 그들의 비밀경호를 하기 위한 인도네시아 귀족들의 독점되었으나 점진적으로 서민에게도 기술이 전파되었고 사실상 그들은 기술에 발달에 공헌하였다.

Pencak-Silat은 Pencak-Silat이라는 두 가지 의미로 구성되어 있다. Pencak(품새)는 호신을 위한 트레이닝 방법이고 직접 몸을 움직여 조절하는 것으로 구성되어 있다. Silat은 트레이닝 용법으로 사실상 대련이다. 이와 같이 Pencak없이 Silat을 할 수 없는 것처럼 Silat기술 없이는 Pencak 또한 있을 수 없다.

동쪽으로 오스트레일리아 뉴기니에서 서쪽으로는 인도네시아를 포함하여 3000여 개의 섬으로 되어 있으며, 동남아시아의 중앙지대이며 북쪽으로는 필리핀 남쪽으로는 오스트레일리아 사이에 뻗어 있는 인도네시아의 Pencak-Silat은 순수한 전통적인 형태와 더불어 여러 가지 종합형과 변형이 모두 함께 성립되었다. 변경이 이루어지기 전 이 모든 형태들은 기술적으로 유사하나 지역적·지질학적 영향의 결과로 큰 부분에서만 그들 자신의 전통과 감정을 갖고 있다. 그리고 이것은 여러 세기를 거치며 다르게 발달하여 왔는데 크게 보아 지역적으로 네 가지로 발달하였다.

- Sumatra : 손과 발 재주
- West Gara : 손과 팔 재주
- 중앙자바(中央Java) : 팔과 발 재주의 통합
- 동자바(東Java), Bali, Madura : 팔과 발재주의 통합의 붙잡는 방법

Pencak-Silat은 인도네시아 사회의 모든 층에서 실행되고 있으며 특히 시골 사람들이 많이 사용한다. 즉 험한 정글, 또는 산속의 촌 그리고 가장 험한 섬에서 많이 볼 수 있다. 이것은 국가적인 노력에 의하여 스포츠로 보급되기도 하고 비정통적 조직의 대표자에 의하여 크게 또는 작게 영향을 받으며 만들어져 왔다. 이것은 어떠한 전국적 결집이 없을 뿐만 아니라 Pencak-Silat의 발달을 위한 전국적 조직도 가지고 있지 않다. 그러나 이러한 노력은 언젠가는 성공할 것이다.

2) 기원

펜작실랏의 기원은 항투아 전수설과 아마누딘 창시설 두 가지가 있다. 항투아 전수설은 말라카 술탄국의 무자파 샤 술탄 시대의 유명한 무사였던 항투아(Hang Tuah)가 위라 나산(Moubt Wirana)에 살던 도사를 찾아가 실랏의 비법을 전수받아 궁전에 전했다는 설이고 아마누딘 창시설은 13세기경 머하누딘, 삼수딘, 아미누딘의 3형제가 불교를 배우러 당시 태국에 있는 선사를 찾아가 공부하고 있을 때 막내인 아미누딘(Aminuddin)이 이른 아침 홀로 인근의 연못에 나갔다가 거기서 물이 폭포처럼 떨어져 소

용돌이를 보았다. 그 소용돌이 한 가운데 연약한 꽃이 피었는데 그 꽃은 잔물결에 흔들리면서도 상하지 않고 그 모양 그대로 물에 떠있었다. 이 모습에 감동을 받은 아미누딘은 물속에서 흔들리는 꽃의 동작을 자세히 살폈다가 그 꽃이 소용돌이에 휩쓸려 둑 가까이로 왔을 때 꽃을 꺾었는데 그 부드럽고 섬세한 꽃잎이 하나도 상하지 않고 그대로 있는 모습에 영감을 받아 결국 소용돌이치는 물속에 있던 그 꽃의 동작과 같이 부드럽고 온화한 동작을 특징으로 하는 자기 방어 무술을 고안했다는 설이다.

>> 2. Silat의 형태

말레이시아 무술, Ilmu Seni Pencak Silat은 외부 공격으로부터 자신을 보호하려는 방어지식으로 이루어진 하나의 호신술이다. Kamus Dewan이 정의한 seni라는 말은 시각적으로 특히 아름다운 것을 말한다. Pencak은 공격을 물리치는 능력을 말하며 Silat는 공격과 수비의 재빠른 동작들로 이루어진 스포츠나 경기의 종류를 가리킨다.

Seni Pencak Silat는 호신의 복합체다. 일련의 호신술 동작들이 아름다운 춤동작으로 이뤄져 있는 점을 보아 짐작할 수 있다. 또한 모든 춤동작들은 공격보다는 방어를 목적으로 구성되어 있다. 그럼에도 불구하고 Silat 춤동작들은 아주 특별한 목적을 위해 사용되기 때문에 다른 춤들의 동작과 다르다. 그리고 호신의 목적이 더 강하다. Silat 춤의 동작들이 유연하고 다소 느리긴 하나 탁월한 공격과 방어술을 담고 있다. 그렇다고 Silat 쇼가 시합에서 이기고 지는 것을 중요하게 생각하는 것은 아니다. 수련자가 얼마나 정확하고 아름답게 동작을 나타내느냐가 더 중요하다. 최상의 Silat은 Silat 지식이나 Silat 수련에 있어 pesilat의 수준이 얼마나 똑 같으냐에 달려 있다. 예를 들어 Silat Jawa 그룹은 다른 그룹과 시합을 가질 수 있다. 이러한 시합은 pesilat이 자신들에게 적합한 Silat 기술을 개발시킬 기회를 마련해 준다. 이로써 Silat 동작들을 실행할 때 생기는 마찰과 오해를 최소화할 수 있다. 그러나 두 개의 각기 다른 그룹 출신인 선수들이 Silat에 대한 완벽한 지식을 갖추고 규칙을 이해하고 있는 자들이라면 시합을 열 수 있다. 의견차로 생길 수 있는 문제를 피하기 위해서는 선수들이 반드시 Silat 게임의 규칙을 잘 알고 있어야 한다. 예를 들어, 발을 들어차서 상대선수의 밸벳 모자가 바닥에 떨어지면 규칙을 어긴 것으로 간주한다.

>> 3. Silat Olahraga 배경

Silat Olahraga는 Archipelago지역에 수천 개의 Seni Pencak Silat와 호신술 학교의 전성기 때 존재했었다. 그리하여 이 스포츠는 여타 다른 호신용 무술들과 함께 발전하기에 안성맞춤이었다. 선수들 대부분이 지금까지 이 스포츠 경기에 참가하지 않았다는 점이 중요하다. 이들은 가라데, 레슬링, 유도, 태권도 경기에 좀 더 많은 관심을 가지고 있다. 허나, 국가적, 국제적으로의 Silat Olahraga의 보급을 위한 노력은 지속되고 있다. 예를 들어, 말레이시아, 인도네시아, 싱가포르는 1979년 9월 23~24 인도네시아 자카르타에서 열린 제1회 회의에서 International Pencak Silat(PERSILAT)을 발족시켰다. 이 회의에서 PERSILAT는 Silat Olahraga를 국제적 수준으로 끌어올렸으며, Silat Olahraga를 보급에 좀 더 체계가 잡혔다. 이 같은 프로그램의 목적은 이 지방에 속해 있는 Silat학교들로부터 다양한 의견과 관점을 모으는데 있었다. 수집한 견해에 따르면 Seni Pencak Silat와 호신술은 그 기본이 서로 유사했으며 방법적 측면에서도 동일성을 보였다. 또한 상기 회의에서는 Seni Pencak Silat과 호신술을 운동스포츠로 개발시켜 Pencak Silat이 다음과 같은 역할을 수행하도록 결의하였다.

① 국가의 주체성과 영감을 고취시킨다.
② 활동의 향상을 위하며 원만한 연락체계를 통해 이를 발전시킨다.
③ 지지국가 내에서 Silat을 널리 보급할 수 있는 프로그램을 조직하며 이것은 국제적 무대로 나아가기 위한 첫걸음이기도 하다.
④ 대중과 선수 간에 Seni Pencak Silat과 호신술의 위치를 설정한다. Silat의 스포츠적요소는 실질적 접근을 통해서 발전되어야 한다는 면에서 이는 매우 중요하여 경기 개최에 있어 없어서는 안 될 사항이다.
⑤ 호신술 수련생들과 예술 그리고 경기의 요구에 부응하기 위해.

이 같은 목적을 위해 PERSILAT는 그 활동프로그램을 단기와 장기로 나누었다.

제2장 | 기술

>> 1. 기본 자세와 동작

모든 학교에서는 기본자세와 기본 동작을 가르치며 이는 Silat에 대한 지식을 쌓는 필수조건이고 공격, 방어, 호신법과도 밀접하게 연관되어 있다. 지식을 쌓기에 앞서 pesilat(수련생)은 7가지 기술을 익혀야 되는데, 즉. kedudukan(위치잡기), kuda-kuda(공격과 방어자세), serangan tangan(손공격), serangan kaki(발공격), tangkisan (거두기), langkah(걸음걸이), gelekan badan(몸 피하기)등이 그것이다. 이 같은 기본동작을 익히려면 집중훈련이 필요하고 이러한 훈련을 통해 수련생은 기술, 신체균형, 정확성, 반작용, 인내심을 기를 수 있다.

동작과 자세를 완벽하게 익힐 때까지 계속 훈련을 해야 한다. 이 같은 연속훈련을 latihan jurus(방향 훈련)이라고 한다. Litihan jurus는 자신의 학교에 맞는 동작을 정확히 익힐 수 있도록 짜여져 있다. 이와는 별개로, litihan jurus는 신체의 자세를 길러주는 역할도 제공한다. 따라서 이를 연습하려면 tangkisan, tangkapan, jatuhan, serangan 과 같은 문제를 해결할 수 있는 전문가의 지도가 필요하다.

파머자세

>> 2. 무기

펜작실랏을 보는 주안점의 하나는 선수가 쓸 수 있는 다양한 무기의 중요성을 인식하는 것과 선수가 특정 싸움의 가장 적절한 어떤 무기라도 선택 할 수 있는 자유가 있다는 것이다. 선수가 선택한 무기를 정확히 사용함으로써 펜작과 실랏의 수련자는 비록 단지 순간적일지라도 치명적인 적의 공격이 이루어지기 전까지는 적들에게 해를 입히지 않으면서 그들의 공격에 대처해 나가는 것에 있다. 사용 가능한 다양한 무기의 본성을 잘 알고 있는 것은 선수가 상대방이 택한 무기에 효과적으로 대응할 수 있게 만든다.

펜작 훈련과 실랏 응용에서 사용되는 무기는 크게 두 가지로 나눈다. 신체이용(신체의 부분을 사용하는 맨손 대응 또는 비무장 대응)과 도구이용(무기뿐 아니라 도구를 사용한 무장 대응)이다. 주로, 처음에는 신체무기만을 이용하는 기본훈련이 선호되고, 훈련자가 적절히 응용하는 기술을 연마하게 되면 그는 다를 형태의 무기로 발전할 수 있다. 한 형태의 무기에는 다른 무기로 바꾸는 것은 자세나 동작에서는 큰 차이를 보이지 않는다. 왜냐하면 펜작과 실랏은 무기로 사용되는 도구의 가능한 쓰임을 예상하고 효과와 안정성을 똑같이 지닌 맨손 동작이 정확히 수행되었을 때 도구를 가지고 쓰기 때문이다. 우선, 가능한 신체무기의 몇 가지를 살펴보자. 사용할 신체의 부분을 선택하는 것은 가라데도(Karate-do)만큼 매우 다양하지만 무기의 유형은 그렇지 않으며,공격지역의 선택 또한 그렇지 않다. 펜작과 실랏의 수련자는 소위 신체중심부의 생명지역이라는 곳에 집중 공격한다.

1) 신체무기

(1) 손

손은 전쟁터에서 사용되도록 아주 다양한 모양으로 형태를 취할 것이다. 펜작실랏은 기존의 손동작과 유사하나 아주 다른 손의 형태를 만들어내고 있다.

① 화살모양의 주먹

일반적인 형태에서 이 손모양의 무기는 "앞주먹"과 비슷하다. 그러나 무시할 수 없는 몇가지의 특징이 있다. 주먹이 꽉 죄여있어 관절부위가 접혀있고, 손목쪽에 붙어있다. 중간손가락의 관절을 앞팔의 긴축과 나란히 놓이게 한다. 이 동작은 손가락 관절을 손의 뒤표면 위에 말안장 또는 오목한 요철처럼 만든다. 때때로 임의의 공격지에 닿기 위해 볼록한 요철 모양은 안쪽방향으로 손가락을 구부려 만들어 낸다. 화살모양의 주먹을 이용한 공격은 찌르거나 치기 동작과 함께 한다. 찌르기나 치기 동작과 함께 하는 이 주먹공격이 자주 이루어지는 공격부위는 얼굴, 인후, 목젖, 갈비뼈, 신장부분, 낭심, 머리, 이마, 정수리, 복사뼈부분이다.

② 곧추 선 주먹

수직 또는 곧추 선 주먹은 안쪽과 위쪽으로 관절이 꼭 접혀있기 때문에 주먹의 주요 표면은 소지와 약지의 두 관절을 가진 공격부위와 닿는다. 훅, 사이드 훅, 올려 찌르기에유용한 이 손 형태는 신체 중앙부와 살을 공격하는데 매우 효과적이다.

③ 부리모양 손

독수리 손, 또는 꺾인 손목은 펜작실랏에 폭넓게 사용되는 손 모양과 비슷하다. 손가락끝과 엄지를 함께 모아 압력을 주어 단단히 잡는다. 이 압력 때문에 손가락 끝과 엄지가하나로 연결된 느낌을 받게 된다. 손목을 구부리고 손을 최대한 아래로 구부려야한다. 이형태는 새의 부리라는 이름이 나타내는 것과 비슷하다. 손가락 끝은 표면을 치기 위해조화를 이룰 것이며 손의 아랫면은 얼굴이나 낭심과 같은 민감한 부분을 공격하기 위해사용된다. 공격이 모퉁이에서 이루어질 때, 다시 말해 상대의 등이 당신의 왼편과 마주하고 서 있을 때, 당신이 그의 오른쪽 귀를 치고 싶을 때 사용된다. 그러나 부리모양의 손공격의 가장 중요한 활용은 적을 치고 그가 균형을 잃기 전에 그를 잡는 갈고리로써의기능을 하는 것이다. 이 기능은 적의 뒤편에서 부리모양의 손을 적의 목보다 멀리 혹은주변을 따라 뻗치고 그를 뒤로 뱅글뱅글 돌게 하여 어지럽게 하여 이루어진다.

④ 방패모양의 손가락 관절

가라데의 중지의 관절을 앞으로 나오게 하여 쥔 주먹은 손에 모양을 만드는 이 방법과비슷하다. 앞으로 나온 중지는 중지 한 면에서 중지를 받치고 있는 약지와 다른 편에 검지를 꽉 조여 주어야 한다. 이것에 더하여 중지의 끝절은 엄지 아래에 놓이고 엄지의 안쪽 끝은 중지를 꽉 눌러주어야 한다. 이런 모양으로 잡혀 있는 중지는 심한 충격이 가해져도 다른 손가락과 나란히 놓이면 안 된다. 이 형태는 관자놀이, 정수리, 눈, 다른 얼굴부위와 같은 약한 지점을 찌르고 치는 동작에 이용된다.

⑤ 엄지를 감춘 주먹

가라데의 엄지의 첫 관절을 굽힌 손 형태와 엄지의 두 번째 관절을 굽혀 손가락 끝을 다른 손가락 안으로 파묻는 손 형태의 사이에 속하는 이 손 무기는 주먹이 단단히 엄지를죄어야만 한다. 엄지의 첫 관절은 치는 면이 된다. 크게 휘두르는 혹이나 훅킹펀치의 형태로 쓰였을 때 적의 목, 관자놀이, 갈비뼈, 신장부분에 적용되면 효과적이다.

⑥ 호랑이 발톱형 손

이 특이한 형태는 가라데에서는 쓰이지 않는다. 왜냐하면 스포츠 기구에서 할퀴거나 긁기의 동작을 인정하지 않기 때문이다. 이 형태는 가라데쥬츠 형태에서는 볼 수 있다.이 형태는 손가락과 엄지를 벌려 잡고 손가락 끝 부분의 관절을 굽혀 만든다. 그리고 나서 수련생은 마치 손가락과 손가락 사이를 넓게 벌리려고 노력하듯 팽팽하게 한다. 이것은 주로 얼굴, 인후, 낭심 부분을 할퀴거나 긁을 때 이용된다.

⑦ 두루미모양의 주먹

펜작실랏에 나타난 이 특이한 손 형태는 가라데에 대조적 형태로 보이는 것 혹은 츄안파(Ch'uan-fa)보다는 벌어진 정도가 작다. 수련생은 그의 손가락을 안으로 굽힌다. 그러나손끝이 손바닥에 닿지 않아야 한다. 또한 엄지는 손바닥 또는 약지로부터 떨어져 있어야한다. 그리고 나서 전 손가락 사이를 팽팽하게 한다. 이 형태는 얼굴부분, 갈비뼈, 머리또는 낭심을 공격할 때 찌르기 또는 치기 동작으로 쓰인다.

⑧ 팔을 뒤로 꺾어 쥔 주먹

가라데도의 아래로 향한 혹과 공격면에서 비슷한 동작이다. 그러나 약간의 차이가 있 다. 적의 발차기 공격 앞에 뒤로 물러설 때 많이 적용된다. 손의 엄지손가락 끝을 위로한손바닥은 자신을 중심으로 둘 때 외부에서 흔들린다. 접촉이 막 있기 전에 엄지손가락을가능한 위로 올린다. 손은 꽉 쥐어진 주먹 속에서 움켜져 진다. 그때 손가락 관절은 공격부위에 닿게 된다.

몇 가지 펜작실랏의 정수는 손을 여러 형태로 쥐고 모래, 나무, 타일, 다른 재료에 부딪혀 손을 더 단단하게 만든다는 것이다. 그러나 일종의 가라데도 형태에서 종종 나타나는대로 단단하게 하는 작업에 너무 중점을 두면 안 된다. 이유 중 하나는 대부분의 펜작실랏의 수련자는 노동의 덕으로 평범한 사람들보다 그들의 손을 더 강하고 거칠게 만들려는 노동자들(차를 따는 사람, 벼농사꾼, 벌목꾼, 어부, 선원 등)이다. 그들은 손을 강하게하는 훈련이 필요 없는 사람들이다. 두 번째로는 펜작실랏의 기술이 과학적으로 선택된신체부분에 적절하게 적용되었을 때, 보통의 손은 충분히 단단해 질 수 있다는 사실이밝혀졌다는 점이다. 적을 제압하는데 충분한 힘을 모은다. 가라데에 열심인 사람들은 자주 '파괴적인 힘은 아무런 이득이 되지 않는다'라고 말한다.

(2) 팔

가라데와 마찬가지로 펜작실랏에서 앞 팔은 공격 막기나 피하기 동작에 매우 유용하게 쓰이는 무기이다. 사실 형태와 공격은 두 개의 전투성 무술(한국과 오키나와 무술)과 아주 흡사하여 더 이상 설명과 지면 할애를 할 필요가 없다. 그러나 주목할 만한 차이점이 몇 가지 있다. 때때로 펜작실랏에서 앞 팔은 곧잘 강한 타격을 가하는데 쓰인다. 앞 팔의 위편, 아래편, 그리고 안쪽과 바깥쪽 모두 동작의 본성에 따라 공격에 쓰일 수 있다. 무수티카 크위탕(Mustika Kwitang)이라는 전문가는 그의 앞 팔로 가격하여 코코넛이나 다섯 장의 건축용 벽돌을 깨버릴 정도의 충분한 힘을 발산했다. 페리사이 다리 (Perisai Diri)전문가 또한 그가 맨손을 사용하는 것을 더 좋아하지만 똑같은 기술과 힘을 들여 그의 앞 팔을 써서 칠 수 있다.

팔을 완전히 펴서 찌르기와 치기에 이용하는 것은 펜작실랏 보다는 가라데가 더 일반적이다. 아마도 팔을 완전히 펴는 것에 대한 위험과 팔이 완전히 펴지기 전에는 멈추는 이점을 아는 것은 경험으로만 얻을 수 있다.

팔꿈치는 가라데에서 쓰이는 것처럼 흡사하게 사용되며, 팔꿈치는 밀폐된 내부에서 벌어지는 싸움 상태에서 쓰이는 무기이고 정확하게 쓰이기만 한다면 꽤 힘 있는 공격을 할 수 있다.

어깨는 적의 신체 중앙부, 갈비뼈, 등 아랫부분, 허벅지, 또는 낭심을 공격지점으로 잡았을 때 자주 쓰인다. 모든 경우에 어깨는 공격부위에 충격을 주기 위해 사용되고, 선수의 동작과 자세에서 발생한 힘을 전달시키는데 사용된다. 어깨 공격으로 가해진 힘은 단지 적을 비틀거리게 하는 데만 쓰인다기 보다 오히려 종종 기절시키는데 쓰인다.

(3) 둔부와 엉덩이

쓸 수 있는 다양한 손 형태와 팔을 이용하면서 펜작실랏 수련자는 엉덩이는 별로 쓰지 않는다. 그 이유는 엉덩이 본래가 전투적 조건 상태와 맞지 않기 때문이다. 즉, 그대로 굴곡이 있는 형태의 엉덩이는 힘을 모아 흔들었을 경우 균형을 잡기 힘들고 실제 사용하기에도 불가능하다. 둔부 흔들기는 발의 위치에 영향을 받는다. 표면이 흔들렸을 경우 집고 있는 발을 걸어 드릴 수 있는 평범한 표면 위에 두발을 확고히 밟고 있을 때 둔부 흔들기는 가능하다. 즉, 표면이 흔들릴 때, 둔부 흔들기는 자연히 덜 중요하다. 게다가 많은 펜작실랏의 전술은 둔부 흔들기와 찌르기를 하기 위한 엉덩이 상태체크를 사용한다. 또는 둔부에 의존을 하지 않는다. 그러나 펜작실랏은 적의 신체 중앙부, 등 또는 허벅지에 엉덩이를 향하게 하여 접촉부위로 사용하는 충돌 동작을 자유로이 사용한다. 이러한 기술은 주로 밀폐된 내부에서의 싸움과 접전에 이용된다.

(4) 발과 다리

걷고 달리고를 수년간 한 후에, 심지어 산호, 현무암 혹은 바위와 같은 매우 거친 표면 위에 무거운 짐을 나르거나한 후에 인도네시아인의 발바닥은 매우 둔감해졌고, 그들은 단순한 마찰로 인하여 피부에 찰과상을 유발하지는 않는다. 대개 똑같은 활동적인 삶으로 인해 보통의 인도네시아인의 다리는 매우 강하고 유연하다. 당연히 펜작실랏 수련자들은 발과 다리의 이런 특성을 잘 이용하고 있다. 그들은 가라데의 열광자들이 요즘 즐겨하는 발차기와 무릎치기의 모든 수단을 이용한다. 그리고 무기의 형태와 공격방법은 펜작실랏이 가라데에서 발꿈치가 공격수단으로 사용되는 것보다 더 그 쓰임이 훌륭하다는 것을 제외하고 대체로 같다. 이 점에 있어 중국의 츄안파 형태와 더 가깝다. 발꿈치가 앞 방향 무릎관절차기 형태에 응용된다고 할지라도 그것은 찌르기 형태의 차기에 가장 효과적이다.

츄안파의 수직상방치기(발가락 뿌리의 둥근 살 부분을 땅에 닿기 전에 차는 동작처럼, 똑바로 다리를 위로 펴 흔드는 형태)는 펜작실랏에서 폭넓게 사용된다. 그러나 모든 펜작실랏 수련자들이 가장 좋아하는 형태는 아마도 낫 모양을 한 다리형태이다. 이것은 앞날 낫 형태 또는 역방향 날 낫 형태로 공격할 수 있고, 적을 그의 다리에서 떼어 내거나(낚아채기-가로채기-날려버리기) 단지 차버리는데 쓰인다. 앞날 낫 동작처럼, 다리는 낮게 웅크린 자세에서 또는 착륙자세에서 크게 휘두르는 형태로 뻗친다. 그런 자세에서는 발가락 뿌리의 둥근 살 부분 또는 발끝으로 공격부위(머리, 목, 신체 중앙부, 갈비뼈, 무릎, 낭심)를 차들어 감으로써 고통을 줄 수 있다. 발등은 적의 다리를 꺾기위한 시도로 적의 다리 뒤나 밖에서 적용된다. 역방향 낫 형태의 발뒤꿈치 차기 동작에서 다리는 역방향 크게 휘두르기 형태로 적의 다리 바깥 부분 뒷면으로 자신의 다리(무릎 아래)의 뒷면을 가격하기 위해(적의 다리를 꺾기 위한 동작) 쓰이거나 적의 머리, 신체 중앙부, 갈비뼈, 낭심 또는 무릎과 같은 곳에 발꿈치로 공격하기 위해 쓰인다.

(5) 머리

펜작실랏은 아시아에 기반을 두고 있는 중국과 한국의 전투방법과 같이 치기나 밀기의 동작에 머리를 유용하게 쓰고 있다. 머리 위, 옆면, 그리고 뒤를 쓰는 동작은 접전에서 매우 효과적으로 쓰인다. 이것은 적을 전복시키거나 최종단계를 위해 힘을 보충하기 위해서 이런 동작을 쓴다.

2) 도구무기

전통의 가라데와 달리, 펜작실랏은 전통의 중국 무술, 한국의 무술, 오키나와의 무술이 그랬던 것처럼 다양한 도구무기를 사용한다. 중국, 한국, 오키나와의 전통 무술은 맨손의 전투 형태에서 실체성이 다소 부족하였다. 펜작실랏의 수련 시 필요한 몇 가지 것들을 소개하면 다음과 같다.

(1) 칼(Blade)

인도네시아인들이 가장 즐겨 쓰는 무기인 칼날은, 칼날 자체로도 펜작실랏의 수련자에게 선호된다. 이 종류의 무기는 다양하다. 가장 일반적인 것 몇 개가 있다. 페당(Pedang)은 검과 같은 무기로 길고, 칼날은 하나이다. 선원들이 쓰던 단검(Cutlass)이나 일반 단검과 다소 비슷하다. 파랑(Parang)은 원주민이 벌채에 쓰는 칼(Machete)과 비슷한 칼날 하나짜리의 짧은 칼이다. 크리스(Kris)는 유일한 인도네시아의 토속 칼이다. 톰박(Tombak)은 인도네시아 전반에 걸쳐 쓰이는 창이다.

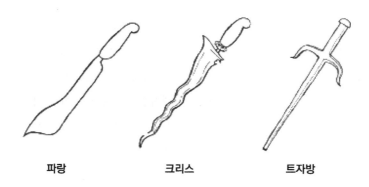

| 파랑 | 크리스 | 트자방 |

(2) 막대(단장)와 장대(곤봉)

이 종류에서 가장 많이 쓰이는 무기는 통캇(tongkat)과 가다(gada)다. 통캇과 가다는 짧은 막대이다. 갈라(gala)와 토야(toya)는 5피트에서 7피트 사이로 길이는 다양하다. 비록 단단한 나무가 쓰일지라도, 막대와 장대로 쓰이는 가장 일반적인 나무는 등나무(인도네시아에서는 로튼이라고 불리는 나무)이다.

(3) 도리깨

체인과 채찍 종류를 비롯한 펜작 모두 이 범주에 포함된다. 쓰이는 체인은 결합의 형태와 전체적인 길이에 따라 매우 다양하다. 물론 결합 형태와 길이는 사용자의 취향에 달려있다. 체인의 끝은 보통 무게가 실린다. 무기로서 체인은 주로 적을 때리는데 쓰이지만, 이것은 사용자와 그가 휘두르는 무기를 서로 엉키게도 할 수 있다. 케메티(chemeti)는 펜작보다 길다.

(4) 발사무기

인도네시아에서 무기의 종류 중 가장 중요한 요소는 활과 화살이며 판아(panah)와 아낙 판아(anak panah), 취관(숨핏(sumpit))또한 중요하다. 종류와 모양은 너무 다양하여 놀라울 정도다. 비록 접전에서 사용되지 않지만, 이런 종류의 무기를 사용하는데 적합한 발의 자세와 몸자세는 펜작과 실랏 훈련과 연습에서 모델화 되어있다. 발사무기는 던질 수 있는 무기, 일대일로 붙은 전쟁에서 사용되어지는 무기를 포함한다. 좋은 예로 창이 있다. 이것은 주로 검술류의 동작에서 사용되지만, 분명히 세게 내던지는 동작에 사용되고 있다. 피아우(piau, 공격용 칼)는 인도네시아 전반에 걸쳐 매우 다양하며, 평평한 공격용 막대와 함께 부메랑류의 무기도 있다.

(5) 혼합무기

이 범주의 무기는 폭넓은 동작만큼이나 사용이 다양하다. 그런 종류의 하나가 트자방(tjabang)이다. 이것은 곤봉종류로 고대 인도네시아인의 무기로 사용되었었다. 이것은 철로 만들어지고, 화살촉과 손잡이를 붙이고 그 이음새를 주석으로 고정시켜 만든다.

사실, 펜작실랏 수련자는 결코 맨손으로 싸우지는 않는다. 의자, 병 또는 돌과 같은 그의 손이 닿는 어느 물건이든 긴급한 상황 속에서는 수련자의 무기가 될 수 있기 때문이다.

제3장 | 경기규정

≫ 1. Silat 경기규칙

1) 경기 종류 및 체급

이 경기는 일반 스포츠 표준에 기초한 원칙을 안고 있다. 경기장에는 두 선수가 들어간다. 경기는 Silat 전문가들이 지켜본다. Silat 시합은 3가지 종류가 있다. 즉, 챔피언십, 시범대회, 프리스타일. 챔피언십은 구역, 지방, 국가 혹 국제챔피언을 뽑는 대회이며, 시범대회는 국가 기념일, 자선행사 등을 위해 각자의 기량을 뽐내는 대회로서 우승자를 뽑지 않는다. 여기서 우승한 자는 챔피언으로 인정치 않으며 다른 챔피언십에 출전하는 것에 관여치 않는다. 프리스타일은 같은 Silat 학교출신인 참가자들을 위한 경기로서 다른 종류의 무술 즉, 태권도, 유도, 레슬링 등의 선수들과 Silat Sendeng, Silat Cekak, Silat Gayung 선수들이 서로 대전하는 것을 말한다. 참가자 전원은 35세 이상 (일반 Silat경기 선수 연령은 35세 미만)이어야 하며 남자이건 여자이건 간에 참가 가능한 시합을 명확히 해두어야 한다.

Silat경기는 연령과 체급에 따라 3개로 분류한다.

① 청소년층 (14세 - 18세)

② 청년층 (18세 - 22세)

③ 장년층 (22세 - 35세)

■ 제 1 구분 : 청소년층 (14세 ~ 18세)

- Class A , 30.9kg이상 ~ 33kg미만
- Class B , 33kg이상 ~ 36kg까지
- Class C , 36kg이상 ~ 39kg까지
- Class D , 39kg이상 ~ 42kg까지
- Class E , 42kg이상 ~ 45kg까지
- Class F , 45kg이상 ~ 48kg까지
- Class G , 48kg이상 ~ 51kg까지

만약 두 참가자의 체중이 Class G에서 정해진 체중보다 더 나갈 때 그들이 14세 ~ 18세라면 그들은 아직까지는 제 1구분에 속한다. 두 참가자가 51kg을 초과하고 17세 이상이라면 두 선수는 Class G에서 경기를 할 수 있는데 이때 그들은 같은 체중이어야 한다. 예를 들면, 두 선수 모두 52kg이어야 하는 것이다.

■ 제 2 구분 : 청년층 (18세 ~ 22세)

■ 제 3 구분 : 장년층 (22세 ~ 35세)

- Class A , 40kg이상 ~ 45kg 까지
- Class B , 45kg이상 ~ 50kg 까지
- Class C , 50kg이상 ~ 55kg 까지
- Class D , 55kg이상 ~ 60kg 까지
- Class E , 60kg이상 ~ 65kg 까지
- Class F , 65kg이상 ~ 70kg 까지
- Class G , 70kg이상 ~ 75kg 까지
- Class H , 75kg이상 ~ 80kg 까지

80kg에서 85kg의 체중에 속하는 참가자들은 Class I로 정하고 그 이상의 체중에 대한 Class는 계속 매겨진다. 각 Class를 분류하는 무게의 차이는 5kg이다.

모든 선수는 그들이 토너먼트에 참가하는데 적당한가를 확실히 알기 위해 체중을 측정하고 의사의 검사를 받는다. 의학적인 검사는 시합 6시간 전에 이루어진다.

경기위원회에서 임명된 의무요원(duty officer)은 참가자의 명세서를 기입하고, 참가자가 경기하는 날 경기에 참가할 수 있는지를 결정한다.

Silat경기는 한 코트에서만 진행한다. 이러한 이유는 Silat 경기가 무술전통에서 파생되었기 때문이다.

Silat경기장은 두께가 5cm로 캔버스나 카페트로 만들며 표면은 매끄럽게 한다. 매트밑의 단단한 바닥으로부터의 보호를 위해 단단한 고무시트를 바닥과 매트사이에 끼운다. 경기지역 둘레는 가로세로 9m 매트로 깐다. 이 매트 위에 가로세로 7m인 원을 만든다. 경기지역의 4개 모서리는 휴식 장소이며, 이중 2군데는 sudut pesilat (글자 그대로 해석하면 참가자의 모퉁이)라고 하며 나머지 2군데는 sudut aman(글자 그대로 해석하면 안전지대)라고 한다.

Bidang laga는 sudut pesilat와 sudut aman의 위치를 결정짓는다.

선수들의 동작은 자신들이 지니고 있는 Silat호신에 대한 지식에 따라 다양하다. 동작들은 모두 우아한 형태를 띠나 사실 공격과 방어원칙에 기초하고 있기 때문에 아주 효과적이다. Bidang laga는 원모양으로 되어 있어 두 선수가 취하는 다양한 자세의 만남이라고도 할 수 있다.

2) 경기를 운영하는 행정 그룹

(1) Assembly of Warriors(경기 진행임원)

이는 경기임원들이 원만한 경기를 치룰 수 있도록 도와준다. 또한 경기의 규칙과 기술담당위원회에 조언을 주기도 한다. Silat경기에 있어 최고의 지식을 갖춘 사람들이 바로 이들 경기 진행임원이기 때문에 가능한 것이다. 경기자들 모임은 조직위원회와 경기위원회에 여러 도움을 제공해준다.

이 회의 인원수는 상황에 따라 결정된다. 경기자들은 각기 다른 도장출신들이다. 선출된 자들은 Silat 경기규칙에 해박한 지식을 갖고 있어야 한다. 이들의 해박한 지식과 이해만이 경기 시 발생하는 모든 문제들에 대처할 수 있기 때문이다.

(2) Assembly of Judges(배심회)

이들은 경기 기술과 규칙에 박식해야 한다. 임원은 보통 3인에서 5인으로 구성되며, 임원수는 단장이나 감독 혹은 경기위원회의 결정에 따라 달라진다. 이 배심회는 문제가 발생 시 이를 결정짓는 최고의 권한을 갖고 있다. 이 결정은 절대 불변이다.

(3) Chief Umpire(수석 심판원)

경기를 원활히 진행시키는데 책임이 있다. 경기 협력자들 즉, 비서, 계시자, 신호전달자, 종치기,

주심, 심판원, 배심의 보조를 받는다. 수석 심판원은 발생한 문제를 심판원이 해결할 수 없을 때 경기를 종료시킬 수 있다. 또한 경기를 제대로 진행하지 못하는 심판원을 대신할 수 있다.

(4) Assembly of Umpires and the Jury(심판원과 배심회)

이 회는 심판원과 배심들이 임무를 제대로 수행할 수 있도록 안내해 주는 역할을 한다. 3인에서 5인으로 구성하며 심판원들과 배심들 중에 선출한다. 심판원은 부심으로서 최고의 권한을 가지며 선수들이 규칙을 제대로 지키고 있는지 늘 감시해야 한다. 또한 선수들이 안전하고 만족스런 경기를 할 수 있도록 양쪽선수 모두에게 공정한 길잡이가 되어야 한다.

배심은 선수의 점수를 관리한다. 또한 승자를 발표함과 동시에 승자쪽 색상의 깃발을 들어올린다. 그런 후 심판원은 승자의 손을 들어 승자를 선언한다.

심판원과 배심회는 심판원과 배심의 역할을 설정해 놓아야 한다. 경기가 끝나면 배심이 적은 점수가 이 회에 제출되어 최종결과가 수석 심판원에게 넘겨진다. 이 회는 또한 경기에서 발생하는 문제들에 대한 의견을 수석 심판원에게 제시해야 한다.

계시자는 규칙에 따라 경기 시간을 정확히 측정해야한다. 한 회전은 2분 동안 진행되며 휴식시간은 1분이다. 계시자는 경기시작 신호를 보내 심판원이 '시작'이라고 외치면 시간을 측정하기 시작한다. 심판원이 도중에 시합을 멈추면 이 시간을 계산하여 한 회전이 2분이 되도록 해야 한다. 회전이 끝나면 종을 울려 끝났음을 알린다. 모든 시합은 2분 3회전이다.

종치기는 심판원이 경기를 시작하라는 명령을 내리거나 계시자가 경기를 종료시키라는 명령을 내리면 종치기는 종을 울린다.

의무요원단은 안전을 위한 의료검사는 모든 선수들에게 필수다. 이 검사를 통과하지 못하는 선수는 경기에 참여할 수 없다. 경기장에는 항시 의사와 의료진이 대기하고 있고 이들은 경기위원회로부터 임명된 자들로 구성된다. 경기도중 심판원의 요청에 따라 의료진은 선수의 상태를 점검하여 계속 경기를 진행할 수 있는지의 여부를 결정짓는다.

3) 복장

(1) 선수의 복장

선수와 경기위원회의 복장은 검은 말레이시아 전통의상을 반드시 입어야 한다. 이 복장은 활동하기에 편하다. 머리띠는 경기도중 머리가 흘러내리지 않도록 하기 위해서다. 말레이시아 흑색전통의상은 시합할 때 불편함을 없애기 위해 단추를 사용하지 않았다. 소매는 양쪽 모두 손목까지 내려오도록 했다. 넓고 긴 소매는 무기를 숨기거나 부상한 팔을 숨기기에 충분하다. 출신학교의 배지를 달아도 된다. 자신의 동작에 방해가 되지 않고 상대선수의 안전을 위협하지 않는다면 팔목밴드의 착용이 허용된다. 허리띠는 말레이시아 검은 전통의상을 한층 깔끔하게 해준다. 자신의 동작에 방해가 되지 않고 상대선수의 안전을 위협하지 않는다면 착용이 허용된다. 자신의 출신학교의 허가를 받은 색이라면 그 어떤 색이라도 상관없다.

(2) 코치의 복장

코치는 출신학교 의상을 입어야 한다. 말레이시아 검정 전통의상으로 Silat 로고가 새겨진 허리띠나 배지를 달아야 하며 목걸이나, 시계, 가죽벨트, 단추, 머리핀, 귀고리 등을 달아서는 안 된다.

4) 경기시간

모든 경기는 3회전으로 이뤄져있다. 매 회전은 2분 동안이며 휴식시간은 매 1분간이다. 시합도중 선수의 규칙 위반으로 경기가 중지되었을 경우에는 이 시간을 계산치 않는다.

5) 경기규칙

Silat도장에 소속되어 있는 회원이라면 누구나 경기에 참가할 수 있다. 각 도장은 자체의 경기체계를 갖고 있다. 결과적으로, 모든 참가선수들을 위한 하나의 지침이 필요하되, 자질이나 실력을 제한해서는 안 된다. 경기장에서 선수들은 자신들의 Silat을 최대한 발휘할 수 있다. 각기 다른 학교출신인 두 선수는 지정된 규칙 하에서 경기를 펼친다. 여러 종류의 Silat은 자신을 보호하는 방법은 다양성을 보여준다. 경기장에서는 다양한 기술이 선보인다. 예를 들어, 피하는 방법, 목표물 치기, 상대방 넘어뜨리기 등. 선수들은 주어진 제한사항을 준수해야 한다. 공격과 방어술은 기본자세, pasang자세에 바탕을 두어 유연해야 한다. 공격과 방어동작은 좀 더 쉽게 이루어져 있다. 처음에는 pasang자세를 취하다가 점차 공격과 방어에 전술을 시도한다. 처음에 취한 자세는 급습에 쉽고 민첩하게 대처할 수 있도록 해준다. 선수들은 pasang자세를 취하고 자신들이 학교에서 배운 기술을 보일 것을 권장 받는다. 만약에 선수가 자신이 배운 기술을 표현하기 보다는 점수가 될 만한 기술만을 보인다면, 진정한 경기목적에 도달할 수 없다. 단정하고 능숙한 기술사용에 점수를 준다. 하지만, 경험이 부족하다고 보이면, 점수를 주지 않는다.

6) 공격부위

목, 목 윗부분, 생식기, 가슴, 위, 복부를 제외한 신체전체가 공격부위에 해당된다. 다리나 손, 목 등에의 공격을 가하여 상대선수를 넘어뜨리거나 움직임을 방해할 수 있지만 그다지 점수를 주지는 않는다.

7) 징계

경기규칙을 준수하지 않는 선수는 규칙에 따라 징계를 받는다. 처벌내용은 다음과 같다.

경고 : 심판원은 가벼운 과실에 대해 경고를 내린다. 한 회전에서 내릴 수 있는 경고는 최대 2회며 3번째 경고는 제1주의로 넘어간다.

- 제1주의 : 3회의 경고를 받거나 심각한 위반행위에 해당된다.

- 제2주의 : 제 1주의를 받은 선수가 다시 심각한 위반행위를 했을 경우에 해당된다.

실격 내용은 다음과 같다.

① 주의 2개를 받고 추가로 주의를 또 받는 경우

② 스포츠정신에 어긋나는 중대 과실을 의도적으로 범하는 경우

③ 경기 시작 시 과실로 상대선수가 부상을 입고 경기를 진행할 수 없게 되는 경우

8) 득점 및 평가

승패 결정은 공격, 방어, 쓰러지기, 끌어안기와 같은 기준에 준한다. 선수들은 자신들의 기술과 묘사하는 아름다움에 의해 평가받는다. 평가내용은 다음과 같다.

(1) 우위 기술

- 평가 1

　① 공격 받아넘기는 기술

　② 손에 의한 치기 공격술

- 평가 2 : 발차기 공격술

- 평가 3 : 상대선수 넘어뜨리기. 상대선수의 신체가 먼저 바닥에 떨어져야 하고, 자신은 계속 방어 자세를 취할 수 있어야 함.

- 평가 4 : 상대선수가 움직일 수 없을 때까지 (다섯을 셈) 붙들고 있는 경우

(2) 동작 미(美)

공격과 방어에 있어 연결되는 동작의 순서와 기술적 아름다움을 평가한다. 순서가 정해져 있지는 않으며 자유자재로 동작을 펼칠 수 있다. 전 3전을 걸쳐 기술의 아름다움을 본다. 만점은 5점이며 최하점수는 2점이다.

9) 기술평가

배심의 기술평가내용은 다음과 같다.

(1) ① 공격 받아넘기기 : 방어술로 상대선수의 공격을 피하거나 공격방향을 바꾸어 공격을 저지
시키는 것

② 피하기 행위 : 방어술로 상대의 공격을 재빨리 피하여 상대를 되려 공격하는 경우.한 번 피하기
에 1점이 주어지고 손 공격도 1점을 받는다.

(2) 손공격 : 허용부위를 정확히 공격할 경우에 해당된다. 단 상대선수가 몸을 피할 때 잡아 뜯는
것은 안 된다.

(3) 다리공격 : 허용부위에 닿기만 하면 된다. 단 상대선수가 몸을 피할 때 잡아 뜯는 것은안 된다.

(4) 넘어뜨리기 기술 : 상대방의 신체일부가 바닥에 닿는 경우를 말한다. 단, 부당한 행위(들어 올리
거나 끌어안아 넘어뜨리기)는 금지된다.

(5) 붙들기(끌어안기)기술 : 상대선수의 힘을 약화시키는 경우를 말한다. 단 상대방의 관절을 부상
시켜서는 안 되고, 상대방이 다섯을 셀 때까지역공격을 가할 수 없을 때
해당된다. 상대선수가 이를 풀고 나와 여러 차례 공격을 가하면 공격1
회 점수가 주어진다.

10) 승자결정

다음과 같은 득점과정에 따라 승자를 결정한다.

① 배심으로부터 더 많은 점수를 얻은 선수가 승자가 된다.

② 두 선수의 점수가 동일할 경우 주의를 적게 받은 선수가 승자가 된다.

③ 두 선수의 점수가 동일하고 받은 주의 수도 동일할 경우 우수한 평가를 받은 선수가승자가 된다.

④ ③과 같은 결정이 나지 않는 경우 (평가도 똑 같은 경우), 제 4회전을 진행하되, 그래도 동일하면 투
표에 의해 승자를 결정한다.

⑤ 승자는 배심이 선언한다.

11) 승리의 종류

(1) 기술승

① 상대선수가 더 이상 경기를 진행할 수 없어 기권하는 경우

② 의사가 더 이상 경기를 계속할 수 없다고 판단할 경우

③ 선수 보조자가 기권을 신청하는 경우

(2) 완승

상대선수가 허용부위 공격으로 넘어져 의식이 없고 10을 셀 때까지 똑바로 일어설 수 없을 경우

(3) 실격승

① 상대선수가 주의를 3회 받는 경우

② 상대선수가 실격에 해당되는 과실을 범할 경우

③ 경기초반 부상을 입혀 더 이상 진행하지 못하게 하는 과실을 범할 경우

(4) 대전불가승

① 상대선수가 너무 힘이 강해 위협을 가할 수 있을 경우

② 상대선수가 경기장에 나오지 않는 경우의 승

③ 상대선수가 경기장에 나타나지 않을 경우

참고문헌

ANUAR ABD. WAHAB(1989).Silat Olahraga. Dewan Bahasa Dan Pustaka 발행.

Howard Alexander, Quintin Chambers, Donn F. Draefger저(1970). Pentjak-silat The Indonesian Fighting Art., 강담사 발행.

KU Ahmad & Wong저(1978).Silat Melayu The Malay Art of Attack and Defence.

Oxford 발행.

아니스

동양의 무술 | 필리핀

제1장 아니스의 역사

1. 역사

2. Kali의 쇠퇴와 Arnis의 출현

3. 현대 Arnis의 전파

4. Arnis의 기본개념 및 철학적 원리

제2장 기술

1. Arnis의 장비

2. 주요동작 및 자세

3. 훈련방법

4. 신체상의 치명적인 공격부위

제3장 경기규정

1. 기본원칙

2. Arnis의 경기규칙

제1장 | 아니스의 역사

>> 1. 역사

유사이전에 중앙아시아로부터 온 초기 Negritos는
활, 화살과 긴 활 등의 무기를 사용하는 전문가였다.

필리핀 전 지역에서 찾아볼 수 있는 이 무술은 고대
에는 "단검보다 길고 넓은 칼"이라는 말레이시아어의
kali로 불리었었다.[43]

스페인지배 이전에 살았던 필리핀인들은 온순하고
친절하기로 유명했는데, 이들은 자신을 방어할 목적으
로 이 무술을 시작했다.

필리핀

Kali는 인도네시아의 토착 Fencing이었던 타카리리
(tjakalele)로부터 발생하였고, 13세기 펜아이섬에 상륙했던 10명의 보르네안 Datus에 의하여 전수되
었으며 10명이 보르네오 인들이 Pany섬을 통합하고 있는 동안 Bothan이란 이름으로 학교 학생들
에게 가르쳤다. 필리핀의 고유무술로 알려진 Arnis는 칼보다 더 오래 전의 큰칼이라 암시된 선조 말
레이 단어인 Kali로서 필리핀 선조에게 알려졌다.

손에서 손으로 행하는 이 무술은 필리핀의 오랜 역사에 있어 커다란 장을 차지한다. 이러한 손기술
의 발달은 적으로부터의 보호와 방어를 위한 기술 개발에 의한 것이다.

기원전 200년경 말레이시아인들이 장검을 가지고 필리핀에 들어왔다. 이들로 인해 무기가 풍부해
졌고, 필리핀인들은 활과 화살, 봉은 물론이고 칼날이 달린 무기와 단도를 능수능란하게 사용하였다.
Mindanao와 Sulu지역의 회교도인들이 특히 그랬는데, 이러한 사실은 외군과의 전투에서 수많은
승리를 거둔 이들의 다양한 종류의 칼을 확인해 볼 수 있다. 즉, kris, bolo, kalis, laring, gunong,
kampolan, gayang, pira, puna, punal, itak, banjal, bangkoon, lahot, panabas.[44]

오늘날 역시 예술적 가치가 높은 칼들은 Mindanao와 sulu에서 찾아볼 수 있다. 무역과 여행을 통
한 지역상호 간의 접촉으로 남부지역에 있는 회교도인들은 북부 Tagalogs인들의 kali(Arnis의 선구자)
를 자신들의 격투 술에 접목시키게 되어있다. Kali는 편의상 Kali로 불리웠는데, 이 기술 역시 긴 날
이 선 무기나 칼, 봉을 사용하는 하나의 격투 술이었다.

. . . .

43)   Remy A. Presas(1974). Modern Arnis "Stick Fighting". 3rd edition, p.10.
44)   Remy A. Presas(1974). 전게서. p.10.

Arnis de mano는 필리핀에서 가장 유명하고 체계가 잘 잡힌 전투술이다. 적으로부터의 공격을 막기 위한 방어술로 사용되던 Kali에서 오랜 역사를 통해 만들어진 완벽한 무술이라고 볼 수 있다. 지방색에 따라 Tagalog지역에서 estocada로 불리고 다른 지역에서는 estoque나 frailc로 불리기도 한다.

kali는 무술로서 뿐만 아니라 옛날 왕가의 운동으로, 궁중 청년들의 스포츠로 인기가 있었다. 보통 필리핀 사람들은 kali를 무술로서 뿐만 아니라 오락으로서 연습하며 축제나 집회 때 연무 무술로서 뿐만 아니라 가장 인기있는 오락으로 여겼다.

1853년에는 Kali라는 명칭이 Arnis로 바뀌었으며 Arnis는 원래 Ames였던 것으로 생각된다. 즉, Arnis는 스페인의 Ames의 Togalog의 철자법 번역이다. 한 때, Arnis는 스페인 정복자들에 의하여 위험한 무술로서 억제되기도 하였으나 스페인 수도사가 그리스도교의 승리를 주제로 하여 만든 연극에 이 무술을 등장시킴으로서 필리핀인들은 이 무술을 실습할 좋은 기회를 얻고 이에 대한 관심도 되살아났다.

1969년에는 Arnis가 국립 체육대학 학생들의 특별활동으로 채택되었으며 세계협회가 탄생되었다. Arnis는 지팡이와 곤봉이 표준기구이며 이것은 딱딱하고 둥글다. 그 길이는 28~30인치 정도이며 직경은 3/4인치이다(1인치 = 2.54cm).

Mindanad인들은 Arnis의 힘을 입어 스페인, 미국, 일본의 식민지배에 제동을 건 적도 있다.

>> 2. Kali의 쇠퇴와 Arnis의 출현

1569년 스페인당국의 저지에 따라 Kali가 쇠퇴되기 시작했고 급기야 1764년에는 국가적으로 금지되었다. 스페인들은 이 무술을 지나치게 위험한 것으로 여겨 이를 수련하는 원주민들을 위법자로 간주하였다.

1673년 수도사들은 회교도들을 물리친 스페인 기독교의 승리를 다룬 전쟁연극을 만들었는데 칼날이 달린 무기를 가지고 싸우는 전투 술이 묘사되었다. 이 Moro-moro 연극을 통해 필리핀인들은 다시 Arnis에 사용되던 무기는 시대변천과 함께 변형을 거듭하였다. 현재에는 itak나 bolo를 사용하는데, 호신술을 위한 훈련 시 주로 쓰인다. 사실 Arnis는 무술이라기보다는 스포츠에 가깝다. 그럼에도 불구하고 Arnis 경기에는 장검이 사용되기도 한다. 옛날 방식의 Arnis 기술 역시 부상을 막기 위한 차원에서 현대화되었다. 그러나 체력과 정신력 강화는 물론 도덕적 가치에 더욱 중점을 두고 있다.[45]

. . . .

45)   Remy A. Presas(1974). 전게서. p.12.

>> 3. 현대 Arnis의 전파

마닐라에 도입되기에 앞서 현대 Arnis는 Bacolod에서 시작되었다. 마닐라에서 현대 Arnis가 널리 퍼지게 된 동기는 1969년 국립 체육대학이 이 무술을 정규과목으로 채택하고 나서 부터였다. 국립체육대학 학생들은 대부분이 체육학을 전공하고 학생들을 지도하는 교사들이었다. 이로써 현대 Arnis가 급속하게 널리 퍼지게 되었다.[46]

이러한 과정을 통해 Arnis는 전 세계 무술계에 있어 명실상부한 조직으로 자리 잡았고 필리핀 무술애호가들의 가슴에 불을 댕겼다. 필리핀 정부 역시 이 전통 무술 문화를 통해 애국심을 고취시키는 데 주력하고 있다. Arnis는 필리핀 국보 중 하나다.

>> 4. Arnis의 기본개념 및 철학적 원리

기술 자체만으로 충분한 힘을 발휘할 수 있지만 철학적 요소들과 함께 병행되지 않을 경우 이러한 기술은 아무런 가치가 없다.

1) 신체적 원리

수련자는 모든 동작을 행함에 있어 속도를 주시해야 한다. 심지어는 약점을 파악하는데 있어서도 신속함을 취해야 한다. 한 가지를 오랫동안 응시하는 연습을 통해 이러한 기술을 습득하도록 한다. 봉을 휘두를 때는 손잡이를 꼭 쥐고 단번에 내리쳐야 하며 내리친 후에는 손목의 힘을 뺀다. 상대방의 간격을 너무 멀리하면 그만큼 위험이 커지므로 이를 삼가야 한다.

2) 정신적 원리

상대방의 공격에 대응하고 상황파악을 위해서는 침착한 마음가짐이 필요하다. 또한 상대방의 약점이 무엇인지 이제 즉각 대응할 수 있는 실력을 갖추어야 한다. 그러나 무엇보다도 필요한 것은 승리에 대한 의지이다. 이러한 태도 없이는 그 어떤 싸움에서도 이길 수가 없다.

· · · · · · · · · ·

46) Remy A. Presas(1974). 전게서. p.12.

제2장 | 기술

» 1. Arnis의 장비

표준장비로는 지팡이와 곤봉이 있다. 지팡이의 길이는 보통 28~30인치다(1인치=2.54cm).

그 밖의 것으로는 검이 있다.

그 중 지팡이는 많은 비중을 차지하는 기본 장비라고 할 수 있다. Arnis는 그래서 때론 지팡이 싸움의 필리핀 예술이라고 까지 불린다. 지팡이를 무기 기술로 사용할 때, 이는 사실이 된다. 지팡이는 단지 손안에 있는 것이다. 어떤 물건을 사용해 자기 자신을 방어하는 것, Arnis는 손에 쥔 원리를 이용해 요구되는 것을 잡아서 피부 하나로 한 쌍의 피부나 Espada y daga기술로 방어하는 것이다. 선수들은 막대기를 사용하거나 칼날이 있는 무기를 사용할 수 있다. 대부분은 kris, punal, kampilan, gayang gunong, barong, laring, langkon, utak과 pira이다.

크리스 잡는 법

기술 훈련 시에는, 부상을 피하기 위해, 토너먼트나 연습 시간 때, 평평하거나 덧댄 막대기를 쓴다. 머리보호대 또한 안전을 위한 것이다. 한 명의 Arnis선수는 Arnis식 전통 의상이나 현대적 단체복을 입을 수 없다.

필리핀의 kundiman에서 전통 의상은 빨간색을 피하고, 흰 셔츠와 벨트를 착용한다.[47]

1) 곤봉 쥐는 법

곤봉을 바르게 쥐지 않으면 제대로 힘을 낼 수 없을 뿐만 아니라 곤봉을 잘 조절할 수 없다. 곤봉을 바르게 쥐려면 끝 부분에서 3cm 높이 잡고 엄지손가락으로 집게손가락을 눌러 잡는다. 내려치기를 할 때 손의 움직임이 없어야 하며 내려치기를 실행한 후에는 손목의 힘을 뺀다.

. . . .

47)   Ernesto A. Presas(1996). Arnis Presas Style and Balisong.. National Book Store, p.13.

곤봉을 쥔다는 것은 Eskrima에서는 모든 싸움 기술의 전부나 다름없다. 힘을 많이 주고 곤봉을 조절하는 것이 올바르게 잡는 법이다. 올바르게 쥐기 위해서는, 밑에서부터 1인치 위에서 꽉 잡고 손가락을 엄지손가락이 나머지 네 손가락에 힘을 주도록 잡는다. 칠 때, 잡는 것이 전체의 기초가 된다고 할 수 있다. 내리친 후엔 손목을 풀어줘야 한다.[48]

■ 곤봉을 올바르게 잡는 법
① 곤봉을 올바르게 잡는 방법은 손가락 위를 곤봉을 잡고, 곤봉을 쥔 손은 최소 곤봉밑에서부터 2인치 위에 잡는다.
② 부적절하게 쥐는 것은 곤봉을 잡은 손 윗부분으로 엄지손가락이 펴서 위치해 있는 것이다.
③ 곤봉을 잡았을 때 균형이 잡히지 않는 것은 바로 잡았지만 곤봉을 잡은 자세가 잘못된 경우이다.
④ 쥔 것과 곤봉을 잡은 자세가 모두 잘못된 경우에는 1번을 다시 한 번 살펴본 후, 바르게 잡아야 한다.[49]

2) 인사

인사는 상대방에 대한 존경, Arnis 규칙 준수 그리고 스포츠맨십을 따른다는 것을 의미한다. 현대 Arnis에 있어 인사는 선수들을 우수한 지도자로 만드는 가장 중요한 요소이기도 한다. 45도 각도에서 발뒤꿈치를 바닥에 붙이고 몸을 똑바로 세운 후 양쪽 손으로 곤봉을 쥐되 간격을 2인치 반으로 둔다. 이때 발을 한데 모아 상대방을 행하여 가볍게 목례한다. 곤봉을 가지고 인사하는 방법도 있다.

≫ 2. 주요동작 및 자세

주요동작은 3가지로 구분되는데 아래와 같다.
① 단도와 칼의 기술(espada y daga=sword and dagger)
② 한 개의 몽둥이 기술(solo baston=single stick)
③ 동작이 복잡하며 십자모양 같다고 한(sinawali)

Arnis는 격투 술에 가까운 만큼 막기와 치기에 정확한 손 기술이 필요하다. 상대의 균형을 깨뜨리고 던지기 위해서는 완벽한 다리 기술을 가지고 있어야 한다. 일반 무술과는 달리 예나 지금이나 곤

---

48) Remy A. Presas(1994). The Practical Art of Eskrima, 2nd edition. National Book Store, p.7.
49) Remy A. Presas(1994). 전게서. p.8.

봉과 손, 팔의 동작에 중점을 둔다.

단도와 칼의 기술

십자 공격방어 기술(두개의 곤봉)

무술의 다른 형태에서 보이는 대로, Arnis에서의 자세란 실전의 다양한 기본자세이다. 이 자세는 선수가 어떻게 몸의 균형을 유지하고 다리에 무게를 적절히 실을 수 있는가를 가르치는 기술이다. Arnis라는 무술에 정통하기 위해서는 이러한 기술 습득은 필수이다. 선수는 이러한 중요한 기본 요소를 모르고서는 대결을 효과적으로 이끌 것이라는 기대는 결코 할 수 없다. 적절한 몸자세는 선수에게 기동성과 공격 기회를 준다. 발에 힘을 강하게 주고, 깊은 주의력을 가지고 한 동작 한 동작을 익혀야 한다.

1) 자세 설명

(1) 선 자세
45도 각도로 발을 벌리고 선다. 발꿈치는 서로 모은다. 손은 편안하게옆에 붙인다.

(2) 다리 벌려선 자세
발가락을 약간 앞으로 하여 어깨 넓이 가량 다리를 벌려 선다.

(3) 기마자세
어깨 넓이 2배가량 다리를 벌리고 서서 무릎을 앞으로 내민다. 내민 다리는 뒷다리와 약 30도 각도를 유지한다. 내민 다리의무릎을 굽히고 대결 자세를 취하고 막대를 든다. 땅에 두발이평평해 지도록 뒷다리를 쭉 뻗는다.

기마자세

(4) 뒤를 향해 선 자세

한 다리를 뒤로 뻗어 선다. 뒤에 놓은 다리의 발가락은 밖을 향하게하고, 앞에 놓인 다리의 발가락은 앞을 향하게 하여 두 다리의 선 모양이 L자가 되도록 한다. 앞에 어떤 다리가 놓이는 가에 따라 뒤에 놓인 다리가 왼발, 오른발이 될 수 있다. 뒤에 놓인 다리의 무릎을 약간 굽힌다.

몸무게의 70%는 뒤의 다리가 지지하고 몸무게의 30%는 앞의 다리가 지지한다.

(5) 비스듬하게 앞을 향해 선 자세

이 자세는 오른쪽 혹은 왼쪽으로 둘 중 한 다리를 앞으로 비스듬하게 뻗치게 하여 서면만들어진다. 원 자세 회복은 내놓았던 한 다리를 들여놓으면 된다. 왼쪽 혹은 오른쪽으로 만든 자세는 모두 L자형의 다리 자세를 취해야 한다.

2) 몸자세 바꾸기

Arnis에서 몸자세 바꾸기는 매우 중요하다. 선수는 그의 몸을 편한 지점에 놓는데 여러 가지를 취할 수 있다. 그렇게 함으로써 그는 최대의 힘으로 공격할 수 있다. 몸을 적당하게 위치한다는 것은 그가 상대방의 가격과 공격이 우세한 범위를 벗어날 수 있도록 만든다. 발 디디기, 미끄러지기, 돌기 또는 이러한 동작을 혼합하여 몸의 자세를 변형시킬 수 있다. 몸을 바꾸는데 있어서 선수는 항상 균형을 유지해야 하고 무게를 자유롭게 실을 수 있도록 해야 한다. 정확한 자세가 항상 취해져야 한다.

선수는 필요이상으로 엉덩이를 올리거나 내리거나 해서는 안 된다. 수직선으로 약간은 움직일 수 있다. 선수는 발을 땅에서 떼어, 높이 올리면 안 된다. 또한 발을 질질 끌어서도 안 된다. 발을 떼어 높이 올리는 경우, 질질 끄는 경우에서 선수는 속도와 균형을 잃게 된다.

(1) 앞 자세에서 한 발짝 안으로 밖으로 내디뎌 선 자세

처음 위치한 자세에서 원하는 거리만큼 두 다리 중하나를 앞으로 내디뎌 선다. 안으로들어설 경우, 다리를 약간만 땅에서 떼고, 고정된 다리는 땅에 더 꽉 고정하도록 유지하라.

(2) 왼쪽 혹은 오른쪽으로 비스듬하게 내디뎌 서는 자세

원하는 거리만큼 왼쪽이나 오른쪽으로 한 다리를 비스듬하게 하여 서라. 어느 동작이던 항상 상대방과 얼굴을 마주하라. 선수는 상대방의 위치에 따라 오른쪽 혹은 왼쪽으로 옆얼굴을 대하면서 이러한 동작을 만들어 낸다. 이 동작은 선수에게 상대방에 대한 전략적 이점을 갖게 한다.

(3) 앞으로 한 자세에서 뒤로 내디뎌 선 자세

앞으로 한 자세에서 앞으로 내 딛 다리를 뒤로 위치시키고 뒤 자세를 바로 잡는다. 다리는 L자형을 만들고 뒤편 발가락은 밖을 하고 앞 편 발가락은 앞을 향하게 한다. 뒤편의다리를 앞으로 움직여서 앞으로 한 자세를 가다듬을 수 있다.

3) 몸의 자세

Arnis에서 효과적인 치기 공격을 위해 몸의 자세가 중요하다. 이런 몸의 자세를 만들 때, 머리는 항상 상대의 움직임을 보기 위해서 상대와 마주 대하고 있어야 한다.

① 앞을 향해 선 자세로 대하기 - 상대방에 곧장 향한 몸의 자세
② 반만 앞을 향해 선 자세로 대하기 - 오른쪽 혹은 왼쪽으로 45도 틀어 선 몸의 자세
③ 옆으로 선 자세로 대하기 - 몸을 전반적으로 왼쪽 혹은 오른쪽으로 틀어 선 몸의 자세

≫ 3. 훈련방법

① muestrasion, pandalag : 반복훈련을 통해 휘두르기와 일격하기 동작을 배움
② sangga at patma, sombra tabak : 맞춰 겨루기를 통해 치기, 지르기, 막기 동작을배움
③ larga muton, labanang totohanna
    : 모든 기술을 동원하는 자유 겨루기, 이는 Arnis 훈련의 결정체로 국권을 옹호하고 명예를지키기 위해 고대 필리핀 민족이 사용하던 고유무술이다. 필리핀 고대 영웅들의 뛰어난활약에는 본 무술의 역할이 컸음이 이미 잘 알려져 있다. 일례로 고대 영웅인Lapu-lapu는 kali의 대가였다. 역사가인 Pigafetta가 1521년 4월 27일 남긴 기록을 보 면 Lapu-lapu가 스페인 병사를 칼로 무찔러 필리핀 전쟁사에 최초의 승리를 이루었다고한다. 그 외에도 끝이 뾰족한 목봉을 전투에 사용한 기록들이 있는데 이것은 오늘날Arnis 무술의 muton이나 baston에 해당된다.

≫ 4. 신체상의 치명적인 공격부위

1) 공격부위

이 밖에도 공격부위는 다양하다. 여기에는 단지 12가지 기본기술이 적용되는 급소부위만을 다루었다. 방어동작에는 손과 발 그리고 곤봉이 이용된다. 급소 부위를 정확히 공격하기 위해서는 이 세

가지가 함께 해야 한다. 다음 부위 역시 공격의 강도에 따라 상대를 쓰러뜨릴 수 있는 것들이다.[50]

<표 1> 공격부위별 효과

부위	효과
코	통증유발
목 후면	치명상
목 측면	치명상
후골	치명상
명치	통증유발, 치명상
몸통 양 옆구리	통증유발, 늑골파열 (특히 맨 끝 늑골은 매우 부러지기 쉬움)
복부 하단	마비, 영구적 부상, 치명상
생식기	치명적
정강이	통증유발, 마비

최대한의 힘을 발휘하여 공격할 때, 상기와 같은 효과를 가져 올 수 있다. 상대방의 공격을 제지할 정도에 입각한 기술을 적용하는 것이 바람직하다.

<표 2> 공격부위별 효과

부위	효과
오른쪽 관자놀이	치명적이며 뇌와 두부에 출혈 야기
왼쪽 관자놀이	위와 동일
오른쪽 어깨	마비내지는 어깨 불구
왼쪽 어깨	위와 동일
위	내부 장애, 치명적
좌측흉부	치명적
우측흉부	치명적
오른쪽 무릎	치명적
왼쪽 무릎	골절 또는 기능 불구
좌안	눈에 심각한 타격
우안	위와 동일
정수리	치명적

· · · · · · · · ·

50)   Remy A. Presas(1974). 전게서. p.20.

제3장 | 경기규정

>> 1. 기본원칙

인간은 본래 선한 동물이다. 따라서 아무런 근거 없이 절대 공격을 가하지 않는다. 인간은 아울러 사랑과 친절의 결정체인 것이다.

그러함에도 불구하고 역사는 자신의 이익을 위해 동료를 배반하는 야만적 사실들로 이루어져있다. 역사를 구성하는 수많은 전쟁과 투쟁은 인간의 본성에 비추어 볼 때 아이러니가 아닐 수 없다. 하지만 이러한 폭력은 시간과 환경의 변천에 따라 인간에게 강요된 것이라는 점을 기억해야 한다. 외부적 강압에 이기지 못하고 자신을 보호하기 위한 어쩔 수 없는 선택이었다는 것과 "강자만이 살아남는다 (Only the strong survive)."라는 약육강식의 역사적 진리를 무시해서는 안 된다.[51] 이렇게 잔인한 인생의 성쇠가 인간을 폭력으로 내몰았다. 이러한 필연적 요구에 의해 인간은 전투능력을 고안했고 이와 함께 원시시대부터 현대에 이르기까지 가장 최신의 전투 무기를 개발해왔다.

원시인들의 돌망치, 유럽인들의 펜싱, 중국인들의 쿵푸, 그리고 한국인들의 태권도와 일본의 가라데가 그 예이다. 필리핀 사람들이라고 해서 예외는 아니다. 이들은 곤봉을 사용하는 무술 즉 Arnis를 만들었다.

현재는 이러한 무술들이 하나의 대중 스포츠로 자리 잡고 있는 추세이다. 공격과 방어를 위한 이 무술들은 일반 스포츠들처럼 친선경기를 통해 스포츠화 되어가고 있다. 또한 여타 스포츠와 같이 기본규칙과 원칙을 갖추고 있으며 Arnis 역시 그러하다.

Arnis는 상대선수를 하나의 인간으로, 하나의 투사로 그리고 하나의 스포츠맨으로 존경한다는 것을 기본원칙으로 하고 있다. 자신이 소중한 인간인 만큼 상대방도 똑같은 동질체임을 명심해야한다. (그리고 상대방의 실력을 얕잡아 보아서도 안 된다. 지나친 자만심은 오히려 큰 화를 불러올 수 있다.) 스포츠맨십 역시 자질을 평가하는 척도라고 볼 수 있다. 우승은 용맹심의 상징이라기보다는 관대함의 상징이다. 기본원칙과 함께 수련생들이 명심해야 할 사항은 바로 인성, 성실, 수양, 자기관리, 예절 그리고 스승에 대한 충성이 그것들이다.

1) 인성

Arnis뿐만 아니라 그 어느 스포츠에 있어서도 인성이 바르지 못한 사람은 발 디딜 공간이 없다. 그렇기 때문에 수련생들은 모든 면에 있어 도덕적 가치를 배워야 한다. Arnis 사범은 제자들에게 올바른 인성을 가꿀 수 있도록 조력자 역할을 해야 한다.

. . . .

51) Remy A. Presas(1974). 전게서. p.17.

2) 성실

승리에만 모든 감정을 쏟는 것만이 전부는 아니다. 자신의 동료들과 무술 연마에 충실해야만 빛나는 자신을 발견할 수 있는 것이다. 우승에 대한 의지도 중요하지만 경기가 끝남과 동시에 소멸되는 것이다. Arnis무술은 자신의 주변에 헌신할 수 있는 인성을 개발해 주는 하나의 매개체 역할을 한다. 성실, 이것이야말로 신뢰의 모태이다. 성실치 못하면 절대 진실 된 친구를 사귈 수 없다.

3) 수양

Arnis는 자신을 수양하는 운동이다. 따라서 스승은 제자들을 가르침에 있어 올바른 방향을 제시해 주어야 한다. 선수들은 규칙을 준수해야 할 의무가 있다. 스포츠뿐만 아니라 인생에 있어서도 바른 태도는 성공의 척도가 된다. 홀로 하는 수양은 중요한 것이다. 수련생들은 자신의 통제를 통하여 무술 향상은 물론 인생에 있어서도 자신이 추구하는 목표에 도달할 수 있어야 한다.

4) 자기관리

머리를 내주는 것은 패배를 의미한다.[52] 노력을 기울인 모든 일에서 성공을 거두려면 무엇보다도 자신을 통제할 수 알아야 한다. Arnis에 있어 자기관리 역시 건강을 유지하고 성공적인 인생을 살아가기 위해 없어서는 안 될 요소이다. 사람을 살해하거나 불구로 만들만큼 치명적인 기술을 습득한 경우 극도의 주의가 필요하다.

5) 예의

예의는 기본규칙과 함께 병행되는 요소이다. 사람을 평가하는 기준이 다른 것에 영향을 미쳐서는 안 된다. 누구나 존중하는 법을 배워야 하며, 상대방에게 신용을 베풀어 최대한의 노력을 쏟아 붓도록 해줘야 한다. 스포츠 경기에서건 실생활에 있어서 간에 서로가 상대방에 대한 예의와 존경을 계속 지켜나간다면 인간의 넓은 아량은 절대로 수그러들지 않는다.

예의는 상대를 존경하고, 규정과 운동정신의 원리를 존중하는 것을 의미한다. ESKRIMA나 Arnis의 전통무술에서 예의를 따르는 것은 선수들을 더 가치 있는 주인공으로 만든다.

Eskrima에서의 예의는 또한 상대를 마주보고 절을 하고, 왼손을 오른쪽 가슴에 얹고, 오른 손에 곤봉을 들고, 인사를 행한다.[53]

---

52) Remy A. Presas(1974). 전게서. p.18.
53) Remy A. Presas(1994). 전게서. p.6.

6) 충성

　동료와 스승에 대한 충성심이 없으면 그것은 자신이 수련하고 있는 무술에 대한 충성심이 없다는 말과 같다. 수련생들은 자신들을 가르쳐 준 스승의 은혜를 잊지 말아야 한다. 자신의 무술에 충실하고 스승들에게 감사 할 줄 아는 자 만이 진정한 무술인 인 것이다.

≫ 2. Arnis의 경기규칙

(1) 흰 표식이나 다른 쉽게 눈에 보이는 가장자리의 8평 야드 안에서 개최된다.

　　(1야드=91.438cm)

(2) 1회 경기는 심판의 결정에 따라 2분 또는 3분씩 여덟 번 계속된다.

(3) 결정된 시간 내에 승자나 패자가 없을 때 2분간 경기를 한 후 1분 휴식을 한다.

(4) 심판

① 한 심판은 경기장 안에서 자유로이 움직인다.

② 두 심판은 경기장의 두 구석에 위치한다.

③ 그 외에 계시원, 공식적 득점 기록원이 필요하다.

(5) 경기 판정에 있어서 다음에 규칙을 적용한다.

① 심판은 경기의 일반적 지도의 권한을 갖는다. 그리고 치거나 찌르는 행동에 대하여합법적인가 아닌가를 판정한다.

② 판정이 나오지 않을 경우 주심은 판정에 대한 결정권을 갖는다.

③ 주심은 그의 의견을 공개적으로 발표하지 않으나 부심에게 알림으로서 경기장 안에서판정에 결과를 알리도록 한다.

(6) 심판이 결정된 사항을 지시할 때는 그들의 팔을 뻗어 어깨 위로 올린다.

(7) 경기자가 경기장 밖으로 나갈 때 가장 가까운 심판은 정지시킨다. 경기자는 그의 원위치로 돌아와야 한다.

(8) 경기 형태 : 개인전, 팀 또는 단체전, 친선전, 제한된 경기, 무제한 경기,(갑옷을 입고함) 등이 있다.

(9) 개인 또는 팀 경기자의 경우 다음 중 어느 형태의 경기라도 신청 할 수 있다.

① 첫 번째 형태는 먼저 강타를 한 사람이 이기는 경기이다.

② 두 번째 형태는 세 번 중 두 번의 강타를 먼저 한 승리하는 경기이다.

③ 세 번째 형태는 심판에 의하여 허락된 기본 점수를 먼저 얻은 경기자가 승리하는경기이다. 경기자의 모든 진행은 심판에 의하여 판정되고 그 내용은 참가자에게통보된다. 경기자가 상대를 KO시키지 못했을 때에는 심판의 판정에 의하여 승리가결정되고 경기자중 한 명이 상처를 입었을 때에도 심판의 판정에 의하여 승자가 결정된다.

(10) 경기자 중 하나가 반칙을 범했을 때 그는 자동적으로 패자로 결정된다.

(11) 경기자 중 하나가 자격을 상실했을 때 그는 자동적으로 패자로 선언된다.

(12) 시합전이나 시합동안 경기를 몰수당한 경기자는 패자로 선언된다.

(13) 경기 중 상처를 입어 더 이상 경기를 계속할 수 없을 때 심판의 판정은 다음과 같이 결정된다.

① 상처를 입은 쪽이 자기의 실수로 상처를 입었을 때에는 상대방이 승리한다.

② 상처가 다른 쪽의 실수에 의해서 야기된다면 상처 입은 쪽이 승리한다.

③ 상처에 대한 책임이 결정되지 않았을 때 심판은 무승부를 선언한다.

(14) 다음의 조건 하에서 제 16항에 명기된 급소의 하나에 완전하고 강하게 치거나 찌르기로 공격하였을 때에는 강타(killing blow)로 인정한다.

① 올바른 형(=동작의 정확성)

② 올바른 자세(=자세의 정확성)

③ 정확한 거리(=거리의 정확성)

(15) 다음과 같은 경우에 있어서의 찌르기나 치기는 치명적(death blow)으로 인정한다.

① 타격으로 인하여 상대방이 중심을 잃을 때

② 계속적인 공격으로 상대방의 균형이 무너질 때

③ 타격으로 상대방을 넘어뜨렸을 때

(16) 다음은 강타에 대한 목표로서 간주되는 급소이다.

① 안면

② 정수리

③ 복부

(17) 팔 이하 무릎을 공격했을 때는 0.5점이 주어진다.

(18) 다음의 경우는 엄격히 금지된다.

① 불필요하게 잡거나 끌어안는 행위

② 위험하게 던지는 기술을 사용하거나 상대방에게 상처를 입혀 책임져야하는 행동

③ 상대방에게 등을 돌리는 것

④ 징 소리가 날 때까지 속임수로 상대방에게 접근 전을 벌여 예리한 공격을 하는 행위

(19) 경기자는 다음 경우에 즉각적으로 자격을 상실한다.

① 주심의 지시를 무시했을 때

② 경기자가 상대를 위태롭게 할 정도로 지나치게 그의 침착함을 잃었을 때

③ 기타 비 스포츠 맨 적인 행위

(20) 경기는 다음 규칙에 준한다.

① 이미 결정된 명령에 따라 경기자는 일련의 개인전을 가진다.

② 단체전은 다음 두 가지 방법 중 하나에 의하여 판정된다.

　- 승리자의 종합점수 중 많은 쪽이 이긴다. 타이를 이루었을 때는 전체 득점이 많은 쪽이이기거
　　나 각 팀의 대표가 대진하여 판정을 받는다. 보통은 어떤 팀의 주장이 이기지못하면 그의 팀
　　은 진 것으로 한다(=다 우승자 방식).

　- 경기에서 진 사람들은 탈락시키고 승자에게 다시 대전하는 방법을 계속하여 마지막남은 경
　　기자의 팀이 우승한다(=단일 제거 방식).

참고문헌

ERNESTO A. PRESAS저(1996). ARNIS PRESAS STYLE AND BALISONG
NATIONAL BOOK STORE 발행.
REMY AMADOR PRESAS저(1974). MODERN ARNIS "STICK FIGHTING"
THIRD EDITION 발행.
REMY AMADOR PRESAS저(1994). THE PRACTICAL ART OF ESKRIMA 2ND EDITION NATIONAL BOOK STORE 발행.

우슈

동양의 무술 | 중국

제1장 우슈의 역사

1. 중국무술의 기원과 역사

2. 우슈의 역사

제2장 기술

1. 중국무술의 종류

2. 도수무술

3. 병기무술

제3장 경기규정

1. 경기종목과 도구

2. 경기규칙

3. 득점 평가방법

4. 기타 감점사항

5. 채점방법

제1장 | 우슈의 역사

>> 1. 중국무술의 기원과 역사

기원전 1천년 경부터 무술의 형태를 갖추기 시작했던 중국무술은 몇몇 역사서적에서 근거를 찾을 수 있다.

전설상의 황제시대부터 그 기원을 찾으면 문헌상「시경」을 들 수 있다.「시경」은 기원전 479년에 쓰여 진 것인데 문왕시대에는 격자의 법이 있었다고 되어 있는데, 격자는 지금으로 말하면 검술(劍術)에 해당되는 것이다. 송대에 이르러 초기(서기 960년)의 조로자(調露子)는 각저의 기록과 화제들을 모아서「각력기(角力記)」라는 책을 저술하였다.

「角力記」에는 원시시대부터 각력이 발전되어 온 과정을 서술하고 있으며 각력이 지방이나 시대에 따라 다르게 불리는 것과 각력에 대한 기록과 역사적 화제를 비교적 체계적으로 정리했다고 할 수 있다.

청대에 들어서기 전 미묘한 발경이나 내면적인 위력을 낼 수 있는 방법을 연구한 흔적은 거의 없는 편이었으나 청대에 와서는 각각의 무술인들이 내적인 위력에도 치중하여 연구한 결과 '발경법(發勁法)'이 나오게 되고 방어를 유리하게 할 수 있는 '화경법(花勁法)'도 개발되었다. 청대 말기에는 북방의 '의화단' 사건이후로는 어떠한 무력이나 무술의 연습, 권법의 연습도 금지시켰다. '의화단'사건에 '의화단'이라는 명칭이 사용되게 된 이유는 그들이 그들 나름대로의 '의화권'이라는 독특한 권법을 사용했기 때문에 '의화단'이라는 명칭을 얻게 되었던 것이다. 하지만 청대에서 무술은 금지시키기는 했으나 정치가의 경비, 대상의 호위를 맡은 '보표'라는 직업이 있어서 타문파와 교류도 하고, 시합도 성행되었다는 기록이 있다.

중국 무술은 훈련장소가 농촌이나 산간이 주가 되어 스승이 제자에게 전수하는 형식, 개인을 가르치는 형식이 주체가 되어 명맥을 이어오고 있다가 그 후 청조 말기부터 민국시대 초기에 이르러서는 각지에서 무술인들이 모여서 단체를 형성하기도 하고 학교를 설립하기도 하여 무술의 광범위한 보급이 이루어지게 되었다. 하지만 현대에 와서 그 당시 행해지고 있었던 무술이 어떤 것인지 혹은 현재 전승되고 있는 것과 비교해 볼 때, 어느 만큼의 차이가 있는가에 관해서는 결정적인 판단을 내리는 것이 불가능하다.

자료에 의해 알 수 있는 중국 무술은 어디까지나 표면적이거나 또는 그 전모가 밝혀진다 하더라도 많은 것들이 소수 문파에 국한된다는 사실이다. 그 이유는 첫째, 극히 최근에 이르기까지 광대한 중국에선 교육기관이 농촌이나 변경지방까지 고루 미치는 일이 곤란했을 뿐만 아니라 주로 무술을 단련하고 전승되고 있었던 것은 거의 문맹자인 농민들이었고 그 중 드물게 남겨진 것도 사투리나 문맹인 까닭에 와전(訛傳)이나 오기(誤記)가 많으며, 특히 많은 오자나 탈자가 있어 정확성을 결여하는 경우가 많다.

둘째, 많은 무술가 중에 영웅 숭배의 풍조가 있어 문파의 개조를 '신선'이나 '영웅'으로 가탁(假託)하고 때로는 소설 상의 가공인물이나 신화, 전설까지 인용하는 사람들이 많았고 현재도 아직 일부 사람들이 이것을 고집하고 있다.

셋째, 명나라 때 위서가 유행되어 이를 인용하였는데 이 유행은 영웅이나 신선을 문파의 창시자로 가탁한 풍조가 그대로 저작에 옮겨져 그럴듯하게 꾸며진 것인데 달마대사의 소림권 및 역근경(易筋經), 장삼봉(張三峯)의 무당파(武當派) 및 태극권(太極拳), 악비(岳飛)의 형의권(形意拳) 및 팔단금(八段錦) 등이 전해지고 있다.

넷째, 무술이 때로는 혁명가와 이교집단(異敎集團) 혹은 농민 폭동에 사용되었기 때문에 무술가가 당시 권력자로부터 적대시되는 일이 있었던 까닭으로 무술가 중에는 자기의 성명을 감추거나 거짓이름을 사용하는 자도 있었으며, 특히 후금, 원나라 등 이민족이 중국을 지배했던 시절의 경향이 두드러진 바 있었지만 이것과는 별도로 시합에서 쓰러뜨린 상대방의 복수를 피하기 위해 몸을 이 세상에서 숨긴 무술가가 있어 역사상으로 공백의 시기가 있었다.[54]

다섯째, 자손이나 제자가 스스로의 배운 문파의 선사를 명인으로 꾸며내는 일이다. 이상이 자료상의 무술을 연구하는데 초점이 되는 이유들이다.

위에서 본 바와 같이 중국투기의 권법서적은 거의 없으며 대부분이 위서(僞書)이다.

그 중 확실하다 생각되는 문헌 몇 가지를 살펴보겠다.

1) 수박육편(手搏六篇)

후한시대(後漢時代)(25 ~ 220)에 반고(班固)가 저술한「한서(漢書)」전 백 권 중 제 30권인 「한서예문지」중에「병서부(兵書部)」가 있는데 이것은 당시 존재한 병서(兵書)를 병권모(兵權謀), 병형세(兵形勢), 병음양(兵陰陽), 병기공(兵技功)으로 분류한 것이며 이 중에 병기공은 무술을 말하며 그 13기 199편의 대부분이 궁술에 관하여 열거되어 있지만 사법을 제외한 무술로서「수박육편(手搏六篇)」,「검도(劍道) 35편」,「저포자(苴蒲子) 익법4편」등이 기록되어 있다. 그 중 수박이란 권법의 별명이고 검도는 검술, 익법은 주살을 말한다. 주살은 회격(繳繳)이라고 하는데 오늬줄에 매어 쏘는 화살의 일종이다. 오늬는 화살의 머리를 시위에 끼도록 에어낸 부분인데 광대싸리로 짧은 동강을 만들어 화살머리에 붙어 사용하였다.이 한서는 후한의 역사가 반고(班固) 20년에 걸쳐 한나라에 관해 쓴 역사책인데 그는 이 책을 완성하기 전에 옥사(獄死)했기 때문에 누이동생 반소(班昭)가 그 뒤를 이어 완성한 것이다. 그런데 수박이란

. . . .

54)   趙殿勳監修, 松田隆智著(1979). 제1편 資料篇 圖說中國武術社, 書林文化社. p.17~18.

문자는 손발을 당수와 같이 사용하는 것이라는 뜻과 박은 흉악범인이나 적병을 얽어서 붙잡는다는 박을 뜻하며 일종의 체포술이었을지도 모른다. 그러나 일설에 의하면「수박육편(手搏六篇)」은 격투기법을 해설한 것은 아니고 죄인을 체포할 때의 요령집 또는 수박의 실상 등에 대한 주의사항집이라고도 부른다는 설이 있다. 중국권법에 관련된 문헌으로는 이「수박육편(手搏六篇)」이 가장 오래된 책일 것이다.[55]

2) 기효신서(紀效新書)

명(明)의 척계광(戚繼光)(1528~1587년)이 저술한 책으로 이 책은 처음 명의 만력 23년(1595)에 간행되었는데 나중에 개정되어 만력 23년「주세선본(周世選本)」,「강씨명아당본(江氏明雅堂本)」이 간행되었고 다시 만력 31년(1603년)에는「왕상건본(王象乾本)」이 간행되었고 이밖에「영덕당(永穗堂)」,「갈씨본(葛氏本)」등이 있다. 그러나 이들 각 책의 목록 내용은 같지가 않으며「주세선본(周世選本)」은 18권으로 되어 있지만「만력 12년판」및「왕상건본(王象乾本)」등은 14권이다.

3) 무비지(武備志)

명의 천계 원년(1621년) 모원의가 15년의 세월을 소비하고서 고금의 병서 2천여 종을 검토 정리하여 간행한 책이다. 이 책은 5부 240권으로 구성되는데 그 중 권법에 대한 것은 기효신서(紀效新書)에 적혀있는 것을 그대로 옮긴 것이다.

≫ 2. 우슈의 역사

우슈는 무술의 중국식 발음이며 이것이 미국에 건너가「Wu-Shu」로 전파되어 우리나라에 들어오면서 발음 그대로 통칭「우슈」라 불리고 있다. 곧「쿵푸=우슈」이다. 원래 쿵푸는 표기 상 공부(功夫)인 것처럼 대체적으로 귀에 익은 어떠한 무술 종목을 뜻하는 것이 아니라「바로 수련하는 사람」을 의미하며 「무술을 수련하는 과정」을 말한다. 쿵푸도 우슈와 같이「Kung-Fu」라 하며 미국에서 표기되어 우리나라도 그대로「쿵푸」로 사용되어 오고 있다. 우슈는 중국 전통의 스포츠로서 호신, 건강증진, 여흥, 경기로 행해지고 있으며 그 수련 기량을 겨루는 경기이다. 당나라 초 무술 시험으로 실시한 이래 송나라 때 비롯 경기 형태를 갖추었다. 1935년 중국 전국 체육대회 시, 필리핀, 말레이시아, 자바 등의 외국팀이 참가 하여 특별한 관심을 모았으며, 1936년 베를린 올림픽 때 시범을 보여 주목을 받기도 했다. 중국 정권 수립 후, 우슈는 국가 스포츠 프로그램에 적용되어 오늘에 이르고 있다.

· · · · · · · · · ·

55) 鶴山晟瑞著, 李大羽譯(1978). 中國拳法의 歷史, 武術綜合拳法. 書林文化社, p.8.

제2장 | 기술

>> 1. 중국무술의 종류

어떠한 나라이든 인간이 생존하는 한 반드시 투쟁이 반복되었으며 광대한 국토와 많은 인구를 갖는 중국은 치안과 통일이 곤란하였다. 따라서 필요성에 의하여 중국에서는 기원전 3000년경부터 무술이 발생했으며 그 후 긴 세월의 경험에 의하여 많은 종류의 무술이 생기고 이러한 무술은 각종 동물 형태를 모방하여 특이한 동작을 취하여 적과 겨루어 차고 막는 등 그 기술과 기법이 수련자에 의하여 전래되어 왔다.

또한 무술은 어느 한 개인의 경험에 의해 창조된 것이 아니고 여러 사람의 체험에 의하여 기술 등이 점점 발전되어 왔다는 것을 알 수 있다.

중국권법의 '권'이라는 자는 상형문자로 미(米: 쌀미)와 수(手: 손수)를 더한 글자로 된 것인데 이것은 수(手)가 미(米)를 힘 있게 쥐었다는 말이다.[56] 이 중국무술을 구분하면 권법술(도수무술)과 십팔반병기술(병기무술)로 나눌 수 있고 병기술은 내18반병기와 외18반병기 그리고 암기술로 분류할 수 있다. 권법은 장권과 유권으로 나누며 강권은 외공을 주로 하는 소림사 권법과 내공의 부드러움을 주로 하는 외유내강(外柔內剛)의 무당산 권법이 있다. 강권의 지도자가 출판한 서적은 있으나 내공(유권)을 주로 하는 무술서적은 거의 없다.[57]

■ 중국무술

(1) 도수무술(徒手武術)

① 권법(拳法) – 가. 북파(北派)(內家拳)

　　　　　　　　나. 남파(南派)(外家拳)

② 금나술(擒拿術) : 관절을 잡아 꺾거나 급소를 눌러서 아프게 하는 것.

③ 술각술 : 던지는 기술.

④ 양생술(養生術) – 기공, 내공

(2) 병기무술

– 장병 – 자루가 긴 것 9가지

· · · · · · · · ·

56) 趙殷勳監修(1979). 中國武術의 歷史, 쿵후 敎範. 書林文化社, p.19.

57) 趙殷勳監修(1979). 전게서. p.15.

- 단병 - 자루가 짧은 것 9가지
- 암기 - 비밀무기
- 좌조병 - 비수
- 사병 - 활, 총
- 약법 - 독약, 화약

≫ 2. 도수무술

권법의 시작에 관한 두 가지 설이 있는데 첫째로 후한의 화타가 창시한 '오금지희'라는 건강법이 바탕이 되어 권법이 고안되었다는 설과 두 번째로 기원전부터 중국에서 행해지고 있었던 '강복'이라는 건강법이 바탕이 되어 권법이 생겼다는 설이 그럴듯하게 설명되고 있다.

그러나 중국에 있어서 권법의 역사는 '오금지희'보다도 훨씬 오래이며 이미 주나라때 (기원전 1020년 ~1249년) 『주례 월분편』에서는 명령에 의해 무를 가르치고 활이나 씨름을 연습했다고 기록되어 있으며 『시경 소아편』에서는 권이 없음은 용기가 없음과 같다는 등 많은 책에 무술이 기원전부터 이미 중국에 존재했음을 보여준다.

권법을 분류하자면 크게 북파와 남파로 나누는데, 보급되어 온 지역 그리고 기술내용도 다르다. 이들을 지역적으로 나누면 양자강을 경계로 하여 북방지역인 황하유역에서 전해 내려 온 권법을 북파 (하북성, 산동성이 중심)라 하며 (소림내가권), 양자강 남쪽(광동성, 복건성이 중심)에서 성행했던 권법을 내가권법이라 부르고 소림외가권이라 한다. 그런데 북파는 경〈안팎의 에너지를 통일시킨 순발력〉을 양성하여 경쾌한 발 움직임을 사용하여 도교 선술의 호흡법을 채택하여 근육단련보다 내장강화가 주목적이라는 점에서 유권 또는 연권내공술이나 내가권이라 중국에 있어 일반적으로 유포되고 있는 술로서 내가권과 외가권의 구별이 있다.[58] 내가권은 일명 내공권 또는 유권이라 하며, 태극권의 형의권 팔괘장이 그 대표적인 문파로서 후세에 와서 날조된 태극권의 창시자 장삼봉이 수도했다고 일컬어지는 하북성 무당산의 이름을 따서 무당파라고도 한다. 또한 내가권은 기혈의 흐름을 원활하게 하기 때문에 내장을 강화시키고 몸의 노화현상을 방지케 하므로 그 움직임이 부드러우며 천천히 행함으로 노인이나 여성도 단련할 수 있는 내공법이 되며 중국에서 내공법이란 도인법을 말하며 도인이란 기혈을 이끌어 그 흐름을 원활케 한다는 뜻이며 내가권은 무술과 도인법을 결합시킨 것이 특색이다.[59] 외가권은 일명 외공권 또는 편강권이라 하며, 그 연유는 몸의 외면에 나타나는 피부, 근육, 뼈

58) 鶴山晟瑞著, 李大羽譯(1978). 전게서. p.15.
59) 鶴山晟瑞著, 李大羽譯(1978). 전게서. p.17.

를 단련하는 것을 외공이라 하기 때문이며 소림권이 그 대표적인 것이다. 알기 쉽게 말해서 부드럽고 비교적 동작이 유연한 권법을 내가권이라 하는 것인데 결론적으로 말하면 내가권을 기공을 중시하고 외가권은 근골의 단련을 중시한다.

내가권과 외가권의 구별을 언제부터 하였는가를 말하자면, 명나라 때의 유학자였던 황이주가 아들의 권법 스승이었던 왕정남이 사망하였을 때 그 업적을 기려 지은 왕정남 묘지석에 다음과 같은 글이 쓰여 있다.

> 「소림은 권각으로 천하에 그 이름을 이루었다. 하지만 주로 사람을 박격(친다는 뜻)하되 사람이 이것을 역이용 할 수가 있다. 내가권은 정으로서 동을 제압하고 이를 법하는 자는 즉각 이를 쓰러뜨린다. 따라서 소림의 외가권과는 구별이 된다.」

이 문장이 뒷날 청나라 때 간행된「소지록」등에 옮겨 실려 있고 그것이 다시 후에 양가 태극권파 사람들에게 인용된데 불과하다.

그리고 장삼봉의 전설 역시 황이천의 아들 황백가가 저술한 내가권법 중에「내가권의 창시자는 장삼봉이다.」하는 이야기를 그대로 인용한 것이지만 내가권은 이미 청나라 초기에 대가 끊겨 전하지 않음으로 내가권과 태극권 사이에는 아무런 관계가 없는 셈이며 오히려 양자는 서로 반대되는 내용의 권법인 것이다 그러므로 중국 권법에는 본디 내가권과 외가권의 구별이 있을 수 없고 엄밀히 말하자면 어떠한 권법이라도 양면은 있는 것이다. 내가권의 창시자라 불리는 장삼봉은 소림사에서 수련하며 소림 5권을 모두 습득하고 십단식장권으로 창조하였으며 동물의 독창적인 권법에서 창안하여 수련하였다. 이 권법을 십단급이라 이름하고 후에 권법가들이 내가권법, 무당산권법이라 말했다. 무당파 시조라 말할 수 있는 장삼봉은 명나라 역사에 나오는 선인의 이름인데 그 책에는 장삼봉은 용모가 기이하고 몇 달 동안 아무것도 먹지 않아도 하루에 천리를 걷는다고 적혀있다.

1) 내가권법의 특징

① 내가권법은 검법, 도법, 곤법의 기본기가 된다.
② 내가권법의 검, 도, 곤에 병용된 동일기법
③ 도교사상인 불노장수의 체육이 기법의 근본이 되고 있다.
④ 기법이 역학의 이론으로 편성되어 있다.
⑤ 원칙적으로 내가권은 시합이 없는 무술이다.[60]

. . . .

60) 鶴山晟瑞著, 李大羽譯(1978). 전게서. p.20.

2) 권법의 전수

장삼봉 → 왕종 → 진주동 → 장송계 → 단사낭 → 왕정남 → 황백가

그 후 황백가가 전수받은 비법을 책으로 지어 후세에 전하고 있다.

3) 권법

(1) 북파(내가)

중국 무술은 2가지 흐름으로 대변할 수 있는데 우선 황하 유역에 발달한 것이 있고, 다음은 주강(화남지방 최대 길이의 강) 유역에 발달한 것으로 두 가지이다. 이 두 흐름은 기술적인 면에서 다시 2가지로 분류되는데, 기술적으로 유사점을 살펴보면 동작이 크고, 부드러우며, 손기술과 다리 기술을 병용하는 특징을 지니고 있다. 또한, 힘의 사용에서는 순발력을 주체로 하고 하반신에서부터 힘을 보내는 공통점은 있으나, 지역적으로는 황하 유역의 것을 북파, 주강 유역의 것을 남파라 한다.

황하 유역에서 발달한 북파 무술의 원류는 일반적으로 중국 하남성 숭산 소림사에 전해저 온 소림무술이라 일컬어진다. 따라서 소림무술도 많은 북파 무술 중의 하나라 할 수 있다. 북파 소림무술은 산동성과 하북성에서 성행하였고 광대한 토지와 험악한 산악이 있는 곳에서 행하여 졌기 때문에 동작이 크고 발기술이 잘 발달되었으며 경쾌하고 직선적인 장권, 단권, 그리고 뛰어오르기를 잘한다. 또한 북파 무술은 남파 무술에 비해 기술 체계가 복잡하고 그 종류도 여러 갈래에 이르기 때문에 중국 특유의 음양론, 태극론, 팔괘, 오행론에 의해 이론적으로 뒷받침되고 있는 때가 많다.

대표적인 문파로는 진가태극권, 팔극권, 당랑권, 통비권, 비종권, 형의권, 팔괘권, 담퇴권 등이 있다. 북파, 남파의 특징을 나타낸 말 가운데 「남권북퇴」라는 말이 있다. 일반적으로 '남권북퇴'라는 말은 남파는 수기가 중심이고 북파는 족기가 중심이라고 해석되고 있다. 남파의 지르기, 북파의 차기도 이 말에서 유래된 것이다. 그러나 결코 남파의 차기기술, 북파에 지르기 기술이 없거나 적은 것은 아니다. 북파에는 형의 팔괘, 팔극등 비교적 차기 기술이 적은 문파라 하고, 남파에도 박가정각이라 불리는 차기기술이 많은 문파도 있다. 북파 소림권은 당랑권과 단타로 나눠지며 장권은 먼 거리에서 공격하는 기법이 주가되고, 찔러 차기는 크게 뻗쳐 행하여 도약하든가, 달리는 동작이 많다. 그리고 형의 연무선은 가로 일직선을 왕복한다. 이기각, 선풍각, 소월퇴를 북파에 포함하고 있다.

단타는 접근 전용으로 고안된 타법을 주체로 하고 있으며 가까운 거리에서 팔꿈치, 무릎, 어깨 등을 사용하는 기술이 많이 포함되어 있다. 근대에 와서 중앙 정무체육회에서 많은 형 가운데서 특징이 다른 다섯 가지를 선택하여 정과로 삼고 총칭하여 소림 5전권이라 이름 짓고 교재로서 간행했는데 오전권은 대전권, 탈전권, 단전권, 십자전권, 합전권이고 권무를 전부 합해서 오전권이라 하지만 각형의 수법은 각 다르다. 대전권은 종횡으로 뛰어 다니며 번개처럼 전개하거나 도약하고 멀리부터 공격하는 것을 특징으로 하며 넓은 장소에 적합하다. 탈전권은 금나(팔꺽기)를 벗어난 정묘한 타격을 행하는 기

술의 형이다. 십자전권은 보법이 가장 뛰어난 것으로 권법을 전개하여 신체를 수레바퀴처럼 움직이고 사방을 향하여 공격하는 형인데 많은 적에게 둘러 싸여있을 때 적합하다. 단전권은 몽둥이 체로 부딪히거나 팔꿈치 치기나 금나 혹은 반압 등의 기법을 모은 형이고 좁은 장소에서의 싸움이나 갑자기 적의 습격을 받았을 때 적합하여 단수에 뛰어난 형이다. 합전권은 대련의 법이고 권법의 정화이며 이 형에 능숙해지면 싸움에 임하여 적의 공격을 빨리 간파할 수 있어 쉽게 적을 제압할 수 있다.[61]

(2) 남파(외가)

남파 소림무술은 복건성과 광동성에서 성행했으며 하천이 많이 있고 논이 많아 어업이 발달하여 손과 머리의 기능을 이용하는 강력하고 곡선적인 권법으로 발달했다.[62] 전설이나 이야기중의 인물을 먼 시조로 삼고 있는 남파 권술 중에서 복권 소림사에서부터 비롯되었다고 말하는 문파는 다음과 같다.

① 홍가권 : 남파의 최대 문파이고 복건성의 차상인 홍희관이 소림사의 지선사와 여승인방영춘에게 배워 창시한 문파이다.
② 유가권 : 광동성의 유삼안이 소림승에게 배워 창시 되었다하며 곤법을 장기로 삼는다.
③ 채가권 : 소림사의 일관선사로부터 배운 채구의가 창시했다고 한다.
④ 모가권 : 광동의 모청교가 제구의에게 배운 뒤 창에 대해 연구를 하여 따로 일파를 수립했다. 이 파는 특히 족기가 뛰어나다고 한다.

  이상의 4문파에서 사천성 아미산에서 나오는 이가권을 합쳐 남파 오대문파라고 한다.

⑤ 영춘권 : 소림사의 여승 오매대사의 제자 영춘의 두 파가 있다.
⑥ 백학권 : 복건성의 방혜석의 딸인 방칠랑에게 전한 소림권법의 유법을 다시 학의 몸짓을 참고로 성립시켰다고 한다.
⑦ 남파 당랑권 : 복건성의 주아남이 소림사에서 수업한 뒤 당랑(사마귀)의 몸짓을 참고 로 성립시켰다고 한다.
⑧ 불가권 : 소림사의 청초화상이 광동성의 진형에게 전수했다고 한다.
⑨ 담가삼전권 : 광도의 담의균이 소림사의 지선대사로부터 배워 창시했다고 한다.

이상의 각 문파는 현재의 홍콩이나 대만에서 많은 사람들에게 전승되어 있고 각 문파 중에 몇 개인가는 혼합되어 홍불파, 오조파 등의 문파가 성립되고 있다.

· · · · · · · · · ·

61) 趙股勳監修, 松田隆智著(1979). 전게서. p.112~p.115.
62) 大山倍達(1975). 中國南北と 中國周邊 拳法 100萬人の 空手. 東都西房, p.30~p.31.

이들을 남파 소림권이라 하는 각 파에서 단련 전후에 실시하는 개문식에 '포권식', '호고합배식' 등의 동작을 실시하는데 이것은 명나라에 충성이나 혹은 통치에 굴하지 않음을 맹세하는 것이라 하며 「반청복명」을 내걸은 혁명가 집단의 흐름을 쫓는 것임을 나타내고 있다.[63]

(3) 금나술

금은 '잡는다'를 뜻하고, 나는 '취하다', '움켜쥔다'를 의미하여 이것은 반근(근육에 심한 고통을 줌), 절맥(맥을 끊음), 안혈폐혈(경혈을 자극하거나 질식(窒息)시킴) 등의 기술로 구성(構成)된다. 그리고 착골법이라 하여 관절을 어긋나게 하는 방법, 점혈법 등은 경혈을 자극시켜 반신불수로 만들거나 죽음에 이르게 하는 방법 등을 포함한 무술이다.

금나술에 관한 기원은 정확하지 않으나 명나라 청년인(1522~1566년) 당순문에 의해 저술된 강남경락이라는 책에서는 삼시육타법, 삼십육해법, 칠십이 해법등이 나오고 또 만력 12년(1584년), 척계광에 의하여 쓰여진 기효신서에서는 '삼십육합진'의 이름이 나온다. 그 뒤 금나술은 칠십이파신나, 분근술, 차골법등의 이름으로 이어졌고, 또 각파의 권법이 포함되기도 했으며 태극권의 원류인 진가태극권에도 '금강 십팔나법'이라는 금나술이 전해지고 있다.[64]

송전봉지씨 금나술을 정수, 잔수, 파수로 나누고 도 이것에는 36종의 기법이 있다.

- 정수 : 금나술의 기본 기술이고 연습 금나라 한다. 정수는 단련에 의해 기법의 원리를 터득함과 더불어 관절의 유연과 강인한 저항력, 공격력 등을 양성하는 것이 부족하다.
- 반수 : 반수는 정수에 대한 대응법이다.
- 파수 : 파수는 순간적으로 관절을 어긋나게 하든가 또는 기절시키는 위험한 기술이다.

(4) 술각술

술각은 메어치기를 주체로 한 도수 무술의 일종이다. 일반적으로 중국의 술각에 대한 인식이 낮고 술각이라 하면 힘으로써 상대를 쓰러뜨리는 몽고 술각(씨름)을 상기하기 쉽지만 여기에는 교묘한 기술을 사용하는 중국술각과는 본질적으로 다르다.

고대의 술각은 각저, 상박, 각력 등 여러 가지인 호칭이 있고 내용도 때린다, 찬다, 쳐붙이다를 주체로 한 권법과 '메어붙인다'를 주체로 하는 술각으로 분립되었고 서로 관련을 가지면서 발전해 갔던 것이다. 또 권법이나 술각과 밀접한 관계를 갖는 '비튼다', '찍어누르다' 등의 기법을 사용하여 뼈

63) 趙殷勳監修, 松田隆智著(1979). 전게서. p.110~p.112.
64) 松田隆智著, 권오석역(1979). 秘門螳螂拳. 書林文化社, p.228.

마디를 맥 추지 못하게 하는 금나술이나 '움킨다', '찌른다', '압박하다' 등의 방법을 써서 경혈을 공격하는 점혈술 등이 발전하였다.[65] 술각의 기원은 전설에 의하면 황제시대까지 올라 가지만 기원전 진ㆍ한 시대에 이미 무희나 군사훈련으로써 각지에서 성행되고 있었다는 것은 많은 사서를 통해 알 수 있는데 그중 몇가지를 소개하면 다음과 같다.

① 「한서, 무제본기」 - 「원봉 3년(B.C. 108년) 봄각저의 놀이를 베풀고 삼백리 안에 사는 많은 사람이 와서 구경하였다. 그리고 6년 여름 京師(도읍)의 백성은 상림의 평락관에서 각저를 보았다.」라 하였다.

② 「사기, 이사전」 - 「진 이세(재위전 209~전207)는 감천궁에서 즐겨 각저 배우의 놀이를 하게 하였다」

③ 「주례, 월령편」 - 「맹동인 달ㆍ전사의 명에 의해 사(師=군대)는 바야흐로 무를 강하고사를 익히고 각력을 하였다.

④ 「응초의 주석」 - 「각이란 기를 각(겨룬다는 의미)하는 것이다. 저는 서로 저촉, 즉 부딪 히는 것이다.」

⑤ 「수서」 - 「군읍의 백성이 정월 보름이면 각저의 놀이를 마련하여 서로 겨루고는 자랑했고 낭비가 많으므로 군수에게 이를 청하여 금하였다.」는 내용이 실려져 있다. 금나라 때부터 원나라에 이르러 원나라의 몽고족이 중국을 통치하면서 중국인과 몽고족 사이에 술각의 교류가 이루어졌다.

명나라 시대에는 권법이나 도검, 곤, 창 등의 무술이 주로 연구되었으며 청나라는 술각을 특히 장려하였고 선업영이라는 술각의 연습장을 두어 역사를 양성하면서 각각 동, 서의 양진영을 나누어 실력을 비교한 후 실력이 우수한 자에게는 박호(모고라고도 함)라는 칭호를 주고 두등(頭等), 이등(二等), 삼등(三等) 3단계(段階)로 구분하였다. 그러나 청나라가 망한 후 선업영(善業營)도 폐쇄되었고 力士들은 각지(各地)로 흩어졌으며 민국 24년 상해에서 거행된 전국 운동회에서 남ㆍ녀의 술각 시합이 정식종목으로 채택되었고 8명의 몽고 술각 선수도 참여하였다.[66]

현재 '술각'이란 명칭으로 통일되어 있지만, 술각은 시대나 지방에 따라 다른 명칭으로 불리고 있다. 「한서」에는 각저, 각력, 「석명」에는 상박, 「각력기」에는 상권, 상사, 「진서」에는 상박, 상비, 교력, 「남사」에는 박장 등이 있다. 또한 청나라 말기부터 민국시대에 걸쳐 북경지방에서 '료각'이란 이름을 썼으며, 보정 지방에선 료교, 관교라 청했으며 천진 지방에서 '술락'이라 칭하고 있다.

· · · · · · · · ·

65) 趙股勳監修, 松田隆智著(1979). 전게서. p.284.

66) 趙股勳監修, 松田隆智著(1979). 전게서. p.286.

이상의 것 이외에도 술교, 관교, 로교, 술담사, 쟁교 등의 명칭이 있고 만주족에서 포고라 칭하는데 이것은 티벳 사람들도 사용한다. 만주족이 사용한 박호(搏護)는 박호(博虎)라 와전된 것 같다.

청나라 시대부터 민국시대에 걸쳐 술각은 하북성에서 가장 성행되었으며 하북성 중에서도 보정을 중심으로 한 '보정술각', 북경을 중심으로 한 '북경술각', 천진을 중심으로 한 '천진술각'의 삼대 쥬류가 있고 각각 독특한 발전을 하고 있다.

술각의 단련과정과 기술을 보면 다음과 같이 말할 수 있다.

① 기토공법 : 기술을 배우기 전 허리, 넓적다리를 단련
② 도수단련 : 단독으로 기본기를 단련하지만 각각의 동작은 실전에도 응용할 수 있는 것이다.
③ 기계단련, 보조운동 : 각종의 도구를 사용하여 술각술에 필요한 근력을 양성 또는 기법의 요령을 터득하는 것이고 모래주머니, 화전(기와, 벽돌), 토장(흙광주리), 봉자(막대기) 등의 도구를 사용한다.
④ 대작 : 상대와 짝을 지어 공방의 기술을 습득하는 것인데 기본조법(=움켜 잡는방법), 기본 쟁탈법(움켜잡힌 것을 벗어나는 법), 도지법(쓰러지는 법, 쓰러트리는법)을 배운다.
⑤ 실작 : 상대와 짝을 지어 습득한 기법을 구사하는 실전적인 단련이다.

(5) 양생술

내공은 정, 기, 신 등 무형의 인체기능을 강화함으로써 체내의 잠재력을 개발하는 데 그 목적이 있다.

외공은 골, 육, 근 등 유형의 인체를 단련하는데 그 목적이 있으며 동작의 민활함과 기묘한 자세로 상대를 제압할 수 있다. 정, 기, 신의 삼자는 삼보라고 하여 생명이 근원이 되며 인체활동을 주관한다. 다시 말해서 정은 정력으로 운동 또는 활동의 원동력이 되는 것을 말하며, 기는 원기 또는 기력으로써 체내 구석구석에 유통되는 것이며 신은 의지, 의념이 될 수 있는 마음의 원소를 말한다.

결론적으로 정의를 내려 보면 기공은 호흡법에 의하여 에너지를 흡입하여 축적하였다가 유통시키거나 또는 순간적으로 폭발시키는 것을 말한다. 또한 내공은 내면의 힘을 양성하며 잠재의식이 양성되고 몸이 겉보기보단 달라 쇠처럼 강해지기도 한다. 이것을 우리가 후에 말하는 차력술의 기초라 생각되며, 마지막으로 외공은 단련방법을 반복 연습에 의해 피부나 근육 또는 뼈를 단련시키는 것이다. 중국에서는 서기 이전의 훨씬 옛날부터 심호흡에 의해 생명을 양생하는 이른바, 양생법으로서 이 호흡법이 널리 행하여졌다고 한다.

>> 3. 병기무술

중국 무술에는 많은 종류의 무기가 전하여 지는데, 일반적으로 중국에서는 무기를 일컬어 '兵器(병기)' 또는 '器械(기계)', '兵(병)'이라고 한다.

병기의 역사는 멀리 기원전 수년 대대로 거슬러 올라가며 「사기, 오제본기」에는 〈황제는 首山(수산)의 구리를 캐어 검을 만들고 천문고자로써 거기에 이름을 새겼다.〉고 했으며 또 「세본」에는 "창(戈(과)), 극(戟)(쌍날 창), 존모(모는 세모진 창), 제모(모의 일종)의 병기를 만들다"라고 하였다. 이같은 기사는 전설의 범위를 벗어나지 못하지만 적어도 기원전 1500년경인 은나라 시대에는 청동제의 모(창), 월(도끼), 도(칼) 등의 무기가 사용되고 있었음이 많은 발굴품에 의해 증명되었다.

그와 같이 병기를 전국시대(기원 전403~기원 전221년)에 들어서자 더욱 연구와 개량이 필요성에 따라 촉진되었고 그로부터 오늘날 전하는 병기의 형태를 갖추었던 것이다. 병기에 관한 고전 자료는 도홍경이 저술한 「고금도검록」과 송대에 증공정이 저술한 「무경총요」등이 특히 유명하다. 「고금도검록」은 그 저자가 자기의 서문에서 「도검의 유래는 오랜 것으로 고금의 황제로서 이를 주조하지 않는 자가 없지만 애당초 작은 일이었기 때문에 이것에 관한 기록은 적으며 명도, 명검이라 할지라도 정해지는 일이 없었다.」고 말한 뒤 전설상의 시대인 夏(하)나라의 棨(계)로부터 양나라 무제에 이르기까지의 황제들이 주조한 도검이나 각지의 명장들이 지녔다던 도검에 관한 사화를 모으고 있다. 「무경총요」에서는 송나라 때 중국의 병기가 완성되고 있었음을 알 수 있다.

* 병기의 종류를 분류해 보면 다음과 같다.

■ 병기
- 장병(자루가 달린 무기 등 긴 것) : 곤, 창, 대도, 모, 과 등
- 단병(짧은 무기) : 검, 도, 초자곤, 윤 등
- 암기(감추어서 무기나 특수 장치를 한 것)
- 좌조병기(보조적인 것) : 쌍비단검, 비수, 순패 등
- 사병과 약법

위와 같이 병기는 분류되는데 이들 병기 중에서 검, 도, 곤, 창의 사종을 사대무기라고 한다. 사대무기의 활용 난이도는 검이 가장 어렵고 창, 도, 곤의 손으로 어렵다. 병기의 사용법에도 북파와 남파가 있는데 이들 두 문파의 권법 성격이 다르듯이 기술도 근본적으로 다르다.

남파는 힘을 주체로 하고 있어 적의 공격을 빈틈없이 막고 틈을 보아서 반격한다. 반면, 북파는 막

아내거나 작게 튕겨내고 틈을 찾기보다는 틈을 만들어 내어 공격한다. 다음은 병기에 대해서 자세히 알아보기로 하겠다.

1) 병기의 종류

(1) 장병

장병은 6척 전후(1척=30.303cm)의 길이로서 양손으로 사용하는 것인데 일반적으로 창이나 대도와 같은 자루가 달린 긴 병기를 이르며 곤, 창, 대도, 모(창날이 두 갈래인 창), 쌍, 당(갈고리창), 파(쇠갈퀴처럼 생긴 창), 파두(대패 모양의 무기), 큰 낫 등이 있다. 그 중의 몇 가지를 살펴보면 아래와 같다.

① 곤 : 봉술이 무기의 모체 혹은 병기의 조상이라 하면 곤은 기술적 발상지는 명대 하 남성의 숭산 소림사에 그 기원을 둔다고 할 수 있다. 봉술의 투기는 상대에게서 무기를 빼앗아 던지거나, 받아 넘기고 흩어 쳐서 떨어뜨리는데 이는 창술과도같다.

② 창 : 창술-창은 역사가 오래되며 차전시대(車戰時代)에 무사들이 이용한 장병기로 써 활을 제외하고는 가장 멀리서 적을 공격하는 무기가된다. 창의 종류를 간단히 살펴보면 다음과같다.

- 기병용창-쌍구창, 단구창, 환자창, 태녕필창
- 보병용창-소목창, 아항창, 철구창, 용도창
- 다용도창-오마돌 창, 추장

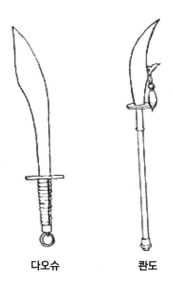

다오슈   콴도

(2) 단병

단병은 장병에 비하여 짧은 무기를 말하며 보통 한 손으로 쓰는 4척 이하(1척=30.303cm) 것인데 도, 검 따위의 비교적 짧은 것은 철척이나 윤 따위의 극히 짧은 것으로 나눠지며 또한 장병과 동명인 것 같은 종류의 병기이지만 자루부분이 짧다. 단병으로는 도, 검, 괴, 편, 금간(자루에 쇳덩이가 달린 무기), 연, 윤, 구, 철척(鐵尺), 초자곤(哨子棍) 등이 있다. 유엽도를 비롯한 모든 칼의 곡선, 폭, 길이 등은 오랜 세월의 경험과 연구에 의해 사용하는 사람의 체구에 따라 크기와 중량이 결정되어진다. 또 검은 창이나 도에 비하여 역사가 훨씬 깊다. 검술은 석가의 비전으로 중국 무술의 시조로 일컬어지는 달마대사가 시초라고 하는 설이 있으나 신빙성이 없는 이야기며 연구한 바에 의하면 도가에서 나왔다고 한다.

(3) 좌조병기

좌조병(佐助器)은 도, 검 따위의 주전 병기에 대해서 호신용으로 휴대하는 비수 따위를 말하며 이차적인 것으로 많은 것은 암기와 공통되는데 비수, 점혈법, 두자 등이 있다.

(4) 사병

활, 노, 총 따위를 말한다.

(5) 암기

암기는 은밀한 무기를 말하며 일상용품으로 가장 시켜 특수한 장치를 한 것이 많으며 대부분의 것이 던질 수 있게 되어있다. 이는 정통무술에서 사용하는 것이 아니고 옛날 무술 기술이 없는 부녀자나 여행자가 여행할 때 호신용으로서 사용하든가 또는 암살자나 도둑 따위가 사용했다. 그리고 대부분의 암기는 상대에게 던지는 '나는 무기(武器)' 또는 품안에 간직할 만큼의 소형이나 그 중에는 특수한 장치가 되어 있는 것도 있었다. 암기(暗器)의 종류로는 비검(飛劍), 비도(飛刀), 표도(鏢刀), 비고(飛孤), 비표(飛鏢), 수전통(袖箭筒), 유성(流星), 구표(龜鏢), 탄궁(彈弓), 비황석(飛蝗石), 수권(袖圈), 비쇄(飛刷), 화장궁(花裝弓), 철권(鐵拳), 용탁(龍啅), 비요(飛遶), 여의주(如意珠), 용발구(龍髮鉤), 분통(債筒), 척퇴비침(踢腿飛針) 등이 있다.[67]

(6) 약법

약법은 독약이나 화약을 쓰는 방법인데 물을 매개로 하는 수문사, 바람을 매개로 하는 풍문사 등이 있고, 몽간약, 미혼사, 비사, 천리화, 운연 등이 있지만 정통파의 무술과는 관계가 없다. 이상의 병기의 종류는 목적과 용도에 따라 각 종의 형상으로 나뉘며 저마다 다른 명칭이 붙어져 있으며 그 사용법에 관해서도 많은 유파가 전하여 지고 있다.

제3장 | 경기규정

≫ 1. 경기종목과 도구

1) 경기종목

경기 종목으로는 장권, 남권, 태극권, 도술, 검술, 봉술, 창술 등이 있다.

----

67) 松田隆智著, 권오석역(1979). 暗器, 實戰中國武器術. 書林文化社. p.18.

2) 도구

창 : 전장은 짧더라도 본인이 서서 팔을 똑바로 위로 뻗었을 때 다리에서 손끝까지의 길이와 같아야 한다. 창간(창점은 뺀다)의 중앙선 이하의 어떤 부분의 직경도 아래 규정보다 작게 해서는 안된다.

- 성년 그룹 남자 : 2.29cm
- 소년 그룹 남자 : 2.13cm
- 성년 그룹 여자 : 2.13cm
- 소년 그룹 여자 : 2.13cm
- 아동은 규제치 않음.

- 곤(棍) : 짧더라고 본인의 신장과 같은 것
- 검(劍) : 길이는 팔을 아래로 뻗어 역수로 검을 갖는 자세를 표준으로 하고, 이때는 짧더라고 검선이 본인의 귀볼을 넘을 것
- 도(刀) : 길이는 팔을 밑으로 뻗어 칼을 안은 자세를 취하고 이때 짧더라고 칼끝이 본인의 귀볼을 넘을 것
- 권법시간 : 소년, 성년 1분 20초 이상, 아동은 1분, 태극권은 5~6분이며 그 외의 종목은 개인 1분 이상, 대련 40초 이상, 집단은 3분 이상 이어야 한다.

≫ 2. 경기규칙

- 모든 판정원은 통일된 유니폼과 기장을 착용한다.
- 호명 시에 경기자는 수석 판정원에게 가서 지정된 장소에서 포권례 인사하고 행진곡후에 경기장으로 이동한다. 수석 판정원이 고개를 끄덕이는 승인 후에 경기자가 시작 장소로 가서 경기를 시작한다. 일단 경기자의 몸 어느 부분이라도 움직이기 시작하면 경기가 시작된 것으로 간주하고 시간을 측정하기 시작한다. 경기자는 경기 후에 경기 장 밖의 어느 장소에서 결과를 기다리며 수석 판정원에 의해 최종 점수가 주어질 때경기자는 예를 취하는 지정장소에서 수석 판정원에게 주목하고 차렷 자세를 취한다.
  ※ 포권례 : 차렷 자세에서 가슴으로부터 수행으로 약 20~30cm쯤에서 왼쪽 손바닥으로 오른쪽 주먹을 감싸 쥔다.

■ 경기장 크기 : 4m×8m

- 완전히 행동 종료 시 경기자는 시계가 멈춰지는 것과 함께 두발을 모으고 수석 판정원 을 향해야 한다. 종료 행동을 하는 도중에 수석 판정원에게 향하는 것은 허용되지 않 는다.
- 시작과 종료 시의 행동은 경기자의 같은 자리와 방향에서 행한다.
- 시작과 종료의 행동이 다른 종류의 경우에는 경기자가 사전에 수석 판정원에게 알린다.
- 각 판정원 그룹에 시계 2개를 사용하기 때문에 시간 관리에 있어 판정원은 그룹의 스 톱워치가 지배적이다. 요구된 시간 범위를 경기시간으로 하여 스톱워치를 불충분 할시에 공제시간이 경기시간으로 계산된다.

≫ 3. 득점 평가방법

① 장권, 검, 도, 곤, 봉에 관한 득점평가 기준
- 동작의 기량 : 6점 산정
  - 0.1점 감점 – 범수형, 보형, 수법, 보법, 퇴법, 도약, 균형, 병기법에서 나타나는 기술 내 력이 규칙에 조금 불일치 할 경우
  - 0.2점 감점-명백히 불일치 할 경우
  - 0.3점 감점-심하게 불일치 할 경우

- 힘조정 : 2점 산정
  - 최대의 힘으로 명쾌히 유연하고 정확하게 수, 안, 체의 동작을 조절하여 연기하는 경기 자에게 만점(2점)이 주어진다.

- 정신, 율동, 스타일, 내용, 안무와 구성 : 2점 산정
  - 0.1˜0.5감점-요구에 조금 불일치
  - 0.6˜1.0감점-명백히 불일치
  - 1.1˜2.0감점-심하게 불일치

② 태극권 득점 평가
- 동작의 규칙 : 6점 산정
  - 0.1점 감점-수형, 보형, 보법, 수법, 퇴법에서 나타나는 기술내력이 규격에 조금 불일치
  - 0.2점 감점-명백히 불일치

- 0.3점 감점-심하게 불일치

 단일동작에 여러 번 실수 할 지라도 0.3점을 초과하지 않는다.

- 공력 조화 : 2점 산정
  - 0.1~0.5점 감점-조금 불일치
  - 1.0~2.0점 감점-심하게 불일치

- 정신, 속도, 스타일, 내용, 안무와 구성 : 2점 산정
  - 0.1~0.5점 감점-규격에 조금 불일치
  - 0.6~1.0점 감점-명백히 불일치
  - 1.1~2.0점 감점-심할 경우

③ 남권의 득점평가
- 앞의 장권, 태극권의 경우와 동일하다.

④ 기타 단순 종목 득점 평가
- 정확하고 깨끗한 자세: 4점 산정
- 공력조정과 유연성: 3점 산정
- 독특한 스타일과 내용 충실 : 2점 산정
- 집중력과 율동 : 1점 산정

⑤ 대련 종목 득점 평가
- 정확하고 합리적인 공격 방어법: 4점 산정
- 훌륭한 배합과 숙달: 3점 산정
- 내용 충실과 잘 짜여진 구성: 2점 산정
- 실전을 방불케하는 특수한 스타일 : 1점 산정

⑥ 집체 종목 득점 평가
- 기량 : 4점 산정(정확한 자세, 명쾌하고 숙련된 동작, 정신 집중의 숙달정도)
- 내용 : 3점 산정(요구 내용 충실, 독특한 무술)
- 배합 : 2점 산정(정돈과 조화)

»» 4. 기타 감점사항

① 미완성 경기 : 경기 도중에 완성치 않고 퇴장하는 경기자에게는 점수가 없다.

② 잊어버릴 경우 : 0.1~0.3점 감점

③ 병기와 복장에 의해 동작에 지장이 있을 때 : 0.1~0.2점 감점

- 신체 어느 부분이 도구 때문에 동작에 지장이 있을 때
- 장식술 또는 복장이 경기장 바닥에 떨어졌을 경우
- 부주의로 병기가 신체 바닥에 부딪혔을 경우
- 병기 손잡이가 떨어져 나갔을 경우

④ 병기가 변형되었을 시 0.1~0.3점 감점, 파손, 절단 시 0.4점 감점, 병기의 맨 위 부위가 파손되었지만 붙어 있을 경우 0.3점 감점

⑤ 신체의 일부가 경기장 밖 바닥에 접촉되었을 경우 0.1~0.2감점, 몸 전체가 밖으로 나갔을 경우 0.2점 감점

⑥ 평행을 잃었을 때 가외의 보조동작 추가 시 0.1~0.2점 감점, 연속적인 가외 보조와 동작을 취할 시 0.3감점, 쓰러질 시 0.3점 감점

⑦ 시작과 종료 시 자세가 합당치 않을 시 0.1점 감점, 시간 지연 0.1~0.2감점

⑧ 재경기

- 벌칙 당하지 않고 불가항력 사정으로 중단한 경기자는 수석 판정원의 허가 시 재경기를 할 수 있다.
- 반칙 또는 병기 파손 및 잃어버림으로 인해 경기를 중단한 경기자는 재경기가 허락되나 1.0감점된다.
- 경기 동안 상처 때문에 경기 지속이 불가능한시에 수석 판정원이 그 경기자를 그 경기의 마지막 주자로써 허락한다.

⑨ 시간 부족 내지, 초과

- 0.1~0.2초 경우 – 0.1점 감점
- 2.1~4.0초 경우 – 0.2점 감점

※태극권의 경우에는 5초마다 0.1점씩 감점

≫ 5. 채점방법

① 경기자의 득점: 판정원들에 의해 기준에 따라 적용된 감점과 경기자들의 실제 연기에 따라 주어진 점수와 관련시켜 결과를 경기자 득점이라 한다.

② 실질적 득점 : 5명의 판정원들에 의해 주어진 점수들 중 최고점수와 최하점수 외에 중간 3명의 평균 점수를 실질적 득점이라 함.

③ 최종 득점 : 최종 득점은 수석판정원에 의해 '기타 잘못에 대한 감점기준' 중 ⑦˜⑨항들을 감점 적용 후 주어진 점수임. [68]

· · · · · · · · ·

68) 박경희(1989). 월간 스포츠문화 11. 대한스포츠의학교육연구원, p.112〜p.117.

참고문헌

大山倍達(1975). 中國南北と 中國周邊 拳法 100萬人の 空手. 東都西房.

박경희(1989). 월간 스포츠문화 11. 대한스포츠의학교육연구원.

松田隆智著, 권오석역(1979). 秘門螳螂拳. 書林文化社.

松田隆智著, 권오석역(1979). 暗器, 實戰中國武器術. 書林文化社.

정운길저(1988). 체육학종합대사전. 한국사전연구사.

趙殷動監修, 松田隆智著(1979). 제1편 資料篇 圖說中國武術社. 書林文化社.

趙殷動監修(1979) 中國武術의 歷史, 쿵후 敎範, 書林文化社.

鶴山晟瑞著. 李大羽譯(1978). 中國拳法의 歷史. 武術綜合拳法. 書林文化社.

공수도

동양의 무술 | 일본

제1장 공수도의 역사

  1. 역사

제2장 기술

  1. 공수도의 연습체계

제3장 경기규정

제1장 | 공수도의 역사

≫ 1. 역사

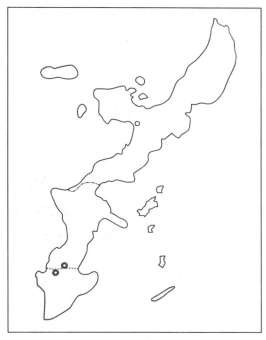

오끼나와(전에는 "류뀨"로 알려졌음)

오키나와는 일본의 최남단 구주의 가고시마로부터 약 350km이고 중국대륙으로 부터는 약 800km 위치하고 있다.

오키나와에 있어서 공수의 기원은 몇 가지 설이 있다. 첫째는 중국권법이 오키나와에 전해져서 독자적으로 발전하였다는 설과 또 하나는 중국 권법이 오키나와에 옛날부터 존재하였던 고유의 권법과 혼합되어 성립되었다는 설이다.

서기 1372년 오키나와 사자가 중국에 조공을 바치기 위하여 최초로 파견되었고 중국에서는 책봉사라는 문관이 파견되어 왔다. 그러나 풍신수길(토요토미 히데요시)이 "정명"의 군을 일으켰기 때문에 그 후부터 문관인 책봉사 대신 무관을 보냈다. 이러한 무관 중에 중국무술의 하나인 권법을 습득한 자가 있고 이들에 의하여 오키나와 사람이 권법을 익힌 자가 있었다는 설과 한편 책봉사와 동행하여 온 무관 "아손"이 오키나와 사람에게 권법을 가르쳤다는 기록도 있다. 이러한 전설과 함께 또 하나의 경로는 중국에서 책봉사들이 오는 것과 전후하여 중국인들이 오키나와에 이민을 와서 오키나와인에게 권법을 전하셨다는 설도 있다.[69] 그리고 옛날 유구는 중국권법을 당수라 하였고 오키나와의 무술은 경장이후(서기 1630년) 무술을 수련했던 상인과 귀화인에 의하여 전해진 것으로 알려지고 있다. 그리고 오키나와 유학생이 중국으로 건너가 권법을 배우고 오키나와에 들어와 전하였다는 설도 있다.[70]

오키나와에서는 두 번 금무정책 시대가 있었으며 이에 의하여 무술이 더욱 성행되었는데 그 무렵 중국의 청나라에서는 명의 권법가들이 복명반청운동을 하다가 추방당해 타국으로 망명을 떠났으며

---

69) 增田一仁監修, 飯山和雄著(1974). 空手道의 歷史 空手道. 日東書院, p.13.
70) 松田隆(1975). 第二章 空手編,謎의 拳法을 求めて. 東京新聞出版局, p.56.

오키나와는 서기 1470년 수리중산의 상파지왕이 중산, 남산, 북산의 삼산으로 나누어져 있던 국가들을 통일하였다.[71] 그리고 상파지왕의 손자 상진왕 때부터 그 백년간 문치왕국정책과 더불어 국민들에게 무기휴대를 금하였으나, 그다지 엄하지 않았다.[72] 그러나 1609년 일본구주의 島津(도진:しまつ)씨에 의하여 오키나와가 정복당한 후 취하여진 금무정책은 대단히 엄하였을 뿐만 아니라 무기를 소지한 사쓰마항(오키나와 남쪽 부분에 위치한 장소)의 무사가 국민들을 위협하였고 또 오키나와인을 일본 본토인들이 차별 우대함으로써 사쓰마 무사와 일본 본토인에 대한 적개심은 불러일으켰다. 이에 따라서 맨손으로 적을 쓰러뜨릴 수 있는 호신술이 오끼나와 사람들에게 널리 수련되었고 이것이 오키나와 권법으로서 공수가 발달하게 된 원인이다.[73] 이들은 지명에 따라 수리수, 나패수, 백수로 분류되었는데 수리계의 형은 일명 소림류라 부르기도 하는데 중국 북권인 소림권의 영향을 많이 받은 것 같다. 소림권은 하체를 많이 사용하여 골격이 작고 체력이 약한 사람에게 적합하여 기민한 동작의 수련에 의해 적을 무너뜨리는 특징이 있다.[74] 또한 나패계의 형도 중국남부의 광동소림, 특히 복건소림의 영향을 받았으며 소령류라 부르고 체격이 큰 자에게 적합하며 상체를 많이 사용한다.[75] 백수는 향리와 나패의 대가에게서 지도를 받고 전하여진 실질적인 공수로서 실력자를 승계할 수 없었다. 그리고 백수 역시 중국북파인 소림권의 영향을 많이 받은 것으로 생각된다.[76] 이 모두 오키나와데라는 무술로서 불리어 오다가 그후 오키나와데는 권성이라 부리는 이토스 야스쯔네(1832~1916년)선생이 1908년 오키나와의 사범학교와 현립제일중학교에 정식 교과과정으로 채택하게 되었다. 그리하여 다음과 같은 제자를 배출하여 오키나와는 물론 전 일본 본토에 보급하게 되었다.[77]

花城長茂(1869~1945년), 般越義抮(1868~1957년) 喜屋武朝德(1870~1945년),

知化朝信(1885~1969년), 城間眞繁(1890~1954년)

德田安文(1886~1945년), 摩文仁賢和(1889~1951년)

이 중 般越義抮은 1922년 동경으로, 같은 해 本部朝其(1871~1944년)씨는 대판(大阪)으로 진출(進出)하였다. 1925년(대정14년)에 "도"라는 명칭으로 바뀌어 졌으며[78] 1929년(소화 4년)에는 지화선생이 당

. . . .

71) 大山倍達(1975). 空手의 沿革 100萬人의 空手. 東都書房, p.36.

72) 增田一仁監修, 飯山和雄著(1974). 전게서, p.15.

73) 村上勝美(1975). 術과 道의 空手, 空手道와 琉球古武道. 成美堂出版, p.7.

74) 增田一仁監修, 飯山和雄著(1974). 전게서. p.16.

75) 增田一仁監修, 飯山和雄著(1974). 전게서. p.16.

76) 村上勝美(1975). 전게서. p.13.

77) 김용욱(1990). 태권도철학의 구성원리. 통나무, p.115.

78) 村上勝美(1975). 전게서. p.8.

수도 연구소라는 이름을 사용하면서 후진육성에 힘을 썼다.[79] 1933년(소화 8년)에는 공수도라는 이름을 사용하여 현재에 이르고 있다. 공수가 오키나와에서 일본본토로 건너간 것은 1922년경 般越義珍과 本部朝基에 의해서이다.

일본에서 주요 유파로는 강유류, 사동류, 송도관유, 화도류가 있으며 그 외에 신도 자연류, 소림사류 등이 있다. 이들 계통은 과거를 거슬러 올라가면 대체로 오키나와의 수리수, 나패수의 2개로 분류할 수 있다. 그 계통을 합쳐 오키나와데 혹은 류큐(琉球) 권법이라 부를 수 있다. 1933년 지화조 선생은 수리수를 오키나와 소림류로 같은 해 나패의 소령류를 궁성장순 선생의 강유류로 개명하였다.[80]

상지류는 일본 대정시대 전파된 중국권법을 모체로 하는 유파이며 사동류는 마부미씨가 사주와 도은납양 사범의 머리 문자를 취하여 양파의 장점을 결합 시킨 것을 겨냥해서 시작한 유파이다. 송도관류는 오키나와의 당수를 일본에 소개한 최대 공로자 후나고시 계통을 말한다. 요의진씨는 송도관류를 계동류를 만들어 현재까지 일본에 공수도로 성행되고 있다.

화도류, 신도자연류는 옛날 유술의 영향이 강하지만 후나고시 계통에서 파생된 것이다. 창시자 오오츠카 그리고 고니시 양사범은 지금도 건재하고 있다. 이렇게 살펴 본 바와 같이 오키나와데의 역사 그 자체는 오래 되었다 할 수 있지만 일본 공수도의 유파는 극히 최근에 등장되었음을알 수 있다. 그리고 권법은 중국에서 오키나와를 거쳐 일본에 전파되어 공수도로 이름이 바뀐 것은 그리 오랜 역사가 아니라는 것이며 이것은 일본 자체 무술이 아니고 중국 무술에서 사용되는 무술의 용어와 동작이 오키나와와 유사한 것을 보면 그 기원이 어디인지 알 수 있다.

제2장 | 기술

≫ 1. 공수도의 연습체계

공수는 맨손으로 적을 막고 공격하는 기술이라 말할 수 있으며 공수를 배우는 자는 배움에만 열중해야 하며 공수도의 연습체계는 기본, 맞서기 형식이다.

기본이란 중요한 공방기법을 하나하나 정확하게

쿠미테(겨루기)

79) 村上勝美(1975). 전게서. p.11.
80) 村上勝美(1975). 전게서. p.11~p.12.

반복하는 연습방법이다. 맞서기란 상대와 짝을 지어 기본기법을 실제로 응용하여 상대자와의 거리나 각도 혹은 반사신경 등을 단련하는 연습방법이다. 또한 형식이란 기본과 응용기법을 교묘히 조합하여 이루어진 공수도의 독습(獨習)체계이며 그것을 반복 연무함으로써 올바른 자세와 무리없는 움직임 그리고 호흡을 양성하는 방법이다. 따라서 기본, 맞서기형식은 대개 서로 보완하는 관계에 있다고 할 수 있다. 일본 공수도의 기법 원리는 일반적으로 강법이다. 유도의 보급에 의해「유(柔)가 능(能)히 강(剛)을 제압한다.」는 말은 널리 사용되어 왔으나 여기에 「강(剛)이 능(能)히 유(柔)를 끊는다」는 대구가 있음은 거의 알려져 있지 않다. 그러나 중국권법에서 외가권과 내가권이 생긴 것처럼 강법에 의해 단련을 거듭하여 마침내 유법에 도달한 자들도 있다. 기술적으로는 찌르기의 경우에는 주먹은 가볍게 쥐고 호흡을 중시하며 적의 허리를 찌르는 것을 주안점으로 하고 있다.

>> 2. 돌려차기

가라데의 기본 돌려차기는 크게 상단, 중단, 하단 돌려차기로 구분할 수 있다. 상단은 발등과 발목쪽의 정강이 앞부분을 이용하여 상대의 안면부위를, 중단은 주로 단련된 정강이(물론, 발등으로도 찬다. 거리에 따라서 차는 부위가 달라진다)로 늑골(갈비뼈)과 옆구리(늑골이나 간장부위를 노리면 데미지를 크게 입힐 수 있다)를, 하단 돌려차기는 중단 돌려차기처럼 주로 정강이 부분으로 무릎연골부분과 대퇴부(안쪽, 바깥쪽)를 노리는 데에 사용한다.

1) 돌려차기의 방법

① 겨루기 자세에서
② 축이 되는 발에 체중을 옮겨 싣고(4:2:4의 비율에서â6:4X D(\)
③ 허리를 충분히 회전시켜서
④ 접촉되는 순간에 다리를 몸 쪽으로 깊숙하게 감아준다는 느낌으로 찬다.

※ 4:2:4의 의미=>앞발에 체중의 40%, 몸 중심에 20%, 뒷발에 체중의 40%를 싣는다는 의미

2) 돌려차기의 종류
(1) 상단돌려차기
상단 돌려차기의 목표물은 상대의 관자놀이, 후두부, 턱, 머리의 가장 윗부분에 해당된다.

① 앞발로 찰 때

겨루기 자세에서 다른 동작을 취하지 않고(앞발을 내딛거나, 뒷발을 앞발 쪽으로 당기거나 하지 않고, 겨루기 자세 그대로), 축이 되는 발을 돌리면서 허리를 약간 앞으로 구부리면서 발을 앞으로 밀어 넣는 듯한 느낌으로 무릎 앞쪽의 스냅을 살려 재빠르게 찬다.

② 앞발로 차는 돌려차기의 경우

뒷발로 차는 돌려차기에 비해 궤적이 짧아서 반동을 이용하기가 어렵기 때문에 허리의 회전과 무릎의 탄성, 축이 되는 발의 빠른 회수가 포인트이다. 즉, 차는 발의 무릎을 몸쪽으로 높이 감아 올려서 축이 되는 발을 회전시킴과 동시에 무릎을 해방시켜준다는 느낌으로 차는 것이 요령이다.

③ 뒷발로 찰 때

차는 발의 무릎을 바깥쪽에서 안쪽으로 회전시키면서 높이 감아올린다. 허리의 회전과 후방에서 전방으로 중심이동 하면서 차는 발에 체중을 실어준다. 무릎을 감아 올린 다음 축이 되는 발끝을 서서히 돌리면서 무릎을 개방하면서 발목의 스냅을 이용하여 찬다.

④ 동작이 크고, 중심이동에 의해 체중을 싣기가 쉽다. 강한 힘을 실은 차기가 가능한 반면에 움직임이 크기 때문에 상대에 의해 자신의 의중을 간파 당하기 쉽다는 단점을 갖고 있다. 따라서 복합 기술을 구사하는 도중에 '끝내기 기술'로 사용되는 경우가 많다.

(2) 중단돌려차기

상단 돌려차기에 비해 목표물이 낮기 때문에 체중을 싣기가 쉽고, 강한 힘을 실은 차기가 가능하다. 상단 돌려차기에 비해 화려함은 덜하지만, 상단 돌려차기가 주로 발등으로 상대의 안면을 노린다면, 중단 돌려차기는 주로 단련된 정강이 부분으로 차기 때문에 강력한 위력을 갖고 있으며, 상대가 받는 상처 또한 크다. 주공격 부위로는 상대의 옆구리나, 갈비뼈, 간장 부위이다.

■ 중단 돌려차기의 요령
- 상반신의 힘을 뺀다(편한 상태를 유지한다).
- 차는 발의 무릎을 몸 쪽으로 감아서 높이 올려준다.
- 몸의 중심을 지탱해주는 축이 되는 발을 안정시킨다.
- 중심의 이동, 허리의 회전, 무릎의 탄력을 생각하면서 찬다.
- 발차기를 한 다음, 하반신을 안정시키면서 찬 발을 회수한다.

(3) 하단 돌려차기

하단 돌려차기는 발등이나 정강이를 사용하여, 대전 상대의 대퇴부 바깥 쪽이나 대퇴부 안쪽, 무릎 아래 부분을 노리는 기술이다.

① 하단 돌려차기 요령(차는 사람이 오른발잡이의 경우)
- 상대의 앞발 바깥쪽을 찰 때는 오른발로 수평이 되게 해서 찬다.
- 상대의 앞발 안쪽을 찰 때는 왼발로 차올리듯이 해서 찬다.
- 상대의 뒷발 안쪽을 찰 때는 오른발로 곧바로 뚫고 지나가듯 찬다.
- 상대의 뒷발 바깥쪽 대퇴부를 찰 때는 위에서 아래로 내려 차듯이 찬다.

② 오른발 하단 차기

오른발 하단 차기는 대전 상대의 앞발 대퇴부 바깥부위를 노릴 때 사용한다. 원래는 상대를 도발해 공격을 유도하는 기술로, 또한 콤비네이션의 연계기술로써 사용되었다가, 급속한 기술의 발전에 따라 '결정타'로써 사용되기에 이르렀다.

③ 왼발 하단 차기

중심이 있는 상대의 뒷발을 찰 때 사용한다. 하단 돌려차기 타입 중에서 가장 방어하기힘들고, 반면 상처는 크다. 콤비네이션 도중 상대의 사각에서 찰 수 있으면 더욱 효과 적이다. 위에서부터 아래로 내려찍듯이 차는 것이 포인트

제3장 | 경기규정

>> 1. 겨루기 경기규정(전일본공수도연맹-JKF)

제1조 경기장

(1) 경기장은 평탄하고 위험이 없는 상태여야 한다.

(2) 경기장은 매트 깔린 정사각형이어야 한다.

(3) 경기장은 한쪽 8m(바깥쪽에서 측정)의 정사각형으로 한다.

(4) 경기장은 바닥 면에서 1m 높이까지 해도 상관없다. 높은 단은 경기장과 안전 경계를포함해서 한쪽 길이를 최저 10m로 한다.

⑸ 경기자의 위치에 있는 선으로써 경기장 중심에서 1.5m 떨어진 곳에 주심소(主審所)의 평행하게 그어진 선과 직각을 이룬 2개의 평행선이 각각 1m 길이로 그려져 있어야한다.

⑹ 주심이 위치는 경기장 중심으로부터 2m 떨어진 곳에서 0.5m 길이의 선을 그려야 한다.

⑺ 감사는 득점 기록계와 시간기록계 사이에 있는 것으로 한다.

⑻ 경기장 안쪽 1m 되는 곳에 1개의 선이 그려져 있어야한다. 이 선에 둘러싸인 영역은 색을 바꿔도 좋고 점선으로 해도 좋다.

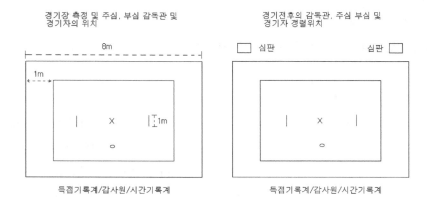

<표 1> 공수도의 판정표시

□	승	×	패	MC	무방비 주의
●	한판	J	장외	K	경고
○	와자와리(준 유효타)	JK	장외주의	H	반칙
▲	무승부	HC	반칙주의	S	실격

※ 설명

경기장 바깥쪽 주변 1m 이내의 곳에는 광고판, 벽, 기둥이 있으면 안 된다. 사용하는 매트는 바닥과 접촉하는 곳이 미끄러지지 않는 것으로 해야 하지만 위쪽 표면은 마찰계수 낮아야 한다. 매트는 유도 매트 정도로 두껍게 하면 공수의 움직임이 방해되기 때문에 그보다 얇은 것으로 한다. 매트의 이음매가 움직여 떨어지면 그 틈 때문에 부상을 일으켜 위험하기 때문에 주심은 시합 중에 이것들이 떨어지지 않도록 주의해야한다.

(제2조 규정 복장)

⑴ 경기자 및 코치는 지정된 규정의 제복을 착용해야만 한다.

⑵ 심판 위원회는 이 규칙에 따르지 않은 심판원 또는 경기자 자격을 박탈 할 수 있다.

■ 주심

(1) 주심 및 부심은 심판 위원회가 지정한 규정 복장을 착용해야한다. 이 제복은 모든 경기 및 강습회 때에 착용해야 한다.

(2) 규정 복장은 다음과 같이 한다.

- 은색 단추 2개가 달리고 싱글(앞단추가 외줄이고 겹치는 섶이 좁은 양복)의 진한 감색 상의
- 기후에 따라 긴 소매 옷 또는 반소매 흰 셔츠 착용
- 넥타이핀을 하고 규정된 넥타이 착용
- 접어 꺾여있고 무늬 없는 회색 바지
- 모양 없는 진한파랑 또는 검은색 양말, 검은 끈 없는 구두를 경기시간에 사용

■ 경기자

(1)-1. 경기자는 희고 상표 없는 공수도복을 착용해야한다. 단 자기나라 마크 또는 국기만은 붙여도 좋다. 이것들은 윗옷 왼쪽 가슴에 붙이는 것이고 그 크기는 전체에서 10cm×10cm를 초과할 수 없다. 제조업자가 원래 붙인 상표만은 그것이 공수도복 통상인정되어지는 장소(공수도복 옷자락 오른쪽 귀퉁이와 바지허리에 위치)에 표시되어져있는 것은 괜찮다. 더욱이 조직위원회가 교부한 직별 번호를 등에 붙여도 좋다. 경기자한 사람은 적색띠, 다른 사람은 흰띠를 착용하지 않으면 안된다. 흰색, 적색의 허리띠 폭 은 약 5cm로 하고 길이는 매듭 양단에 15cm정도 충분히 남을 길이로 한다.

(1)-2. 앞서 적은 1-1에도 불구하고 지도위원회는 스폰서(후원자)의 별도의 상표 표시를 인정할 수 있다.

허리를 허리띠로 매었을 때 윗옷의 길이는 허리를 덮을 정도 길이로 하고 넓적다리 중간정도까지의 것으로 한다. 여성의 경우 공수도복 밑에 흰 무늬 없는 티셔츠를 착용해도 좋다.

(2) 상의 소매 길이는 최장 손목까지로 하고, 팔꿈치로부터 손목사이의 중간 정도보다 짧게 해서는 안 된다. 상의 소매를 걷어 올려서는 안 된다.

(3) 바지의 길이는 적어도 정강이의 2/3을 덮을 정도의 길이로 하고 옷자락을 걷어 올려서는 안 된다.

(4) 각 경기자는 머리카락을 청결히 유지해서 원활한 경기를 방해하지 않을 길이로 한다. 머리를 수건으로 동여매는 것(헤드밴드)은 인정되지 않는다. 주심이 경기자 머리카락이 너무 길거나 혹은 불청결하다고 보이는 경우 주심은 심판위원회의 인정을 얻어서 경기자를기를 포기하고 나가게 할 수 있다. 겨루기에서는 머리핀 및 금속 머리핀은 금지 되었다. 형식 경기에서는 눈에 띄지 않은 머리핀은 인정된다.

(5) 경기자는 손발의 손톱을 짧게 하고 상대에게 상처를 줄 만한 금속 또는 다른 물건을 몸에 지니

면 안 된다.

(6) 주먹 보호대 및 치아 보호기구는 의무적으로 착용해야한다. 부드러운 정강이 받이(부속구)는 인정된다. 정강이 보호대와 같은 단단한 호신장비는 금지된다. 안경도 금지된다.(소프트콘택트렌즈는 경기자 자신 책임에서 착용해도 좋다.) 공인되지 않는 의복 혹은 장구의 착용은금지된다. 여성은 그 외에 인정된 호구를 착용해도 좋다.

(7) 호구는 표준 방법을 충족시키지 않으면 안 된다.

(8) 부상에 의한 붕대, 또는 연결용 금속(호크)의 사용은 공인 의사의 진단에 따라 심판위원회의 허가를 얻지 않으면 안 된다.

■ 코치

코치는 경기 중에 항상 규정된 복장을 착용하고 코치 허가증을 제시하는 것으로 한다.

※ 설명

경기자는 1개의 허리띠 밖에 착용할 수 없다. 적(赤)의 경기자로 있으면 적색(赤色), 백(白)의 경기자로 있으면 백색(白色)허리띠로 한다. 경기 중에는 규정된 띠 외에는 착용해서는 안 된다. 엄지손가락이 나온 1cm이하의 패드 들어간 흰색 주먹보호대의 착용은 의무로 되어있다. 패드(pad)는 고정되어야 한다. 주먹 보호대는 심판위원회에 승인된 것으로 한다. 치아 보호기구는 치과의에 의해서 바르게 착용되어야 한다. 낭심보호대 착용 시 편리한 플라스틱컵을 사용할 경우 이는 호신 장비로 인정되지 않으며 착용 시 벌칙이 부과된다. 종교상 근거에 의해서 터반(인도인이나 이슬람교도의 남자가 머리에 두르는 두건)등과 같은 일종의 품목을 몸에 걸치는 경우도 있을 수 있다. 종교상 이유에 근거해 인정되어지지 않는 의복을 착용하고 싶다고 하는 사람은 경기 전에 심판위원회에 통지하지 않으면 안 된다. 심판위원회는 그 시비에 대해 각각의 신청을 검토하게 된다. 참가 희망자 중에서 그 같은 신고를 하지 않고 출전하려는 사람에게는 어떠한 편의도 허락되어지지 않는다. 만일 경기자가 부적당한 복장으로 경기장에 나타날 경우 그 경기자는 즉시 출정 자격을 빼앗기는 것은 아니지만 1분 동안에 복장을 단정하게 착용해야한다. 심판위원회가 동의하면 블레이저(고운 빛깔의 플란넬로 만든 운동선수용 상의)를 벗는 것이 인정되어진다.

제3조 겨루기 경기의 구성

(1) 공수도의 토너먼트는 겨루기 경기로부터 이루어진다. 겨루기 경기는 다시 단체경기와 개인 경기로 나누어진다. 개인경기는 다시 체중별, 무차별로 나누어진다. 체중별은 몇 개의 계급으로 나뉜다. 단체전은 팀 멤버가 상대하는 조건에 행해진다.

(2) 단체경기에 있어서 각각의 팀은 홀수의 경기자로 한다.

⑶ 경기자는 전원이 팀에 속하는 것으로 한다.

⑷ 각 경기 전에 팀 대표는 멤버 이름과 입장 순위를 나타낸 공식 용지를 공식 석상에 제출해야 한다. 입장순위는 각 라운드마다 변경할 수 있지만 일단 등록을 하면 변경할 수 없다.

⑸ 만일 팀 멤버 혹은 코치가 서류에 의한 입장순위를 제출한 후에 팀 구성을 변경한 경우 그 팀은 실격으로 한다.

⑹ 단체경기 제 1라운드에서는 규정된 경기자 수가 갖추어진 때에 한해서 처음으로 그 팀은 참가가 인정된다.

⑺ 개인경기에서는 어떤 경기자도 다른 선수와 교대할 수 없다.

⑻경기 개시가 선언되기 전에 경기장에 도착하지 않은 개인 경기자 혹은 팀은 그 경기에출전 자격이 없어지게 된다.

※ 설명

1「라운드」라는 것은 결승에 진출하는 경기자를 선발하는 각각의 단계를 말한다. 토너먼트 전에는 1라운드에서 싸워 이기지 못한 경기자도 포함해서 경기자의 50%가 떨어지게 된다. 여기서 말하는 라운드라는 것은 예선 토너먼트 경기, 또는 패자부활전의 어떤 단계에도 끼워 넣을 수 있다. 리그전에 있어서 1라운드는 전 경기자가 1번씩 경기하는 것이다.

경기자의 이름을 사용하는 것은 발음 및 경기자의 신분 확인상 문제를 일으키게 된다. 토너먼트 번호를 할당해 사용해야 할 것이다.

경기 전 정렬할 때 팀은 실제 출전하는 선수만으로 한다. 코치는 포함하지 않는다. 코치는 별도로 준비시킨 자리에 앉는 것으로 한다.

출전순위를 나타내는 용지는 코치 혹은 지명된 팀 경기자가 제시한다. 코치가 용지를 제시하는 경우 코치임을 증명할 필요가 있고 증명할 수 없으면 거절되는 일도 있다. 멤버표에는 나라이름, 클럽 이름 그 경기를 위한 팀에 할당되어진 허리띠의 색, 1번부터 5번까지의 경기자 순번이 제시되어야한다. 용지에는 선수의 이름 및 각각의 토너먼트 번호를 나타내고 코치 또는 지명된 사람이 서명하지 않으면 안 된다.

기록표 작성의 실수로 만약 다른 경기자가 출전한 경우 그 결과의 어떤가에 관계없이 그 경기는 무효로 선언된다. 그 같은 실수를 줄이기 위해 각 경기의 승자는 경기장을 떠나기 전에 기록석에서 승리를 확인한다.

제4조 심판단

⑴ 각 경기의 심판단은 1명의 주심, 2명의 부심, 1명의 감독관으로 구성된다.

⑵ 더욱이 경기운영 편의를 위해 여러 사람의 시간계(時間係), 고시계(告示係) 및 득점 기록계가 임명

된 것으로 한다.

※ 설명
- 겨루기 경기의 개시 때 주심은 정식경기장 바깥쪽에 선다.
- 주심의 왼쪽과 오른쪽에 부심이 선다. 경기자 및 심판단이 정식으로 경례를 주고받은 후 주심은 한걸음 뒤로 물러나고 부심은 안쪽을 향해 전원이 함께 경례를 한다.
- 심판단의 교대-퇴장하는 심판단은 한걸음 앞으로 나아가 방향을 바꿔 교대하는 심판 단과 마주 본다. 교대한 다음 주심의 지휘에 의해 서로 경례를 나누고 일렬로(같은 방 향을 향해)경기장에 나간다.
- 개개의 부심이 교대하는 경우 부심이 퇴장하는 부심의 자리까지 가서 서로 경례를 하 고 교대한다.

제5조 경기시간

(1) 겨루기 경기시간은 성인 남자의 겨루기가 3분(단체, 개인공통), 여자 및 소년 경기를 2분으로 정한다.
(2) 경기 시간 계측은 주심이 개시 신호를 한 때부터 시작해서「그만」이라는 소리가 날 때 시간을 재는 것으로 중단된다.
(3) 시간기록계는 확실히 들리는 징 또는 버저(전자식 초인종)로「종료 30초전」또는「종료」신호를 내는 것으로 한다.「종료」신호는 경기의 종료를 의미한다.

제6조 득점

(1) 겨루기 경기의 승패는 경기자가 1경기 3회, 와자와리(준 유효타) 6회, 또는 이것들 2개를 맞추어 합계 3판의 득점을 올리는 것에 의해 결정되던지, 판정 또는 상대방의 반칙, 실격, 기권이 부과되어진 일에 의해 결정된다.
(2) 한판은 2개의 와자와리에 해당한다.
(3) 한판은 다음을 기준으로 주어진다.
- 유효한 기술이 아래 기록의 기준에 따라 공격부위에 성공한 경우 한판으로 한다.
- 좋은 자세, 바른 태도, 힘, 투지 적절한 타이밍, 정확한 거리.
(4) 한판은 앞 기록의 기준을 만족시키지 않아도 다음 항목에 정확히 맞는 기술에 주어진다.
  ① 상단치기, 또는 그 외 기술적으로 어려운 기술
  ② 공격을 피하고, 상대의 무방비한 뒤쪽에서 득점하는 기술

③몸을 흩뜨리고 또는 던지기를 연속해 유효한 기술

④그것을 구성하는 각각의 기술이 유효한 복합기술

⑸ 한판에 거의 필적하는 기술을 「와자와리」로 정한다. 심판단은 우선 한판을 추구하고 다음에 와자와리를 판단한다.

⑹ 반칙 또는 실격이 부과되어진 상대에 대한 승리는 3판의 가치가 있다. 만일 어느 경기자가 불참가, 출전의 취소, 또는 출전을 취소당한 경우 상대는 기권(3판)에 의해 승리를 얻게 된다.

⑺ 공격은 다음의 장소로 한정된다.

① 머리부분

② 얼굴부분

③ 목부분

④ 배부분

⑤ 가슴부분

⑥ 등부분(어깨 제외)

⑦ 옆구리

⑧ 경기 종료 신호와 동시에 가한 기술은 유효하다고 간주된다. 「그만」선고 후 공격은설령 효과적으로 했어도 득점으로 가산되지 않고 반칙자에게는 패널티가 부과된다.

⑨ 경기자의 쌍방이 장외에 있을 때에 성공한 기술은 득점에는 가산되어지지 않는다. 다만 한쪽이 아직 장내에 있고 주심이「그만」소리를 하기 전에 성공한 기술은 득점으로 인정된다.

⑩ 경기자의 쌍방이 동시에 성공한 기술은 득점으로 인정되지 않는다.

※ 설명

누적적으로 얻은 1판 3회의 득점이 경기를 결정한다. 따라서 만일 적(赤)이 이미 와자와리 5회를 득점하고 게다가 한판을 얻은 경우 이 경기자의 최고 득점은 3판을 넘기는 것은 아니다. 이 기본적인 규칙이 승리 수에서 비기게 된 단체전의 전체 득점을 계산했을 때에 특별히 눈감아 주는 일이 많다. 승자 수에서 비긴 단체전 전체의 득점을 계산할 때 득점 상에서는 2회의 와자와리 1판에 다름없지만 기술적인 면에서 와자와리 1판의 90%에 상당하는 것이다.

「좋은 자세」를 수반하는 기술은 유효하다 올바른 태도는 좋은 자세의 한 요소이고 득점기술을 가하는 동안에 보이는 뛰어난 집중력을 나타내는 악의 없는 태도로 되어있다. 힘은 기술의 힘과 스피드를 가리키고 그것을 달성하자라고 하는 확고한 의지로 되어있다.

적절한 타이밍이라는 것은 가장 유효한 순간에 기술을 거는 것이다. 동시에 정확한 거리라는 것은 유효한 거리에서 기술을 사용하는 것을 말한다. 따라서 급속히 움직여 빠져나가는 상대에게 기술을 사용할 경우 그 일격이 주는 효과는 적게 된다.

거리는 기술이 적절함, 또는 가까이서 멈춘 위치에도 관계있다. 득점하기 위해서는 기술이 공격부위에 깊이 파고들어갈 가능성이 없으면 안 되기 때문에 뻗은 팔을 이용한 찌르기는 이점에 있어 가능성이 낮다고 평가되어야 할 것이다. 예를 들어 팔이 완전히 뻗어 구부리지 않고 표면에 닿았을 얼굴에서 2~3cm 위치에서의 찌르기가 바른 거리에서의 찌르기가 된다.

기술적으로 다른 기준을 만족하게 되면 공격부위에의 적절한 거리 이내의 상단 찌르기, 또 상대가 막지도 피하지도 못한 상단 찌르기는 득점이 된다.

가치 없는 기술은 하는 방법과 공격부위에 관계없이 무효하다. 따라서 좋은 자세가 많이 부족한 상단치기 한판은 물론 득점되지 않는다. 그러나 고난도 기술을 장려하기 위해 좋은 자세가 다소 결여된 경우에도 한판을 주어야만 한다. 가치의 목표로써 평소라면 와자와리로 여길 기술도 「고난도 기술」이라고 하는 기술이 있으면 한판 득점으로 된다. 공격을 피해서 단순히 무방비한 등 쪽으로 공격뿐이 아니고 상대 몸의 무방비한 부분을 가격한 기술은 1점으로 득점된다.

다리후리기는 경기자를 바닥에 넘어뜨릴 필요 없이 그것에 이은 유효한 기술은 한판의 가치가 있다. 득점기술이 더해진 때 균형을 잃게 만드는 것만으로도 충분하다. 주심은 경기를 너무 빨리 그만두게 해서는 안 된다. 주심이 「그만」 소리를 하는 것이 너무 빨라서 좋은 결과의 가능성이 있는 다리후리기 및 공격이 득점되지 않는 예가 많다. 다리후리기 또는 던지기가 성공되고부터 2초는 기다려야 한다. 그 사이에 연속해서 공격하고 기술을 발휘해아 하는 것이다.

연속기술은 각각의 기술이 적어도 와자아리 가치 있는 기술이 잇달아서 빠르게 더해진 연속 공격인 것이다.

허리띠에서 아래로의 공격은 치골보다 위에만 있으면 득점된다. 머리 또는 목도 공격부위이다. 단 목을 건드리는 것은 어떠한 형태로 하면 인정되지 않지만 정확한 거리로 멈춘 기술 이면 득점의 대상이 된다.

좋은 자세로 견갑골에의 공격은 득점의 대상이 된다. 어깨에서 득점 밖이 되는 것은 윗팔과 견갑골 및 쇄골과의 접합부위이다.

비록 주심이 부주의하게 바로 경기를 그만두게 하지 않았어도 종료벨이 울린 시점에서 경기의 채점은 종료한다. 단 종료벨은 패널티가 그 후에 부과되지 않는다는 의미는 아니다. 패널티는 경기종료 후 경기자가 그 곳에서 나간 시점까지 심판단에 의해 부과된다. 그 후에도 패널티는 부과할 수 있지만 그것이 가능한 것은 심판위원회의 입장이다.

정식 무승부는 거의 없다. 무승부는 두 명의 기술이 동시에 가해진 것만이 아니라 각각의 좋은 자세 같이 그 양쪽 모두가 득점 대상이 되지 않으면 안 된다. 두 명의 기술이 동시에 가해졌지만 그 두 사람 모두 득점할 수 있는 기술의 경우는 거의 없다. 주심은 동시 공격의 한명만이 실제로 득점되는 상태를 무승부로써 결말을 내서는 안 된다. 이것은 무승부가 아니다.

제7조 판정의 기준

(1) 3판의 득점이 없는 경우 또는 경기 중에 기권, 반칙, 실격에 의해 패한 것이 아닌 경우 다음의 조건을 기준으로써 판정 내린다.
   ① 한판, 혹은 와자와리(준 유효타)가 주어지는가?
   ② 경기자가 나타내는 태도, 기백 및 강함은 어떠한가?
   ③ 기술의 우열
(2) 득점에 우위차가 없는 개인전에서는 다음의 조치를 취하는 것으로 한다.
   ① 경기 종료 시에 2인의 경기자 모두 득점이 없는 경우 승리의 결정은 판정에 의한 것으로 한다.
   ② 경기 종료 시에 2인의 경기자 모두 같은 득점일 경우 승리의 결정은 판정에 의한 것으로 한다.
   ③ 경기 종료시, 어느 경기자도 우위성을 확립하지 않은 경우 이 경기는 무승부로 하고연장전이 된다.
   ④ 경기 중에 받은 패널티 또는 충고는 연장전으로 넘겨진다.
(3) 단체전에 있어서 승리팀은 승자수에 의한다.
(4) 두 조의 팀이 같은 승자수인 경우 승자 및 패자의 득점을 계산해서 높은 득점을 얻은 팀의 승리로 된다.
(5) 두 조의 팀이 같은 승자수, 득점도 동점인 경우 양 팀 대표자에 의한 결승전이 이루어져야한다. 그래도 무승부로 되면 연장전이 된다. 최초에 한판 또는 와자와리를 얻은 경기자가 승자로 된다. 연장전후는 심판단에 의해 승자를 결정한다.
(6) 개인 경기에서 매듭지어지지 않는 경우 연장전이 된다. 최초의 한판 또는 와자와리를 얻은 경기자가 승자가 된다. 연장전 후 심판단에 의해 승자가 결정된다.

※ 설명
• 득점이 동점이 아닌 경우 경기 종료 후에 득점이 많은 사람이 승자이다.
• 위 기록의 판정을 고려 경기의 주도권을 잡은 선수에게 우세판정을 준다.
• 「판정」에 의해 경기의 결과를 정한 경우, 주심은 경기장 바깥에 서서 「판정」을 말 하고 호각을 두 번 분다. 부심은 깃발로 견해를 표시하고 주심은 호각을 한번 불어 부 심의 의견을 승낙한 것을 알린다. 그리고 소정의 위치에 돌아가 그 결과를 선고한다.

- 연장전은 경기를 연장한 것이고 별도의 경기 아니다. 따라서 경기중 부과된 패널티는 그대로 연장전에 넘어간다. 연장전이 완료한 때에는 경기 전체에서의 행동을 고려해넣은 결정이어야 한다.
- 단체전에서 승자수 및 합계 득점이 동점인 경우 대표전이 행해진다. 대표자 지명은 대 표전이 알려지고부터 1분 내에 나오는 것으로 하고 지명한 선수는 그 경기의 출전 순 위를 나타낸 용지에 등록한 선수로 한다. 대표전도 무승부가 된 경우에는 연장전을 행 해서 연장전 종료 때는 모든 연장전과 동일하게 결정이 내려져야한다.

제8조 금지행위

(1) 이하의 것은 금지된다.

① 목공격

② 공격부위에 대한 과도한 접촉기술, 기술은 전부 통제 된 것이어야 한다. 상대의 머리나 얼굴 부위에 공격을 하여 부상으로 타격을 주면 공격자에게 패널티를 준다.

③ 낭심 및 무릎, 발등에의 공격

④ 손바닥을 이용한 얼굴 공격

⑤ 상대가 완전히 착지하지 않고 또는 안전한 착지를 해치는 위험한 던지기 기술

⑥ 상대의 안정성 확보를 불가능하게 하는 기술

⑦ 팔 또는 다리 부분에의 직접 공격

⑧ 장외를 반복하고 또는 시간의 낭비가 너무 많은 움직임.
    장외라는 것은 경기자의 몸 또는 그 일부가 경기장 밖의 바닥에 닿은 상태를 말한다.단 경기자가 상대에 대해 실제로 장외로 밀어내거나 또는 던져진 경우는 이에 해당하지 않는다.

⑨ 순간의 기술에 의하지 않은 격투, 덮쳐누르기, 또는 덤벼들기

⑩ 무방비라는 것은 경기자의 한쪽 또는 쌍방이 자신의 안전에 대한 관심이 부족한 상태를 말한다.

⑪ 우위에 서려고 부상을 가장한 것

⑫ 팀의 일원이 무례한 태도를 취한 경우 그 멤버 또는 팀 전원이 실격된다.

※설명

얼굴의 기술은 접촉해도 득점되지만 "접촉하다"라는 것은 힘 있는 충격을 말하는 것이 아니다. 접촉이 강도 측정을 판정하는 경우 주심은 모든 상황을 고려해 넣어야 한다. 원칙은 통제 되어있는 기술의 충격을 피해 입은 쪽이 자신의 무분별한 움직임에 의해서 한층 더 나빠지게 한건 아닐까?

득점의 이유 중에 가장 많이 사용되는 것을 외부의 과도한 접촉이지만 실제로 과도한 접촉을 정당

화하기 위해 이것을 이용해서는 안 된다. 주심은 경기자 간에 보인 몸크기 차이의 영향을 고려해야 한다. 이것은 단체전, 혹은 오픈전에서 일어난다. 주심은 부상당한 경기자를 항상 잘 관찰해야만 한다. 부상자의 태도가 주심의 평가에 도움이 되기도 한다. 판정을 내리는데 조금 시간이 걸리면 코피 등의 부상 징후는 그 동안에 악화된다. 관찰하는 것에 의해 경기자가 전략적으로 유리한 입장에 서려고 가벼운 부상을 한층 나쁘게 보이려고 하는 것인지 어떤 것인지도 확실히 해야한다. 부상당한 코를 세게 부딪친다던가, 주먹보호대의 뒤쪽으로 얼굴을 강하게 비비는 등의 예도 있다. 경기 전부터 있던 부상을 가해진 접촉 정도에 의해서 뜻밖의 징후를 발생시키는 일도 생긴다.

숙련된 공수가라면 복부 등의 근육이 강한 부위에의 강렬한 충격을 흡수할 수 있지만 그래도 쇄골 및 갈비뼈는 부상입기 쉽다. 그 때문에 몸의 접촉에 대해서는 적당히 컨트롤 되어야한다.

과실에 의한 낭심공격이던, 고의적인 낭심공격이던 낭심공격자에게 주심은 패널티를 주어야 한다. 다리 윗부분에 가해진 발차기는 무릎 부상을 일으키는 일도 있으므로 주심은 발차기의 타당성을 검토하지 않으면 안 된다. 효과없이 아픔을 동반한 이런 식의 공격에는 바로 패널티가 주어져야 한다.

안면은 눈썹 1cm 위부터 시작해 아래에 그대로 관자노리까지 뺨에서 좁혀 턱 아래까지의 범위로 정의되어있다.

본문에서 언급한 손기술 2종류는 금지 기술의 예에 지나지 않는다. 공수가가 기술을 컨트롤 하는 능력은 각각 사람에 따라 차이가 있기 때문에 실제로는「위험기술」의 분류는 없다. 경기자는 모든 기술이 어떤가에 관계없이 충고 또는 패널티가 주어져야한다.

장외가 발생한 경우「그만」소리를 하는 시점이 결정을 내리는 것에 도움이 된다. 만약 적(赤)이 유효한 기술을 건 직후에 바깥에 나간 경우,「그만」소리는 득점과 동시에 가해져야 하는 것이다. 그렇게 하면 장외는 경기시간외에 발생한 일이 되어 패널티는 받지 않게 된다. 만약 적(赤)의 공격이 실패했다면「그만」소리를 가하지 않고 장외가 기록되게 된다. 만약 백(白)이나 적(赤)이 유효한 공격으로 득점한 직후에 장외에 나간 경우「그만」소리는 득점과 동시에 백(白)과 적(赤)의 장외는 기록되지 않게 된다. 적(赤)의 득점과 동시에 백(白)의 장외, 적에게는 득점이 인정되고 백은 장외가 부과된다.

시간 낭비 움직임에는 경기자의 한쪽 편, 혹은 쌍방이 싸우지 않고 무의미하게 빙글빙글 도는 움직임도 포함된다. 처음에의 서로의 탐색은 짧은 시간 안에 그치고 도전과 유효한 공격 및 반격이 행해질 것이 요구된다. 뭔가의 이유로 타당한 시간 내에 공격 및 반격이 행해지지 않을 경우, 주심은 경기를 중단해서 위반자에게 주의해야 한다. 유효한 반격을 가하지 않고 끊임없이 후진해서 상대에게 득점의 기회를 주지 않는 경기자에게는 패널티가 주어져야 한다. 이 같은 상황은 경기 종료 전에 다소 잘 발생한다.

무방비의 한 예는 경기자가 자신의 안전을 무시하고 위험한 상황에서 공격을 가한 경우이다. 경기자 중에는 자신을 내팽개치는 듯이 멀리 안쪽 주먹을 사용해 반격을 방어할 수 없게 만드는 사람도 있다. 이 같은 무방비한 공격은 무방비한 행위로써 득점되지 않는다. 경기자 자신의 안전을 위해 일찌감치 주의해야만 한다. 전략적인 꾸민 듯한 행동으로서 경기자 중에는 얻을 득점을 보란 듯이 과시하기위해 자신의 우세를 뽐내고 곧 얼굴을 외면하는 움직임을 하는 것이 있다. 이 같은 경기자는 경계심을 잃고 상대가 있는 것에 신경 쓰지 않는 상태에 빠진다. 얼굴을 외면하는 것은 자신의 기술에 주심의 주목을 끌기 위함이다. 이것은 확실히 무방비한 행위이다. 득점하기 위해서는 경계심이 유지되어야한다. 있지도 않은 부상을 꾸미는 것은 규칙에서 중대한 반칙 행위이다. 실제로 있는 부상을 과장해서 보이는 것은 그것보다는 낫다. 부상을 꾸민 경기자에게는 실격이 주어져야 한다. 예를 들면 마루 바닥에 넘어졌는지 마루를 데굴데굴 굴렸는지 등의 행위가 중립적 입장에 있는 의사의 보고로 그것에 상당하는 부상이 아니라고 인정되는 경우 등이다. 부상을 과장한 경우에는 충고 또는 패널티가 주어질 수 있다.

코치에게는 대회 실행임원의 협력을 얻어서 심판위원회에 의해 특정의 대기 장소가 지정된다. 그 장소는 경기장 가까이 코치는 경기와 경기사이에 경기자에게 자유롭게 항상 접촉하는 것이 인정된다. 경기자를 위해 확실히 보이는 득점표를 사용해야만 한다. 이 득점표는 코치 및 경기자로부터 정확히 보이는 것으로 한다.

제9조 징벌

(1) 다음의 등급의 징벌이 운용되는 것으로 한다.

① 충고-첫 번째로 가벼운 위반에 부과된다.

② 경고-상대에 와자와리(준유효타) 득점이 주어진다. 경고는 그 경기 중에 이미 충고를 한번 받은 후에 가벼운 반칙 또는 반칙주의를 받을 정도로 중요하지 않은 위반 에 대해 부과된다.

③ 반칙주의-상대에게 1판 득점이 인정된다. 반칙주의는 보통 그 경기 사이에 이미 경고가 1번 받은 후의 위반에 대해서 부과된다.

④ 반칙-이것은 대단히 중대한 위반에 대해 부과된다. 상대의 득점이 3판이 된다. 반칙주의 및 경고에 의해 상대의 합계 득점이 3판이 된 경우에도 인정된다.

⑤ 실격-해당된 토너먼트, 선수권, 경기에의 출전자격을 빼앗긴다. 상대의 득점은 3판이된다. 주심은 경기 종료 후 실격원인을 심판위원회에 보고해야만 한다. 경기자가 공수도의 위신 및 명예를 해치는 행위, 경기 규칙에 위반한다고 생각되어지는 그 밖의 행위에 대해 실격이 주어진다.

※ 설명

• 규칙위반에 대해서는 즉각 징벌을 부과할 수 있다. 1번 부과된 징벌과 같은 위반을 반 복할 때

에는 부과해야하는 징벌의 도합이 증가된다. 예를 들면, 과도한 접촉에 대해서 경고를 받은 후 2번째 과도한 접촉에 대해서 충고를 주는 것은 있을 수 없다.

- 징벌은 종류별로 가산된다. 요컨대 첫 번째 무방비에 대해서 충고가 주어진 후의 첫번째 장외는 자동적으로 경고로 되지는 않는다. 부과되어진 일반적인 패널티는 경고,반칙주의, 반칙 또는 실격이다. 위반에 대한 반칙주의 또는 경고는 그것에 앞서「장외 (또는 무방비) 반칙주의/경고」등의 설명과 함께 그 위반이 지적되어야 한다. 여러 가 지 위반에 의해 1시합 동안에 받은 징벌의 합계가 징벌의 수위에 달할 때, 위반자에게 는 패함이 선언되고「적(赤)의 승리」라고 승자가 보고되어진다.
- 충고는 규칙의 가벼운 위반이 분명히 인정되어지는 경우에 주어지지만, 상대의 위반에 의해서 경기자의 승리 가능성(심판단의 판단에 근거할 때)이 줄어드는 건 아니다.
- 경고는 충고를 주는 일없이 직접 줄 수도 있다. 경고는 보통 상대의 반칙에 의해서 경 기자의 승리 가능성이 간신히 줄은(심판단의 생각에는)경우에 부과된다.
- 반칙주의는 직접, 또는 충고 혹은 경고에 이어서 부과할 수도 있다. 상대의 반칙에 의 해서 경기자의 승리 가능성이 대단히 감소한 경우에 사용한다.
- 반칙은 누적된 징벌에 대해서 부과되지만 중대한 규칙위반에 대해서 직접 부과될 수도 있고 심판단의 생각에 상대의 반칙에 의해서 경기자의 승리 가능성이 없는 경우에 사용한다.
- 실격은 어떠한 충고도 없이 직접 부과할 수 있다. 경기자가 실격할 만한 일을 아무 것 도 하지 않아도 경기자가 속하는 대표단의 코치, 또는 그 멤버가 공수도의 위신 및 명 예를 해치는 것 같은 행위를 한 것으로 충분히 그 이유가 된다.
- 경기자가 악의 있는 행위를 한다고 주심이 판단하면 실제로 신체적인 부상을 일으키지 않았다고 해도 이 경우의 바른 징벌은 반칙이 아닌 실격이다. 실격은 공표해야 한다.

제10조 경기에 있어 부상과 사고

(1) 기권은 경기자가 경기를 못하고 포기한 경우 또는 주심의 명령에 의해 경기에서 퇴장한 때에 내려지는 규정이다. 경기 포기의 이유에는 상대의 부상도 포함한다.

(2) 만약 2명의 경기자가 동시에 서로의 선수에게 부상을 주거나 혹은 전에 입은 부상의 영향으로 괴로워해서 경기 관계 의사가 계속하는 건 불가능하다고 선언한 경우, 그 시점에 있어 고득점을 갖고 있는 쪽이 경기자에게 승리가 주어진다. 만약 동점인 경우에는 판정에 의해 경기 결과가 결정된다.

(3) 토너먼트 경기에서 담당의사에 의해 경기에 부적당하다고 알려진 부상을 당한 경기자는 그 경기를 계속할 수 없다.

(4) 상대의 반칙에 의해서 이긴 부상당한 경기자는 의사의 허가가 없는 한 경기진행을 할 수 없다. 만약 그 경기자가 부상당해 있고 다시 상대의 반칙에 의한 승자는 다음 경기부터출전 할 수 없다.

(5) 경기자가 부상당한 경우, 주심은 바로 경기를 중단하고 의사를 불러야 한다. 그리고 의사에게는 진단과 부상의 치료가 인정된다.

※ 설명

자기가 스스로에게 가한 부상 및 선수 자신에 원인인 부상의 취급은 용이하지만 상대의 기술에 의해서 받은 부상을 평가할 때 심판단은 그 기술이 유효한지 어떤지를 고려할 필요가 있다.

그 기술은 바른 부위에 정확한 때에 적절한 정도로 조절되어서 적용되었는가? 어떤가? 이 같은 고찰에 의해 심판단이 부상당한 경기자를 기권에 의한 패함으로 선언할 것인가 아니면 상대의 반칙에 대한 징벌을 부과해야 하는 것인가의 결정을 내리는 것에 판단의 기준이 된다. 의사가 경기자를 부적당하다고 선언할 경우 경기자의 모니터 카드에는 그와 같이 기입되어야한다. 다른 심판단을 위해 부적당한 정도가 명확히 제시되어야 한다. 경기자가 상대의 중복된 가벼운 위반에 대한 반칙에 의해 승리를 얻을 수도 있다.

이 사건의 승자는 눈에 띠는 부상을 받지 않았을 지도 모른다. 신체적으로 경기를 진행할 수 있었을 지도 모르지만 같은 이유에 의한 2번째 승리는 필연적으로 승자의 퇴장으로 이어질 일이 된다.

의사는 부상당한 경기자에게는 안전을 권고를 하는 일이 의무 이다. 스포츠의 신뢰성을 지키기 위해 부상을 꾸민 경기자는 도가 지나친 위반자에 대해 출전 정지처분을 포함 엄격한 징벌의 대상이 된다.

부상을 가장함으로서 실격된 경기자는 경기장에서 데리고 나가 직접 JKF (전 일본 공수도 연맹) 지정 의사의 판단에 의해 지정의사에 의해 바로 경기자의 진찰이 행해진다. 의사는 선수권이 종료될 때까지 보고서를 제출하고 심판위원회의 최종결정에 맡겨진다.

제11조 이의 신청

(1) 누구도 판정에 대해서 이의 신청을 할 수 없다.

(2) 주심의 절차가 「경기규정에 위반 된다」라고 생각되어지는 경우, 정식 대표자만이 이의 신청을 하는 것이 인정되어진다.

(3) 이의 신청은 문서에 의한 보고서 형식으로 행하고 이의 신청이 발생한 경기 직후 소청해야 한다. 단 하나의 예외는 경기 운영이 규정에 위반 되서 행해지는 경우에 대한 이의 는 패하는 것이다. 이 경우 바로 컨트롤러(기업경영을 관리하는 사람 또는 기관)는 지적되어 야 한다.

(4) 이의 신청은 심판위원회의 대표에게 제시하는 것으로 한다. 위원회는 순서를 따라 사태를 검토

하고 이의 신청에 대한 결정을 내리게 된다. 입수할 수 있는 사실 모두를 고려한 후, 위원회는 보고서를 작성하고 필요한 처치를 강구하는 권한이 주어진다.

⑸ 규칙이 적용에 관련된 이의 신청은 소정의 용지에 기입하고 팀 또는 경기자의 정식대표자가 서명해서 제출하는 것으로 한다.

※ 설명

이의 신청에는 경기자의 이름, 심판단의 이름 및 이의 신청을 정확하고 상세히 나타내지 않으면 안 된다. 종합적이고 전반적인 불평은 일절 정당한 이의 신청으로써 받아들여지지 않는다. 이의 신청의 유효성을 입증하는 책임은 신청자에게 있다. 경기의 진행 중에 있어 운영이 규정에 위반해 행해지는 경우 감독은 직접 경기의 컨트롤러에게 관리의 불충분함을 지적할 수 있다. 컨트롤러는 그것을 또 주심에게 알린다. 이의 신청은 심판위원회가 검토하고 위원회는 검토의 일환으로써 이의 신청의 입증으로써 제출한 증거를 조사한다. 심판위원회는 공식 비디오도 연구하고 이의 신청의 유효성을 객관적으로 검토하기 위해 경기 컨트롤러에게 질문한다. 만약 이의 신청이 심판위원회에 의해 유효하지 않다라고 판정되면 그 신청은 받아들여지지 않는다.

제12조 심판위원회, 감독관

■ 주심, 부심 및 감사관의 권한과 의무

⑴ 심판위원회의 권한과 의무는 다음과 같이 한다.

    ① 조직위원회와 상담해서 경기장의 준비 혹은 용품 및 필요한 설비의 준비 및 배치, 경기의 운영 및 감독, 안전대책 등 각 경기의 바른 준비를 확인 하는 것

    ② 컨트롤러를 각각의 장소에 임명 배치한다. 컨트롤러의 요망이 있는 경우는 그것에 처치 한다.

    ③ 심판단의 감찰, 조정을 행한다.

    ④ 필요한 경우 대리 심판을 지명한다(감독관, 심판, 부심의 단독 판단으로 심판단의구성을 바꾸면 안 된다.).

    ⑤ 정식의 이의 신청서를 조사해 판단을 내린다.

    ⑥ 경기 때에 발생한 사태에서 규칙에 아무런 규정이 되어있지 않은 기술적 성질의 사항에 관련해서 최종판단을 내린다.

⑵ 감독관의 권한과 책무는 다음처럼 한다.

    ① 감독 하에 있던 코트 내에서 행해진 모든 경기의 주심, 부심의 임명, 지명 및 감독

    ② 주심, 부심의 판단을 감시하고 또 임명된 심판원이 주어진 책무를 수행하듯이 감독한다.

③ 각각의 심판원이 일에 관련된 일보, 보고서를 추천장과 함께(만약 있으면) 심판위원회에 제출한다.

(3) 주심의 권한은 다음과 같다.

① 주심은 경기를 관리하는 권한을 갖고 있는 것으로 한다.(시작, 중지, 경기의 종료를 알리는 일도 포함)
- 한판 또는 와자와리를 주는 일
- 필요한 경우 감독관 또는 심판위원회 판단을 내린 근거를 설명하는 일
- 징벌을 부과하고 충고를 하는 일(경기 전, 한창 때, 또는 경기 후에)
- 부심의 의견을 듣는 일(깃발에 의해)
- 연장전을 알리는 일

② 주심의 권한은 경기장에 국한되지 않고 그 주변에도 미치는 것으로 한다.
③ 주심은 모든 명령을 내리고, 모든 발표를 행하는 것으로 한다.
④ 부심이 신호를 했을 때 주심은 부심의 신호를 고려해 판단을 내리는 것으로 한다. 부심의 의견에 동의할 경우 주심은 경기를 중단한다.

(4) 부심의 권한은 다음과 같다.

① 깃발에 의해 주심을 돕는다.
- 득점을 주는 권리를 행사하는 일

② 부심은 경기자의 행동을 주의 깊게 관찰해서 다음 경우에 주심에 대해서 의견을 신호하는 것으로 한다.
- 한판 또는 와자와리가 인정될 때
- 경기자가 금지시킨 행위 및 기술을 당장에라도 범하려고 할 때, 또는 범했을 때
- 경기자의 부상 또는 병
- 경기자의 한쪽 혹은 쌍방이 밖으로 나갔을 때
- 주심의 주위를 재촉할 필요가 있다라고 간주된 때

(5) 감독관은 시간 계산하는 사람과 기록자를 감독한다. 메모된 경기의 기록은 감독관의 승인을 얻어서 공식 기록이 된다.

※ 설명

판단의 근거를 경기 종료 후 설명할 때 주심은 감독관 또는 심판위원회에게 제시할 수 있다. 주심은 다른 누구에게도 설명해서는 안 된다. 주심은 필요치 않은 한 경기의 원활한 흐름을 멈추어서는

안 된다.「그만, 멈추시오」등의 성과 없는 경기정지는 피해야 한다. 훌륭한 주심은 부심이 신호를 해도 신호가 바르지 않다고 판단하면 경기를 정지하지 않는다. 이 경우 주심의 판단은 유동적이어야 한다. 부심의 신호를 거절하기 전에 주심은 부심의 판단방법의 정확도를 고려해야 한다. 부심은 깃발만으로 의견표시를 하고 호각을 사용하지 않는다. 단, 주심은 2명의 부심이 신호했을 때 경기를 중단하려는 의견이 서로 다름을 재빨리 검토한다. 그래도 의견이 다를 때는 다수결로 한다.

부심은 실제로 확인한 사실만을 표시해야만 한다. 기술이 공격부위에 성공했는지 어떤지 확실치 않을 경우「보지 못함」표시를 해야 한다.

제13조 경기 개시, 정지, 종료

(1) 경기 운영에 즈음해서 주심 및 부심이 사용해야하는 용어 및 제스처는 부속 문서 1 및 2에 명시되어 있는 대로 한다.

(2) 주심 및 부심은 선수간의 경례가 이루어진 후 소정의 위치에 도착해서 주심의「승부, 3판 시작」이라는 소리와 함께 경기가 시작된다.

(3) 득점 기술이 실행된 때 주심이「그만」소리에 의해 경기는 중지된다. 주심은 선수들에게 원래의 위치에 서도록 명령한다.

(4) 주심은 원래의 위치에 있고 부심은 깃발에 의해 자신의 의견을 나타낸다. 주심은 득점을 확인하고 결정 제스처로 와자와리 또는 한판을 준다. 이어서 주심은「계속해서 시작」소리를 하면 경기는 재개된다.

(5) 경기 동안에 경기자가 3판 득점을 올렸을 때 주심은「그만」소리를 하고 경기자에게 원래의 위치에 서도록 명령하고 자신의 위치에 서서 얻은 기술을 선언한 다음 주심은 승자측 손을 올려「白(赤)의 승리」라고 선포함에 따라 승자가 선언된다. 이 시점에서 경기는 종료된다.

(6) 경기시간이 종료되고 득점이 동점이 된 때, 주심은「그만」하고 소정의 위치에서 주심은「판정」소리를 내어 호각에 의해 신호를 한다. 그리고 부심은 자신의 의견을 제시한다.다수결로 판정한다. 판정에는 부심 및 주심이 각각 1표이다.

(7) 주심이 결정을 발표해서 승자를 선포하던지 혹은 비기는 것으로 한다.

(8) 개인전에서 비기는 경우 주심은「연장전」을 알리고 「승부, 시작」호령과 함께 연장전이 시작된다.

(9) 다음의 경우 주심은「그만」을 말하고 경기를 일시 중지한다. 경기는 그 후 재개된다.

① 경기자의 한쪽 혹은 쌍방이 경기장외에 있을 때(또는 부심이 장외신호를 한 때)주심은 장외 경기자에게 원래의 위치에 오도록 명령한다.

② 주심이 경기자에게 도복을 바르게 하도록 명령하고 싶을 때

③ 경기자가 규칙위반을 범한 것을 주심이 알아차릴 때, 또는 주심이 부심으로부터 그 뜻의 신

호를 알아 차렸을 때

④ 경기자 한쪽 또는 쌍방이 부상, 병 또는 그 외의 이유로 경기가 계속 될 수 없다고 주심이 간
　주한 때, 대회 의사의 의견에 유의해서 주심은 경기를 계속여부를 결정한다.

⑤ 경기자가 상대를 붙잡고, 곧 유효한 기술을 행하지 않은 때 주심은 쌍방을 떼어놓는다.

⑥ 경기자의 한쪽 또는 쌍방이 쓰러지거나 또는 던져버린 때, 유효한 기술이 곧 나오지 않을때

※ 설명

경기가 시작했을 때 주심은 우선 경기자에게 소정의 위치에 서라는 소리를 낸다. 그 전에 경기장에 들어간 선수는 몸짓으로 장외에 나간다. 선수는 서로 바르게 경례를 나눈다. 간단히 고개만 끄덕이는 인사는 무례한 것으로 불충분하다. 누구도 나서서 경례하지 않는 경우 주심은 규칙의 2항에 제시된 것처럼 손으로 신호해서 경례를 요구 할 수 있다.경기를 중단할 때 주심은「그만」소리를 할 뿐 아니라 적절한 신호도 한다. 주심은 우선 득점된 측(赤또는 白)을 말하고 다음에 공격부위(중단(中段), 상단(上段))을 말한다. 계속해서 득점인 기술(찌르기, 치기, 차기)을 말하고 최후에 득점을 준다.(와자와리 또는 한판)

경기를 재개할 때 주심은 쌍방의 선수들이 소정의 위치에 섰는지 자세를 잡았는지 확인해야 한다. 동떨어져 있는 경기자 또는 안절부절못하고 있는 경기자등은 경기 재개 전에 조용히 그치게 해야 한다. 주심은 늦음을 최소한으로 해서 경기를 재개해야 한다.

제14조 수정

이사회의 승인을 얻고 JKF(전일본공수도연맹) 심판위원회 및 기술위원회만이 기술 규칙을 수정할 수 있다.

참고문헌

김용욱(1990). 태권도철학의 구성원리. 통나무.

大山倍達(1975). 空手의 沿革 100萬人の 空手. 東都書房.

松田隆智著, 권오석역(1979). 暗器, 實戰中國武器術. 書林文和社,

松田隆(1975). 第二章 空手編.謎の 劵法を 求めて. 東京新聞出版局,

안규승(2001). 운동경기전집. 홍인문화사.

增田一仁監修, 飯山和雄著(1974). 空手道의 歷史 空手道, 日東書院.

村上勝美(1975). 術と 道の 空手. 空手道と 琉球古武道, 成美堂出版,

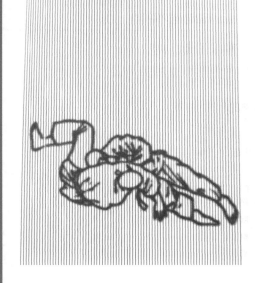

유도

동양의 무술 | 일본

제1장 유도의 역사

   1. 유도의 개관과 역사

   2. 국내보급과 해외발전

제2장 기술

   1. 유도의 원리

   2. 유도의 기술

제3장 경기규정

   1. 심판규정

   2. 단 및 체급.

제1장 | 유도의 역사

>> 1. 유도의 개관과 역사

1) 개관

유도란 무엇인가? 한마디로는 정의하기 힘든 질문이다. 어떤 사람들에게는 재미있는 스포츠일 수 있고, 또 어떤 사람들에게는 자기 방어의 호신술로 인식될 수 있으며, 또 어떤 사람에게는 엄격히 자신을 다스리는 수양 방법으로 인식될 수 있다.[81] 이 모든 것에 대해 틀리다고 할 수는 없지만 유도는 그 이상의 의미를 지니고 있다.

호신술로서의 유도의 유래에 대해 일본에서 발생된 것이 아니라 우리나라에서 전래되었다고 주장하는 의견들도 많지만 분명한 것은 유도가 오늘날과 같이 근대적으로 체계화된 모습을 갖추게 된 것은 1882년에 일본인 가노지 고로에 의해서라는 것이다.[82] 이후 1964년 동경올림픽에서 정식종목으로 채택되었으며, 오늘날은 전 세계적으로 널리 인기 있는 운동으로 각광받고 있다. 유도는 자신의 몸을 보다 효과적으로 보호하고 건강한 신체를 유지하며 그 이외의 다양한 목적을 위해 이용되고 있으나 실제 그 자체의 즐거움을 만끽하기 위해 유도를 배우는 사람들도 적지 않다.

신체는 젊을 때 단련을 해 두면 골격, 근육, 신경 등 기관이 훌륭하게 발달하며 30세 전후에서 일단 종지부를 찍게 되는 것이 통례이다. 그러나 그 건강과 강도와 기량은 수련에 따라서 개인차는 있지만 40세 전후까지 계속되는 것이다. 그 이후는 하강선에 머무르지만 단련된 사람은 그 하강 속도가 느리며 체력은 오래 지속되는 것이다. 이러한 의미에서 유도는 신체 단련과 정신수양에 있어서 최상의 스포츠라 할 것이다.[83]

유도는 무술에서 발달한 것이므로 예의를 존중하여 연습 시작과 끝날 때에는 정좌하고 묵상하고 자세를 바르게, 심신을 안정하고 아랫배에 힘을 주어 심호흡을 한다. 이것이 우리들 몸에 효과적임이 과학적으로 입증되고 있다. 기술은 상대가 호흡을 내쉴 때에 걸면 효과가 크다. 과거의 유도인은 목덜미가 굵고 짧으며 가슴은 두터우며 어깨가 넓고, 다리가 굵고 짧았지만 최근의 일류 선수들은 균형 잡힌 신체를 갖추고 있는 경향이 많다.

정신 수양에 있어서는 먼저 예의를 숭상할 것이며 이에 따라 인내력이 강해지고 왕성한 정신력이 양성되므로 적시에 용기가 솟아날 수 있다. 한편 직감적인 판단력이 양성되어 치밀한 데가 있고 판단이 빠르게 돌아간다. 상대에게 선수를 당해도 재빨리 그에 대처하는 수단을 취하게 되는 것이다.

. . . .

81) 문교부(1976). 유도. 서울신문사 출판국, p.17.
82) 金正幸(1986). 柔道槪論. 大韓柔道大學出版部, p.25.
83) Isao Inokuma, Nobuyuki Sato(1986). Best Judo. Kodansha, p.8~p.9.

다만 유도는 개인기의 스포츠이므로 자연 개인 본위의 성격이 되어 아집이 강해질 염려가 있으므로 이 점만은 스스로 행동을 조심할 필요가 있다.

2) 역사

(1) 일본 유도의 역사

중국의 권법가인 진원빈(1587~1671)이 1628년 청조(淸朝)에서 추방당하여 일본으로 건너와 강호마포의 국정사에서 보살들에게 다소간의 권법을 가르친 것이 일본 유도의 기원이 된다고 할 수 있다. 진원빈씨는 대판의 복야, 동무, 삼포, 기구에서 유법을 전파하였는데 복야칠랑우위문은 기도류를 만들었고 관구유심(관구류)이 임기유거합과 삼포류유위를 배운 후에 장기의 추산사랑병위가 의술수행을 하고자 중국에 건너가 박전이란 사람으로서 유술을 배웠으며 무관에게서 포수이수와 활법이십팔수를 배워 귀국한 후 양심류를 만들어 지도 보급하였다. 이에 제강류, 구귀신류도 배웠고, 고유의 유술을 전부 연구하여 스포츠화 시켰다. 그리고 각 유파를 연구하여 부드럽고 유순함이 강함을 제압할 수 있다는 유술을 집대성하여 사회에 적합하고 교육적인 목적을 달성 할 수 있도록 각 유파에서 보존되고 있는 유술의 내용에서 원칙에 맞는 부분을 계승하고 이치에 합당치 못한 점은 제거하여 새로운 지도체계와 방법을 확립하고 자유연습과 본(本)을 연습하게 하여 본과 더불어 지덕의 체육적인 목적은 물론 더 나아가 교육적인 목적을 달성 하였다. 일본에 유술이 전파된 후, 수십 종의 유파가 난립, 유파간의 치열한 경쟁의식으로 급속도로 발전해 오다가 약 80년 전 가노지고란 사람이 당시 유술의 일종인 천신지양류와 기도류를 수련하고 연구한 후 이를 집대성하여 과학적인 기초 위에 1882년 새로운 제련법, 수심법, 승부법을 정하여 이를 유도라 칭하였다. 다시 말하면 유술이 너무 격한 무술이라서 격한 요소를 제거하여 체육적인 면에서 누구나 즐겨 할 수 있는 기술만으로 구성된 새로운 유파를 발족시킨 것이 오늘날의 일본 강도관 유도인 것이다. 그 후 유도는 발전을 거듭하여 1889년에는 영국, 1902년에는 미국, 1906년에는 독일, 1908년 이탈리아, 1910년 벨기에, 1912년 오스트리아, 1925년 스위스, 체코슬로바키아, 1929년 노르웨이, 1930년 네덜란드, 프랑스 등의 국가들이 유도를 도입했으며 현재는 세계 여러 나라에서 유도가 실시되고 있다.[84]

(2) 유술

유도의 확실한 기원은 알 수 없다. 다만 그 발생과정이 다른 격기와 같이 생존의 본능에서 파생되었을 것이라는 것이 비교적 타당성이 있는 것으로 인식되고 있을 뿐이다.

그리고 이것이 우리나라에서 어떻게 자리 잡았는가, 그것 역시 확실치 않아서 단언 할 수는 없으나 사학가(史學家) 안자산씨가 저술한 「무사영웅전」에 의하면 우리나라 유술은 고려 15대 숙종 때 일

---

84) 李相燦(1983). 柔道, 正民社, p.14.

종의 정재(呈才)로서 음악과 함께 병진(倂進)하였으며[85] 그 후 충혜왕 때(약 883년전)부터 점차 유행하며 그 호칭을 수박 혹은 권법이라고 하였으며, 다시 인종 때 무사의 세력이 지배적으로 됨에 따라 당시 정중부 등은 여흥의 하나로 삼는 동시에 군인의 상례로 행하게 되었던 것인데 이것이 곧 우리나라 유술의 초기적 양상이라 할 것이다.[86]

또한 무예도보통지란 책에 의하면 당시 기술에 25법의 정법이 있었고 비전의 산실된 10법의 비법이 있었다고 하는데, 그중 신법, 수법, 각법 등을 주축으로 한 25법의 종목을 기본으로 하여 발달한 것이 오늘날의 유도 원조라고 할 수 있겠다. 흔히 유도라고 하면 일본 고유의 것으로 알고 있는데 그렇지 않다.

일설에 의하면 지금으로부터 약 370년 전에 중국 명나라 사람인 진원빈이 3인의 일본인에게 권법의 방법을 말해 준 것이 기초가 되어 시작된 것이 일본 유술의 기원이라는 것이다.[87] 물론 그로 인한 영향도 없지 않겠으나, 우리나라와 일본의 역사적인 관계를 보아서 임진왜란 때 우리의 유술인이 끌려가 어느 정도 체계 있는 유술을 전파시켰으리라는 것이 거의 틀림없을 것으로 받아들여지고 보면 기실 유도의 기원은 우리나라에서 비롯되었다고도 할 수 있을 것이다. 특히 삼국시대의 고구려벽화를 보아도 그 심증은 더욱 굳어지리라고 믿는다.[88]

다만 오늘날의 유도가 일본 고유의 것인 양 인식되고 있는 것은, 일본에서 스포츠로서 완성을 보았기 때문이라 생각한다.[89]

(3) 스포츠화 된 유도의 역수입

이러한 우리 고유의 무술을 근대체육으로 체계화된 유도로 역수입한 것이 1909년이다.

당시 우리나라 청년 지도자인 이상재의「장사 100명만 훈련시키라」는 제언에 의하여 황성 기독교 청년회에서 유도반을 설치하고, 무관학교 출신인 유근수가 지도에 임하였으나, 유근수는 본래 격검 출신이라 여의치 못하던 중 청년회에 유도반이 설치되었다는 소문을 듣고 방문한 나수영의 출현으로 본격적인 유도 수련이 시작되었던 것이다.

그러나 당시의 유도는 두 사람이 짝지어 체술, 즉 오늘의「본」과 도수방어술을 종합한 식의 기술을 반복했으나 나수영이 간도로 가자 후임에 수제자이던 박재영이 취임하여 6년간 지도하다가 1919년 3.1운동에 연좌되어 투옥되자 강낙원이 승계하여 1년가량 지난 후 1921년에 낙원동 오성학교 지하

....

85) 李濟晃(1978). 新柔道. 受賞界社, p.13~p.20.
86) 문교부(1976). 전게서. p.9.
87) 문교부(1976). 전게서. p.11.
88) 李相燦(1983). 전게서. p.14.
89) 李濟晃(1983). 전게서. p.13.

실에 노윤선과 함께 조선무도관을 설립하였다.(후에 화서동으로 옮김.)

강낙원이 떠난 뒤 한진희 역시 1년가량 사범으로 있다가 1923년 낙원동에 강무관을 신설하고 사퇴하자 YMCA체육부의 간사이던 장권이 사범으로 취임하였다.

1928년엔 우리말 술어 제정을 서둘러 1929년 10월 19일에 개최되는 조선단체유도대회에 대비하였고, 1931년 1월 17일엔 이경석이 사재를 털어 수송동에 조선 연무관을 개설하였다. 1931년 9월엔 시내도장, 기청유도부, 조선무도관, 강문관, 조선연무관에 개성의 송도 광무관(사범 김홍식)을 합하여 조선유도연합회를 결성하고, 각 지방유도장을 참가토록 하여 통일조직과 단결을 기도하였으나, 분파행동으로 뜻을 이루지 못하고 현역 유단자들로 조선 유도 유단자회를 조직하고 체육강연회, 연합유도경기, 연습등을 통하여 단합을 기하였으나 전철을 되풀이할 따름이었다.

그러던 중 1938년엔 일제의 강압으로 각 도장이 강도관 조선지부로 통합되어 그 지배하에서 유지하게 되니, 기존도장은 해산되고 기타 도장들도 1945년 광복을 맞았다.

≫ 2. 국내보급과 해외발전

유도는 발전을 거듭하여 해방 이듬해인 1964년 7월엔 대한 유도연맹회관 및 중앙도장을 을지로에 두어 유도보급에 힘썼으나 6.25동란으로 유도계도 치명상을 입게 되었다. 그러나 이를 극복키 위해 유도회는 대한경찰상무회와 합동으로 제1회 전국 유도순회회를 개최하여 그 복구에 힘썼고, 1955년엔 유도 사절단을 유럽에 파견하여 약 3개월간 국제경기 및 순회 지도로 국위를 선양하는데 크게 이바지했다.

중요한 산하단체로는 행정적으로 학도분과위원회에 소속되어 있는 대학학생유도연맹이 1964년에 발족, 많은 역군을 배출하고 있으며 실업유도연맹이 1962년에 발족되었다.

중요한 경기는 여러 대회 중에서도 전국체전의 도 대항전과 춘추의 학생연맹전 등이 역사를 자랑하고 있으나, 가장 권위 있는 경기는 전국 개인선수권대회이다. 1964년도부터는 국제적 조류에 따라 체급별선수권대회가 시작되었으며, 1969년 서울학도체육대회가 시작되었다.

이후 시야를 넓혀 국제무대로 진출하여 1961년 12월 프랑스에서 열린 제3회 세계선수권대회에 참가하여 김의태가 4위, 한호산이 5위를 차지한 바 있다.

제18회 도쿄, 올림픽 대회에서는 김의태선수가 동매달을 획득하였고, 1965년 10월 제4회 세계유도선수권대회에서는 박길순과 김의태가 각각 3위, 유태언이 4위를 차지하여 우리 유도의 실력을 세계만방에 과시하기도 했다.

또 1967년 8월 제5회 세계유도선수권대회(미국 솔트레이크市)에서는 경중량급에 박길순이 은메달, 박청

삼이 동메달, 경량급의 김병식이 동메달을 획득하였으며,[90] 동년 8월 25일부터 도쿄에서 개최된 유니버시아드대회 유도부문에서 개인 6체급과 단체전에서 모두 준우승을 차지하는 성과를 올렸다.

또한 1966년 5월28일, 마닐라에서 열린 제1회 아시아 유도선수권대회에서는 윤복균이 출전 중량급에서 2위 무제한급에서 3위를 차지했으며 중량급에서는 신석기가 3위, 경량급에선 안종환이 3위를 하였다.

1969년 10월 23일 멕시코에서 열린 제6회 세계 유도선수권대회에서는 김상철(경량급)이 3위, 김칠복(경중량급)이 3위, 오승립(중량급)이 3위를 차지했다.[91]

이어서 제2회 아시아유도선수권대회에서 금메달 1개, 은메달 3개, 동메달 2개, 합계 6개를 차지했다. 이 대회에서 중량급의 최규본이 일본선수를 누르고 처음으로 국제무대에서 금메달을 차지하게 되었다.

또한, 1971년 6월에 서독에서 열린 제7회 세계유도선수권대회에서는 최종삼이 경량급에서 동메달을 차지한 바 있다.

제2장 | 기술

≫ 1. 유도의 원리

유도는 말 그대로 "부드러운 운동"이다. 즉 유도는 단지 힘으로만 이루어진 것이 아니고, 연습으로부터 획득할 수 있는 육체적인 조건과 다양한 기술 향상을 위한 노력으로 개발될 수 있다는 것을 의미함을 알 수 있다.

유도의 "유"자는 부드러움을 의미하는 것으로 상대방의 힘에 대항함을 말하는 것이 아니라, 그를 적용하여 자신에게 유리한 방향으로 이용함을 말한다. "도"자는 전통적인 '정신적인 자세'를 의미하는 것으로 단지 기술적인 것만을 말하는 것이 아니라 엄격한 도덕적 원리를 중요시 하는 것으로서 "사람으로서의 자기완성"위해 노력하는데 그 기본을 두고 있다.

유도는 과학적이고 합리적인 운동으로 이름났다는 것은 잘 알려진 사실이다. 모든 현대 스포츠가 과학적이라는 특성을 지니고 있지만 특히 유도는 과학적 원리에 근거를 둔 동작으로 구성된 스포츠이다.

· · · · · · · · · ·
90) 金正幸(1986). 전게서. p.27.
91) 金正幸(1986). 전게서. p.27.

"유능제강"이라는 말은 곧 유도의 정수를 가장 잘 설명한 말이 된다. 이것은 물리학에서의 힘의 원리의 과학적인 적용이 이루어지는 것이다. 힘에 대항하여 힘을 사용하는 것은 유도가 아니다. 상대방의 힘을 이기기 위해서 상대적으로 과도한 힘을 사용하는 것은 힘을 사용하는 것밖에는 되지 않는다. 이는 유도에서 요구되는 것이 아니다. 유도는 상대방의힘보다 훨씬 적은 힘을 사용하여 상대방을 쓰러뜨리기 위해서 기술을 익히는 것이라고 할 수 있다. 다시 말하면, 유도의 원리는 물리적인 원리를 적용하여 상대방의 힘을 자신의 힘으로 이용하는 것이다. 만약 상대방이 밀고 들어오면, 대항하지 않고 뒤로 움직이고 뒤로 가면, 앞으로 나아간다. 이러한 원리로 작은 사람이 큰 사람을 던질 수 있는 것이다.

따라서 유도의 근본철학은 정신적, 육체적인 힘을 사용하여 가장 효과적으로 가치 있는 목표를 성취하는 것이라고 말할 수 있다. 다시 말하면, 이것은(육체적 또는 다른 측면이든)모든 일을 수행함에 있어서 가장 효과적으로 노력을 기울일 정확하고 적절한 기회를 포착하는 능력을 길러야 한다는 말이 된다. 유도수련은 그러한 기회를 포착하고 자신의 힘을 가장 효과적으로 사용할 수 있는 순간을 잡는 기민함을 터득하는 것이 된다. 경험으로부터 배우고 터득한 유도의 근본에 의해서 우리는 신체적 건강을 유지할 수 있으며, 정확한 결정을 할 수 있고, 복잡한 사회생활 속에서 자존심을 기를 수가 있는 것이다.

≫ 2. 유도의 기술

유도의 기술을 세분하면 메칠 때의 자세에 따라 선 기술과 누우면서 메치는 기술 두 가지로 나누며, 선 기술은 메칠 때 주로 움직이는 부분에 따라 손기술, 허리 기술, 발 기술로 삼등분하며, 누우며 메치는 기술은 몸을 바로 누우며 메치는 기술과 옆으로 누우며 메치는 두 가지 기술로 나눈다.

굳히기는 메친 상대방을 반듯하게 누르는 누르기와 상대의 목을 팔과 다리로 조이는 조르기, 상대의 관절을 꺾거나 비트는 꺾기의 세 가지이다.

급소지르기는 상대의 급소를 주먹, 손끝, 팔꿈치로 지르는 것과 주먹 손날로 치는 것과 무릎, 발끝, 발뒤꿈치로 차는 세 가지인데 급소지르기는 위험이 따르는 것이므로 자유연습, 약속연습, 시합 때는 할 수 없게 되어있다.

메치기와 굳히기는 어느 한쪽에 치우치지 말고 고루 연습하는 것이 중요하며 메치기는 선 기술로부터 연습을 시작할 것이며 어느 정도 기술이 향상되어 넘어지는 낙법을 익힌 후에 누우며 메치기를 배우는 것이 좋다. 굳히기는 누르기로부터 시작하여 조르기, 꺾기의 순으로 연습하는 것이 안전하고 빠른 연습이다.

낙법은 몸쓰기와 연결되는 것이며 상대를 메치려면 먼저 메치기를 당하는 것을 익혀야만 한다. 유연한 몸쓰기의 기본은 낙법의 연습에 있다.

<표 1> 유도기술의 분류

낙법	전방 낙법		
	후방 낙법		
	측방 낙법		
	회전 낙법		
메치기	선기술	손기술	빗당겨치기, 업어치기, 어깨로 메치기, 띄어치기, 두손후리기, 고목메치기, 띠잡아치기, 모로떨어뜨리기, 다리들어치기.
		허리기술	허리띄기, 허리후리기, 허리채기, 허리껴치기, 뒤허리안아치기, 허리돌리기.
		발기술	무릎대돌리기, 허벅다리후리기, 안다리후리기, 받다리 후리기, 발목 받치기, 발뒤축후리기, 허벅다리 걸기, 다리 대돌리기, 발뒤축걸기, 두 받다리 걸기,게짚기.
	누우며메치기	바로누우며 메치기	배대뒤치기, 뒤집어치기, 안오금띄기, 뒤집기, 끌어뒤치기
		모로누우며 메치기	모로띄기, 모로떨어뜨리기, 오금대어밀기, 모로걸기, 오금대어 떨어뜨리기, 모로돌리기, 모로누우며 던지기, 허리튀겨 감아치기, 안아감아치기, 바깥감아치기.
굳히기	누르기		곁누르기, 고쳐누르기, 뒤곁누르기, 어깨누르기, 윗누르기, 가로누르기, 세로누르기
	조르기		십자조르기, 역십자조르기, 외십자조르기, 맨손지르기, 안아조르기, 죽지걸어조르기, 세모조르기, 주먹조르기, 깃돌려 조르기
	꺾기		팔얽어비틀기, 가로누워꺾기, 팔꿈치 어깨대꺾기, 무릎대어 팔꺾기, 겨드랑이 꺾기, 배대어 팔꺾기
급소지르기	지르기		주먹지르기, 손끝지르기, 팔꿈치지르기
	치기		주먹치기, 손날치기
	차기		무릎차기, 발끝차기, 발뒤축차기

<그림 1> 유도기술

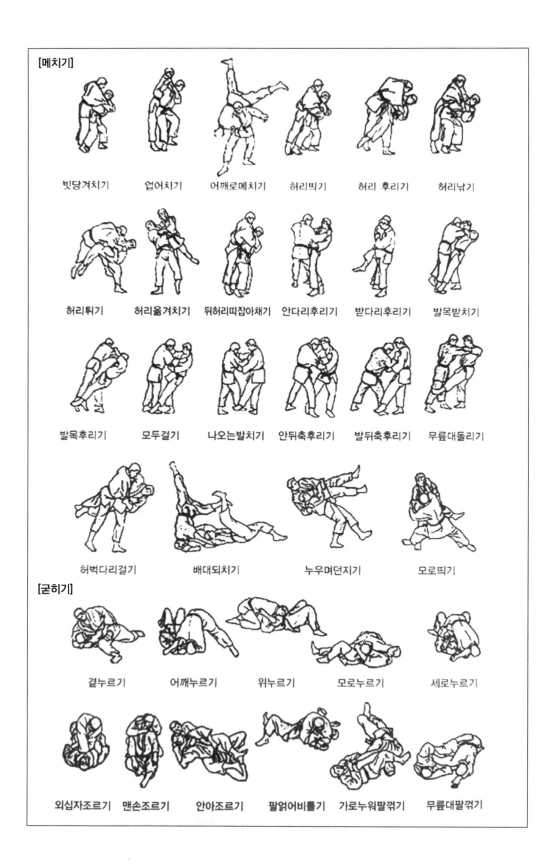

[메치기]

빗당겨치기   업어치기   어깨로메치기   허리띠기   허리 후리기   허리낚기

허리튀기   허리옮겨치기   뒤허리띠잡아채기   안다리후리기   받다리후리기   발목받치기

발목후리기   모두걸기   나오는발치기   안뒤축후리기   발뒤축후리기   무릎대돌리기

허벅다리걸기   배대되치기   누우며던지기   모로띄기

[굳히기]

곁누르기   어깨누르기   위누르기   모로누르기   세로누르기

외십자조르기   맨손조르기   안아조르기   팔얽어비틀기   가로누워팔꺾기   무릎대팔꺾기

1) 자세

(1) 자연(본)체

유도의 기본자세로 자연스럽게 선 자세에서 양발을 약 30 ~ 40cm 정도 벌리고 시선을 앞을 보며 체중을 자연스럽게 양 다리에 두며 서있는 상태이다.

(2) 오른 자연체

자연(본)체의 자세에서 오른발을 앞으로 한걸음 내디딘 자세

(3) 왼 자연체

자연(본)체의 자세에서 왼발을 앞으로 한걸음 내디딘 자세

(4) 왼 자호체

자연본체에서 변형된 자세 무릎을 약 15 ~ 20도 정도 구부린 상태의 자세로서 주로 방어와 본을 할 때 취하는 자세

(5) 오른 자호체

자호본체의 자세에서 오른발을 앞으로 한 걸음 내딘 자세

(6) 왼 자호체

자호본체의 자세에서 왼발을 앞으로 한걸음 내디딘 자세

2) 잡는 방법

경기를 자신에게 유리하게 하기 위해서는 상대를 잡을 때 어떻게 잡는가에 따라 승패가 좌우된다.

(1) 맞잡기의 원리

① 소매와 앞깃을 잡을 때
   - 상대를 회전시켜 우측으로 기울이기 쉽다.
   - 힘의 분산으로 상대의 힘이 자신의 오른쪽으로 들어오는 것을 막기 쉬우나 왼쪽으 로 들어오는 것을 막기 어렵다.
② 양 소매를 잡을 때
   - 상대를 회전시켜 좌, 우측으로 기울이기 쉽다(회전운동 반경의 원리).

- 자신이 힘의 분산으로 인해 상대가 밀며 들어오는 힘을 방어하기 어렵다.
③ 양 앞깃을 잡을 때
- 회전운동 반경의 길이가 짧아 상대를 회전시켜 기울이기가 어렵다.
- 힘의 집중으로 상대의 힘이 정면으로 들어오는 것을 막기 쉽다.

(2) 기본 맞잡기

맞잡기의 기본은 한손으로 상대의 앞깃을 잡고 또 한손으로는 상대의 소매를 잡는 방법이다. 어깨의 힘을 빼고 가볍고 부드럽게 상대를 잡는다. 기본 맞잡기 외에 양손으로 상대의 양깃을 잡는 법과 한손으로 소매 끝을 잡는 방법 또는 자호체로 맞잡는 방법 등이 있으며 어느 경우라도 상대에 따라서 잡는 방법이 틀릴 수 있다.

① 잡기

맞잡기는 피차의 몸가짐에 따라 변화하는 것이며 공격과 방어에 따라 적당히 잡아야 하겠으나 기본이 되는 것은 자연체 맞잡기와 자호체 맞잡기의 두 가지가 있다. 자연체 맞잡기는 상대방의 양쪽 소매나 양쪽 깃을 잡는 것이 순서이고, 우자연체로 맞잡았을 때는우자연체의 자세로 왼손은 상대방의 오른팔 가운데 소매를 잡고 오른손은 상대방의 왼옷깃을 서로 맞잡는 것을 말한다. 자호체 맞잡기는 자호체의 자세로 자연체 맞잡기와 같고, 우자호체 맞잡기란 우자호체 자세로 우자연체 맞잡기와 같은 요령으로 잡으면 된다.좌자호체 맞잡기는 우자호체 맞잡기와 좌우 반대로 잡으면 된다.

3) 걷는 방법

유도에서 이동은 몸을 필요한 위치로 전후, 좌우, 어떤 방향으로도 옮기거나 몸의 방향을 변화시키거나 하는 것을 말한다. 다리 위에서 걸을 때는 뒤꿈치 부분에 종이 한 장 정도가 들어갈 수 있도록 공간을 두고 축이 되는 발의 엄지 발가락 부근에 체중을 많이 둔다는 요령으로 부드럽고 정확하게 몸의 방향을 바꿀 수 있도록 하여야 한다. 유도에서 안정감과 민첩성을 생겨나게 하는 요인의 하나는 걷는 방법의 숙달에 달려 있다고 하여도 과언은 아닐 것이다.

(1) 걷는 유형

① 이어딛기 : 주로 본을 할 때 걷는 방법으로 오른발을 내디디면 왼발을 뒷꿈치 부근에 내딛는 방법으로 걷는 것이다.

② 내딛기 : 좌우의 발을 서로 교차시켜서 걷는 방법 또는 뒤로 끌며 걷는 방법으로서 보통 우리들이 걷는 방법이다.

4) 팔방기울이기(기울여 지웃고 걸기)

(1) 기울이기

메치기는 상대에게 기술을 걸거나, 상대가 걸어오는 기술을 되치기하여 반듯하게 메치는 것을 목표로 한다. 이러한 메치기를 실현하기 위해서는 상대의 중심을 기울여 불안정하게 만들어 기울어진 방향으로 알맞은 기술을 걸지 않으면 안 된다. 이와 같이 기술을 걸때의 동작을 세 가지로 구분한다. 또한 수동적으로 상대의 움직임에 따라 이를 교묘하게 이용하는 방법도 있다. 상대가 당겼을 때는 그 당김에 순응하여 같은 방향으로 상대가 물러서는 것보다 빨리 내가 나아가 상대를 자연히 밀어 기울이게 한다. 또 상대가 밀어 왔을 경우 그 힘에 반항하지 않고 그대로 밀려나가면서 상대를 기울이면 된다.

(2) 지웃기

지웃기에는 상대의 지웃기와 나의 지웃기의 두 가지가 있다. 상대의 지웃기란 상대의 몸가짐의 변화에 따라 자기가 기술을 걸기 가장 좋은 위치와 자세를 지웃는 것으로 동시에 서로 일련의 관계를 가지고 움직여야 한다.

(3) 걸기

기술을 거는 것을 말한다. 반드시 정확한 기술을 걸어야 한다. 기울기, 지웃기와 걸기는 시간적으로 보아도 대단히 짧은 순간, 거의 동시에 행하여져 그 구별을 할 수 없을 정도이다. 특히 지웃기와 걸기의 일체가 이상적이다. 만약, 기울이기가 불충분하였을 때 상대보다도 자기가 불안정하게 되어 곧바로 공격을 받게 된다. 기울이지 않고 거는 기술은 억지로 거는 기술이 된다. 따라서 상대에게 크게 기울임을 당하여 되치기(역습)을 받게 되는 것이다.

(4) 팔방기울이기

받기(상대)에 대한 용어로서 상대의 중심을 양손으로 기울여 마치 딱딱한 물체와 같이 만들어 기술을 걸기 좋은 자세로 만드는 과정을 말한다. 그러므로 이 기울이기 기술의 향상이 기술의 승패를 좌우하는 중요한 열쇠이다. 상대를 기울이려고 하면 먼저 나 자신이 능동적으로 움직여 상대를 유도하지 않으면 안 된다. 그래서 상대가 움직이는 사이에 상대가 미처 감지하지 못하고 불안정하게 만드는 것이다.

5) 몸쓰기

유도에서 몸쓰기로 상대를 제압하지 않으면 안되는 것은, 예전부터 걷는 방법과 몸쓰기가 유도의 기본 동작이라고 중요시 해왔기 때문이다. 그런데 지금까지 우리나라에서는 거의 가르치지도 않았으며 어떻게 하는 것인지도 이해하지 못하는 유도인이 많았기 때문이었다.

※ 몸쓰기의 특성

① 자연(본)체로부터 몸의 방향은 바꾸는 것이 몸쓰기의 기본이다.

② 몸쓰기 자세의 좋고 나쁨이 공격과 방어의 성공과 실패로 통한다.

③ 전신의 힘이 부드럽고 가볍게 움직이면서 조화를 이루어야 힘의 작용을 증가시킨다.

④ 몸의 움직임 하나로 상대를 제압하는 몸쓰기는 기술의 중요한 기본이며 그 응용면은 대단히 넓다.

6) 낙법

모든 격투기 가운데서 유일하게 기술을 배우기 전에 자기 몸을 안전하게 보호하는 방법을 배우는 것이 유도의 특징이라고 할 수 있다. 낙법은 기초 동작으로 상대방의 메치기에 대하여 자기 몸을 안전하게 유지하는 기능이다. 따라서 메치기 기술을 효과적이고 연속적으로 하기 위해서는 중요하다. 낙법은 상대방의 기술 종류에 응하여 안전하게 할 수 있어야 하며, 메치기와 결부시켜 다양한 종류의 낙법을 연습하는 것이 중요하다. 메치기와 결부된 낙법의 연습은 그것이 약속연습, 부딪치기나, 경기 등에서 쓸 수 있는 기능으로 하려는 것이며 이것은 메쳐지는 순간에 안전한 몸쓰기를 습득할 수 있고, 또 메치기에 대한 방어기능을 체득하는 것에도 결부된다. 낙법은 메쳐졌거나넘어졌을 때 자기 신체의 충격을 최대한으로 적게 하여 중요부분의 부상을 방지하고 안전하게 넘어지는 효과적인 방법이다. 낙법을 완전히 익히지 않으면, 좌, 우, 전, 후 등 어느 방향으로도 공격이 가능한 상황에서 부상을 쉽게 당하게 될 것이다. 능숙해지면 다치는데 대한 공포심이 적어지며 상대의 기술에 대한 공포심이 없어지므로 자연스럽게 연습을 할 수 있다. 유도는 넘어지는 과정에서 유도의 기본정신과 기술을 체득하게 된다는 사실을 잊지 말고, 넘어가지 않으려고 무리하게 힘을 주다 부상을 당하여 유도에 대한 흥미를 잃지 않도록 하기 위해서라도 넘어가는 가운데 유도의 참뜻이 있다는 사실을 주지시켜야 할 것이다.

(1) 낙법의 유형

낙법은 상대에게 기술이 걸려 넘어지는 방향이 여러 가지이며 넘어지는 형태도 여러 가지이다.

① 후방낙법 – 뒤로 넘어졌을 때

② 전방낙법 – 앞으로 넘어졌을 때

③ 회전낙법 – 전방으로 회전하는 낙법으로 큰 원을 그리듯이 회전해야 한다. 오른쪽 자 연체의 자세에서 허리를 구부려 왼손을 짚고 오른손을 오른발과 왼발 가 운데 대고 왼발을 차

면서 전방으로 또 몸 대각선 방향으로 회전하여 왼쪽 측방 낙법을 한다.

※ 대개 초심자들은 유도기술을 익힐 때 높은 곳에서 떨어지는 두려움이 가장 크다고 한다. 때문에 낮게 굴러 떨어짐으로써 두려움을 없앨 수 있고 또 메치는 사람은 간단한동작으로 호신술을 익히게 되어 많은 흥미를 갖게 한다.

④ 장애물 낙법 – 장애물 낙법은 전방 낙법과 공중회전낙법을 이용하여 불시, 또는 어떤 장애물을 쉽게 넘을 쑤 있도록 응용한 기술이다.

⑤ 공중회전낙법 – 공중회전 낙법은 일상생활 중에 불의 사고로 높은 곳에서 떨어졌을때 신체의 중요기관을 보호하여 치명적인 손상을 입지 않게 하는데있다. 전방 회전 낙법이 수평적 운동이라면 공중회전 낙법은 수직적인 운동이기 때문에 낙법을 한 후에 일어서지 않고 그대로 유지한 다. 따라서 다른 낙법 비하여 팔이나 다리에 통증이 있기 때문에 초심자의 경우 싫어하는 경향이 있다.

(2) 효과적인 연습

① 처음에는 낮은 자세부터 높은 자세의 순으로 한다.

② 처음에는 제자리에서 연습하고 익숙한 단계에 도달하면 이동하면서 한다.

③ 처음에는 천천히 하면서 능숙도에 따라 빠르게 한다.

(3) 연습의 요령

① 손으로 자리를 치는 요령

　자리를 칠 때 팔을 펴서 손바닥뿐만 아니라 팔 전체를 동시에 자리에 쳐야한다. 이때에팔에 힘을 가하지 말고 자연스럽게 친다.

② 몸과 팔이 이루는 각도

손으로 자리를 쳤을 때 몸과 팔이 이루는 각도는 30 ˜ 40도가 적당하다.

※ 주의 – 넘어졌을 때 팔의 각도가 너무 크면 충격완화에 도움이 되지 못하며, 팔에 각도가 너무 적으면 팔이 몸 밑으로 들어가 자기 체중에 팔이 눌리기 때문에 위험을 가져오게 된다.

③ 등이 자리에 닿는 시간과 손으로 자리를 치는 것이 시간적으로 보면 등이 자리에 닿는 순간과 거의 동시에 손으로 자리를 치게 되나 좀 더 자세히 살펴보면 후방낙법의 경우가 등의 띠가 자리를 닿는 순간 손으로 자리를 치게 된다.

제3장 | 경기규정

>> 1. 심판규정(Contest Rules)

제1조 경기장

① 경기장은 최소 14m×14m에서 최대 16m×16m이어야 하고 매트는 다다미 또는 이와유사한 재질이 사용되며 일반적으로 초록색이 사용된다.

② 경기장은 두개의 지역으로 구분된다. 이 두 지역 사이의 경계를 위험지대라고 칭하고일반적으로 홍색으로 표시되는데 경기장 사방에 1m 폭으로 평행하게 설치한다. 위험지대를 포함한 그 안쪽을 '장내'라고 하며 그 넓이는 최소 8m×8m에서 최대 10m×10m이어야 한다. 위험지대 밖의 구역을 '안전지대'라고 하며 그 폭은 3m이어야한다.

③ 경기개시와 종료 시 선수의 위치를 알려주기 위해서 폭 10cm와 길이50cm의 홍색, 왼쪽에는 백색으로 표시한다.

④ 경기장은 반드시 탄력성이 있는 마루 또는 플랫폼위에 설치해야 한다.

⑤ 두 개 또는 그 이상의 경기장을 인접하여 설치해야 할 때에는 최소한 4m폭의 안전지대를 확보해야 한다. 경기장 주위에는 최소한 사방 50cm폭의 자유구역을 확보해야한다.

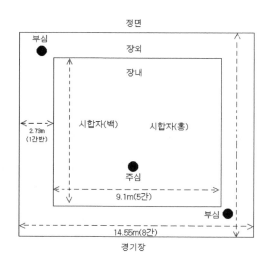

〈그림 2〉 유도 경기장

* 다다미 : 다다미는 보통 가로 1m 세로 2m의 압축된 볏짚 또는 스폰지로 만든다. 표면은 탄탄하고 부드러워야 하며 미끄럽거나 거칠지 않아야 되고 낙법의 충격을흡수 할 수 있어야 한다.(그리고 반드시 홍색 또는 초록색 합성수지 재질로 덮어 씌어야 한다.) 경기장의자리는 그 사이 사이가 벌어지지 않도록 잘 정렬해서 깔아야 하고, 표면은 미끄러워야 한다.

* 플랫폼(연단) : 경기장을 만들기 위해 따로 플랫폼을 설치할 수 있으나 반드시 단단한나무를 사용해야 하며 탄력성이 있어야 한다. 플랫폼의 크기는 한쪽의길이를 약 18m정도로 하고 그 높이는 바닥으로부터 50cm를 넘어서지않아야 한다.

* 올림픽 경기, 세계선수권, 대륙경기 또는 I.J.F(International Judo Federation : 국제유도연 맹)가 주관하는 경기장의 규격은 최대규격으로 한다.

제2조 장비

① 부심의 의자와 기

두 개의 가벼운 의자를 경기장 안전지대 모퉁이에 대각선으로 부심과 기록원이 득점판을보는데 지장이 없는 위치에 서로 마주보게 배치한다. 부심의 의자에는 홍색기와 백색기하나씩을 통에 넣어 의자에 단단히 메어둔다.

② 득점판

각 경기장 마다 득점을 수평으로 표시할 수 있는 높이90cm, 폭 2m미만의 득점판 2개를심판, 임원 및 관중이 잘 볼 수 있는 경기장 밖에 설치한다. 벌점은 즉시 득점으로 환산하여 득점판에 기록하여야 한다. 득점판은 선수가 받은 벌점을 기록할 수 있는 장치를부착하여 제작하여야 한다(부칙의 "보기"참조). (十)표시를 각각 2개씩 설치한다(8조와31조의 부칙참조). 전자식 득점판을 이용하는 경우에도 수동식 득점판을 확인용으로 준비해야 한다(부칙 참조).

③ 시계

시계는 아래와 같이 준비한다.

* 경기시간용 : 1개
* 누르기 시간용 : 2개
* 예비용 : 1개

전자식 시계를 사용할 때에도 수동식 시계를 확인용으로 반드시 준비해 놓아야 한다.

④ 계시용 기

계시원은 다음의 기를 사용한다.

* 황색기 : 경기시간 일시 정지용

* 청색기 : 누르기 시간용

전자득점판을 사용할 경우에 그 득점판이 경기시간과 누르기 시간표시가 된다면 황색기와 청색기를 사용할 필요는 없으나 반드시 예비용으로 준비해 놓아야 한다.

⑤ 신호기

경기시간의 종료를 주심에게 알리기 위해 종이나 이와 유사한 음향기구를 사용한다.

⑥ 홍색과 백색 띠

선수는 단급 따위에 홍색 또는 백색띠를 둘러야 하는데, 홍색과 백색 띠는 5cm의 폭으로 허리를 한번 감아 매고 그 매듭에서 양끝이 각각 20cm ~ 30cm가 남아야 한다.

제2조 부칙

* 기록원, 득점판 기록원, 계시원의 위치

득점판 기록원과 계시원은 가능한 주심을 향해 위치하고 경기기록원이 잘 볼 수 있는 위치라야 한다.

* 관중과의 거리

일반적으로 관중은 경기장 주변 3m 이내에 들어 설 수 없다.

* 계시용 시계 및 득점판

시계는 계시원이 취급하기 쉬운 것이라야 하며 경기 개시 전에 반드시 그 정확성을 확인해야 한다. 득점판은 국제유도연맹이 규정한 조건에 합치되어야 하고, 만약 주심이 그 필요를 요구하면 재배치해야 한다. 수동식 계시용 시계와 수동식 득점판은 전자식 득점판의 고장에 대비하여 반드시 전자식 계시 득점판과 동시에 사용하여야 한다.

제3조 복장(유도복)

선수는 다음과 같은 조건을 갖춘 도복을 입어야 한다.

① 면 또는 이와 비슷한 재질로 튼튼히 만들어져야 하며 해졌거나 째어지지 않아야 한다.

② 백색 또는 이에 가까운 흰색 또는 파란색 도복을 입어야한다.

③ 도복 부착물의 허용관계

* 소속국가 올림픽위원회의 약자(상의 뒷면)

* 국기(상의 왼쪽 가슴에 부착). 최대크기는 100㎠ 이내.

* 도복제조회사의 상표(도복상의 하단 앞부분)최대크기는 25㎠ 이내

* 어깨 표시(상의 칼라로부터 어깨로 해서 양쪽 팔 부분까지) 최대길이는 25cm, 넓이 5cm 이내로 한다.

* 선수의 이름은 띠에 새겨 넣거나, 도복의 앞깃 아래쪽이나 바지 앞 위쪽에 최대3cm×10cm크기로 이름 또는 약자의 형태로 새겨 넣을 수 있으며 이름이나 약어는 올 림픽 위원회 약자 윗부분에 최대 7cm×30cm 크기로 부착할 수 있다.

④ 상의는 허벅다리를 덮을 수 있을 만큼 길어야 하고 소매와 양팔을 완전히 내려트린상태에서 최소한 주먹 부위까지는 닿아야 한다. 상의 몸통은 흉곽 아랫부분에서 최소20cm가 겹칠 수 있을 만큼 넣어야 한다. 소매길이는 최대 손목부위까지 닿아야 하고 손목에서 최소 5cm이상 길어야 한다. 그리고 소매 폭은 소매와 팔 사이에 소매의 전 길이에걸쳐서 10~15cm의 여유가 있어야 한다.

⑤ 하의는 아무런 표식이 없는 상태에서 다리를 완전히 덮어 최대 발목 끝까지 닿아야하고 최소한의 길이는 발목(복숭아 뼈 위)에서 5cm가 되어야 한다. 바지통은 다리에서 10~15cm의 여유가 있어야 한다.

⑥ 단급의 색상과 일치하는 4cm내지 5cm폭의 튼튼한 도복 띠는 상의 허리부문 도복위에 흐트러지지 않도록 옭매듭으로 단단히 매어야 하고 허리를 두 번 감은 뒤에도 매듭으로부터 나온 양쪽 끝이 20cm내지 30cm의 여유가 있어야 한다.

⑦ 여자 선수는 유도복 상의 안에 흰색의 튼튼한 반소매 티셔츠를 입어야 하며, 바지선아래까지 내려올 수 있도록 길어야 한다.

※ 만일 선수의 도복이 규정에 어긋났을 경우 주심이 짧은 시간 내에 선수로 하여금 새도복으로 바꿔 입게 할 수 있다. 선수의 도복 소매길이 검사를 위하여 주심은 선수에게 양팔을 어깨높이까지 들어 앞으로 뻗게 하면서 검사를 할 수 있다. 또 도복상의폭을 조사하기 위해서도 주심은 선수에게 양팔을 90도로 굽히게 할 수 있다. 경기 개시 후 선수의 도복을 바꿔야 할 때 부심이 선수를 경기장 밖으로 데리고 나가 도복을바꿔 입게 해야 하나 동성이(선수와 부심)아닐 경우 경기위원장이 지정한 임원이 업무를 대행한다.

제4조 위생상태

① 도복은 깨끗해야 하고 잘 건조되어 있어야 하며 불쾌한 냄새가 나지 않아야 한다.

② 손톱과 발톱은 짧게 깎아야 한다.

③ 선수의 위생 상태는 청결해야 한다.

④ 긴 머리로 인해 상대에게 불편을 주지 않도록 단단히 매어야 한다.

제4조 부칙

선수는 누구나 본 규정 제3조와 제4조의 조건에 따르지 아니하면 경기할 권리를 상실하며 삼자 다수결의 원칙에 위해 상대편 선수는 기권승을 얻는다(제29조 참조).

제5조 심판원

경기는 심판 위원회의 감독 하에 주심 한사람과 부심 두 사람이 주관한다. 주심과 부심은 기록원과 계시원의 보조를 받는다.

제5조 부칙

계시원, 득점기록원, 경기기록원 그리고 기술 보조원은 만 21세 이상의 유자격 심판원으로 경기규정을 잘 이해하고 적어도 3년 이상의 심판 경험이 있어야 한다.

조직위원회는 경기진행 전에 이들이 잘 훈련되어 있는지 반드시 확인해야 한다. 계시원은 두 사람이 있어야 하며 한 사람은 경기시간, 다른 한사람은 "누르기"시간을 전담 계시한다. 가능하면 또한 사람은 이들의 실수를 미리 방지하기 위하여 감독하게 한다. 경기시간 전담 요원은 주심 "시작"과 "계속"의 선언과 동시에 계시를 멈춘다. "누르기"시간 전담계시원은 주심의"누르기"선언과 동시에 계시를 시작하고 "그대로"선언과 동시에 계시를 멈춘다. "풀려"나 "그쳐" 선언과 동시에 계시를 멈추고 그 "누르기"의 계시 시간을 주심에게 알린다.

"누르기"시간 전담계시원은 "그대로" 선언을 듣는 순간 계시를 멈추고 경기도중 청색기를 세워야 하며 "계속"선언과 동시에 계시를 재개하면서 기를 내린다. 경기시간 전담계시원은"그쳐" 또는 "그대로" 신호를 보거나 들음과 동시에 황색기를 세우고 "시작" 또는 "계속" 선언과 동시에 계시를 재개하면서 황색기를 내린다. 경기시간이 종료되면 계시원은 분명한 음향신호로 주심에게 알려야 한다(제12조, 제13조 참조). 득점기록원은 경기의 결과를 정확히 나타내기 위하여 모든 수신호기와 표기를 정확히 알아야 한다.

위에 말한 기록원 외에 경기의 모든 내용을 빠짐없이 기록해야 하는 경기기록원을 둔다. 전자식 득점판을 사용할 때에도 위에 기술한 방법으로 조작하며, 수동식 기록판을 예비용으로 반드시 준비해 놓아야 한다.

제6조 주심의 위치와 의무

주심은 원칙적으로 경기장내에 머물면서 경기의 모든 진행과 판정을 주관 집행한다. 주심은 자신의 판정이 정확히 기록되고 있는지를 확인하여야 한다.

제6조 부칙

주심은 득점을 선언할 때마다 해당 수신호를 하면서 선수를 시야에서 떼지 말고 부심의 의견 표시 여부를 살필 수 있는 자리로 움직여야 한다.

굳히기 진행 중에, 선수가 모두 경기장 밖으로 향하고 있을 때에는 주심은 안전지대에서 그들의 경기를 살필 수 있다. 주심과 부심은 경기장에 오르기 전에 그들이 심판을 담당할 경기장에서 사용되는 경기종료 신호음을 잘 익혀야한다. 주심과 부심은 경기장의 자리가 깨끗하고 좋은 상태인지, 자리 사이가 벌여져 있지 않은지, 부심의 의자가 제자리에 놓여있는지 그리고 선수의 상태가 본 규정 제3조와 제4조에 적합한지를 확인한다. 주심은 경기장 주변에 경기진행에 지장을 주거나 선수에게 위해를 끼칠 수 있는 관중, 응원단 또는 사진기자들이 접근해 있지 않은지 확인해야 한다.

제7조 부심의 위치와 임무

① 부심은 주심을 보조한다.

② 부심은 경기장의 위험지대 밖의 안전지대 모퉁이에 대각선으로 서로 마주보고 앉는다.

③ 부심은 주심이 선언한 어떤 득점이나 처벌에 대해서 그와 다른 판단 일 때에는 반드시 자기의 판단을 적절한 수신호로 표시해야 한다.

④ 주심은 만약 자신의 득점 또는 처벌 선언이 양부심의 판단 표시보다 높은 것이었다면주심은 그 선언을 취소하고 양 부심중의 더 높은 판단표시를 따라 정정 선언을 해야한다.

⑤ 주심은 만약 자신의 득점 또는 처벌 선언이 양부심의 판단표시보다 낮은 것이었다면주심은 그 선언을 취소하고 양 부심중의 더 낮은 판단표시를 따라 정정 선언을 해야한다.

⑥ 만약 한 부심은 주심의 선언보다 높은 것을 표시했고 또, 한 부심은 주심의 선언보다낮은 것을 표시했다면 주심의 선언은 그대로 유지된다.

⑦ 양 부심이 주심의 선언과 다른 일치된 판단을 표시했을 때에는 주심은 그 선언을 취소하고 양 부심의 판단표시에 따라 정정선언을 하여야 한다.

⑧ 만약 주심이 이를 알아차리지 못하고 있으면 양 부심은 의자에서 일어나서 주심이 이를 보고 그 선언을 정정할 때까지 그 수신호를 계속한다.

⑨ 만일 수초가 지날 때 까지도 주심이 양 부심이 일어서서 수신호하고 있는 것을 보지못하고 있으면 즉시 주심에 가까운 부심이 다가가서 다수결의 의견을 알려야 한다.

⑩ 부심은 경기장 장내 경계선이나 장외에서 일어난 선수의 어떠한 동작에 대해서도 자기의 판단을 해당 수신호로 표시해야 한다.

⑪ 주심과 부심은 필요하면 서로 상의할 수 있다. 그러나 이러한 상의는 다만 세 심판원중 두 심판원은 자세히 보지 못하였으나 주심 한사람 또는 부심 한사람만이 판정을번복할 수 있는 상황을 확실히 보았을 때에만 한다. 이러할 때 소수 의견자는 불필요한 상의를 피하기 위해서 자기 자신의 판단에 확신을 가지고 있어야 한다.

⑫ 양 부심은 득점판의 기록상황이 주심의 선언대로 정확히 기록이 표기되고 있는지 살펴야한다. 선수가 주심의 허락을 얻어 잠시 경기장을 떠나야 할 때에는 부심 한사람이 반드시 의무적으로 그 선수와 함께 가서 아무런 변칙행위가 없도록 살펴야 한다. 이러한허락은 규정에 맞지 않는 도복을 갈아입어야 할 때에만 한다.

제7조 부칙

① 주심과 부심은 식전 행사 때 또는 대회진행이 지연될 때에는 경기장 밖으로 나가 있어야한다.

② 부심은 양손을 넓적 다리위에 얹고 양발을 자리에 딛은 채 약간 벌려서 의자에 반듯하게 앉는다.

③ 만약 득점판 기록이 잘못되어 있으면 주심에게 알려서 시정해야 한다. 부심은 자기가 앉아 있는 자리가 선수에게 위해를 끼칠 수 있다고 판단되면 재빨리 의자를 들고 뒤로 물러서야한다.

④ 만약 부심이 주심의 판정선언에 동의하지 않거나 주심이 아무런 판정을 내리지 않을때에는 수신호로서 자기 판단을 표시해야 한다.

⑤ 부심은 주심이 득점을 선언하기 전에 먼저 수신호를 해서는 안 된다.

⑥ 부심은 경기장 장내, 장외경계선에서 이루어진 선수의 동작이나 상황에 대해서 우선그 동작이 "장내"나 또는"장외"를 먼저 수신호로 표시한다.

제8조 수신호

■ 주심

주심은 다음의 선언을 할 때에 해당 수신호를 한다.

(1) 한판 : 손바닥이 앞으로 향하게 하여 팔을 머리위로 높이 뻗어 올린다.

(2) 절반 : 손바닥을 아래로 향하게 뻗은 후, 그 팔을 옆으로 어깨 높이까지 뻗는다.

(3) 절반 합해서 한판 : 먼저 위의 "절반" 수신호를 하고 이어 "한판" 수신호를 한다.

(4) 유효 : 손바닥을 아래로 향하고 그 팔을 몸과 45도 각도로 하여 옆으로 뻗어 내린다.

(5) 효과 : 엄지손가락이 몸의 측면에 있는 어깨와 팔꿈치로 향하게 구부리고 한 팔을 치켜든다.

(6) 누르기 : 선수들을 바라보며 그들을 향해서 몸을 굽힌 상태에서 팔을 내뻗는다.

(7) 누르기 풀려 : 한 팔을 정면으로 치켜 올리고 오른쪽에서 왼쪽으로 두세 번 빨리 흔든다.

(8) 비김 : 한손을 높이 올렸다가 엄지방향을 위로하여 몸 앞으로 내린 다음 잠시 그대로 있는다.

(9) 그쳐 : 한 손을 어깨 높이로 올려서 손가락을 모아서 위로 세우고 손바닥을 계시석을 향하게한다.

(10) 그대로 : 몸을 앞으로 굽히고 손바닥으로 양 선수를 가볍게 누른다.

(11) 계속 : 손바닥으로 양 선수를 힘주어 누른다.

(12) 잘못 선언한 득점이나 처벌을 취소할 때 : 한손은 잘못 선언한 해당 수신호를 하면서 또 다른 한손은 앞쪽 머리위로 올려서 좌우로 두세 번 흔든다.

(13) 판정 : 판정 준비 시에 주심은 각 손에 적당한 기를 들고 양손을 45도 각도로 치켜올린 상태로 있다가 판정을 선언하면 들고 있던 기를 머리위로 치켜 올린다.

(14) 승자를 지시할 때(우세승, 기권승, 부전승, 종합승) : 손바닥을 안으로 하여 팔을 승자를 향해서 치켜 올린다.

(15) 선수의 흩어진 도복을 고쳐 입도록 지시할 때 : 손바닥을 안으로 하여 팔을 승자를 향해 치켜 올린다.

(16) 적극적인 전의가 없다고 지적할 때 : 가슴 높이의 두 팔뚝을 전진동작으로 돌린다.

(17) 반칙을 줄때(지도, 주의, 경고, 반칙패) : 한손을 들어 인지로 반칙을 범한 선수를 지목한다.

(18) 의사의 검진을 기록하라고 지시할 때 : 한손을 펴서 선수를 향해 신호하고 또 다른한 손은 기록석을 향해서 첫 번째 검진일 경우에는 인지로 지시하고, 두 번째 검진일 경우에는 인지와 중지로 지시한다.

(19) 자신치료 : 경미한 사고(코피를 흘릴 경우 등)의 경우와 손을 펴고 손바닥을 위로 한 채 해당선수를 가리킨다.

(20) 자유검진 : 양손을 펴고 양 손 바닥을 위로 한 채 해당 선수를 가리킨다.

(21) 위장 공격 시 : 주먹을 쥐고 양팔을 앞으로 내민 다음 양팔을 아래로 움직인다.

(22) 위험지대에서 반칙 할 경우 : 한손을 펴고 손가락을 벌려 머리 위 앞으로 든 다음 다른 손으로 위험지대를 가리키고 이어서 반칙을 한 선수를 가리킨다.

■ 부심

(1) 선수가 장내에 있었다고 지적할 때에는 한 손을 높이 올렸다가 엄지방향을 위로하고장내 경계선에 연하여 어깨 높이로 내려서 잠시 동안 그대로 멈춘다.

(2) 선수가 장외로 나갔다고 지적할 때에는 한 손을 어깨높이로 올려서 엄지 방향을 위로하고 장내 경계선에 연하여 좌우로 여러 번 흔든다.

(3) 주심이 선언한 득점이나 처벌을 인정하지 않을 때에는 한손을 머리위로 올려서 두세 번 흔든다.

(4) 주심이 선언한 득점에 대해서 다른 의견일 때에는 자기 판단을 해당 수신호로 표시하여야한다.

(5) 판정 상황 시 적당한 손에 기를 지녀야 하며, 주심이 부심의 의견을 물어 "판정"을 선언하면 부심은 조금도 지체 없이 홍색 또는 백색기를 머리위로 높이 올려서 우세한 선수를표시한다.

(6) 부심이 주심으로 하여금 굳히기 상태에서 "그쳐"를 선언케 하고자 할 때에는 양 손 바닥을 위로 편 채 양 손을 들어 신호를 해야 한다.

제8조 부칙-수신호

① 혼전 상태일 때에 양 선수 중 어느 선수가 득점 또는 반칙을 했는지 분명히 하기 위해서 주심은 해당 수신호를 하고나서 경기개시 위치의 홍색 또는 백색 표시를 지적한다.

② 주심은 만약 경기가 오래 지연된다고 판단되어 선수를 경기 개시 위치에 편히 앉아있도록 지시하려면 손바닥을 위로하여 경기개시 위치의 홍색 또는 백색표시를 지적한다. "유효" 또는 "절반" 수신호는 먼저 손은 가슴 앞으로 올린 다음 옆으로 뻗어서 정확하게 해당 위치에서 멈춘다. "효과", "유효", "절반"수신호를 하면서 돌아섬으로써양 부심이 정확히 볼 수 있게 한다. 그러나 절대로 선수에게서 시야를 떼지 말아야한다.

③ 양 선수에게 동시에 처벌을 내릴 때에는 선수 한 사람씩 따로따로 지적하되 오른쪽집게손가락으로는 오른쪽 선수를 왼쪽 집게손가락으로는 왼쪽 선수를 지목한다.

④ 주심이 정정 선언을 할 때에는 취소 수신호를 하고나서 즉시 하여야 한다.

⑤ 주심이 득점을 취소할 때에는 아무런 선언도 하지 않는다.

⑥ 모든 수신호는 최소한 3초 ~ 5초 동안 유지하여야 한다.

⑦ 주심이 승자를 지시할 때에는 경기 개시 위치로 돌아온 다음 한발 앞으로 나가서 지시하고 다시 한발 뒤로 물러선다.

⑧ 판정상황 : 판정상황 하에서 부심은 해당 손에 해당기를 들어야 한다(즉, 홍색띠 선수가 부심의 오른쪽에 있을 경우에는 오른손에 적색기를 든다.).

제9조 경기(장소, 판정 및 주관)

경기는 경기장 장내에서만(본 규정 제1조 참조)행하며 본 규정에 제16조에서 제31조까지의 조항에 의해서 주관하고 판정한다.

제10조 경기의 장소(장내)

경기는 경기장 장내에서만 한다.

어떠한 기술이라도 선수가 장외에서 걸은 것은 무효이다. 장외로 나갔다고 하는 것은 선 자세에서는 한 선수의 한발, 한손 또는 한무릎으로 장외를 디뎠을 때와, 누우면서 메치기 또는 누운 기술에 있어서는 한 선수의 몸이 반 이상 장외로 나갔을 때를 말한다. 그러나 다음의 경우를 제외한다.

① 한 선수가 상대 선수를 장외로 메쳤을 때 그 결과가 명확히 나타난 순간까지 메친 선수가 장내에 있었다면 그 메치기의 결과는 인정된다. 메치기가 장내에서 행해졌는데, 메치기 중에 메치기를 당한 선수가 경기장 밖으로 나갔을 때 메치는 동작이 아무런 방해를 받지 않고도 메치는 동작을 한 선수가 그 행위의 유효성이 충분히 인정될 만큼 상당한시간 동안 경기장 내에 머물러 있었을 경우에 그 메치기 동작은 득점을 위한 행동으로간주된다.

② 굳히기 상태에서 적어도 어느 한 선수의 몸이 일부분이라도 장내에 걸쳐 있거나 닿아있으면 그 동작은 유효하고 지속된다.

③ 만일 안다리후리기 또는 안뒤축후리기와 같은 기술로 공격할 때에 기술을 건 선수의 한발이 장외로 나갔다 하더라도 그 발에 체중이 걸려 있지 않고 장외를 스쳤거나 밟지않았다면 그 기술의 결과는 인정된다.

제10조 부칙

"누르기"가 경기장의 장내와 장외 경계선상에서 이루어지고 있을 때에는 어느 한 선수의 몸 일부분이라도 장내에 닿아 있어야 하고 만약 그 닿은 부분이 공중으로 들려져 자리에서 떨어졌을 때에는 주심은 반드시 "풀려"를 선언하고 나서 "그쳐"를 선언해야 한다.

만약 한 선수가 상대를 메치면서 장외의 공중으로 떠올랐을 때에는 상대의 몸이 메친 선수가 장외의 자리에 닿기 전에 자리에 닿았을 때에 한해서만 그 결과를 인정한다. 경기장의 장내를 안전지대와 명확히 구분하기 위해서 홍색 표시된 위험지대까지 장내이므로 선 자세에서 선수의 양발이 모두 홍색 표시된 위험지대에 닿아 있으면 장내에 있는 것으로 인정된다. 누우면서 메치기 기술로 공격할 때에는 메치는 선수의 몸이 반 이상 장내에 남아있을 때에 한해서만 그 기술의 결과는 인정된다. 그러므로 메치는 선수의 양다리는 그 자신의 등이나 엉덩이가 자리에 닿을 때 까지는 장내에 있어야 한다.

만약 선수가 상대를 메치면서 장외로 넘겨졌을 때에는 메치는 선수보다 상대가 먼저 자리에 닿았을 때에 한해서만 그 메친 결과가 인정된다. 그러므로 메친 선수의 무릎이나 손 또는 그의 몸 어느 부분이라도 상대보다 먼저 안전지대에 닿았다면 어떠한 득점 결과가 있었다 하더라도 그 기술의 결과는 무효이다.

일단 경기가 개시되면 선수는 주심이 허락할 때에 한해서만 경기장을 떠날 수 있다. 이러한 주심의 허락은 선수가 본 규정 제3조의 규정에 맞지 않는 도복을 입었거나 경기 도중에 도복이 찢어졌거나 더러워졌을 때 등 매우 특별한 경우에만 내린다.

제11조 경기시간

올림픽, 세계선수권대회의 경기시간은 경기규정에 결정되어 있는 대로 시행한다.

경기시간 : 남녀(성인) – 5분, 남녀(청소년) – 4분

선수는 누구나 경기 끝난 시간으로부터 다음 경기에 임할 때까지 10분간의 휴식을 취할 수 있다.

제11조 부칙

주심과 부심은 경기장에 오르기 전에 경기시간을 미리 알아야 한다.

제12조 경과시간

주심은 선언 "그쳐"로부터 "시작"까지의 경과시간과 "그대로"로부터 "계속"까지의 경과시간은 경기시간에 포함되지 않는다.

제13조 경기종료 신호

경기시간의 종료는 종 또는 이와 유사한 음향 신호로 주심에게 알린다.

제13조 부칙

여러 개의 경기장에서 동시에 경기가 진행되고 있을 때에는 각 경기장마다 서로 다른 소리를 내는 음향기구를 사용하여야 한다.

경기 종료를 알리는 신호는 관중의 환호, 응원 등 시끄러운 분위기 속에서도 주심과 부심이 충분히 들을 수 있는 음향기구라야 한다.

제14조 "누르기"시간

"누르기"를 선언한 시간으로부터

한판 : 30초

절반 : 25초 이상 30초 미만

유효 : 20초 이상 25초 미만

효과 : 10초 이상 20초 미만

10초 미만의 "누르기"는 공격으로 간주한다.

제14조 부칙

경기종료 신호와 동시에 선언된 "누르기"는 주심이 "한판"을 선언하거나 "풀려" 또는 "그쳐"를 선

언 할 때까지 경기시간은 자동적으로 연장된다.

제15조 경기종료 신호와 동시에 걸은 기술

경기종료 신호와 동시에 걸은 기술의 결과는 인정한다. 경기종료 신호와 동시에 선언된"누르기"는 주심이 "한판"을 선언할 때까지 또는"풀려" 또는 "그쳐"를 선언할 때까지 그 "누르기"는 지속된다.

제15조 부칙

경기 종료 신호 직후에 걸은 기술은 혹시 주심이 "거기까지"를 선언하지 않았다 하더라도 무효이다. 경기 종료 신호와 동시에 걸은 메치기 기술이라 할지라고 그 결과가 즉시 이루어지지 않는다고 판단되면 주심은 "거기까지"를 선언해야 한다.

제16조 경기개시

매 경기를 시작하기 전에 주심과 양 부심은 경기장 안전지대 중앙 위치에서 서서 상석에 예의를 표하고 나서 자기위치로 간다. 경기장을 떠날 때에도 역시 상석에 예의를 갖추어야 한다. 양 선수는 각자가 두른 띠 색깔에 따라 경기장 자리에 붙여놓은 홍색 또는 백색 표시위치에서 마주보고 서로 입례를 한고 한발 앞으로 나와 선다. 이어 주심은 "시작"을 선언하고 경기는 개시된다.

경기는 언제나 선 자세에서만 개시한다. 심판위원회의 구성원만이 경기를 중단시킬 수 있다(제18조).

제16조 부칙

주심과 부심은 선수가 경기장에 오르기 전에 각자의 위치에 있어야 한다. 주심은 선수의 경기개시 위치로부터 2m 떨어져 중앙에 위치하여 계시석을 향해 선다. 선수는 반드시 경기 개시와 경기 종료 때에 서로 입례를 해야 한다. 만약 선수가 서로 "예"를 하지 않고 있으면 주심은 "예"를 선언하고 나서 "시작"을 선언하여 경기를 개시 시킨다. 주심은 경기 개시에 앞서 경기장 상태, 경기 진행 장비, 선수가 입은 도복, 선수의 위생상태, 기록계시요원 등을 반드시 확인해야 한다.

■ 심판원의 예의절차

(1) 대회 첫 경기를 개시할 때

① 대회 첫 경기에 임할 주심과 양 부심은 경기장의 안전지대 중앙 위치에 나란히 서서 상석을 향해 입례를 한다.

② 그리고 3명의 심판원은 위험지대까지 앞으로 나가서 상석을 향해 다시 한 번 예를 하고나서 서로 마주보고 입례를 교환한 다음 자기 위치로 간다.

(2) 주심과 부심의 교체 위치

한 경기가 끝나고 주심과 부심 한 사람이 교대해야 할 때에는 각기 자기 위치에서 위험지대를 걸어서 서로 다가간다. 그리고 마주보는 위치에 이르면 멈춰서 입례를 교환하고, 교대해서 맡을 자기 위치로 간다.

(3) 매 경기를 개시할 때

위 (1)항의 ①, ②에 따라서 개시된 대회 첫 경기에 이어서 진행되는 매 경기에 임하는 세 심판원은 경기장 안전지대 중앙 위치에 나와서 위의 (1)항 ①에 준해서만 상석을 향해 입례하고 나면 바로 자기 위치로 간다. 즉, 세 심판원은 서로 입례 교환을 하지 않는다.

(4) 매 경기를 종료할 때

세 심판원이 담당한 경기가 끝나서 경기장을 떠나야 할 때에는 (1)항 ①에 준해서 각기 자기 위치에 안전지대 중앙에 나와 서서 상석에 입례하고 경기장을 물러선다.

(5) 대회의 마지막 경기를 종료할 때

대회의 마지막 경기에 임했던 세 심판원은 위 (1)항 ②에 예시한 바대로 먼저 각기 자기위치에서 위험지대 중앙 위치에 와서 상석을 향해 "예"하고 난 다음 서로 입례를 교환하고서 안전지대로 물러서서 다시 한 번 상석을 향해 입례하고 경기장을 나간다.

제17조 누운 기술을 할 수 있을 때

선수는 다음의 경우에만 선자세로부터 누운 기술로 바꾸어 공격할 수 있다.

그러나 주심의 누운 기술의 공세가 지속되지 않는다고 판단되면 선수가 다시 일어서도록 "그쳐"를 선언해야 한다.

① 한선수가 메치기로 어떤 득점 결과를 얻고 지체 없이 누운 기술로 계속 공격할 때

② 메치기 기술이 성공되지 않았으나 넘어진 상대를 지체 없이 누운 기술로 공격할 때,또는 상대를 메치려다 균형을 잃고 넘어지는 것을 이용하여 즉시 누운 기술로 공격할때

③ 선 자세에서 조르기 도는 꺾기 기술을 걸어 상당한 효력이 발휘되고 지체 없이 누운기술로 계속하여 공격할 때

④ 메치기 기술이라고 볼 수는 없으나, 특히 능숙한 동작으로 상대를 넘어뜨려서 누운기술로 공격할 때

⑤ 이밖에 본 조항에 명시되지 않은 어떠한 경우라도 한 선수가 넘어졌거나 넘어지려는것을 이용

하여 지체 없이 누운 기술로 공격할 때

제17조 부칙

"끌어누우며 뒤집기(hikikomi-gaeshi)"기술로 공격을 했을 때이 결과는 서로 붙어서 뒹군 상태가 아니라 양 선수의 몸이 서로 완전히 떨어져서 넘어간 상태일 때에만 득점으로 인정한다.

한 선수가 본 규정 제17조에 따르지 아니하고 누운 기술을 하려고 선 자세에서 상대를 끌고 누웠으나, 끌려 들어간 선수가 누운 기술을 하지 않으려고 할 때에는 "그쳐"를 선언하여 경기를 잠시 중단시키고 끌고 누운 선수를 제28조 20항 금지 사항 위반으로 "주의"처벌을 내린다. 한 선수가 본 규정 제17조에 따르지 아니하고 누운 기술을 하려고 선 자세에서 상대를 끌고 누웠으나 끌려 들어간 선수가 이를 이용하여 누운 기술로 공격할 때에는 그 경기를 계속 하도록 둔다. 그러나 끌고 누운 선수를 제 28조 20항 금지사항 위반으로 "주의 "처벌을 내린다.

제18조 "그쳐"의 적용

주심은 다음과 같은 경우에 경기를 잠시 중지시키기 위하여 "그쳐"를 선언한다.
다시 경기를 진행시키려면 "시작"을 선언한다.

① 선수의 한사람 또는 두 사람이 모두 장외로 나갔을 때

② 선수의 한사람 또는 두 사람이 모두 금지사항을 범했을 때

③ 선수의 한사람 또는 두 사람이 모두 부상을 입었거나 병이 났을 때

④ 선수의 한사람 또는 두 사람이 모두 도복을 고쳐 입어야 할 필요가 있을 때

⑤ 누운 기술이 진행되고 있는 상태에서 더 이상의 변화나 진전이 없을 때(예를 들면 다리 엉킴 등)

⑥ 누운 기술에서 한 선수가 상대를 업고 일어섰거나 일어나는 것과 유사한 자세를 취할때

⑦ 누운 기술에서 일어선 선수가 자기 몸의 어디건 양다리를 감고 등을 자리에 대고 있는 상대를 들어 올렸을 때

⑧ 한 선수가 선 자세에서 꺾기, 조르기기술을 시도했으나 즉시 그 효력이 나타나지 않았을 때

⑨ 이밖에 어떠한 경우라도 주심이 필요하다고 판단할 때

⑩ 주심이나 심판위원회가 협의를 원할 때

제18조 부칙

① 주심은 "그쳐"를 선언하였다 하더라고 혹시 선수가 이를 듣지 못하고 경기를 계속하지 않도록 절대로 선수를 시야에서 떼어서는 아니 된다.

② 주심은 선수가 장외로 나가려고 할 때 그 상황이 선수에게 위해를 끼칠 수 있다고 판단 될 때를

제외하고는 그쳐를 선언하지 않아야 한다.

③ 주심은 선수가 조르기, 누르기, 꺾기 등에서 빠져나와 잠시 쉬고 싶어 하거나 쉬고자요구할 때는 "그쳐"를 선언하지 않아야 한다.

④ 주심은 상대를 등에 업고 안면을 자리에 대고 있는 선수가 양손을 자리에서 떼고 반쯤 선 자세로 몸을 일으켜 세우며, 상대에 의한 제어력 상실을 표시하면 "그쳐"를 선언한다.

⑤ 굳히기가 진행되고 있는 과정에서 주심이 잘못 판단하여 "그쳐"를 선언하여 양 선수서로가 헤어졌을 때 이로 인해 만약 어느 한 선수에게 불이익이 있었다고 인정되면주심은 부심과 의논하여 삼자 다수결의 원칙에 따라 가능한 한 선수를 원래의 자세로복귀시켜서 경기를 다시 진행시킬 수 있다.

⑥ 주심이 "그쳐"를 선언하면 선수는 반드시 경기 개시위치로 돌아가야 한다.

⑦ 주심이 "그쳐"를 선언하면 선수는 반드시 서야하며, 도복을 고쳐 입도록 허락받았을때에도 선 자세에서 고쳐 여 맨다. 그러나 경기 속행이 지연된다고 생각되면 앉을 수있다. 그러나 다만 주심이 의사의 진단을 받도록 허락하였을 때에 한하여 다른 어떠한 자세도취할 수 있다.

⑧ 주심은 만약 선수가 부상을 입었거나 불편함을 보이면서 경기를 하려고 하지 않을 때에는 "그쳐"를 선언하여 담당의사를 경기장에 오르도록 하여 속히 진단을 받도록 허락한다.

⑨ 주심은 부상을 입은 선수가 진단이 필요하다고 요구하면 "그쳐"를 선언하여 담당의사에게 가능한 한 속히 진단을 받도록 허락한다.

⑩ 주심은 담당의사의 요구로 심판위원의 지시가 있으면 "그쳐"를 선언하면 부상을 입은선수를 담당의사가 속히 진단하도록 허락한다.(제30조)

제19조 "그대로"

주심은 어떠한 경우라고 경기 동작을 일시 정지시키려면 "그대로"를 선언한다. 예를 들면, 한 선수나 양 선수의 일시 정지된 자세가 움직이지 않도록 하면서 말을 걸거나 ,반칙을 범하지 않은 선수가 불이익을 당하지 않게 하면서 반칙을 선언할 때 등이다. 다시 경기를 진행시키려면 "계속"을 선언한다. "그대로"는 다만 누운 기술에서만 적용한다.

제19조 부칙

주심은 "그대로"를 선언할 때마다 양선수의 일시 정지된 자세가 절대로 바뀌지 않도록 각별히 유의하여야 하며, 어느 선수라도 위치를 바꾸거나 손을 바꾸어 쥐는 일이 없도록 하여야 한다. 만약 굳히기기 진행되고 있는 상태에서 한 선수가 부상을 입었다는 신호를 하면 주심은 "그대로"를 선언하고 다시 경기를 진행시키려면 선수를 "그대로"를 선언한 당시의 자세대로 복귀시켜서 "계속"을 선언한다.

제20조 경기종료

주심은 "거기까지"를 선언하고 경기를 종료시킨다.

(1) 한 선수가 먼저 "한판"득점을 얻었을 때, 또는 "절반 합해서 한판"득점을 얻었을 때(본 규정 제21조와 제22조 참조)

(2) 본 규정 제23조의 종합승이 되었을 때

(3) 본 규정 제 29조의 "부전승" 또는 "기권승"이 되었을 때

(4) 본 규정의 제28조의 "반칙패"가 되었을 때

(5) 한 선수가 부상을 입어서 더 이상 경기를 할 수 없을 때(본 규정 제30조 참조)

(6) 경기시간이 끝났다는 음향신호가 있을 때 선수는 주심이 "거기까지"를 선언하면 즉시 경기개시 위치로 돌아가서 선다.

■ **주심은 다음에 따라 경기결과를 지시한다.**

① 한 선수가 "한판"득점을 얻었거나 또는 이와 동등한 득점을 얻었을 때 승자를 지시한다.

② "한판"득점 또는 이와 동등한 득점이 없을 경우에는 다음 기준에 의하여 승자를 결정한다.

  *"절반"득점 하나는 여러 개의 "유효"득점보다 우세하다.

  *"유효"득점 하나는 여러 개의 "효과"득점보다 우세하다.

③ 아무런 득점이 없거나 기록된 득점(절반, 유효, 효과)이 동일 할 때에는 주심은 "판정"을 선언하면서 해당 수신호를 한다. "판정"을 선언하기 전 주심과 부심은 양 선수의 경기의 태도, 기술의 능숙도, 기술공격의 결과 등을 비교하여 미리 어느 선수가 승자인가를 판단하여 생각해 두어야 한다. 주심은 양 부심이 판정표시한 의견에 자기의견을 합쳐서 삼자 다수결의 원칙에 따라 결과를 결정하여 선언한다.

④ "비김"의 결정선언은 경기시간이 종료될 때까지 양선수가 모두 득점에 유리한 긍정적인 경과가 없거나 또는 본 조항에 의거하여도 어느 선수가 우세하다고 판단되지 않을때에 내린다. 주심이 경기결과를 지시하고 나면 선수는 한발씩 뒤로 물러나 황색 도는 백색표지에서 서서 입례를 교환하고 나서 경기장을 나간다. 주심이 일단 경기결과를 결정선언한 후 주심과 부심이 경기장을 떠나고 나면 누구도 주심으로 하여금 그 선언을 반복케 할 수 없다. 만약 주심이 잘못을 하여 승자를 뒤바꾸어서 지시했다면 양부심은 주심을 포함한 양 부심이 경기장을 떠나기 전에 반드시 주심의 선언이 잘못되었음을 일깨워서 주심이 정정선언을 하도록 하여야 한다.

주심과 양 부심이 삼자 다수결의 원칙에 의거하여 내려진 모든 행위와 결정은 최종적이며 이에

항의 할 수 없다.

제20조 부칙

주심은 "거기까지"를 선언하고 나서도 선수를 시야에서 떼지 말아야 한다. 혹시 선수가 이를 듣지 못하고 경기를 지속하는 일이 없도록 해야 한다. 주심은 경기결과를 지시하기 전에 필요하다면 선수의 복장을 고쳐 입도록 지시한다.

제21조 "한판"

주심은 선수가 적용한 기술의 결과가 다음에 해당된다고 판단되면 "한판"을 선언한다.

① 한 선수가 상대선수를 상당한 힘과 속도로 자신의 등을 주로 이용하여 기술을 걸어 메쳤을 때

② "누르기"가 선언되고 나서부터 30초 동안 상대가 풀려나지 못하도록 제압하고 있을때

③ 한 선수가 누르기 또는 조르기, 꺾기, 기술로 상대를 제압하고 있을 때 손 또는 발로 두 번이상 자리나 몸을 쳤을 때, 혹은 "항복"이라고 했을 때.

④ 꺾기 또는 조르기 기술이 성공하여 그 효력이 충분히 발휘되었을 때.

[동등한 가치]

한 선수에게 "반칙패"가 처벌되면 상대선수에게 한판승을 선언한다. 만약 두 선수가 동시에 "한판" 득점을 얻었을 때는 주심은 "비김"을 선언해야 하며, 두 선수는 즉시 재경기에임할 권리를 갖는다. 만일 한 선수는 재경기에 임하려고, 또 다른 선수는 재경기를 거부할 때에는 재경기를 원하는 자에게 "기권승"을 선언한다.

제21조 부칙

[동시에 이루어진 기술]

* 양 선수가 동시에 공격을 하여 동시에 함께 자리에 넘어져 동등한 결과가 나타났을때에는 주심과 부심의 생각기 어느 선수의 공격이 지배적이었다고 판단되지 않을 때에 는 아무런 득점으로도 인정하지 않는다.

* 굳히기가 진행되고 있는 과정에서 주심이 잘못 판단하여 "한판"을 선언해서 양 선수가 서로 헤어졌을 때에, 어느 한 선수에게 불이익이 있었다고 인정되면 주심과 부심은 다 수결의 원칙에 따라 양 선수를 "한판"선언 했을 당시의 원자세로 가능한 한 복귀시켜 서 경기를 다시 진행시킨다.

* 만약 한 선수가 메치기를 당해 자리에 넘어졌을 때, "한판"이 되지 않으려고 의식적으 로 "브릿지"(머리와 발만 매트에 닿은 자세) 형태를 취하면 이에 불구하고 주심은 이 러한 자세를 또 다시 하지

못하게 하기 위하여 "한판"의 기준에 못 미친다 하더라도 "한판" 또는 기술 공격에 합당한 득점을 선언한다.

* 팔대돌려꺾기와 같이 꺾기를 목적으로 하는 것은 득점으로 간주되지 않는다.

제22조 "절반합해서 한판"

한 경기에서 동일한 선수가 두 번째의 "절반"득점을 얻었을 때에 (제24조 참조)주심은 "절반합해서 한판"을 선언한다.

제23조 "종합승"

주심은 다음의 경우 "종합승"을 선언한다.

① 한 선수가 "절반"득점을 얻은 후에 상대선수가 반칙으로 "경고"처벌을 받았을 때

② 상대선수가 반칙으로 "경고"처벌을 받고 있는 중에 한 선수가 "절반"득점을 얻었을때

※ 두 선수가 "종합승"을 얻은 경우 주심은 "비김"을 선언하며 즉시, 두 선수는 경기를 다시 시작할 수 있는 권리를 갖게 된다. 단지 한 선수만 재경기를 원하고 다른 한 선수는 이를 거절한다면 재경기를 원하는 선수가 기권승에 의해서 우승자로 선언된다.

제24조 "절반"

주심은 선수가 걸은 기술의 결과가 다음에 해당된다고 판단하면 "절반"을 선언한다.

① 한 선수가 능숙한 기술로 상대를 메쳤으나 "한판"에 필요한 기술의 4요소 즉, 세찬기세와 탄력, 속도, 통제력 중 어느 하나라도 부분적인 결여가 있을 때(제21조 및 그부칙 참조).

② 한 선수가 굳히기로 상대를 제압하여 "누르기"가 선언되고 나서부터 25초 이상 30초미만 동안 누르고 있을 때.

[동등한 가치]

한 선수가 금지사항을 범하여 "경고"처벌을 받으면 상대 선수는 "절반"을 득점한 것으로인정한다.

제24조 부칙

한판의 기준으로 삼는 세찬 기세와 탄력, 속도 등이 크게 자리에 닿도록 "배대뒤치기"로 넘겼다 해도 다리를 베어 댄 상태에서 주춤거리고 있다가 넘겼다면 기술의 속도, 연속성의 결여로 "절반"득점을 최고로 한다.

주심은 선수가 걸은 기술의 결과가 다음에 해당된다고 판단하면 "유효"를 선언한다.

① 한 선수가 상대를 제압하면서 기술을 걸어 메쳤으나 "한판"의 3요소 중 두 가지가 결여 되었을 때 즉,

   * 등이 자리에 닿은 상태가 불완전하고 기세와 탄력, 속도 중에서 어느 하나가 부족 할 때

   * 등이 크게 자리에 닿았으나 전혀 기세와 탄력, 속도 등이 없을 때

② 한 선수가 굳히기로 상대를 제압하여 "누르기"가 선언되고 나서부터 20초 이상 25초미만 동안 누르고 있을 때

[동등한 가치]

한 선수가 금지사항을 범하여 "주의"처벌을 받았다면 상대 선수는 "유효"를 득점한 것으로 인정한다.

제25조 부칙

"유효"득점을 여러 번 얻었다 하더라도 그 합계는 "절번"득점하나에도 미치지 못한다. 다만 그 득점 총수는 기록된다.

제26조 "효과"

주심은 선수가 걸은 기술의 결과가 다음에 해당된다고 판단되면 "효과"를 선언한다.

① 한 선수가 기술을 걸어 상당한 기세와 탄력, 속도로 상대를 메쳤으나, 대퇴부 또는 엉덩이가 자리에 닿았을 때

② 한 선수가 굳히기로 상대를 제압하여 "누르기"가 선언되고 나서부터 10초 이상 20초미만 동안 누르고 있을 때.

[동등한 가치]

한 선수가 금지사항을 하여 "지도"처벌을 받았으면 상대선수는 "효과"득점을 얻는 것으로 인정한다.

제26조 부칙

① "효과"득점을 여러 번 얻었다 하더라도 그 합계는 "유효" 또는 "절반"하나에도 미치지 못 한다. 다만 그 총수는 기록한다.

② 상대선수를 메쳤으나 앞으로 넘어졌거나 무릎, 팔꿈치 또는 손을 짚었다면 다만 공격으로만 인정한다. 마찬가지로 굳히기에 있어서도 9초까지의 "누르기"는 공격으로 인정한다.

주심은 한 선수가 굳히기로 상대를 제압하고 있을 때 다음에 해당된다고 판단하면 "누르기"를 선언한다.

① 한 선수가 굳히기고 상대의 등 또는 양 어깨 또는 한쪽 어깨가 자리에 닿도록 하여 완전히 제압하고 있을 때

② 굳히기의 제압은 옆, 뒤 또는 위에서도 행해질 수 있다.

③ 누르고 있는 선수의 한 다리 또는 양다리나 신체는 누르기를 당하고 있는 선수의 양다리로 감겨서는 안 된다.

④ 적어도 누르기가 시작될 때 한 선수의 신체 일부는 경기장 내에 있어야 한다.

제27조 부칙

① "누르기"를 선언한 후에 누르고 있는 선수가 상대를 제압하면서 또 다른 누르기 기술로 바꿔서 계속 제어하고 있으면 그 누르기는 "한판"이 선언될 때까지 지속된다.

② "누르기"가 선언되고 나서 누르고 있는 선수가(누운기술에 있어서는 유리한 입장에있는 선수)처벌 받을 만한 금지사항을 범했을 대에는 주심은 "그쳐"를 선언하여 선수를 경기개시 위치에서 세워서 해당 반칙을 처벌(누르기 시간의 득점이 있다면 그것을 선언)하고 나서 "시작"을 선언하여 경기를 다시 개시 시킨다.

③ "누르기"가 선언되고 나서 누르기를 당하고 있는 선수가(누운 기술에 있어서는 불리한 입장에 있는 선수) 처벌받을 만한 금지 사항을 범했을 때에는 주심이 "그대로"를선언하여 경기를 일시 중지시키고 반칙에 대한 해당 처벌을 하고나서 양손으로 선수를 가볍게 치면서 "계속"을 선언하여 경기를 다시 진행 시킨다. 그러나 만약 그 반칙이 "반칙패"에 해당되면 본 규정 제28조 부칙 3항에 따라 처리한다.

④ 양 부심이 "누르기"라고 동의하였음에도 주심이 "누르기"를 선언하지 않고 있으면 양부심은 해당 수신호를 해야 하며 삼인 다수결의 원칙에 따라 주심은 즉시 "누르기"를선언하여야 한다.

⑤ "누르기"가 선언된 후에 선수의 몸이 일부분만이 장애에 닿아있는 상태에 까지 이루어졌을 때에 만약 장내에 닿아있는 상태에 까지 이루어졌을 때에 만약 장내 경계선자리에 닿아 있는 그 부분이 공중으로 들었을 때에는 주심은 "풀려"를 선언하여야 한다. 만약 "누르기"를 당하고 있는 선수가 그의 양다리로 누르고 있는 선수의 한 다리또는 양다리를 감았을 때는 주심은 "풀려"를 선언해야한다.

⑥ 누운 기술을 하고 있는 과정에서 한 선수가 금지사항을 범하여 그 반칙을 처벌하려고주심이"그대로"를 선언하였을 때 만약 그 처벌이 "반칙패"에 해당되면 그 반칙을 처벌하고 나서 주심은

"거기까지"를 선언하여 경기를 종료시킨다.

⑦ "누르기"가 진행되고 있는 과정에서 "누르기"를 당하고 있는 선수가 등을 자리에 Ep고 "브릿지" 형태를 취했다 하더라도 누르는 선수가 그를 제압하고 있는 상태라면 그"누르기"는 지속된다.

제28조 금지행위와 반칙

제28회에 4개 부류로 나누어 기술한 금지사항은 선수를 선도하기 위한 지침이다. 그러나 위반행위를 한 선수는 누구에게나 해당 처벌이 당연히 내려진다는 것을 모두에게 명백히 알도록 한 것이다.

반칙처벌은 누적되는 것이 아니라 반칙행위 그 자체를 해당 부류에 따라 처벌하는 것이다. 두 번째 또는 거듭되는 반칙을 했을 때에는 이미 받고 있는 처벌은 자동적으로 없어진다. 이미 처벌을 받고 있던 선수의 거듭되는 반칙행위의 처벌 때에는 반드시 위반행위를 반드시 최소한 이미 받고 있는 처벌보다도 높은 무거운 처벌을 내려야 한다. 주심이 반칙행위를 처벌할 때에는 반드시 위반행위를 간단한 동작으로 보여주면서 처벌의 이유를 선수가 알도록 하여야 한다.

경기 중에 범한 금지사항 위반행위는 주심이 "거기까지"를 선언한 후 라도 처벌을 할 수 있다. 특히 예외적인 상황에서는 경기 종료 신호 이후에 범한 중대한 위반행위에 대해서도 만약 승자지시를 하지 않았다면 처벌을 할 수 있다.

※ 다음의 사항은 모두 금지된 행위와 그에 따른 처벌 규정이다.

(1) 선수는 누구나 아래의 경미한 행위와 그에 따른 처벌 규정이다.

① 의식적으로 경기 동작을 방해하려고 상대를 잡지 않는 행위

② 선 자세에서 극단적인 방어제사를 취하는 행위(일반적으로 5초 이상)

③ 선 자세에서 도복을 잡은 채 공격을 하지 않을 때

④ 상대를 메칠 의사가 명백히 없으면서 공격하는 인상을 주기 위한 행위(위장공격)

⑤ 공격을 시도하거나 공격 중 또는 상대의 공격을 되치거나 방어하는 경우가 아닐 때 양발로 완전히 위험지대를 밟는 행위

⑥ 선 자세에서 공격을 하지 않고 잡고만 있는 경우(일반적으로 5초 이상)
   * 한손 또는 두 손으로 상대의 도복 아랫자락이나 띠를 계속 잡고 있는 행위
   * 양손으로 상대 도복의 한쪽 깃, 소매를 잡고 있는 행위
   * 양손으로 상대의 한쪽 소매를 계속 잡고 있는 행위

⑦ 선 자세에서 방어 목적으로 상대의 한쪽 또는 양쪽 소매 끝을 계속 잡고 있는 행위(일반적으로 5초 이상)

⑧ 상대의 소매 끝이나 바지 끝에 손가락을 넣거나 또는 소매 끝을 조이면서 잡는 행위

⑨ 경기 동작을 방해하기 위해서 선 자세에서 상대의 한손 또는 양손을 깍지 끼고 계속있는 행위(일반적으로 5초 이상)

⑩ 주심의 허락 없이 고의로 자신의 복장을 문란하게 하거나 도복 띠를 풀었다 매었다하는행위

⑪ 띠 끝이나 도복으로 상대의 몸의 어느 부분이라도 감는 행위

⑫ 도복을 입으로 무는 행위

⑬ 상대의 얼굴에 손이나 팔 또는 발이나 다리를 지적 대는 행위

⑭ 선 자세에서 메치기 기술로 즉시 연결공격을 하지 아니하고 한손 또는 양손으로 상대의 한발이나 양발 또는 다리를 잡거나 바지를 잡는 행위

⑮ 상대의 띠나 목깃 또는 앞깃에 발이나 다리를 거는 행위

(2) 선수는 누구나 아래의 과도한 위반행위를 범하면 "주의"처벌을 한다. 또한 "지도"처벌을 받은 선수가 또다시 경미한 위반을 범하였을 때에도 "주의"처벌을 한다.

① 상의의 띠를 사용하여 조르기를 하는 행위

② 상대의 허리나 목 또는 머리를 양다리로 껴서 가위조르기를 하는 행위

③ 잡고 있는 상대로부터 벗어나기 위해서 무릎이나 발로 상대의 손이나 팔을 차는 행위

④ 잡고 있는 상대의 손을 떼려고 손가락을 뒤로 꺾어 제치는 행위

⑤ 장내에서 걸기 시작한 선 기술이나 누운 기술을 계속 시도하면서 장외로 나가거나,상대를 장외로 밀어내는 행위(제10조 예외조항 참조)

(3) 선수의 누구나 아래의 중대한 위반행위를 범하면 "경고"처벌을 한다.

① 상대와 같은 방향으로 서서 한 다리로 상대의 한 다리를 감아 꼬아서 뒤로 넘기면서그의 몸 위에 함께 넘어지는 행위(Kawazu-gake)

② 팔꿈치 관절 이외에 꺾는 행위

③ 상대의 목이나 척추를 상하게 할 수 있는 동작을 하는 행위

④ 등을 자리에 대고 있는 상대를 끌어올렸다가 다시 자리에 지찟는 행위

⑤ 허리 후리기 또는 이와 비슷한 기술을 걸고 있는 상대의 버티고 있는 다리를 안쪽에서 후리는 행위

⑥ 장외에서 기술을 거는 행위

⑦ 주심의 지시에 따르지 않는 행위

⑧ 경기 중에 필요 없는 소리를 지르거나 행동으로 상대의 인격을 손상시키는 행위

⑨ 상대에게 위해를 끼치거나 또는 유도정신에 위배되는 행동을 하는 행위

⑩ 겨드랑대 팔꺾기(Kaki-gatame) 또는 이와 비슷한 기술을 걸거나 시도하면서 자리에직접 엎어지는 행위

(4) 선수는 누구나 아래와 같은 중대한 위반행위를 범하면 "반칙패"처벌을 한다. 또한 "경고" 처벌을 받은 선수가 또 다시 어느 정도의 위반행위를 하여도 "반칙패"처벌을 한다.

① 허벅다리 후리기, 허리후리기 등과 같은 기술을 걸거나 시도할 때에 몸을 앞으로 숙이면서 머리를 먼저 자리에 박는 행위

② 상대가 등 뒤에서 껴안았거나 제어하고 있을 때 고의로 뒤로 넘어지는 행위

③ 딱딱한 물건 또는 반지 등 금속물질(천이나 테이프로 감은 것을 막론하고)을 지니고 있는 행위

제28조 부칙

① 주심과 부심은 최상의 경기상태를 유지하기 위하여 반칙이 의도하는 바와 사태에 따라서 해당 처벌을 내려야하는 책임과 권한을 갖고 있다. 주심은 선수의 반칙행위를처벌하고자 할 때 누운 기술에서의 "그대로"상황을 제외하고는 반드시 경기를 잠시중단시켜서 선수를 경기개시 위치에 세운 다음 반칙을 범한 선수를 향해·한 손을 들어 지시하면서 처벌 선언을 한다. "반칙패"를 처벌하고자 할 때에는 주심은 반드시먼저 양 부심과 삼자다수결의 원칙에 따라 상의하여 결정하고 나서 그 처벌을 선언하여야 한다. 양 선수가 "경고"처벌을 받은 후에 또 다시 양 선수가 동시에 반칙을 하였을 경우에는 양 선수에게 모두 "반칙패"를 선언한다. 그렇다 하더라도 이에 관한최종결정은 본 규정 제31조(본 규정에 명시되지 않은 상태)에 따라 처리하여야 한다.

② 누운 기술에서 "경고" 나 "반칙패"는 "누르기"에서와 같은 방식으로 적용되어야 한다(제27조 부칙 4항 참조). 한 선수가 본 규정 제17조에 따르지 아니하고 누운 기술을하지 않으려고 할 때에는 주심은 "그쳐"를 선언하여 경기를 잠시 중단시키고 제17조를 위반한 선수에게 "주의"처벌을 내린다.

③ 두 선수 혹은 어느 한쪽이 약 25초간 아무런 공격을 하지 않을 때에는 공격할 의사가없는 것으로 간주할 수 있다. 만일 주심이 선수가 순전히 공격의 기회를 찾기 위하여공격을 멈추고 있다고 판단하면 비록 공격이 없었다고 해도 이를 공격할 의사가 없는것으로 간주하여 무조건 벌칙을 주어서는 안 된다.

④ 위험지대 - 주심은 선수가 위험지대 위에서 잠시(5초간) 서있는 것을 허용한다.

⑤ 두 손으로 상대의 같은 쪽 목깃을 잡았다 하더라도 그 상황이 상대가 잡고 있는 팔밑으로 목을 돌려 빼서 이루어진 것이라면 처벌하지 아니한다. 만약 연달아서 여러번 팔 밑으로 목을 돌려

빼면 주심은 본 조(제2항)에 의한 극단적인 방어 자세를 취하려는 것인지를 살펴야 한다.

⑥ "감는 일"이라고 하는 것은 띠 또는 도복 깃으로 완전히 한 바퀴 감는 것을 말한다.그러나 띠나 도복 깃으로 상대의 팔을 제어하기 위하여 감지 않고 걸어 누르는 일은처벌하지 아니한다.

⑦ "얼굴"이라고 하는 것은 이마와 두 귀, 턱으로 이은 선을 말한다.

⑧ 겨드랑이대 팔 꺾기와 비슷한 자세로 상대의 소매 깃을 한 팔로 잡고 허리 후리기,허벅다리 걸기 등의 메치기를 (상대의 손목이 공격자의 겨드랑이에 낀다.)하면서 얼굴을 아래로 향하고 자리에 고의로 떨어지는 행위는 행위가 고의가 아니더라도 그러한 동작은 위험하므로 겨드랑이대 팔 꺾기와 같은 식으로 다루어져야 한다.

제29조 부전승과 기권승

① "부전승"은 상대가 처음부터 경기에 임하지 않았을 때에 내린다. 그러나 주심은 부전승을 선언하기 전에 경기 이사로부터 그렇게 하도록 권한을 부여 받았는지를 확인해야 한다.

② "기권승"은 상대가 경기 도중 어떠한 이유로 경기를 포기 하였을 때에 내린다. 선수는 누구나 본 규정 제3조와 제4조의 조건을 갖출 수 없을 때에는 경기에 임할 권리를상실한 것이므로 주심과 부심은 삼인다수결의 원칙에 따라 결정하여 그 상대 선수에게 "기권승"을 선언한다.

제29조 부칙

① 콘택트렌즈 및 붕대 : 경기 중 선수가 자신의 콘택트렌즈를 잃어 버려 그것을 즉시 착용할 수 없이 경기를 계속할 수 없을 때 주심은 양 부심과 상의하여 상대선수에게 기권승을 선언한다.

② 부전승 : 1분 간격으로 3번 호명하여도 경기시작 위치에 출정하지 않은 선수는 경기를 몰수당한다.

제30조 부상, 발병 또는 사고처리

경기 중 한 선수가 부상, 발병 또는 사고 등으로 더 이상 경기를 할 수 없을 때에는 주심은 양 부심과 상의한 후에 다음 사항에 따라 "승", "패" 또는 "비김"을 결정하여 선언하여야 한다.

(1) 부상의 경우

① 부상의 원인이 부상 입은 선수 자신의 책임일 경우에는 부상을 입은 선수를 "패"로 한다.

② 부상의 원인이 양 선수의 책임일 경우는 부상을 입힌 선수를 "패"로 한다.

③ 부상의 원인이 양 선수의 어느 쪽의 책임이라고 판단하기 어려울 때에는 판정 선언후 "비김"이 선언된다.

(2) 발병의 경우

경기 중에 병이 나서 더 이상 경기를 할 수 없을 때에는 병이 난 선수를 "패"로 한다.

(3) 사고의 경우

경기 외적인 원인으로 사고가 발생하여 더 이상 경기를 할 수 없을 때에는 판정 선언 후"비김"이 선언된다.

* 검진

경기 중 선수는 2번의 검진을 받을 수 있다. 주심은 각 선수의 검진 횟수의 기록유무를확인하여야 한다. 기록원은 검진 횟수에 따라 적십자 수로 표기한다.

만약 담당의사가 부상을 입은 선수를 진단하고 나서 주심에게 더 이상 경기를 할 수 없다고 통보하면 주심은 양 부심과 상의한 후에 경기를 종료시키고 본 규정에 정하는 바에따라 경기결과를 지시하여야 한다. 선수가 입은 부상의 상태가 의사에 의해서 경기장 안에서 치료를 받게 되었을 때에도 주심은 양 부심과 상의한 후에 경기를 종료시키고 본규정에 정하는 바에 따라 경기결과를 지시하여야 한다.

만약 선수의 한 사람 또는 두 사람이 모두 부상을 입어 주심과 부심이 더 이상 경기를할 수 없다고 판단하면 주심은 경기를 종료시키고 본 규정에 정하는 바에 따라 경기결과를 지시하여야 한다.

제30조 부칙

① 보통 선수를 위해 각각 한 사람씩의 의사만이 경기장 안으로 들어올 수 있도록 허락되며, 의사가 다른 사람의 도움이 필요할 때에는 반드시 먼저 주심의 허락을 받아야한다.

② 코치는 허락을 받지 않고는 경기장에 들어올 수 없다.

　예외규정 : 경미한 부상(제8조 20항 자유로운 검진 참조)

③ 경미한 부상(코피, 손톱이 찢어지는 등의 경미한 사고)이 나서 의사의 진료를 받아야할 경우 가능한 한 신속히 진료한다.

　주의 : 의사는 선수를 접촉할 수 있지만 검진은 못한다(제8조 19항 의사검진 참조).

④ 동일한 경미한 부상이 반복되면 의사를 불러야 하며 이것은 의사의 검진으로 기록한다.

⑤ 두 선수 중 어느 누구의 과실이 아닌데도 한 선수가 우연히 부상을 입어 의사의 검진이 요구될 때 이것도 의사의 검진으로 기록한다.

　주의 : 의사는 검진을 신속히 하기 위해서 선수를 접촉할 수 있다.

　부상 : 자유검진(제8조 21항 자유검진 참조)

⑥ 부상이 상대선수에 의해서 가해졌다고 심판진이 판단할 때에만 자유검진이 허용된다.이 때 의사는 선수를 접촉하거나 자유롭게 검진할 수 있고, 필요하다면 붕대를 사용할 수 있으며 음낭도 다룰 수 있다.

　주의 : 상기의 외상 외에 의사가 어떤 치료를 하면 상대선수가 기권승에 의해서 승리하게된다.

⑦ 경기 도중 공격하는 선수의 행위에 의해 공격받는 선수가 부상을 입어 공격받은 선수가 경기를 계속할 수 없을 때 심판진은 이 경우를 분석하여 경기 규정에 의거 판정을해야 한다. 이 경우는 각기 상항에 따라 판정된다.

[보기]

① 부상이 금지된 행위에 의해 야기됐을 때 의사는 부상을 살핀 후 주심에게 경기 속행 여부를 알리며 주심은 양 부심과 상의하여 상대선수에게 벌칙을 준다.

② 만일 경기가 재개된 후 부상당한 선수가 고통으로 쓰러져 이 부상으로 이해 앞으로남은 경기에 더 이상 출전할 수 없을 때 상대편 선수는 같은 이유로 추가 벌칙을 받지 않는다. 이 경우 부상당한 선수는 경기에 패하게 된다.

③ 조르기 기술이 시작될 때 담당의사는 자기가 담당한 선수의 건강에 심각한 위험이 있다고 판단하면 경기장 가장자리로 가서 심판진에게 경기의 중단을 요청할 수 있다. 이때 심판진은 의사를 돕기 위해 필요한 모든 조치를 취해야 한다.

④ 부상이 어느 선수에 의해서 일어났는지 그 원인 규명이 불가능하여 양 선수가 책임이없을 때는 경기를 계속할 수 있는 선수가 승자가 된다. IJF선수권대회에 있어서 공인팀 닥터는 의사 자격증을 소지해야 하며 경기시작 전에 등록해야 한다. 의사만이 지정된 장소에 앉을 수 있으며 적십자 완장을 착용하고 있어야 한다. 팀 닥터를 공인할 때 각 국가 유도회는 의사의 행위에 대하여 책임을 진다. 의사는 경기규정의 수정된 내용과 해석을 알고 있어야 한다. IJF선수권대회 이전의 IJF경기 위원들에 의해서 주재되는 회의에 팀 닥터를 참석 시킬 수 있다.

제31조 본 규정에 명시되지 않은 상태

본 규정에 명시되지 않은 사태가 발생하면 주심은 반드시 심판위원회와 상의하여 그 결정에 따라 사태를 처리한다.

>> 2. 단 및 체급

1) 단 및 급

진보의 정도를 표시하는 단(段), 급(級) 제도가 있는데 띠 표시는 다음과 같다.

<표 2> 유도의 단 및 급

9단~10단	적색띠
6단~8단	적색이 섞인 띠
6단 이상	적색과 백색이 30cm간격의 띠
초단~5단	전체가 흑색(黑色) 띠
2급~1급	전체가 갈색(褐色) 띠
4급~3급	전체가 청색(靑色) 띠
6급~5급	띠 양쪽에 30㎝씩 연분홍색
8급~7급	띠 양쪽에 30㎝씩 노란색
무급(無級)	흰띠

2) 체급

우리나라에서는 체급별과 단별로 대부분의 대회를 시행하고 있으며 올림픽이나 세계선수권대회에서는 무차별제와 체급별 제도를 택하고 있다.

(1) 우리나라 체중과 체급 구분

<표 3> 우리나라의 체급 구분

체중	체급
63kg이하	라이트급
70kg이하	라이트 미들급
80kg이하	미들급
93kg이하	라이트 헤비급
94kg이상	헤비급

(2) 국제 표준 체중과 체급 구분

체급	체중
60kg이하	Extra Light Weight
65kg이하	Half Light Weight
71kg이하	Light Weight
78kg이하	Half middle Weight
86kg이하	middle Weight
95kg이하	Half heavy Weight
96kg이상	Heavy Weight
체중 무차별	Open Weight

위의 체급 구분은 1961년 제3회 세계유도선수권대회가 끝난 후부터 무차별 경기에서 체급 경기로 바뀌었다.

참고문헌

金正幸(1986). 柔道槪論. 大韓柔道大學出版部.

문교부(1976) 유도. 서울신문사 출판국.

Isao Inokuma, Nobuyuki Sato(1986). Best JUDO. KODANSHA.

李相燦, 金正幸, 姜相兆(1979). 柔道의 訓練方法. 正民社.

李相燦(1983). 柔道. 正民社.

李濟晃(1978). 新柔道. 受賞界社

용인대학교 유도학과 교수 공저(1995). 유도지도법. 용인대학교 출판부.

정운길(1998). 체육학 종합대사전. 한국사전사연구사.

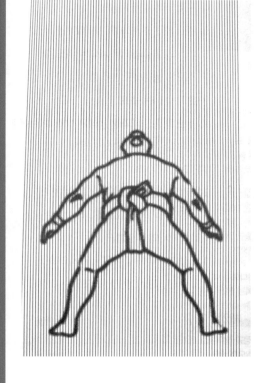

스모

동양의 무술 | 일본

제1장 스모의 역사

　1. 스모의 일반적인 내용

　2. 스모는 국기

　3. 백제와 관련되어 있는 스모의 기원

　4. 프로 리키시의 등장

　5. 종교성을 표방하여 관허(官許)를 받고

　6. 개화의 물결과 리키시의 머리모양

　7. 스모는 농촌에도 뿌리를 내리고

　8. 혼자서 하는 스모

　9. 스모의 종교성과 흥행성은 상호 보완관계

　10. 혼바쇼는 매년 여섯 차례의 큰 대회

　11. 리키시 자격

　11. 리키시들의 랭킹을 나타내는 반즈케

　12. 조노구치에서 요코즈나에 이르는 길

　13. 리키시의 주요계급

　14. 산과 바다에서 따온 리키시의 이름

　15. 도리쿠미는 전날에 발표되는 대진표

제2장 기술

　1. 먼저 부정을 씻어내는 의식이 열리고

　2. 스모의 승부수 총 70종

　3. 군배는 이긴 리키시를 향하고

제3장 경기규정

　1. 경기방법

　2. 스모의 경기장

제4장 용어해설

제1장 | 스모의 역사

>> 1. 스모의 일반적인 내용

스모는 두 사람이 서로 맞잡고 넘어뜨리거나, 지름 4.6m의 씨름판 밖으로 밀어내거나 하며 힘과 기술을 겨루는 씨름이며, 개인경기이다. 일본사람들은 이 스모를 한자로 표기할 때 '相撲(상박)'라고 쓰며, 이 스모를 하는 씨름꾼을 리키시[力士]라 하고, 스모를 겨루는 장소를 도효[土俵]라고 하는 독특한 이름으로 부른다.

>> 2. 스모는 국기

거한들이 샅바만 두른 채, 혼신의 힘을 다해 힘과 기술을 겨루는 스모, 스모를 보고 있노라면 경기의 승패 결과도 흥미 있지만, 그 진행 과정이나 경기장의 장식 또한 매우 흥미롭다. 샅바만 두른 두 장사가 나와 상대방을 쓰러뜨려 승패를 가른다는 기본적인 양식은 우리의 씨름과 다를 것이 없다. 그러나 일본의 스모의 형식에는 일본의 문화적 전통이 반영되어있으며, 마치 종교의식이라도 치루는 것처럼 스모를 진행하는 사람들의 감정은 절제된 표현으로 나타난다.

스모의 출발점은 민간에서 행해지던 자연 발생적인 단순한 힘겨루기 놀이에 있었으나, 한편 신화나 궁정의례와 관련되면서 그 내용에 상징적인 요소를 첨가하기도 하고, 흥행적인 면으로도 조직화되고 세련되어 왔다.

우악스럽게 힘만을 겨루는 것이 아니라, 종교 의례적인 요소를 연출하며, 또한 엄격하게 예의범절을 지키는 가운데, 아기자기한 요소를 볼거리로 제공하는데 그 묘미가 있다. 이런 묘미를 잘 엮어서 발전시켜 온 스모는 오늘날 인기 스포츠이자 '일본의 국기(國伎)'로 정착되기에 이르렀다.

>> 3. 백제와 관련되어 있는 스모의 기원

기록에 나타난 스모의 기원을 논할 때는 대개 『고지키』(古事記)나 『니혼쇼키』(日本書記)의 신화를 인용한다. 물론 신들의 세계를 이야기하는 과정에 등장된 스모이기 때문에 역사적 사실로 받아들일 수는 없지만 고대인들의 스모에 관한 인식을 읽어 낼 수 있는 좋은 자료가 된다.[92]

---

92) 과정학연구소편(2002). 日本人과 日本文化의 理解. 과정학사. p.165.

다케미카드치신과 다케미나가타신이라는 두 신이 벌인 힘겨루기 내기에 관한 기사나, 노미노스쿠네와 다이마노케하야의 격투에 관한 기사는 일본의 관한 역사를 말할 때면 반드시 등장되는 이야기이다.

흥미롭게도 일본의 스모에 관한 가장 오래된 사실은 우리의 역사와 관련되어 있다. 서기 642년에 왕이 백제에서 온 사신을 환대하기 위하여 궁정에서 병사들 가운데 장사를 뽑아 스모를 하게 했다는 기록이「日本書記」에 전해지고 있다.

그 후 스모는 정기적인 궁정의례의 하나로 오랫동안 행해졌다. 중앙집권의 강화를 위한 목적으로 왕은 신하들을 불러서 여러 가지 형식으로 여는 잔치인 세치에를 계속했다. 세치에 가운데는 스모세치에도 있어서 440년간이나 지속되었던 일은 스모의 역사와 성격과 방향을 결정짓게 했다.

≫ 4. 프로 리키시의 등장

중세에 권력이 조정으로부터 무사들의 손으로 넘어가자, 스모는 무사들 사이에 전쟁을 위한 연습이나 일상의 신체 단련 등, 이른바 실전용의 무술로서 실용적 의미가 강조되었다. 가마쿠라막부 설립 후, 1189년에 장군 미나모토요리모토는 가마쿠라의 쓰루오카하치만신사에서 스모대회를 열어 친히 관람하며 즐겼고, 그 후에도 자주 열었다.

전국시대가 되자 각 영주들도 스모를 장려하여 무사들의 필수적인 무술로도 유행하기에 이르렀다. 그 가운데서도 오다 노부나가는 1570년부터 1581년 사이에 아쓰치성에서 여러 차례 스모대회를 열어 관람했는데, 이때 참가한 리키시의 수효가 1500여명에 이른 경우도 있었다. 이처럼 스모가 장려되면서 이에 따라 직업적으로 스모를 하려는 사람들이 등장하게 되었다.

≫ 5. 종교성을 표방하여 관허(官許)를 받고

한편 스모는 경기 진행방법에 여러 가지 제한을 두게 되자 실전적인 기능이 약화되어 실용이 아니라 경기를 위한 경기로서 의미가 강조되자, 이윽고 대중오락으로 변신하게 된다. 이런 상황 가운데서 등장하는 것이 간진(勸進) 스모다, 간진이란 원래 불교어로 신사나 절의 건립이나 수리에 필요한 자금을 모으기 위해 여는 행사를 말한다.

전국시대가 막을 내리고 전란이 사라지고 일자리를 잃은 많은 떠돌이 무사들을 중심으로 하는 직업적인 스모 집단이 생겨났다. 이들은 오사카·교토·에도 등지에서 간진스모라는 간판을 내걸고 활동하기 시작했다.

남아 있는 기록에 의하면 1645년 교토에서 관청의 허가를 받고 행했던 간진스모가 최초의 것이다. 이후 각지의 영주들의 비호(庇護)를 받으며 간진스모 흥행 집단들을 각지를 순회하게 되었다. 간진스모는 종교행사로 출발했지만, 차츰 그 목적을 벗어나서 리키시 자신들의 생계유지의 수단으로서 상업성을 띤 흥행물로 바뀌어 갔다.

이 무렵에 형성된 스모 대회의 흥행적인 성격은 오늘날에도 잘 전승되어 있다. 요즘에도 매년 6차례씩 정기적으로 열리고 있는 본대회인 오오즈모의 양식은 간진스모의 양식을 이어받은 것이다.

≫ 6. 개화의 물결과 리키시의 머리모양

간진스모는 처음에는 교토와 오사카를 중심으로 흥행하더니, 1750년을 전후하여 에도로 주도권이 옮겨졌다. 이에 따라 스모를 운영하는 조직도 효과적인 흥행을 할 수 있도록 변화되었다. 서민문화의 대두라는 당시의 사회 전체에 맞추어 스모 집단의 인적 구성과 경기진행 제도 등을 정비하던 것도 이 시기였다.

도쿠가와 막부가 붕괴되고 메이지 유신에 의한 새로운 정치제도는 지금까지의 영주의 비호아래서 활동하고 있던 리키시들에게 한동안 큰 타격을 주었다. 문명개화의 풍조(風潮)에 따라서 젊은 관리들로부터 [스모란 벌거숭이로 사람들 앞에서 추는 미개한 춤]이라며 비하되었다.

설상가상, 1871년에는 단발령이 발표되어 리키시들도 일반인들처럼 머리를 짧게 자르라는 명령이 있었다. 리키시들의 독특한 모양의 상투머리를 금지한다는 일은 리키시들로서는 매우 치욕적인 일이자 스모를 모독하는 일이라고 여겼다.

세키토리의 머리모양

그러나 마침 몇몇 고관들 가운데는, 스모 애호가가 있었다. 이들의 힘으로 리키시들에게는 단발령을 적용하지 않는다는 예외 조항을 두어, 리키시들은 전통적인 머리 모양을 유지할 수 있게 되었다. 오늘날에도 리키시인들은 전통적인 리키시 상투를 틀고 스모에 임하고 있다.

스모가 다시 인기 회복의 기미를 보였던 것은 1889년 왕이 친히 스모를 관람하던 때로부터였다. 그 후 1909년 스모 전용 경기장인 [고쿠기칸(國伎館)]이 도쿄 시내의 료고구에 건립되어 13,000명의 관객을 수용할 수 있게 되자 스모 관람은 바야흐로 대중성을 띠게 되었다.

1925년 무렵부터는 매스미디어의 발달에 힘입어 전 국민의 관심을 불러 모으게 되었고, 그 여파는 현재까지 이르러 스모의 인기는 지금도 대단하다.

﹥﹥ 7. 스모는 농촌에도 뿌리를 내리고

스모가 이러한 폭넓은 지지를 얻는 까닭은 무엇인가? 그 이유는 귀족들의 큰 후원이 있었음은 물론, 민간의 풍속 가운데도 스모가 널리 뿌리를 내리고 있었기 때문이다. 농촌에서는 자신들의 마을에 와서 순회 흥행을 하는 리키시인들을 통해서 스모를 알고 있었을 뿐만 아니라, 농민들 스스로가 스모를 하기도 했다. 힘겨루기 놀이로서 마을 사람들끼리 부담 없이 즐기던 스모는 [구사(草) 스모]라 했다.

뿐만 아니라 농촌에서는 일정한 절기마다 [호노 스모]라 해서 마을의 수호신을 즐겁게 해드리기 위해서 신에게 바치는 스모, 즉 제사 의식의 하나로 스모를 열었다. 농촌의 호노스모는 단순히 승부를 겨루기 위한 경기성만 강조되었던 것이 아니라, 오곡 풍년의 기원이나 자손 번영을 기원하는 의미가 강조되었다.

스모는 승패 결과로 승자에게는 풍요한 번영을 가져다주지만, 패자에게는 불운이 가르게 되어있었다. 따라서 승패에 대하여 상당히 신경질적인 반응을 나타낼 수 밖에 없었다.

﹥﹥ 8. 혼자서 하는 스모

때로는 사람이 다치거나 죽어서 크게 다투는 일도 벌어졌다. 이런 불상사를 방지하기 위하여 서로 비기게 하거나 승자와 패자를 미리 정해두고, 우열에 승패를 맡기는 일이 없도록 의식화된 스모 진행법을 고안해 내기도 하였다.

때로는 [히토리 스모]라 하여 보이지 않는 신과 인간이 스모를 하는 의식화된 스모가 오늘날에도 전승되고 있다. 신전에 하는 이 스모는 한 사람이 나아가 신과 인사를 나눈 뒤, 신과 맞붙어 실감나게 싸우는 흉내를 내는 식으로 진행된다. 스모의 결과는 결국 신의 승리로 끝난다. 인간이 신에게 짐으로써 스모를 좋아하는 신에게 즐거움을 선사하여 신의 위력을 연극적으로 확인하며, 그 대가로 풍년을 얻을 수 있다는 신앙이 바탕에 깔려 있는 것이다.

스모의 승패를 미리 정해 둔다든지, 보이지 않는 신과 싸우는 흉내를 낸다든지 하는 일은 스모에 내재되어 있는 종교적인 성격이라 할 수 있다.

﹥﹥ 9. 스모의 종교성과 흥행성은 상호 보완관계

실제로 오늘날 오오즈모에서 연출되는 여러 가지 의식, 리키시의 동작 하나하나, 경기장의 장식 등에는 종교적인 색채가 짙게 깔려 있다. 천장에 드리운 네 기둥으로 구획되는 스모장, 즉 도효는 신성한 구역이어서 속세와 구별된 공간으로 인식된다.

지붕에 드리운 기둥과 기둥사이에는 막을 드리우는데 이 막은 미즈비키마쿠, 즉 물을 드리운 막이라 한다. 이는 리키시인들이 싸울 때 생기는 열기, 즉 불을 잠재우기 위한 상쇄력을 지닌다고 한다.

이밖에 지붕의 제 귀퉁이에 드리우는 색 실타래, 도효를 만들 때 그 바닥에 묻어 두는 제물 등도 종교적인 요소가 발견된다.

경기 전후에 손바닥을 치고 손을 모았다가 벌리고 다리를 올렸다 내렸다 바닥을 힘 있게 밟는 일, 이긴 리키시가 다음에 싸울 자기편 리키시에게 물을 떠주는 일, 소금을 쥐었다가 힘껏 뿌리는 일, 상금을 받을 때 손을 좌우로 흔드는 일 등등 스모에는 의례적인 색채와 예절이 매우 중시되고 있다.

현대 스포츠의 하나인 스모 가운데서 우리는 스모의 흥행성과 종교적 성격을 동시에 발견하게 된다.

≫ 10. 혼바쇼는 매년 여섯 차례의 큰 대회

일 년에 여석 차례씩 열리는 큰 스모대회를 가리켜 혼바쇼라 하는데 혼바쇼를 통해서 오늘날 일본 스모의 모습을 종합적으로 이해할 수 있다. 매번 15일간의 일정으로 진행되는 혼바쇼는 텔레비전과 라디오를 통해서 전국에 중계 방송되며 신문과 잡지에서도 현장의 모습을 생생하게 소개함은 물론, 스모 세계의 숨겨진 이야기까지 구석구석 찾아내어 상세하게 보도한다.

혼바쇼는 신년을 맞이하여 1월에 도쿄에서 열리는 하쓰바쇼를 필두로 3월에 오사카의 하루바쇼, 5월에 도쿄의 나쓰바쇼, 7월에 나고야, 9월 도쿄의 아키바쇼, 11월의 규슈의 후쿠오카에서 열리는 규슈바쇼등의 여섯 차례의 정규대회가 열린다. 스모 리키시들은 하루에 한경기씩 연간 총90일간의 대장정을 치러야 한다. 혼바쇼가 열리지 않는 날에는 맹훈련을 해야 할 뿐만 아니라 각 지방이나 외국을 순회하며 하는 스모, 후원 단체나 팬들에게 인사를 해야하는 등 1년 내내 바쁜 나날을 보낸다.[93]

≫ 11. 리키시의 자격

리키시가 되려는 사람은 의무교육(중학교교육)을 마친 남자로 각 지역 스모지부의 추천을 거쳐서 스모협회의 심사를 받는다.

기본적으로 체중 75kg이상 신장 173cm이상인 사람 중에서 의사의 엄밀한 검진 결과 이상이 없는 자만이 리키시가 될 수 있다. 일반은 23세 미만이어야 하고 일본 스모협회가 지정하고 있는 사회인이나 대학의 아마추어 대회에서 일정한 성적을 남긴 사람에 대해서는 만 20세부터 25세미만인 사람

93)   Mina Hall(1997). The Big Book of Sumo. SBP, p.50～p.51.

이 리키시가 될 수 있다.

≫ 12. 리키시들의 랭킹을 나타내는 반즈케

혼바쇼가 끝날 때면 심판 위원들은 리키시들의 시합 성적에 따라 랭킹을 새로 정해둔다. 이 랭킹 일람표를 반즈케라고 한다. 반즈케는 성적이 좋은 리키시의 이름을 위쪽에 큰 글씨로 쓰고, 성적순에 따라 점점 아래쪽으로 , 점점 작은 글씨로 써나간다. 입문한지 얼마 되지 않는 리키시는 반즈케에 이름이 오르지도 못한다. 리키시들은 열심히 훈련을 거듭하여 실력이 향상됨과 동시에 반즈케의 제 이름이 점점 위로, 점점 큰 글씨로 적히게 되므로, 반즈케의 변화에 대해 민감하지 않을 수 없다. [94]

≫ 13. 조노구치에서 요코즈나에 이르는 길

리키시인들의 세계는 실력에 따른 철저한 위계질서로 구성된 피라미드형 계급 사회라 할 수 있다. 리키시로 갓 입문한 최하위 단계로부터 정상에 오르기까지는 모두 10단계로 분류된다. 스모에 입문하여 기본적인 역량을 인정받으면 우선 최하급 리키시가 되는데 이 단계를 조노구치라고 한다. 여기서 좋은 성적을 올리면 조니단으로 승진한다.

이어서 산단메, 마쿠시타, 주료, 마에가시라 등의 순서로 승진한다. 이보다 높아지면 상위권에 드는 중요한 리키시로 대접받게 된다. 특히 고무스비, 세키와케 ,오오제키 등은 삼역리키시라 해서 반즈케의 이름도 큰 글씨로 오르고 인기도 많아진다.

이런 과정을 두루 거쳐 피라미드의 정점에 오른 최고 실력의 리키시를 요코즈나라고 한다. 요코즈나는 혼바쇼에서 여러번 우승한 리키시 가운데서 심사위원회가 선발한다. 리키시인들은 요코즈나가 되기를 꿈꾸며 스모에 진력(盡力)하지만, 요코즈나에 오르기는 매우 어렵다. 요코즈나로 선발되면 고향에 금의환향하여 큰 잔치를 열고 고향의 명예를 높인 사람이라 하여 크게 받들어진다.

· · · · · · · · ·

94)　Mina Hall(1997). 전게서. p.46~p.47.

>> 14. 리키시의 주요계급

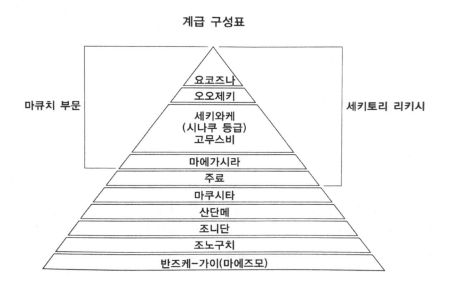

계급 구성표

마큐치 부문 / 세키토리 리키시

요코즈나
오오제키
세키와케
(시나쿠 등급)
고무스비
마에가시라
주료
마쿠시타
산단메
조니단
조노구치
반즈케-가이(마에즈모)

스모는 체중·체급별로 겨루는 것이 아니라 기술과 힘의 유효한 구사(驅使)로 승률이 높아지고 그 높은 승률을 꾸준히 유지할 때 스모계급이 차차 올라간다. 이 계급 호칭은 예로부터 정해져 내려오는 독특한 명칭이다. 최고위로부터 아래로 내려오는 주요 계급은 ①요코즈나, ②오오제키, ③세키와케, ④고무스비, ⑤마에가시라로 분류된다. 마에가시라는 주요계급중 하위에 속하며, 그중에서 제 1위를 마에가시라 힛토라 칭하고 그 다음부터는 몇 마이메(몇 번째 또는 몇 장째라는 일본말)라는 칭호가 붙지만 대개는 생략된다.[95]

>> 15. 산과 바다에서 따온 리키시의 이름

리키시가 되면 본명 대신에 새로 이름을 짓는데 이를 시코나라 한다. 산이나 바다를 나타내거나 힘이 센 것, 혹은 경사스러운 의미를 담은 글자를 많이 쓴다. 특히 산과 바다처럼 듬직하고 강한 이미지를 상징적으로 나타내도록 한다. 이런 시코나는 본인이 지어 붙이는 경우도 있지만 대개는 스승이나 후원단체가 시코나를 지어주게 되며, 출신지의 지명과 관련지어 짓거나 스승의 이름에서 한 글자를 따다가 붙이기도 한다.

....

95) Mina Hall(1997). 전게서. p.31.

▶▶ 16. 도리쿠미는 전날에 발표되는 대진표

혼바쇼 15일 동안 대진 일정표 가운데 첫째 날과 둘째 날의 일정표는 미리 짜두지만, 셋째 날 이후의 대진 일정은 리키시들의 성적을 보아가며 하루 전날에 대진표를 짜서 발표한다. 이런 대진 일정표 혹은 대진하는 일을 도리쿠미라고 한다.

매일 매일의 대진, 즉 도리쿠미는 하루종일 진행된다. 매우 한가한 관중은 아침부터 입장하여 첫 대진부터 관전하기도 하지만 점심때가 지나서부터 서서히 관중이 모여들다가 저녁 무렵에는 초만원을 이룬다.

하급 리키시들의 스모가 아침에 시작되면 차츰 등급 순서대로 진행되어 한낮에는 중간 정도의 리키시들의 스모가 이어진다. 저녁에는 중량급 리키시들의 대전이 있고 당일 경기가 끝나기 직전에 삼역 리키시의 경기가 열리고, 맨 나중에 요코즈나와의 경기가 열리도록 도리쿠미를 짠다. 하위의 리키시라 해도 혼바쇼가 진행되는 동안 예상보다 훨씬 좋은 성적을 얻는 경우에는 상위 리키시와 대전할 기회를 주며 관중들의 흥미를 고조시킬 겸 도리쿠미를 유연하게 짜는 것이다.

제2장 | 기술

▶▶ 1. 먼저 부정을 씻어내는 의식이 열리고

시합 가운데서도 관중들의 흥미는 중간 휴식 후에 열리는 중량급 리키시인들이 벌이는 마지막 15판의 시합에 집중된다. 이 15판의 시합은 마쿠우치의 도리쿠미라고 하여 중시된다. 이때는 먼저 요코즈나가 씨름판인 도효에 입장하여 부정을 씻어내는 의식을 진행한다. 요코즈나는 앞치마 모양의 장식용 복장인 게쇼마와시를 두르고 칼을 든 두 리키시의 호위를 받으며 등장한다. 요코즈나는 도효에 올라가서 바닥을 힘차게 밟기도 하고 손을 힘차게 올렸다 내렸다, 벌렸다, 오므렸다 한다. 이는 땅과 하늘의 신에게 도효에 부정이 타지 않도록 비는 의식이다. 사합이 정정당당하고 무사히 진행되기를 빈다는 의미를 상징적으로 나타내는 것이다. 이런 의식이 끝난 다음에 비로소 동편과 서편의 리키시인들이 등장하여 힘과 기량을 겨루게 된다.

스모를 보고 있노라면 우리의 씨름과 그 진행 과정이 매우 다르다는 것을 알 수 있다. 도효에 오른 두 리키시는 맞붙어 싸우기에 앞서서 몇가지 의례적인 행위를 한 뒤에야 승부에 들어간다.

먼저 리키시가 도효에 오르면 한쪽 발을 들어올렸다가 힘껏 내리는 동작을 한다. 몸의 긴장을 풀며 정신을 집중시키기 위한 동작이다. 동군과 서군의 리키시는 도효의 코너에 놓인 물통의 물을 국자로 펴서 몸을 깨끗하게 한다는 뜻으로 입을 헹구고 종이로 입가의 물기를 가볍게 닦아낸다. 바로 앞에 싸웠던 리키시 가운데서 이긴 리키시가 자기편의 다음 리키시에게 종이와 물을 떠주며 승리의 운이 이어지기를 기원한다. 진편의 리키시는 물을 떠주지 않고 그대로 물러가기 때문에 진행위원이 떠주는 물과 종이를 받아 입을 헹구고 물기를 닦아낸다.

리키시는 도효 가운데로 나오면서 놓여있던 소금을 한 움큼 집어 허공에 흩뿌린다. 이것은 소금으로 도효의 부정을 씻어낸다는 의례적인 행위이다. 보기에도 시원한 감을 주기 때문에 리키시들은 소금을 보다 멋지게 뿌리기 위한 연습도 한다.

≫ 2. 스모의 승부수 총 70종

제한 시간에 이른 두 리키시는 웅크린 자세로부터 힘차게 일어나면서 격돌하는데 이를 다치아이라고 한다. 다치아이의 힘찬 모습이야말로 스모의 핵심적인 장면이다. 힘껏 상대방을 밀어내며 자신에게 유리한 태세를 만들고 다음 공격으로 이어지도록 하는 다치아이에 연결하는 기술 또한 볼만한 대목이다. 작전은 순간적인 판단으로 정해야 한다.

리키시는 상대방에게 이기기 위해서 손, 발, 머리 ,허리 등을 써서 여러 가지 기술을 발휘하는데 이기는 순간에 쓴 기술 즉, 승부수를 기마리테라고 한다. 예전에는 기마리테의 종류를 총 48수라고 했으나, 요즘에는 일본 스모협회가 총 70수로 정리했다. 70수란 샅바 즉, 미와시를 잡고 끌어당기거나 좌우로 젖히는 기술, 안쪽 혹은 바깥쪽으로 다리를 걸어서 넘어뜨리는 기술, 허리로 젖히는 기술, 어깨로 떠올려서 뒤로 넘기는 기술, 머리로 가슴을 밀어붙여 뒤로 자빠지게 하는 기술, 번쩍 들어서 바깥으로 내보내는 기술 등 매우 다양한 기술이 개발되어 있다.

≫ 3. 군배는 이긴 리키시를 향하고

승부는 상대방의 몸의 일부분이 먼저 땅에 닿게 하거나 도효 바깥으로 밀어내는 쪽이 이긴다. 이때 심판은 군배를 이긴 리키시 쪽을 가리키면서 어떤 수를 써서 이겼는가를 힘차고 확실하게 선언한다. 이긴 리키시에게는 심판이 즉시 상을 준다. 심판은 군배에 상을 얹어서 전해주는데 리키시는 오른손을 펴서 좌, 우, 중앙으로 흔든 다음에 상을 집어든다. 이런 동작은 이번 판에서 이기게 해준 신에게 감사한다는 뜻으로 한다.

스모에서는 승부에 크게 집착하면서도 승부의 감정 표현을 극도로 자제해야만 한다. 이긴 리키시도 들뜨지 않으며, 졌다고 해서 관중 앞에서 불쾌한 표정을 짓지 않는다. 심판의 판정에 따르며 승부를 담담하게 받아들이는 자세도 훈련으로 단련시켜간다.

매우 드문 일이기는 하지만 도효 위에서 허리에 두르고 있던 미와시가 풀어져 내리면 역시 심판이 패배를 선언한다. 마와시는 긴 천을 접어서 허리에 두르고 뒤에서 매듭을 지어 묶을 뿐, 풀어지지 않도록 실로 꿰매거나 다른 도구는 쓰지 않는다. 이밖에도 반칙을 해서 지는 경우가 있다. 주먹으로 상대방을 때리기, 상투를 휘어잡기, 손가락으로 급소를 찌르기, 양 손바닥으로 동시에 얼굴을 때리기, 미와시의 앞부분에 손 집어넣기, 목 조르기, 발끝으로 배차기, 꼬집기 등은 반칙패가 되어 심판은 그러한 행위를 받은 선수를 상대 리키시의 승리로 선언한다.

제3장 | 경기규정

>> 1. 경기방법

리키시는 경기순번의 두 차례 전에 도효 밑에 와서 대기하다가 호출담당의 호명에 따라 동·서 양쪽에서 도효에 오른다. 두 리키시는 자기 쪽 코너에서 [시코]라는 독특한 동작으로 좌우 양 다리를 교대로 옆으로 올렸다가 힘껏 내리 딛는다. 이어 정한수로 입을 가시고, 화장지로 몸을 닦은 다음 부정을 없애는 뜻으로 소금을 도효 위에 뿌린다. 도효에 올라와서부터 이 절차까지는 겨루기 전까지의 스모 의식의 하나로서 치른다. 그리고는 중앙에서 상대방과 마주하여 다시 시코를 한 다음 준비자세에 들어간다. 이때 주심을 교지라고 하며 교지는 두 리키시의 호흡이 맞았다고 보았을 때 겨루기 명령을 내린다. 승부의 판정은 도효 안에서 리키시의 발바닥 이외의 신체 일부가 먼저 바닥에 닿은 쪽이 패자가 되며, 도효 밖으로 밀려나가도 패자가 된다. 승부가 끝나면 서로 목례를 하고 물러서는데, 승자

시코

에게는 이겼다는 표시로 교지가 승자의 고유 호칭을 불러준다. 승부의 판정에는 교지가 주심이 된다. 두 리키시가 동시에 넘어졌을 때에는 기술을 먼저 건 공격측에 승리가 선언된다. 교지의 판정에 의문이 있는 경우 승부검사역이 이의를 표명하여 협의를 거쳐 다수결로 결정하고, 동수의 경우는 심판위원장이 재경기를 지시한다. 이때 교지는 표결에 참가할 수 없다.

≫ 2. 스모의 경기장

스모경기에 있어서 경기장을 도효(土俵)라고 부른다. 도효라는 명칭은 도효바(土俵場)의 줄임말이며 흙을 담은 가마니를 바닥에 둥그렇게 둘러놓은 공간을 가리키는 말이다. 도효(土俵)는 발자국이 나지 않게 단단하게 만들고 모래를 넣는다. 높이는 34˜60cm, 한 변이 6m70cm인 정방형으로 흙이 채워져 있고 그 가운데 직경 4m55cm의 원이 그려져 있다. 그리고 도효를 꾸미고 있는 네 구석의 색깔은 각각 다음을 나타내고 있다. 동의 청방(靑房)은 봄과 청룡신(靑

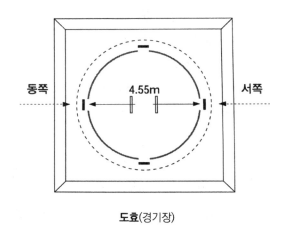

도효(경기장)

龍神), 남의 적방(赤房)은 여름의 주작신(朱雀神), 남의 백방(白房)은 가을의 백호신(白虎神), 북의 흑방(黑房)은 겨울과 현무신(玄武神)을 나타낸다.

도효(土俵)위에는 쯔리와네(つりやね)가 있는데 쇼와 27년(1952년) 9월 장소에서, 그것까지 있던 4개 기둥을 철거하고, 지붕만 남긴 것이다. 지붕의 뼈대는, 알루미늄 경합금으로 만들어져 있으며, 외장은 느티나무, 노송나무, 삼나무를 사용하고, 가로세로 각 10미터, 높이 8.6미터가 되고 있다. 문장이나 중요 부분은 순금 도금을 하고 총중량은 6톤이다. 씨름 이외의 행사가 있을 때는 상하 장치로 천장의 끝까지 올린다. 그 일에 걸리는 시간은 12분이다. 경기 동안 15피트가 약간 넘는 지름의 원안에서 경기를 행하도록 한정되어 있으며 도효 전체에 케이블로 천장에 걸린 것은 '신토'사당에 있는 네 개의 거대한 장식용이다. 술과 닮았는데 각 코너에 몰린 것은 달린 것은 한해의 계절을 의미한다.

제4장 | 용어 해설

- 아키 가을 : 매년 토너먼트 6개 중의 하나
- 반쥬크 : 토너먼트에 참가한 모든 리키시들의 공식적인 명단
- 단파츄시키 : 리키시의 상투를 자르는 것이 포함된 은퇴 의식
- 도효 : 스모경기가 열리는 진흙 경기장
- 도효이리 : 토너먼트 첫째 날 도효를 깨끗이 하는 의식
- 군바도리 : 교지의 결정과의 판정을 동의할 때

- 교지 : 심판원
- 하나미치 : 도효 밖으로 이끄는 관중석들 사이의 좁은 길(통로)
- 하루 봄 : 매년 6개 토너먼트 중의 하나
- 하츄 : 매년 6개 토너먼트 중의 하나
- 헤야 : 안정적인 스모
- 히라 가시라 : 경기의 최고 안정적인 리키시
- 히라미쿠 : 매가시라 순위의 다른 이름
- 혼바쇼 : 공식적인 경기
- 준교 : 4개의 혼바쇼 장소의 바깥 지역을 스모 여행하는 것
- 준유쇼 : 입상자, 입선자
- 쥬류 : 매가시라 밑의 순위 ; 세키토리의 가장 낮은 순위
- 카치 - 코시 : 우승의 대부분
- 카쿠아게 : 순위 촉진
- 카쿠사지 : 순위의 격하
- 케이코 : 스모 연습
- 코쿠기칸 : 매년 6회 경기 중 3경기가 열리는 도쿄의 실내 경기장
- 코쿠슈비 : 두 산야쿠 순위의 하나, 최고의 4가지
- 마큐치 : 스모에서 최고 5순위를 포함한 분배 ; 요코즈나, 오제키, 세키와크
- 마와시 : 리키시 옷의 실크 벨트
- 코무수비의 아래 순위와 주류 중의 하나 ; 마큐치 결정의 최하위

마와시(벨트) **매는 법**

- 마쿠시타 : 쥬료아래 급(위치, 서열)
- 마타 : 경기 초기의 잘못된 시작
- 미쥬 - 이리 : 비정상적으로 긴 경기를 중간에 휴식
- 모노이 : 심판이 교지의 결정에 대해 정확성을 따지기 위해 만날 때
- 무슈비 노 이치반 : 마지막 날의 경기(시합)
- 나고야 : 오사카와 도쿄 중간에 있는 도시 ; 년 6게임 중 한번 하는 도시
- 나츄 여름 : 연간 6게임 중 1회 함
- 니혼 스모 쿄카이 : 일본 스모 협회

- 오큐리다시 : 이기는 기술인데 상대를 뒤쪽으로부터 도효 밖으로 밀어내는 것을 포함한다. ; "bum's rush"(불량자의 돌진)라고도 한다.
- 오사카 : 도쿄 남쪽 칸사이 현에 있는 큰 도시 : 년 6회 경기 중 한 번하는도시
- 오제키 : 위에서 두 번째 서열, 요코쥬나 아래 위치
- 리지쵸 : 일본 스모 협회 회장
- 리키시 : 스모 선수
- 세키토리 : 쥬료에서 시작하여 요코쥬나까지의 서열에서 리키시 자리
- 세키와크 : 오제키 아래의 순위와 코뮤수비 포함
- 센슈라쿠 : 경기 마지막 날
- 쉬키리 : 주요 경기 전에 있는 예행시합
- 쉬키리 - 센 : 도효 중간에 그려진 흰색 선이며 그 곳에서 리키시는 경기를 시작한다.
- 시코 : 다리에 힘을 넣기 위해 바닥에서 발을 쿵쿵 밟는 것
- 쉬타테나지 : 이기는 기술로 상대를 넘어뜨리는 것으로 자기 마와쉬로 안쪽을 잡는 기술이다.
- 스모 : 일본 국가 스포츠. 일본 현지에서는 실제로 `오류모' 또는 `그랜드 스모'라 함
- 타치아이 : 경기 초기의 1차 공격
- 타테 - 교지 : 주요 교지
- 타와라 : 도효 페리미어 표시를 좁은 곤포에 하는 것
- 테가타 : 리키시의 손바닥 자국. 스모에서 동등하다는 뜻의 서명
- 테포 : 팔과 어깨를 강화하기 위해 나무 지팡이로 치는 것
- 토쿠다와라 : 도효의 링으로부터 조금씩 뒤로 가는 타와라. 본래, 전체 크기의 긴 곤포인 타와라 일 때, 교지는 경기장 안으로 들어가라고허락하는 것이다. ; 현재로는 그것들은 강한 힘의 리키시가 싸울 때 약간의 여분의 센티미터만 허락한다.
- 토리나오시 : 재 시합, 승부가 너무 가까이 결정 되어

쉬타테나지

테포

있을 때 사용

- 야구라 : 발판이나 토너먼트 입장시의 탑 ; 타이코 드럼은 꼭대기에 위치해있고, 토너먼트를 소리 지르며 중개(방송)해준다
- 야카타 : 도효에서 천장에 매달려 있는 것
- 요비다시 : 각 경기가 시작할 때 리키시의 이름을 부르는 안내원
- 요코쥬나 : 스모에서 최고의 순위 : 현재 두 리키시가 이 순위를 차지하고 있다. 순위가 떨어지지 않는 선수
- 요리키리 : 마와시를 잡아 쓰면서 상대를 도효 밖으로 밀어내는 것을 포함하 는 이기는 기술
- 유쇼 : 토너먼트에서의 승리

참고문헌

과정학연구소(2002). 日本人과 日本文化의 理解. 과정학사.
MINA HALL(1997). The big book of sumo. SBP,
朴銓烈(1995). 월간 일본어. 다락원.

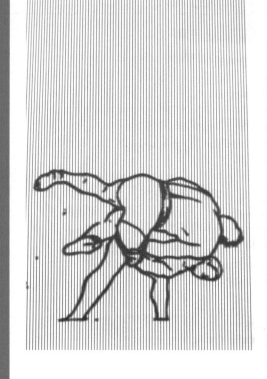

씨름

동양의 무술 | 한국

제1장 씨름의 역사

1. 역사

2. 우리나라의 씨름

제2장 기술

1. 손(팔) 기술

2. 발(다리) 기술

3. 허리 기술

4. 종합 기술

5. 씨름의 종류

6. 기술에 대한 설명

제3장 경기규정

1. 경기개요

2. 경기방법

3. 경기장

4. 체급 및 인원

5. 개인전 및 단체전

6. 승부 및 제한시간

7. 복장

8. 반칙의 종류

제1장 | 씨름의 역사

》》 1. 역사

'인간이 세상에 태어나면서부터 씨름의 역사는 발생하였다'고 하여도 과언이 아닌 것 같다. 사람은 도구를 만들기 전에 투쟁을 할 때는 자신이 힘과 지혜를 이용하였으며 이것이 현대 씨름의 시조라 할 수 있다.

서양에 있어서는 그리스의 시인 호메로스(Homeros-영어로는 Homer)의 서사시 '일리아스(Ilias : 영어로는 Iiad)'에서 씨름을 하였다는 기록이 있다.

> "그리스의 용장(勇壯) 아킬레스(Akilleus)는 트로이의 왕자 헥토르에게 살해당한 그의 친구 파트록
> 레우스 장군의 장례 때에 죽은 사람을 위안하는 행사로서 전차, 경기, 권투, 씨름, 도보경기 등의
> 경기종목으로 제례경기를 거행하게 하였다"

또 그의 서사시 '오딧세이아(Odysseia : 영어로는 Odyssey)'에도 용사 오딧세이아가 방랑중에 헤어기아國에 초대를 받아 체류 중에 청년들에게 도전을 받아, 부득이 중량던지기, 권투, 씨름, 도보경기 등의 경기에 참가하여 모조리 승리를 거두었다는 장시(長詩)가 있는데,이것이 서양에 있어서는 가장 오래된 씨름에 관한 기록이 아닐까 한다. 호메로스에 대하여서는 학자간에 이설이 있으나 기원전 8백년 전후의 사람으로 추정되고 있다. 씨름에 관한 기록은 중국의 '사기' 이사전에는 진(前221~專206)나라 시대 '감천궁에서 씨름과 배우의 놀이를 베풀었다' 하였다. 삼재도회(三才圖會)에도 씨름은 지금의 상박이니 진나라 그 세자가 감천궁(甘泉宮)에서 풍류를 베풀고 씨름을 시켰다는 기록이 있다. 그 후 한서무제본기에는 한무제 원봉 2년 봄에 '씨름 놀이를 베푸니 3백리 안 삶들이 모두 모여 구경하더라'라고 한 것을 보더라도 한, 위, 육조시대에도 줄곧 씨름이 계속되었음을 알 수 있으며 요, 금 그리고 원대에 와서 무희로서 더욱 숭상되었다. 신원사에 의하면 원대에는 인종이 씨름꾼을 채용하기 위하여 용교서란 전문기관을 설치한 일도 있고 청대에는 '팔기극록'에 기록되어 있다.

》》 2. 우리나라의 씨름

우리나라의 씨름은 고구려 태조 주몽이 왕위에 오르기 전에 주루부 족장 때 오부족장들의 고추가 시합이 있었는데(고추가는 족장의 존칭), 이 경기의 종목(種目)이 각저(角抵), 각저(角觝), 궁사(弓射), 승마(乘馬), 수박(手搏)이었다고 한다. 그리고 4세기경으로 추측되는 고구려 땅인 만주 집안현 통구 지방에 있는 무용총열 고분인 각저총주실 석벽벽화의 분묘 벽화까지 씨름하는 광경을 그린 것을 보아도 우리나라 씨

름이 삼한시대부터 행하여 졌음은 물론 중국의 각저희나 일본의 스모하고는 다른 것을 알 수 있다. 씨름을 관람하였다는 기록이 있고 당시 씨름꾼을 용사라 불렀다고 한다. 이조 때 들어와 조선왕조실록과 동국세시게에 의하면 씨름은 단오절에 전국에서 매우 성하였고 중국인이 이를 본받아 중국으로 전한 것 같다. 그리고 씨름의 용어에는 내국(內局)은 배지기, 외국(外局)은 등지기, 윤기(輪起)는 만족거리라 하였고 도결국(都結局)의 국(局)은 판이란 뜻이며, 도결국이란 그 판에서 특히 힘이 세고 손이 빠르며 연전연승하는 이를 말한다. 한편 우리나라의 고대 문헌에 처음으로 씨름이 나타난 것은「고려사(高麗史)」제36권으로, 고려 제28대 충혜왕(忠惠王) 때 임금과 왕비가 즐겨 씨름을 관람하였다고 적혀있다. 또 조선시대에는 단원(檀園) 김홍도(金弘道)의 씨름놀이 그림이 유명하고, 정종(正宗) 때의 혜보(惠甫) 유득공(柳得恭)이 찬(撰)한「경도잡지(京都雜誌)」의「5월 단오조(端午條)」에도 씨름에 관한 기록이 있다. 이와 같이 여러 문헌에 의해 오랜 옛날부터 우리 조상들이 씨름경기를 즐겨 왔다는 사실을 알 수 있다.

씨름의 명칭을 보면 몽고에서는 '쎌넴', 중국은 '쩨기유', 일본에서는 '스모'라고 부르는데 명칭의 유사성으로 보아 어떠한 연관이 있는 것 같기도 하다. 또 일설(一說)에는 씨름의「씨」는 남자를 존칭하여 부르는 씨(氏)로서 남자를 뜻하고「름」은 대결 즉,「겨룸」,「판가름」한다는 말로서 남자들이 겨룬다는 것이라 하여 형성된 것이라 하였으며 순수한 우리말 어원에서 찾아보면 영남지방 말에 서로 버티고 힘을 견준다는 것을 '씨룬다'라고 하며 서로 버티고 힘을 견주어 보아라는 말에 '서로 씨루어 모아라'가 있고 꽤 오래 버틴다는 말에서 '대기 씨룬다' 또는 '대기 씨루네'라는 말이 있음을 보아 이 씨름이란 말은 타동사 ' 씨룬다'에서 '씨룸', '씨름'으로 명사화 된 말로 보고 있다. 우리나라의 씨름에는「왼씨름」과「오른씨름」이 있는데 함경남·북도, 평안남·북도, 강원도, 충청남·북도에서 거의가 왼씨름을 하고 있고 경기도와 전라남·북도에서는 오른 씨름을 하여 오다가 1962년에「왼씨름」으로 통일하기에 이르렀다.

씨름이란 두 사람이 달려들어 힘을 겨루고 재주를 부려 먼저 엎어뜨려서 이기고 지는 것을 결정하는 운동경기를 말한다. 한자로는 각저(角抵), 각저(角觗), 각력(角力), 각희(角戲), 상박(相撲)이라고 쓰니 '사기주(史記注)'에 는 각자재야 저자상저촉야(角者材也 抵者相抵觸也)라 하며 각(角)이란 것은 재(材)요, 저(抵)라는 것은 서로 닥치는 것이라 하였고, '한서주(漢書注)'에는 양자상당 각력 각기예사어 고명각저 사고왈 저자당야 비위저촉(兩者相當 角力 角技 角技禮射御 故名角抵 師古曰 抵者當也 非謂抵觸)이라 하여 두 자가 서로 맞서서 힘을 겨루고 기예와 활쏘기와 말다리기를 겨루므로 이름을 각저(角抵)라 하였다.

'문선서경무주(文選西京武注)'에는 양양상당 각력기예사어 고명각저 역작각저(兩兩相當 角力技芮射御 故名角抵 亦作角抵)라 하여 둘씩 서로 맞서서 씨름과 기예와 활쏘기와 말달리기를 하므로 이름을 각저(角觗)라 하고 또한 각저(角抵)라고도 한다 하였으니 이는 달려들어 힘을 겨룬다는 뜻을 나타내는 말임을 물론이다. 이 씨름의 법식에 대하여서는 '고금사물원시(古今事物原始)'에 양수거지이두상촉(兩水據地以頭相觸)이라 하여, 양손을 땅에 대고 머리로써 부딪히는 것이라 하였는데, 이러한 법식은 시대에 따라 달라지기도 하였다. 이렇듯 민속경기(유희)로서만 거행되어오던 씨름이 1899년 4월30일에는 학부(현 문교부)주최의 한성내 관사립 학교 대운동회가 열렸는데 이때 학생간에 씨름을 경기종목으로 채택한 바가 있었다. 그리고 씨름 경기로서 발전을 시작한 것은 1912년 10월 유각권구락부(柔角拳俱樂部)의 주체로 서울 단성사에서 그리고 1915년에는 서울 광무일 극장 주최하에 그 해 음력, 1월30일부터 4주동안 동극장에서 씨름대회가 열렸었다. 그후로는 한동안 연례행사로서 같은 국장에서 흥행성을 띤 대회가 열렸으나 종래의 민속적인 유희에서 탈피하여 우리나라 사람의 체력 향상과 우리나라 씨름의 현대 경기로서의 발전을 목적으로 개최된 씨름대회는 1927년 강락원, 서상천, 한진희, 강진구 등의 발기로서 창립된 조선씨름협회 주최 하의 전조선 씨름 대회라 할 것이다. 그리고 협회 창립의 기념으로서 1927년 9월에 제1회 전 조선 대회를 서울 숭문고등보통학교 운동장에서 개최하였고, 중앙 기독교 청년회가 주최하는 전조선 씨름대회(1929년)와 조선체육대회외 조선씨름협회가 공동 주최하는 전조선 씨름대회(1929년), 전조선 씨름선수권대회(1936년)등이 있었다. 동년(1936년) 전조선 씨름대회를 조선일보사 강당에서 개최하였다. 조선 체육회가 주최하는 전 조선 종합경기대회에는 16회부터 씨름 종목이 들어 계속되다가 18회를 끝으로 1938년 7월 일제에 의해 조선 체육회가 해체되면서 종합대회는 중단되고 말았는데 이 대회에서 처음으로 샅바를 메고하는 씨름이 시작되었다고 한다. 1914년까지 계속하였고, 1947년 제7회 대회까지는 일제의 태평양전쟁의 가열로 중단되었다. 씨름 협회는 해방 이듬해인 1946년에 재건되었고 명칭도 '대한씨름협회'라 하였으며 제1대 회장은 여운형, 제2대는 이극로, 제3대는 서상천 씨였다. 이 전국 씨름선수권대회는 1947년 제7회 전국대회가 개최된 이래 오늘날까지 계속되어 왔으며 그 동안 1951~1953년, 3년간 6.25동란(動亂)으로 1957~1958년 2년동안 전후 사회의 불안정, 기타사정으로 1960~1963년 2년동안 씨름협회 사정으로 개최되지 못하였던 것이다. 1955년 이전의 체급은 중량급 이였으나, 1955년 제1회 대회 때부터는 경량(71.3㎏ 이하)과 중량(71.3㎏ 이상)으로 1967년에는 명칭도 개정하여 소정급(60㎏ 이하), 장사급(82.5㎏ 이상)으로 실시하였다. 이것을 계기로 현대 스포츠로서의 적응도를 높여 씨름이 국민적인 애호를 받을 수 있는 기틀이 마련되었다. 64년 대통령기(旗) 쟁탈 전국장사씨름대회가 개최되었으며, 1972년에는 문화공보부의 지원으로 한국방송공사 주최 제1회 KBS배 쟁탈 전국장사 씨름대회를 9월 24일부터 9월 26일 까지 3일간 종래 야외 모래 위에서 하던 것을 실내로 옮겨 장충체육관 실내 매트 위에서 경기를 하게 되었으며, 대한씨름 협회주관으로 개최되었다. 74년에는 실업팀인 공동어시장이 창단되기도 하였다. 83년부터 대한씨름 협회에서 민속씨름협회가 분리·운영되기 시작하면서 천하장사를 뽑게 되었고, 86년도 정기 대의원 총회에서 민속 씨름위원회가 구성되어 대한씨름 협회로 통합되었다. 1959년과 1963년 한(韓), 사(士) 씨름 경기 국제 대회가 규모는 작지만 서울에서 최초로 개최되었다.

제2장 | 기술

씨름 경기 기술은 공격 기술·반격 기술·방어 기술로 분류할 수 있으며, 공격 기술은 손(팔) 기술·발(다리)기술·허리 기술·종합 기술로 구분한다.

≫ 1. 손(팔) 기술

① 앞무릎짚기   ② 앞무릎치기
③ 연속 앞무릎치기   ④ 앞무릎 짚어돌리기
⑤ 앞무릎 짚어당기기   ⑥ 앞무릎 짚어밀기
⑦ 발목당기기   ⑧ 오금당기기
⑨ 뒷무릎치기   ⑩ 옆무릎치기
⑪ 손목잡아 돌리기   ⑫ 팔꺽어 앞무릎짚기
⑬ 목돌리기

≫ 2. 발(다리) 기술

① 안다리 걸어 밀기   ② 안다리 걸어 우로 돌리기
③ 안다리 걸어 좌로 돌리기   ④ 왼쪽 안다리 돌리기
⑤ 호미 걸기   ⑥ 발목 등걸이
⑦ 발 앞무릎 넘기기   ⑧ 돌려차기
⑨ 왼발 돌리기   ⑩ 덧걸이
⑪ 모듬 덧걸이   ⑫ 밧다리 밀기
⑬ 밧다리 돌리기   ⑭ 오금 젖히기
⑮ 밧다리 걸기

≫ 3. 허리 기술

① 곧은 배지기   ② 오른 배지기
③ 왼 배지기   ④ 엉덩 배지기

⑤ 돌림 배지기 　　　　　⑥ 이중 배지기

⑦ 공중 배지기 　　　　　⑧ 목 배지기

⑨ 무릎 배지기 　　　　　⑩ 땅 배지기

⑪ 직각 배지기 　　　　　⑫ 당겨 잡채기

⑬ 팔걸어 뒤집기 　　　　⑭ 뒤로 뒤집기

⑮ 목말아 뒤집기 　　　　⑯ 당겨 앉히기

⑰ 들어 앉히기

≫ 4. 종합 기술

① 모듬 앞무릎 　　　　　② 앞무릎 안다리

③ 뒷무릎 안다리 　　　　④ 발앞무릎 안다리

⑤ 오금다리 안다리 　　　⑥ 앞무릎 배지기

⑦ 앞무릎 밧다리 　　　　⑧ 배지기 안다리

⑨ 밧다리 배지기 　　　　⑩ 뒷무릎 뻣기

⑪ 배지기 덧걸이 　　　　⑫ 들어 앞무릎 치기

⑬ 들어 오름 당기기 　　　⑭ 팔걸어 배지기

⑮ 등쳐 올려차기 　　　　⑯ 등쳐 안다리

⑰ 등쳐 밧다리 　　　　　⑱ 등쳐 돌리기

⑲ 윈 안다리 걸기 　　　　⑳ 등쳐 호미걸기

㉑ 목당겨 밧다리 　　　　㉒ 목당겨 업어치기

㉓ 엉덩배지기 다리당기기 　㉔ 목눌러 들어치기

㉕ 우로 뒤집기 　　　　　㉖ 공중 돌리기

≫ 5. 씨름의 종류

씨름은 각 지방 및 경기규정에 따라 여러가지 방식으로 행해지는데, 대체로 다음의 3가지로 나눌 수 있다.

① 윈씨름 : 샅바를 오른쪽 다리에 건 다음 오른손으로 상대의 허리샅바를 잡고, 왼손으로 상대의 왼쪽 다리에 걸린 샅바를 잡은채 서로 오른쪽 어깨를 맞대고 하는 씨름으로, 주로 함경

도 · 평안도 · 황해도 · 강원도 · 충청도 지방에서 행해졌다.

② 오른씨름 : 왼씨름과 반대방향으로 샅바를 잡고 하는 씨름으로, 경기도 · 전라도 지방 에서 행해졌다.

③ 띠 씨름 : 허리에 한 가닥의 띠를 맨 다음 그것을 잡고 하는 씨름으로, 고장에 따라서 「통씨름」 · 「허리씨름」이라고도 한다. 오늘날 행해지고 있는 씨름은 1972년 대한 씨름협회가 왼씨름 한 가지로 통일함으로써 구태여 왼씨름이라는 이름으로 불리기보다는 씨름으로 통하게 되었다.

≫ 6. 기술에 대한 설명

1) 경기 시작 전의 기본자세

양 선수는 서로 무릎간격이 10 ˜ 30cm가 되도록 무릎을 꿇고 마주보고 앉는다.

2) 샅바를 잡는 요령

① 오른쪽 어깨를 상대의 오른쪽 어깨에 밀착시킨다.

② 상대의 오른쪽 허리샅바 재봉선 부분을 밖에서 잡는다.

③ 자기의 왼손으로 상대의 오른쪽 다리샅바를 안쪽으로 끼워 밖으로 잡는다.

④ 상대의 다리샅바를 잡는 자기의 왼손은 바로 세운다.

3) 경기시작 자세

① 샅바를 잡고 일어서서 다리를 적당히 벌린다.

② 무릎을 곧게 펴고 오른발을 뒤로 물리지 못한다.

③ 어깨는 서로 맞대고 등을 수평 되게 한다.

④ 경기시작 직전은 어떤 행동도 취하지 못한다.

4) 손(팔)기술에 대한 자세한 설명

(1) 앞무릎 짚기

① 상대의 허리와 다리샅바를 당긴다.

② 자신의 오른쪽 다리를 뒤로 이동시킨다.

③ 자신의 몸체를 오른쪽으로 이동시킨다.

④ 오른 손바닥을 상대의 오른쪽 무릎에 짚는다.

⑤ 오른쪽 몸과 다리로 상대의 몸체를 오른쪽으로 민다(2~5번 동시에 실시).

(2) 앞무릎 치기

① 상대의 허리와 다리샅바를 당긴다.

② 자신의 몸체를 낮게 오고 오른손바닥으로 상대의 오른
쪽 무릎을 친다.

③ 어깨로 상대를 밀며 오른쪽 목과 머리로 상대의 몸체를
오른쪽으로 민다.

④ 자기의 몸체를 왼쪽으로 이동시킨다.(2~4번 동시에 실시)

앞무릎 치기

(3) 뒷무릎 짚기

① 상대의 허리와 다리샅바를 당긴다.

② 자기의 몸체를 낮추고 오른쪽으로 이동한다.

③ 오른 손바닥을 상대의 왼다리 밖으로 하여 오금을 집어 당긴다.

④ 몸체로 상대를 뒤로 민다.(2~4번을 동시에 실시)

5) 발(다리) 기술에 대한 자세한 설명

(1) 안다리 걸어밀기

① 허리와 다리샅바를 당긴다.

② 상대와의 거리를 가깝게 한다.

③ 오른다리를 상대의 왼다리 안쪽으로 전진시킨다.

④ 오른다리로 상대의 왼다리 오금 밑 부분을 감는다.

⑤ 오른다리를 뒤로 당기며 오른쪽 어깨로 상대의 몸체를 뒤로 민다(2~5번을 동시에 실시).

(2) 덧걸이

① 허리와 다리샅바를 당긴다.

② 자기의 몸체를 낮게 한다.

③ 자기의 몸체를 오른쪽으로 이동한다.

④ 오른다리를 상대의 왼다리 밖으로 감는다.

⑤ 자기의 오른 다리를 뒤로 당긴다.

⑥ 목을 상대의 왼쪽 어깨에 밀착시킨다(2~6번을 동시에 실시).

(3) 빗다리 걸기

① 허리와 다리샅바를 당긴다.

② 자기의 몸체를 왼쪽으로 이동시킨다.

③ 자기의 왼쪽다리를 앞으로 이동시킨다.

④ 자기의 오른다리를 오른다리 밖으로 하여 걸어 민다.

⑤ 2번에서 4번까지의 동작을 동시에 실시한다.

6) 허리 기술에 대한 자세한 설명

(1) 곧은 배지기

① 허리와 다리샅바를 당겨 상대를 들어 올린다.

② 자기의 오른쪽 무릎으로 상대의 오른쪽 무릎을 왼쪽으로 밀어나간다.

③ 자기의 몸체를 오른쪽으로 하여 뒤로 회전한다.(1~3번을 동시에 실시)

(2) 오른 배지기

① 허리와 다리샅바를 당겨 상대를 들어 올린다.

② 오른 다리를 상대의 왼다리 안쪽으로 전진시킨다.

③ 자기의 몸체를 왼쪽으로 하여 뒤로 회전시킨다.

④ 왼다리를 뒤로 이동시킨다.(2~5번을 동시에 실시)

(3) 엉덩이 배지기

① 허리와 다리샅바를 당긴다.

② 몸체를 오른쪽으로 이동시킨다.

③ 자기의 둔부를 상대의 복부하단에 밀착시킨다.

④ 자기의 둔부를 상대의 오른다리 안쪽을 치면서 자기의 몸체는 오른쪽으로 하여 뒤로 회전시킨다(2~4번 동시에 실시).

7) 종합 기술에 대한 자세한 설명

(1) 우로뒤집기

① 자기의 몸체를 낮게 한다.

② 머리를 상대의 복부에 들어가게 한다.

③ 오른팔을 상대의 왼팔 밖으로 하여 감아 낀다.

④ 자기의 오른 다리 무릎을 굽힌다.

⑤ 머리를 상대의 왼쪽 겨드랑이로 전진시킨다.

⑥ 자기의 몸체를 세우며 뒤로 굽힌다.(3~6번을 동시에 실시)

(2) 공중돌리기

① 오른다리를 뒤로 힘 있게 뺀다.

② 상대의 손을 다리샅바로부터 떨어지게 된다.

③ 왼손으로 상대의 다리샅바를 힘껏 잡아당긴다.

④ 상대를 공중에 띄우고 한바퀴 돌려 머리나 어깨부터 땅에 떨어지게 한다.(2~4번을 동시에 실시)

제3장 | 경기규정

≫ 1. 경기개요

우리나라 고유의 민속놀이에서 유래한 씨름경기는 모든 사람이 즐길 수 있는 운동이다. 또한 경기의 승패에 대하여 판단하기가 쉬워 온 국민이 함께 즐기던 민속 경기로서, 민족의 슬기와 얼이 담긴 전통 민속 경기이다.

그러므로 씨름은 우리민족의 역사와 고유의 전통을 자랑하는 민속 체육이라고 할 수 있다.

이 경기는 옛날부터 단오절 · 백중날 · 한가위 때에 강변 모래사장이나 시골 장터, 마을 한가운데서 열리던 경기였다. 승자에게는 부상으로 황소가 주어져, 우승자는 황소를 타고 돌며 천하장사임을 과시하여 축제 분위기의 피날레를 장식하기도 했다. 특히 조선 시대 서울 남산에 있는 산단(山壇) 앞 잔디밭에서의 단오날(수릿날)의 씨름은 볼만하였다고 한다.

현대의 정식 씨름 경기는 1912년, 유각권 구락부의 주최로 단성사에서 최초로 열린 이후, 암흑의 일본 식민지 시대에도 민족의 놀이로서 끊임없이 사랑을 받으며 성장하여 왔다. 최근에는 프로 씨름이 등장하면서 더욱 국민적인 인기를 얻고 있다.

씨름 경기는 몸 전체를 이용한 기술과 투지력, 인내력을 겨루는 경기이다. 온몸을 가장 유효적절하게 움직이면서 상대방의 허점을 이용하여 민첩하고 순발력 있는 동작으로 공격하는 경기이다.

이 경기의 묘미는 승부를 겨루는 데에 있어 최후까지 견디고 참아내야 하는 인내력과 강인한 투지력을 발휘하는 데에 있다. 즉 상대방 선수를 앞으로 당기며 들어올리고, 옆으로 젖혀 허리를 돌리면서 앞으로 끌어당기며 상체를 밀어 넘어뜨리고, 손으로 상대방의 뒷무릎을 치며, 또한 앞무릎도 칠 수 있고 다리를 당기고 들고 하여 넘어뜨리는 경기이다.

≫ 2. 경기방법

씨름 경기는 대인 경기로서, 두 선수가 허리와 다리에 샅바를 배고, 서로 오른쪽 어깨를 맞대고 오른쪽 손으로 상대 선수의 왼쪽 옆구리의 허리샅바를 잡고서, 왼쪽 손으로는 상대 선수의 오른쪽 허벅다리에 있는 샅바를 서로 똑같이 잡은 후에, 서로가 일어서서 주심의 시작 신호에 의해 경기가 시작된다.

≫ 3. 경기장

실외 경기장은 모래로 시설하는 것을 원칙으로 하며, 실내 경기장은 매트로 시설하여 경기를 하도록 되어 있으나, 실제로는 실내 경기장도 모래로 시설하고 있다.

경기장은 지름 9m의 원형으로 수평이어야 한다. 실외 경기장의 모래사장 높이는 70cm~30cm 이상이며, 경기장 밖의 보조 경기장의 넓이는 2m 이상이면 모래장의 높이는 10~20cm로 한다.

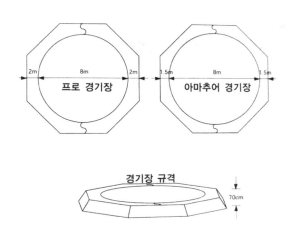

≫ 4. 체급 및 인원

단체전의 선수는 팀별로 7명이며, 2명의 후보 선수를 준비한다. 체급은 초등학생부 · 중등부 · 고등부의 단체전 별로 5체급으로 구분하고, 대학 · 일반부는 5체급으로 구분한다. 가벼운 체급에서 무거운 체급으로 1체급 올려서는 출전할 수 있으나, 2체급을 올릴 수는 없다. 물론 자기 체급 이하의 체급에는 출전할 수 없으며, 이중 출전할 수도 없다.

≫ 5. 개인전 및 단체전

개인전의 경우, 전국 장사 씨름 대회에는 체급이 제한이 없으며, 전국 씨름 선수권 대회는 5체급별로 경기를 진행한다. 그러나 각급학교 학생부(초 · 중 · 고 · 대학의)개인전 경기는 체급별로 하지 않을 수도 있다.

단체전은 7명의 선수로서 구성되는데, 각 학교 대항전, 시도 대항전, 직장 및 시도 대항전 및 각종 단체 대항전이 있다. 일반부는 1886년부터 3체급(금강장사 : 80kg 이하, 한라장사 : 80.1～95kg이하, 백두장사 : 95.1kg이상)으로 구분하여 실시하고 있다.

≫ 6. 승부 및 제한시간

씨름의 승부는 선수들의 실력을 완전히 발휘하도록 하기 위해 3판 2승제로 한다. 다만 대회 본부의 사정으로 단판제를 실시할 수도 있으나 가급적 피하고 있다. 승부의 제한 시간은 1승부 3분인데, 3분 이내에 승부가 나지 않을 때에는 1분간 휴식하고 3분간의 연장전으로 승부를 결정한다. 연장전을 할 때에는 한판 승부로 결정한다. 그러고도 승부가 나지 않을 때에는 몸무게가 가벼운 선수를 승자로 결정하며, 같은 체중일 경우에는 추첨으로 결정한다. 다만 민속 씨름은 결승전에만 5판 3승제를 실시한다. 3판 2승 중 1승부는 결정되고 2회전에서 경기 시간이 경과하면 먼저 1승을 얻은 선수가 승자가 되며 1 : 1의 동점일 때에는 3회전 경기로 결정한다. 3회전에서도 무승부로 선언되었을 때에는, 진행된 시간을 제외하고는 남은 시간만으로 승부를 결정한다. 리그전의 경우는 승부에 대한 결과 2명이 동점일 때에는 승자승의 원칙을 적용하고, 3명 이상이 동점일 때에는 리그전의 전체 경기 중에서 득 · 실점 수로 순위를 결정한다. 득 · 실점도 같고 체중도 같을 때에는 추첨에 의해 승부를 결정한다.

>> 7. 복장

씨름 선수의 복장은 본부에서 인정하는, 경기에 적합한 팬츠를 착용한다. 소속 표시는 좌측 재봉선에 부착한다.

중등부 이상의 샅바는 청 · 홍색 광목(16수) 전폭으로 하며, 체급은 5체급으로 구성되어 있다. 샅바 고리의 지름은 선수의 허벅다리 지름의 10cm ~ 13cm를 초과하거나 적으면 안된다.

>> 8. 반칙의 종류

씨름 경기는 다른 경기와는 달리 반칙에 대해 매우 엄격하여 경기 도중 반칙을 한 경우에는 무조건 패자로 인정하는 동시에, 그 대회 출전 자격이 자동으로 박탈된다.

반칙의 종류는 다음과 같다.

① 목을 조르거나 비틀어 쥐는 행위

② 팔을 비틀거나 꺾는 해위

③ 머리로 받는 행위

④ 발로 차는 행위

⑤ 주먹으로 치는 행위

⑥ 눈을 가리는 행위

⑦ 기타 경기 진행을 방해 하는 행위

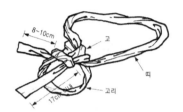

샅바의 명칭

이 밖에도 선수들이 신경전을 벌여 고의로 샅바를 잡지 않고 상대방에게도 샅바를 잡지 못하게 할 때나, 주심의 명령에 불응할 때에는 주의와 경고를 주며 주의가 2회면 경고가 1회가 되며 경고가 2회이면 1패로 하고 3회시에는 실격으로 하여 출전 자격이 박탈된다.

참고문헌

이만기(2002). 씨름. 대원사.
정운길(1988). 체육학종합대사전 한국사전연구사.
한국씨름의 유래와 방법(1959). 한국일보.

태권도

동양의 무술 | 한국

제1장 태권도의 역사

1. 개관
2. 태권도의 발생
3. 태권도의 계보(The TaeKwonDo Family Tree)

제2장 태권도의 철학

1. 개관
2. 우리나라의 재래종교와 사상
3. 동양의 사상
4. 태권도 철학
5. 요약

제3장 기술

1. 태권도의 구성요소
2. 품새
3. 격파
4. 호신술
5. 겨루기
6. 발차기

제4장 용어해설

1. 사범(師範)의 의미
2. 사범과 코치(coach)의 차이점

제1장 | 태권도의 역사

>> 1. 개관

태권도란 방어와 공격이 생존을 위한 투기로 발생되어 점차 건강 및 호신술로서 뿐만 아니라 인격 수양을 추구하는 무도로 발전하고 있다. 신체 각 부위의 단련과 정신적 수련을 병행하여 인격의 조화로운 발달을 도모하고 건전한 인간을 형성하는 것을 목표로 한다. 태권도를 낱말의 뜻으로 살펴보면 태(跆)는 '발로 차다', '밟는다'는 뜻이요. 권(拳)은 '주먹을 지르다'는 뜻이며 도(道)는 '무도의 길(형이상학,文을 추구하는 인문학)', '정신수양'을 의미한다. 즉, 수련을 통해 사회에 필요한 인간을 만드는 것을 의미하는 것이다.[96] 즉, 태권도는 신체활동을 통해 이루어내는 자아실현이라는 차원에서 볼 때 자신의 신체를 이상적으로 성장하게 하고 참여를 통해 심신일여(心身一如)의 사상을 통해 무도의 동적 및 정적인 측면 모두를 수행하는 심미적인 활동이다.[97] 이를 결론적으로 종합하여 정의하면 태권도란 신체와 정신적 훈련을 통하여 사회에 필요한 인재를 육성하는 것이다.

>> 2. 태권도의 발생

고대시대에는 생존을 위해 강인한 체력을 필요로 하였다. 우리 조상들은 백두산을 중심으로 하여 어획과 수렵으로 생활을 영위하면서 송화강, 압록강, 대동강 부근으로 진출하여 농경의 시작과 함께 부족국가를 이루게 되었다. 당시의 무술은 제천행사에서 쓰이던 마석검, 방패, 궁, 창 등으로 미루어 투쟁능력의 양성을 시작한 것으로 볼 수 있다.

영토 확장의 일환인 부락단위의 확대는 신체활동의 목적을 전투 능력 향상을 위한 정신력과 체력 배양으로 이끌어 왔을 것이다. 이 같은 관점에서 무술활동의 확실한 발자취를 찾을 수 있는 것은 민족국가를 형성하고 사회 · 문화의 발달을 이룬 삼국시대부터 이다. 이때부터 제천대회에서 무술를 중요시하여 동물의 공방자세 등 인간의 투기경험위주로 체계화 되어 오늘날의 태권도와 무술의 관계를 추정 할 수 있다.[98]

. . . .

96)   홍상래, 이기정(2001). 신편 태권도 대백과. 에듀트릭스. p.3.

97)   이충훈, 정현도(2003). 태권도 수련의 이론과 실전. 상아기획, p.23.

98)   국기원編(2001). 국기 태권도 교본. 오성출판사, p.12.

>> 3. 태권도의 계보(The TaeKwonDo Family Tree)

1) 삼국이전의 태권도

원시시대의 사람들은 맹수로부터 자신을 보호하고 다른 종족과 투쟁하면서 생존해야만 했기 때문에 생활을 영위하기 위한 수단으로서 태권도와 같은 무술의 기원이라 할 도수(徒手) 투쟁이 인류발생과 더불어 시작되었을 것이다. 고대 원시시대를 살아가는 우리 민족에게 있어 가장 중요한 요소는 바로 생존이라고 할 수 있다. 현대 사회와 같이 사회질서와 법이 정립되지 않고 약육강식의 논리가 지배하는 고대 한민족 사회에서는 생존이 가장 큰 화두였다고 할 수 있다. 예컨대, 한민족은 특정 지역에 정착하여 생활 터전을 형성하기 보다는 유목 생활 또는 각종 수렵, 채집 활동을 전개하면서 타 종족과 빈번하게 직면하였고 생활의 안정을 취하기 위해 강한 체력과 타격 능력은 필수적이었을 것이다. 또한, 무기 제조기술의 부재로 인하여 각종 무기병장류(武器兵裝類)가 광범위하게 보급되지 못한 현실에서 맨손과 맨발을 십분 활용한 비무장 격투기술은 그 효용성이 높았으며 체력향상에도 일조하였을 것으로 예상된다.

또한, 한민족의 입장에서 무술의 발달 가능성도 타진해 볼 수 있는데 우리 민족은 구석기시대로부터 오랜 세월 여러 차례에 걸쳐 파상적으로 한반도로 이동해 왔으며 주요 이동경로는 요동반도(遼東半島)에서 압록강하류를 거쳐 서해안으로 들어온 일파가 존재하였으며 다른 한편으로는 동만주에서 동해안을 거쳐 부산의 동삼동까지 이동하였으며 일부는 중국의 산동반도(山東半島)에서 서해안일대로 전래된 것으로 알려져 있다.[99] 이러한 경로를 통해 정착생활을 하던 중 지속적으로 유입되는 다른 부족 또는 씨족 사회와 대결국면을 맞이 해야만 했던 우리 조상들에게 있어 무술은 자신을 보호함은 물론 가족과 부락민들의 보호를 위해 필연적인 조건이며 이러한 상황을 타개하기 위해 병기무술과 더불어 태권도와 같은 도수무술을 발생했을 것으로 추측된다.[100]

한편, 계속되는 유목생활에도 일대 전환기를 맞이하게 되는데 이는 바로 농경생활의 도입이라고 할 수 있다. 농경생활의 도입은 기존 유목민족의 정착에 일조하였으며 안정된 생활 속에서 차츰 규범과 제도에 바탕을 둔 부족사회가 형성되기에 이르렀다. 이들은 차츰 생활환경과 조건이 좋은 곳을 찾아 고기잡이와 농경생활을 하게 되면서부터 농사의 풍·흉작, 상해, 질병, 전투에 의한 패전 및 사망 기타 천재지변 등 부족사회의 모든 운명이 그들이 신봉하는 신의 섭리에 의해 좌우된다고 믿었기 때문에 천신, 태양, 산악 등 자연계를 숭봉(崇奉)하는 원시신앙(숭천경신), 민간신앙(샤머니즘신앙)의 제례(祭禮)활동을 행하였으며 산악이 많은 우리나라에서는 심산유곡(深山幽谷)에서 흘러나오는 기려(奇麗)한

....

99) 김성기(2021). 한민족의 기원과 형성과정에 대한 재인식, 동양철학연구회, 150(1), p210.
100) 이규석(1986). 우리나라의 태권도역사에 관한 고찰. 대한유도대학 논문집 제2집, p.210.

유수(流水)라든지 지중(地中)으로부터 용출(湧出)하는 청열(淸冽)한 정천(井泉)으로 충만(充滿)되어 있는 지리적 조건, 또는 농경민족이었다는 사회적 조건과 주기적으로 한발(旱魃)이 찾아온다는 기상적 조건 등이 서로 결합해서 한천(寒天)이나 정천(淨天)에 대한 실제적 의존심을 더욱 강(强)하게 하였던 것인 만큼 그에 대한 신성관념(神聖觀念)도 한층 깊게 한 것이라고 생각된다.

이러한 것은 정착생활을 유도하게 되어 부족국가를 이루게 되었고 자연 재물이나 세력확장을 위하여 다른 종족을 정복하고 약탈하는 일이 자행되었고 승리자는 지배자로서 군림했지만 패배자는 노예적인 입장으로 전락하게 되었으므로 전 부족원은 항시 타(他)와의 투쟁에 대비하여 식물획득(食物獲得)의 자연발생적 노동단계를 탈피하여 예상되는 적(敵)에 대비하여 강건한 체력과 정신력을 유지하여야 하고 노련한 공격술을 연마하여야 하였을 것이다.

그리고 부족시대의 병제(兵制)는 자신들의 생활을 개척하기 위해서 자발적으로 발동(發動)하여 무차(武車)를 연습하고 적군에 대한 대비를 튼튼히 하는 병농일치(兵農一致)의 자연발생적인 개병제도(皆兵制度)[101]였다. 이러한 부족사회의 이념적 근간을 지속적으로 유지하면서 성립된 부족국가는 차츰 영토 확장이나 자기 부족의 세력 확대를 꾀함으로서 타 부족에 대한 지배력 강화를 노리게 되었을 것이다. 부족간 국지전투나 전면적인 도발을 통해 전쟁에 패배하여 예속되는 지경에 이른 부족들은 존재 가치를 상실하게 되므로 이를 미연에 방지할 수 있는 전투력 향상을 추구하고 유비무환의 정신에 입각하여 외침을 방어하기 위한 보다 세련된 방어기술을 습득해야만 했을 것이다. 어떤 부족은 정복된 부족들로부터 식량을 확보하여 생업에는 종사치 않고 무술(武術)을 습득하는 병사적(兵事的)인 훈련에 몰두한 나머지, 직업적인 전사단(戰士團)의 성격마저 띄고 있었다. 그들의 무적인 기술은 팔목할 만큼 발전하여 철기의 보급에 따른 무기의 양적·질적 증가와 더불어 태권도 역시 "무도"의 경지(境地)에 들어섰던 것이다.[102]

이러한 것들은 우리나라 무인정신(武人情神)의 초기의 덕목 3조인 무용(武勇), 예의(禮儀), 충의(忠義)의 정신을 발생시켰으며 이때에 부족장들은 세습적인 제도가 아니라 용맹한 자를 맹주(盟主)로 삼아 그 족장에 복종하는 심성과 아울러 부족에 대한 강한 의무감을 갖는 마음이 발전하여 사회윤리의 근원이 되었다. 원시신앙, 민간신앙에서 행해지던 활동은 발전하여 제천행사와 같은 의식이 되었고 이러한 제천행사에서는 수박(手搏), 격검(擊劍), 석전(石戰), 사예(射藝), 기마(騎馬), 씨름 등 무술의 시범적 경기가 행하여졌던 것으로 보인다. 이와 같은 제천으로는 부여에서는 은정월(殷正月)-(12월)에 하늘에 제사를 지내고 군중대회를 연일(連日) 열어 술 마시고 노래 부르고 춤추며 즐기는데 이를 영고(迎鼓)라 하고 "고구려 사람들은 10월에 하늘에 제사지내고 국중(國中)에 큰 모임을 갖는데 이들 동맹(同盟)"이라

· · · · · · · · ·

101) 개병제도(皆兵制度) : 전 국민이 병역의무를 갖는 일. 징병제도(徵兵制度) : 국가가 국민 중 장정에게 병역의무를 과하여 강제적으로 징집하여 소요 인원을 일정기간 병역에 복무시키 는 일.
102) 김성기(2021). 한민족의 기원과 형성과정에 대한 재인식, 동양철학연구회, 150(1), p220.

했으며 "예(濊)사람들은 매년 10월 하늘에 제사를 지내고 밤·낮술을 마시고 노래 부르며 춤을 즐겼는데 이를 무천"이라 했고 마한 사람들은 매년 5월 파종이 끝나면 하늘에 제사지내고 모여서 밤·낮술 마시고 노래 부르며 춤을 즐겼으며 또 추수가 끝난 10월에도 같은 제식(祭式)을 가졌다. 신라에서는 궁사, 투호(화살던지기), 각저(씨름), 기사(말을 탄 무사), 수렵, 죽마(대나무 타는 놀이) 등의 놀이를 행하였는데 이를 가배(嘉俳)라 하여 음력 7월 16일 기망(旣望)서부터 시작하여 8월 15일 대보름날을 절정으로 막을 내리는 민족의 제전으로서 명칭만 다를 뿐 제천의 내용은 거의 같은 것이었다. 이러한 제천행사에서 여흥으로 행하여지던 유희나 오락에서 경쟁의식이 생기면서 경기적인 성격을 띠게 되었을 것이며 이것 또한 태권도 같은 무술의 또 다른 방향의 기원이 되었을 것이다. 자연발생적인 생활수단의 방편으로서 자기 방어 및 공격의 무술로서 발생하였고 또한 제례의식에서의 여흥적인 오락이나 신앙심을 표출하기 위한 무술로서 발생되었을 것이며 신체적 단련과 어울러 그 무도정신 역시 움트고 있었을 것이다.

2) 삼국 및 통일신라시대의 태권도

삼국이란 고구려, 백제, 신라가 고대국가로서 원시사회가 부족세력을 통합하고 정복하여 군소부족이 국가체제화 된 시대로서 국내외적으로 영토분쟁 등으로 항시 전쟁이 일어나고 있었다. 이는 삼국 생성 이전에 분열된 고대 부족사회가 비로소 통합되어 국가라는 틀을 기반으로 국가별로 독자적인 정치, 문화 체계를 발전시켜 나가게 되는 시대로 평가할 수 있다. 또한, 개별 국가들은 상호 간에 끊임없는 세력 다툼을 벌여 영토의 확장과 축소를 반복적으로 경험하게 되며 다른 한편으로는 중국이나 왜(倭)와 결탁하여 동맹관계를 구축한 후 삼국 간 세력 균형을 추구하는 시기라고도 볼 수 있다. 고구려는 B.C.57년에 건국되었다고 하나 고구려는 태조왕대(서기 356년 ~ 402년), 백제는 고이왕대(서기 234년 ~ 286년), 신라는 내물왕대(서기 356년 ~ 402년)에 곧 국가의 단계로 들어갔다고 보는 설도 있다.

삼국이 건립한 이래 이들 삼국은 서로 이웃한 나라나 옥저, 동예, 낙랑, 대방, 가야, 말갈, 일본등과 항상 대치하고 있으며 분쟁이 그치지 않았으므로 대외적인 정복을 위해 국가는 군사적으로 편제되어 무사들이 지배층을 이루고 무술을 중시하였다. 이 시기는 삼국 간 빈번한 전쟁과 정복활동으로 인해 무(武)의 중요성이 다른 분야에 비해 상대적으로 강조되는 시기였으며 무인 계층이 실권을 가지고 지배계급을 형성하는 시기라고 할 수 있다. 아울러 군 통수권자인 국왕도 타 세력을 정복하거나 또는 외침으로부터 국가를 방어하기 위해 군사력의 중요성을 인지하고 있었을 것이다. 국왕은 군을 통수하고 그 아래 수상격인 고구려의 막리지, 신라의 병부경등 중앙의 귀족들은 무장으로서 군사력을 보유하였으며 지방장관격인 고구려의 욕살, 백제의 방형, 신라의 군주 등은 모두 행정관이자 정규군을 지휘하는 군사적 지도자였다.

특히 고구려의 경우 서기 3년 경 부족장하에 패자, 사자, 조의, 선인 등의 독자의 관원이 있어 부내의 일을 어느 정도 자치적으로 행하였고, 조의, 선인의 무사들은 국왕직속 하에 있었으며 인재의 등용을 무사적인 수련의 결과에 따라 결정했으므로 이 시기는 "무사체육의 절정기를 이룬 시기"였다. 이는 고구려가 삼국시대를 구성하는 국가 중 가장 먼저 고대 왕국의 기틀을 마련한 국가로서 광활한 정복활동을 통해 영토를 확장하고 무력을 중시한 국가로 평가할 수 있다. 이러한 국가적 추구 이념으로 말미암아 무를 숭상하는 사회적 분위기가 형성될 수밖에 없었으므로 국정에 필요한 인재를 선발하거나 천거할 경우 천거된 개인이 지니고 있는 무술 또는 무사적인 능력에 의거하여 선발하는 경향을 나타나게 되었을 것이다. 이러한 편제는 신라에서도 마찬가지였고 군사적인 왕이나 귀족을 통하여 백성에게까지 미쳤다. 그 당시 무술은 필수불가결의 요소로서 그 시대의 종교적 사상과 아울러 무인정신에 지대한 영향을 끼쳤는데 고구려의 "선배제도"와 신라의 "화랑제도"에 잘 나타나 있다.

고구려의 선배제도는 고구려 태(太)·차(次) 양대왕(兩大王)때 창설되었으며 우주광명신(宇宙光明神)을 신봉하는 신관적(信管的) 성격과 전쟁등 유사시 나라를 수호하는 무사적(武士的) 성격을 함께 지니고 있었다.

선배제도의 조직은 성행, 학문, 기술이 뛰어난 스승아래 신크마리(=두대형=태대형), 마리(=대형), 소형을 두어 일반선배를 거느리게 한 것이었는데 일반 선배들은 머리를 깎고 조백(皂帛)-〈검은비단〉으로 옷을 지어 입었다. 전쟁에 나아가 승전(勝戰)하지 못했어도 전사(戰死)하면 개선한 것과 같이 여기고 패전하여 돌아오면 수치스럽게 생각하였으며 골품에 관계없이 학문과 기술이 뛰어나면 높은 지위를 얻을 수 있었다. 해상잡록에서는 "명림답부 연개소문은 조의선인(皂衣仙人)출신이다"라고 하였고 연개소문의 아들 남생이 총명하여 9세에 조의선인의 한사람이 되고 아버지의 선택으로 낭관이 되었다고 하였다.

한편 신라의 화랑도에 대하여 그 시초를 「두레」의 파생으로 보고 첫째는 여자「두레」, 둘째는 남자「두레」혹은 약자「두레」라 하였는데 우리나라는 고래로 결사를 한자로 도(徒)라 하여 위의 원화도, 화랑도를 비롯하여 향도십이도(학도), 동학도의 등의 그 용례(用例)는 삼한시대 이전에도 사용한 것 같으며 위지(한전)에 진한의 용어를 말하는 가운데 상호개위도(相呼皆爲徒)라 하였다.

이것은 부락의 공동체인 「두레」를 지칭한 것 같으며 도(徒)는 순수한 한자어로서 보다는 오히려 「두레」의 음을 뜻으로 번역한 용어로 보는 것이 좋을 듯하며 이러한「두레(徒)」의 조직체가 진한에 존재하였다면 다른 이한(마한, 변한)에서도 이와 유사한 단체가 있었을 것이다. 이러한「두레」의 파생을 원화나 화랑도의 시초로 보아 그 근원을 부족사회로 보는 견해도 있다.

또한 삼국유사에 "대아찬 거칠부는 큰 뜻이 있어 소시에 중으로 고구려 혜량의 강의를 듣고 신라에 들어 벼슬을 하였으나 진흥왕 12년 고구려와의 싸움에서 승리하자 혜량을 모시도 돌아와 팔관회(八關會)를 열어 설치하고 혜량을 승통으로 모시었다고 하였는데 불교의 팔제(八齊)보다는 민간신앙의 제천대회를 가깝고 군사적, 가무적, 수련적 기능을 가진 화랑이 참석했다고 하여 이때를 화랑의 창설로 보고 있다.

　그리고 신라의 국선(國仙)인 화랑은 진흥왕 37년(서기 576년)에 시작하였다 하나 이 모두 고구려의 선배제도를 본뜬 것인데 선배는 이독자(吏讀字)로 "선"의 음과 "배"의 뜻을 취하여 선인(先人) 또는 선인(仙人)이라 썼는데 " 신수두" 단전(壇前)의 경기회(競技會)에서 선발하였다. 화랑은 처음 풍월주(배달님=밝달님의 이독식(吏讀式)표기)라 불렀는데 사람을 무리지어 놀게 하고 그 거동(擧動)과 기백(氣魄)을 보아 선발하여 학문에 힘쓰게 하며 수박, 격검, 사예, 기마, 덕견이(택견), 앙감질, 씨름 등 각종 기예를 연마하고 원근산수(遠近山水)에 탐험하며 시가(詩歌)와 음악을 익히고 공동으로 일처(一處)에 숙식하며 평시(平時)에는 환난구제(患難救濟), 성곽ㆍ도로의 수축(修築)들을 자임(自任)하고 난중(亂中)에는 전장(前場)에 나아가 죽음을 영광으로 알아 공익을 위하여 일신(一身)을 희생함이 선배와 같으나 국선(國仙)이라 한 것은 고구려의 "선인(仙人)"과 구별하기 위하여 위에 "국(國)"자를 더 넣은 것이다.

　화랑도는 다른 표현으로 국선도(國仙徒)라고 하였다. 또한, 화랑은 총 22가지로 달리 표현되었는데 풍월(風月), 풍월주(風月主), 풍월도(風月徒), 풍류(風流), 풍류도(風流徒), 화랑(花娘), 원화(原花), 화주(花主), 화랑(花郞), 화랑도(花郞徒), 화도(花徒), 낭도(郞徒), 향도(香徒), 국선화랑(國仙花郞), 국선(國仙), 국선도(國仙徒), 선화(仙花), 선랑(仙郞), 선도(仙徒), 선인(仙人), 선인(先人) 등이다. 다양한 방면에서 뛰어한 귀족 자제들을 선발하여 문무를 겸비하게 함으로서 위로는 국가에 충성하도록 하고 아래로는 국가 운영의 주도적 계층으로 활용하기 위해 시행되었다.[103]

　화랑의 조직은 국선화랑(혹은 원화(原化), 원화(源花), 화주(花主), 풍월주) 밑에 3~4내지 7~8인의 화랑(각급 團長)을 세우고 그 밑에 여러개의 문호(단부)를 편성하여 수백ㆍ수천의 낭도(郞徒)가 이에 속하는 것이었다. 이들의 정신적 자세는 조국 앞에 언제나 대아(大我)를 위하여 소아(小我)를 희생할 수 있는 마음가짐을 갖추고 "오금일 상위국가 불위지기사지(吾今日 上爲國家 不爲知己死之)"와 불의하게 사는 것이 의있게 죽는 것만 같지 못하다"는 것을 신조로 하였으며 이들의 생활양식은 서로 도의를 닦는 것(상마이도의=이성도치-上磨以道義=理性陶治)명산과 대천을 두루 찾아다니며 유오하는 것(유오산수무원불지[104]=심신연마, 산천순례-遊娛山水無遠不至=心身鍊磨, 山川巡禮), 그 밖에 무리 중 우수인을 선발하여 조정[105]에 천거하는 것들이었다. 이 화랑들의 기본정신은 원광법사의 세속오계로서 잘 알려진 바와 같이 선교, 유교, 불교, 도교를 모두 포함한 것이었다. 율법에 의한 화랑 교육은 원광법사(圓光法師)의 세속5계(世俗五戒)와 10계율(十戒律)이 있었다. 세속5계는 낭도들이 지켜야 할 도리를 원광법사에게 문의하자 당시 화랑이었던 귀산(貴山)과 추항(箒項)에게 만들어 주었다. 한편 불교 교리에 근거한 10계율(十戒律)도 함께 전해 주었다. 이들은 이 계율을 평상시에도 낭독하고 생활신조로 삼았으며 신라 진평왕 건복(建福)

· · · · · · · ·

103)　안호상(1979). 단군과 화랑의 역사적 철학. 사림원.
104)　산수 멀리까지 다님
105)　전덕재, 김문식(2017). 역사로보는 민주주의. 선거연수원.

19년(서기 602년) 8월 백제군이 침입해서 아막성(阿莫城)을 포위한 적이 있었는데 귀산과 추항은 이 전쟁에 참가하여 이 계율을 지키다가 결국 전사하였다. 이것이 세속5계를 화랑이 지키는 계기며 신라가 삼국을 통일하게 된 배경이 되었다.[106]

화랑은 가장 최상위에 국선화랑을 필두로 하여 그 중간계층에 화랑과 문호를 두었으며 일반계급인 낭도(郞徒)가 이를 지탱하는 구조이다. 이들이 추구한 정신적인 가치는 항상 대의(大義)를 중요시하였으며 비굴한 삶을 택하는 것보다 의로운 죽음을 택하는 것을 자랑스럽게 생각하였다. 이는 국가에 충성하고 백절불굴의 정신세계를 추구하는 태권도 이념과 상통하며 태권도 정신세계의 정립은 과거 신라 화랑도로부터 파생되었음을 짐작케 한다.

한편 백제에서도 건국 이래로 인접국가와 전란이 그칠 사이가 없었던 것으로 보아 백제 역시 고구려·신라와 같이 선배제도나 화랑제도와 유사한 단체가 있었을 것으로 추측된다. 삼국사기에 의하며 비류왕 17년(서기 320년) 8월 궁궐 서쪽에 사대(射臺)를 쌓고 매월 초하루 보름으로 활쏘기를 연습했다고 하였고 일본서기에는 백제의 사인 대좌평(大佐平), 지적(智積)등을 일본 조정에서 초청하여 일본의 건아(健兒)들과 상박을 하였다고 하였으며 나현성저 한국체육사에서도 삼국시대의 무술적 유희와 오락을 백제에서도 개인의 호신술로 각저, 수박 등의 경기 및 유희적 무술을 실시하였다는 기록이 있다.

백제와 고구려의 멸망 후 기원후 10세기 초 신라가 망하기까지를 통일신라라 하는데 이때에는 국내, 외의 정세가 안정됨에 따라 학문, 예술의 발흥과 더불어 무술도 활발히 연마되었으나 유교가 국가 활동의 근본으로 도입되는 가운데 점차 문치중심(文治中心)의 체제로 이행되어 신라말기에는 온 국민이 안일(安逸)을 즐기고 문약(文弱)해지면서 지도층은 부패분열을 초래함으로써 통일신라의 원동력이던 화랑도가 흩어지면서 무술도 쇠퇴하여졌고 이것이 신라의 멸망을 초래하였던 것이다.

삼국시대의 태권도는 정신수련과 밀접한 관계를 가지고 우리 고유의 전통무술로서 2000여년전부터 이미 독자적으로 행하여지고 있었으며 이와 같은 사실은 고구려의 고분벽화와 신라의 부조(浮彫)에 잘 나타나 있다.

고구려의 삼실총 제3실 서쪽 벽의 무술수련도, 무용총, 현실과 주실(主室)의 천정화(天井畵), 각저총(角抵塚)의 벽화는 무술에 관한 중요한 사료인데 무용총의 천정화(天井畵)에는 겨루기하는 장면이 묘사되어 있고 각저총(角抵塚)에는 씨름하는 모습이 그려져 있어 이 시대에 이미 태권도와 씨름이 분리되어 있었다는 것을 짐작케 한다.

신라 분황사 석탑(선덕여왕 3년, 서기 634년)제 1층 4면에 별도로 만들어진 4문의 좌우에 부조(浮彫)[107]로 새겨진 8구의 인왕상과 석굴암(기원후 8세기 중엽) 입구의 금강역사상(金剛力士像)은 태권도에 현재 사

106) 리선근(1974). 화랑도와 삼국통일: 교양국사 총서 6권. 세종대왕기념사업회.
107) 평면상에 형상을 입체적으로 표현한 부분, 입체적 조형기법 설명

용하고 있는 권법과 유사한 형(형태)을 보여주고 있다.

이는 신라의 태권도가 화랑들의 신체단련에 필수적인 무술이었으며 정규 군인들의 무술훈련의 기본이었으며 불교의 성격이 호국적 관념을 지니고 있었으므로 월등한 고승들도 태권도를 수련하고 있었음을 시사한다.[108]

신채호가 저술한 조선상고사에 수박, 격검, 사예, 덕견이, 앙감질, 씨름, 기마 등을 화랑이 수련해야했던 무술로 들고 있어 덕견이(택견이, 이독〈吏讀〉으로는 태권, 후일 탁견으로 표기함)와 수박으로 손과 발의 기술이 분리되어 있었음을 알 수 있다.

3) 고려시대의 태권도

고려 태조 왕건의 근본정책은 신라에 대하여는 회유책을 쓰고 후백제에 대하여는 무력으로서 대하면서 옛 제도의 장점을 답습하는 것이었기 때문에 발해, 신라, 후백제의 관리나 군인을 많이 채용하고 특히 불교와 국풍 화랑도를 부흥시켰다. 또한, 고려는 건국 과정을 거치면서 통일국가로서 체제안정을 목표로 영토 통합뿐만 아니라 제도 및 민족의식의 통합도 추구해야할 입장에 놓여 과거 후삼국시대에 존치되고 운영되었던 각종 제도나 문화를 적절히 활용하고자 하였다. 그 결과 후삼국시대를 거쳐 거의 국교로서 신봉되어온 불교를 국교로 삼게 되며 과거 화랑도 육성의 수단인 무술활동을 장려하고자 하였다.

고려사에 보면 태조원년 12월 처음으로 팔관회를 정하여 해마다 시행했다고 했으며 고려사나 고려사절요에서 볼 수 있는 태조의 훈요십조 중 제6조에는 「팔관으로서 천령, 오악, 명산, 대천 용신을 섬기는 바」이니 반드시 이를 시행하도록 하라고 되어있다. 고려의 팔관회는 신라 진흥왕 12년 대아찬 거칠부가 고구려의 혜량을 모시고 돌아와 설치하였던 화랑도의 중요한 행사인 팔관회의 유풍이었다는 것을 알 수 있다. 고려 태조의 훈요십조(訓要十條) 중 제 6조에도 '팔관으로서 천령(天靈), 오악(五嶽),[109] 명산(名山), 대천(大川), 용신(龍神)을 섬기도록 지시하였다. 신라의 팔관회를 답습하여 태조 왕건은 팔관회를 정례화하여 지속적으로 개최하기에 이르는데 이는 기복(祈福)적인 성격을 보였으며 국가의 무사안일(無事安逸)과 번영을 기원하는 장이 되었다. 또한, 고려의 팔관회 역시 민족 및 호국 지향적 성향을 보유함으로서 과거 신라 화랑도의 유지(遺志)를 계승했음을 알 수 있다. 뿐만 아니라 이인로의 파한집에「계림의 구속에는 남자로서 풍자가 아름다운 자를 택하여 주취로써 장식하고 명하기를 화랑이라 하니 국인이 모두 떠받들게 되고 그 무리 삼천여인에 이르렀다. 동월에 팔관성회를 베풀고 양가의 자녀 네 사람을 선택하여 예의(霓:무지개'예', 衣:옷'의', 색동옷) 입고 뜰에서 춤추게 하였다」하

108)   김홍석(2008). 신라 화랑과 태권도의 수련활동에 관한 연구, 한국체육과학회지 제17권 3호, p.73.
109)   산동성 서부에 있는 오악, 서악(西岳)인 화산(華山), 남악(南岳)인 태산(泰山), 북악(北岳)인 형산(衡山), 중악(中岳)인 숭산(嵩山)

여 태조 초에 부흥된 팔관회가 옛 화랑도의 유풍임을 다시 한 번 짐작케 한다.

이와 같이 고려에서는 신라의 옛 풍습을 물려받아 화랑도를 부흥하려 했으며 무술을 장려하였다. 고려사에「의민은 수박을 잘하였다. 의종이 그것을 사랑하여 대정을 별장으로 진급시켰다」하였고 또 최충헌전에「일찍이 연회를 베풀어 중방의 힘 있는 자에게 수박을 시켜 승자에게는 곧 교위, 대정을 제수하여 상하였다」또 고려사 열전 정중부 조에「왕이 보현원에 가기 전 오문선에서 무신들에게 명하여 오병수박희를 행하게 하였다」고 하였다. 오병수박희란 문자 그대로 5명의 병사가 조를 이뤄 서로 무술(수박)을 겨루는 경기이다. 고려사를 살펴보면 국왕이 주관하여 이를 개최한 기록들이 남아 있으며 월등한 실력을 보인 장병의 경우 승진 혜택 등을 부여하여 장병들의 사기를 진작시키고자 하였다. 또한, 수박과 관련된 기록들이 빈번하게 나타나고 있다. 이외에도 수박에 관하여 언급한 부분을 많이 볼 수 있다.

신채호저 조선상고사에「고구려가 망한 뒤 "선배"의 유당들은 그 유풍을 보존하여 촌락에 음장하여서 그 의무를 지켜왔으나 그 후, "선배"의 명칭을 유교도에게 빼앗기고, 그 단발한 까닭으로 재가화상이란 가명칭을 갖게 되었는데, 그 후예들은 빈곤하여서 학문을 할 여유가 없어 조상들의 고사를 잊어 자가의 내력을 증명치 못하였다. 송도의 수박이 곧 "선배"경기의 일부분이니 수박이 중국에 들어가서는 권법으로, 일본에 건너가서는 유도가 되었으나 우리나라 이조 때에는 무풍을 천시한 이래 그 자취가 거의 전멸되었다」하여 수박의 연원을 밝히고 있다.

성종 이후 무관에 대한 멸시가 심해져 무술은 주석의 여흥 내지 문신 자제의 관람용으로까지 타락했으며 이와 같은 문·무반의 차별대우로 빚어진 문·무간의 반목과 대립으로 권세 있는 무신이 사병을 양성하기 위하여 무술을 장려하여 일시 무술의 부흥을 맞는 듯 했으나 고종 45년 최의가 모살(謀殺)당한 후 무인정치는 종식되었다. 이때의 수박은 기술적인 면에 치중하였고 전대에 보여 주었던 정신적인 세계는 무시되어 무도에의 성격은 상실하였다 할 것이다.

4) 조선시대의 태권도

조선왕조의 성립은 고려왕조 후기 이래 동요하였던 사회 체제를 재정비한 것이라 하겠다. 그러므로 조선조 초기에는 무술을 중시하였으나 그 후 국가가 점차 인정이 되자 고려 때와 같이 문신이 주요 군사지위를 차지하고 지휘하였으며, 훈련원이 있어 군사의 시재(詩材), 무술의 연습, 병서의 강습을 맡았다하나 수용능력이 대단치 않아 무관이 되려는 사람은 대부분 병서·무술을 독학하였다.

조선 초기 이후에도 수박은 군사 무술로서 그 중요성은 증가하였으며 상위 지배계급의 전유물로 간주되었던 무술 활동이 방패군(防牌軍) 또는 보갑사(步甲士)와 같은 하위 무사 선발에도 주요 시험과목으로도 채택되었다. 당시 조선은 현재 태권도의 구성요소 중 하나인 품새를 중심으로 무사를 선발하고자 하였으며 고려의 수박을 군사력 향상의 수단으로 인식하고 조선 초기 방패군(防牌軍)과 보갑사(步甲士) 선발 시 수박을 정규 시험과목으로 채택하기에 이른다. 수박과 관련된 역사기록은 태종 11년

갑사선발 과정에서 수박을 활용한 내용이 기재되어있으며 태종 16년에는 상왕의 생신을 맞아 세자 및 종친들이 연회를 할 때 갑사(甲士) 및 방패군으로 하여금 겨루게 하는 수박희 경연이 이루어지기도 하였고 세종 3년 기록에서도 국가에서 수박희를 통해 시험을 치른다는 소문을 전달받고 전라도 담양에 거주하고 있는 향리와 관노 등이 수박희 경기에 참여했다고 하였다.[110] 아울러 단종 3년에도 희우정(喜雨亭)에서 수전의 연무를 관람하고 시위군사의 수박을 명하고 차별하여 포상하였다는 기록이 전해진다(단종실록 권 14).

태종 11년 (서기 1411년) 6월의 갑사선발의 내용에 「갑사를 선발하는데 봄으로부터 여름에 걸쳐 의흥부와 병조는 무사를 흥인문안에 모아, 그 기보사(騎步射)의 등급으로서 갑사에 충당하였다. 이 당시에 기능자들을 삼군에 모아서 도보와 수박을 시켜 이긴 것이 삼인 이상인 자는 모두 취했으며, 그 불능자는 모두 도태시켰다.」

그리고 태종 16년(서기 1416년) 7월 상왕의 탄신을 맞이하여 세자 및 종친들이 연회할 때 「갑사 및 방패군을 정(挺)[111]으로 각투(角鬪)케하고 또 수박희를 하게 하여 보았다.」 또한 「병조와 의흥부에서 수박희로 사람을 시험하여 방패군을 보충하였다.」하였고 「담양 향사, 관노 등이 국가에서 수박희로서 시험을 본다는 소문을 듣고 여럿이 모여 수박희 경기를 벌였다.」라 하여 수박희가 무사들의 필수무술이었음을 시사하고 있다.

「세조실록」에 의하면 팽배(彭排)라는 전투 병과에 대한 기술을 살펴볼 수 있는데 이는 기존 방패군의 후신으로서 당시 압록강 국경을 교란시키던 여진(女眞) 세력의 가공할 만한 기병부대를 미연에 차단하는 역할을 부여받은 집단으로서 평가받는다. 여진족은 유목민족으로서 유목민족은 그 민족적 생활 특성상 마상무술이 발달하기 마련이며 이러한 습성에 근거하여 결성된 기병부대는 조선군에게 상당히 위협적이므로 이를 효과적으로 대응할 수 있는 방패군의 역할이 요구되었다. 방패군과 수박간 연관성을 살펴보면 방패군은 기병의 돌격을 방패로 저지할 수 있는 체력과 함께 낙마한 적 기병을 제압해야 하므로 이를 실현할 수 있는 무술를 겸비해야만 했다. 즉, 양손으로 방패를 지지하고 적 기병을 저지한 상태에서 수박을 활용하는 방법은 상당한 유용성을 확보할 수 있었을 것으로 풀이된다.[112]

하위 무사 계층에서도 그 영향력을 행사했던 수박은 세종 이후 화약 무기의 도입과 개발로 인해 전술 수단적 중요성이 약화되는 것으로 보인다. 실제 조선조 세종 시기에는 신기전(神機箭)을 비롯한 각종 화약 무기들이 대거 등장하는 모습을 보이며 총통등록(銃筒謄錄)이 간행되면서 조선을 세계 최고의

....

110) 노영구(2006). 태권도 前史로서 한국 전근대 徒手武藝의 전개-조선시대를 중심으로-. 태권도 역사 · 정신 연구 세미나 자료집, p.3.
111) 정(挺) : 총, 노, 호미, 삽 등을 셀 때의 단위
112) 노영구(2006). 태권도 前史로서 한국 전근대 徒手武藝의 전개-조선시대를 중심으로-. 태권도 역사 · 정신 연구 세미나 자료집, p.3.

화약무기 국가로 발돋움시키게 된다. 즉, 전투에 참여하는 병사들 간에 벌어지는 근접 전투인 백병전(白兵戰)의 중요성이 쇠퇴되고 원거리 공격을 가능하게 하는 무기들의 상용화와 수박의 활용도는 부(負: 짊어짐)의 상관관계를 보일 수 있는 것이다.

또한, 세종의 4군(郡)과 6진(津) 개척은 상대적으로 여진의 세력 약화를 수반하였으며 이전까지 그 활용도가 높았던 방패군의 위상이 약화되었다.[113] 세조실록에 의하면 기존에 편성되어 운영되는 방패군은 전투 효용성의 하락으로 이에 대한 대체방안으로 국가 부역에 동원되기에 이르렀으며 이는 현재와 같이 대민지원(對民支援)의 형태로 전용하고자 하는 의도도 볼 수도 있으나 다른 한편으로는 기존 방패군의 권력집단에 의한 사병화(私兵化) 또는 독자적인 세력화 방지를 위한 묘수로도 추측할 수 있다. 또한, 수박은 군사적 효용을 갖춘 무술로서 그 위상은 약화되었으나 완전히 소멸된 것으로 보이지는 않으며 기존의 군사 무술 성격에서 민간이 즐길 수 있는 세시풍속 등 유희(遊戲)적 수단으로 변모하여 기술적인 진보를 이루었을 것으로 추정된다.[114]

한편 대동야집(大東野集)에 「어함종(魚咸從)은 어렸을 때부터 힘이 절륜(絶倫)하여 그 아성(牙城)과 더불어 무리를 취합하여 이각(里閣)에 모행(橫行)하면서 매일 양계(닭훔치기)와 수박을 일삼았으나 광주, 청주, 현보 등이 다 명유(名儒)였음에도 두려워 감히 막지 못하였다」하였고 증보동국여지승람(增補東國與地勝覽) 여산군 풍속조(礪山郡 風俗條)기사에 「매 칠월 십오일(十五日)에 근방의 양도거민(兩道居民)이 모여 수박희를 하여 승부를 타투다」라 하였으며, 해동죽기의 속락유희탁견조에는 「구속(舊俗)에 각술(脚術)이 있는데 상대하여 서서 서로 차니 삼법이 있다. 최하자는 그 다리를 차고 잘하는 자는 그 어깨를 차고 비각술(飛脚術)이 있는 자는 그 상투를 친다. 이것으로 혹은 원수를 갚고 혹은 애희(愛姬)를 걸어 빼앗으니 자연법관(自然法官)이 금하여 지금은 이 놀음이 없다. 이름 지어 부르기를 "탁견"이라 한다」또 동서(同書) 수벽타조(手癖打條)에는 「구속(舊俗)에 수술(手術)이 있는데 옛날의 검기로부터 온 것이다. 상대(相對)하여 서로 양수(兩手)로서 쳐서 오고 가는데, 만약 일수라도 법에 어긋나면 타도(打倒)된, 이름 지어 부르기를 "수벽치기"라 한다. 검술(劍術)은 먼저 손재주의 묘(妙)한 것으로부터 온다」라 하여 수박희와 탁견이 일반대중사이에도 널리 보급되어 있었다는 것을 알 수 있다.

국가가 점차 안정되자 권력자는 물론 일반대중가지 숭문천무(崇文賤武)의 유학 및 모화사상(慕華思想)이 만연되어 무술은 위축되었다.

선(宣)·영(英)·정(正) 3대에 걸쳐 발간된 무예도보통지는 위축되었던 무술을 부흥하기 위한 것으로 우리나라 역대 무술에 관한 역사적 정리와 24반 무술의 도해(圖解)가 수록되어 있는데 제4권 "권법(拳法)"에서 태권도의 형(型)을 볼 수 있다.

· · · · · · · · · ·

113) 전계논문.
114) 심승구(2001). 한국 무예의 역사와 특성. 노영구(2006)의 전계논문에서 재인용.

「무예도보통지의 인용 서목(書目)을 보면, 주역주소에서부터 공자가어(孔子家語), 석명(釋名), 삼국지(三國志), 삼국사기(三國史記), 일본기(日本記), 위지(魏志), 기효신서(紀效新書), 무비지(武備志), 명의별록(名醫別錄), 문선(文選)까지 무려 150여 가지의 서책을 참고로 하여 지(誌)·서(書)·예(禮)·경(經)·소(疏)[115]·사(史)·무(武)·병(兵)·의서(醫書)등 광범위하게 모든 학문을 조사·연구하여 사권사책(四卷四冊)에 언해일책(諺解一冊: 한문을 우리말로 풀이한 책)을 합해 발간한 것을 볼 때, 그 의도는 기(技)나 술(術)로서의 무(武)가 아니라 호국(護國)사상과 인간수양(人間收養)의 도(道)로서 승화(昇華)시킨 것이다.」

한·일 합방 이후 일본의 우리 문화말살정책으로 우리 고유 무술인 태권도가 권법, 당수도(唐手道), 공수도(空手道)등으로 불리며 탄압을 받았으나 뜻있는 분들에 의해 비전(祕傳)되어 왔으며 도산 안창호 선생도 태권도를 민족무술로서 인정하고 이를 장려하였다한다.

5) 현재의 태권도

태권도는 재래 무술과 외래무술이 혼합된 것을 체계적이고 실용적인 무술로 발전시켜 스포츠로서 위치를 전 세계에 구축하게 된다.

태권도는 1945년 8월 15일 광복 이후 크게 보급·발전하기 시작하였는데, 1945년 광복 당시 태권도는 일제 치하에서 가라데, 그리고 중국무술의 영향을 받아 상당부분이 변질되어 있었다. 이러한 상황을 해결하기 위한 첫 번째 과제는 공수도, 당수도, 수박도, 권법 등으로 혼용되던 명칭을 통일시키고 분파되어 있던 태권도 유파를 통합할 필요성이 제기되었다. 당시 혼용되던 명칭을 모두 반영할 수 있는 대안으로서 태수도(跆手道)가 부상하며 1961년 대한태수도협회(大韓跆手道協會)를 창립하여 기존에 난립하고 있던 태권도의 체계화를 추진하기에 이른다.

이후 1961년 태권도 기술 중 겨루기가 스포츠 경기 종목으로 인정받아 대한체육회의 정규 가맹단체로 거듭나게 되었고 1963년 10월에는 대한체육회의 전국체육대회 정식 경기 종목으로 채택되었다. 1965년에는 대한태수도협회에서 대한태권도협회(大韓跆拳道協會)로 개정하여 명실 공히 제자리를 찾게 되었다. 이후 1972년 태권도중앙도장(현 국기원)을 준공하여 태권도 성지화를 위한 초석을 마련하게 되었으며 이어 1973년에 세계태권도연맹이 창립되었으며 1975년 국제경기단체연맹(GAISF)에 가맹단체로 변모하게 된다.

1980년 10월 모스크바에서 개최된 제83차 IOC총회에서 올림픽 경기 종목으로 공식 승인됨에 따라 올림픽 정식 종목 채택을 위한 가능성을 마련하게 되었다. 이후 1986년 아시안게임 정식 종목으로 채택된 바 있으며 마침내 2000년 호주 시드니 올림픽 정식 종목으로 채택되기에 이른다. 이는 태권도가 무도로서 뿐만 아니라 스포츠로서 그 결정적인 의미를 부여할 수 있다고 볼 수 있다. 즉, 태권

---

115) 정(挺): 총, 노, 호미, 삽 등을 셀 때의 단위

도는 이제 우리나라의 고유 무도가 아닌 전 세계인이 공유하고 수련 가치를 지닌 존재로 승화된 것이다. 또한, 2004년에는 대한태권도협회의 사단법인(社團法人)화가 이루어 졌으며 태권도의 세계화를 보다 공고히 하고 국가적 유산으로서 그 지원체계를 확립하고자 2007년「태권도 진흥 및 태권도공원 조성에 관한 법률」이 제정되어 태권도 발전을 위한 제도적 기틀이 완성되었고 본격적인 태권도 성지화 사업을 위해 전라북도 무주에 「태권도원」을 준공 완료하여 2014년 준공을 완료하였다.

이에 태권도는 국방과 치안을 담당하는 군인과 경찰뿐만 아니라 학업에 전념하는 학생들까지도 수련하는 범국민적 운동으로 발전하였고 해외 213개국에 여러 사범을 파견하여 1억만 5천만 명이 수련을 통해 민간 외교의 첨병 역할을 수행할 뿐만 아니라 국격 향상에도 주도적인 역할을 하고 있다.

제2장 | 태권도의 철학

≫ 1. 개관

태권도와 같은 무술의 기원은 태초 인류가 허기진 배를 채우기 위하여 동물을 공격 하거나 이웃 주민의 공격 등에 대비하기 위하여 부모나 연장자가 싸우는 기술을 가르쳐준 것이 그 시초라 할 수 있겠다. 그리고 그들은 자연에 대한 공포(恐怖), 홍수 (洪水), 혹한(酷寒), 전염병(傳染病) 등이 발생할 때 그 공포로부터 벗어나고자 무인을 통하여 신(神)의 도움을 청하였다. 이러한 행사의 일환(一環)으로서, 또는 이러한 행사가 끝난 후 서로의 친선도모를 위한 여흥의 한가지로서 무술(武f,,籽의 효시(嚆矢)라 할 수 있는 원시적 투기(鬪技)가 행하여졌으리라 생각된다.

오늘날 태권도는 우리나라의 국기(國技)로서 뿐만 아니라 세계적 무도와 스포츠로서 질적 (質的), 양적(量的)으로 팽창하고 있고, 태권도를 수련하는 목적 또한 다양(多樣)해 지고 있다.

사회체육의 발달로 태권도를 접할 수 있는 기회도 많아지고 있으며 태권도장에서 뿐만 아니라 학교, 군대, 직장에서도 태권도를 수련할 수 있는 기회가 마련되고 있다.

태권도가 신체적 건강뿐 아니라 정신적 건강에도 영향을 준다는 것은 잘 알려진 사실이며, 많은 사람들이 그렇게 생각하고 또 기대(期待)하고 있다. 그러나 오늘날의 태권도는 도(道)라기 보다는 술(術)과 스포츠에 치중하는 경향이 있으며, 따라서 신체적 발달(身體的發達)과 승리에만 의존하고 있는 흐름이다.

이와 같이 태권도의 기술적인 면만이 확장, 보급되고 여기에 정신적인 세계가 가미(加味)되지 않는다면 마치 어린이에게 위험한 무기를 맡기는 것과 같아 위험한 결과를 초래할 수도 있을 것이다. 그러므로 본 장에서는 태권도의 정신세계를 고찰하여 태권도의 철학이 무엇인지 재확립(再確立)하고 이를 근본으로 하여 태권도를 보급, 수련함으로써 태권도인의 발전은 물론 사회전반에 좋은 규범(規範)

이 되고자 하였다. 그러기 위하여 본 장에서는 첫째 태권도의 발상지(發祥地)인 우리나라의 재래사상 (在來思想)과 둘째 우리 고유의 사상에 영향을 미친 동양의 제사상(諸思想)에 대하여 고찰하였으며, 셋째 이를 바탕으로 이루어진 태권도의 철학(哲學)이 무엇인가 고찰하였으며, 결론(結論)으로서 태권도 철학(跆拳道哲學)이 지향(志向)하여야 할 길을 밝히고자 하였다.

본 장에서는 옛 서적(書籍)과 연구자의 실제수련(實際修練) 그리고 제자(弟子)들의 지도(指導)를 통하여 태권도인의 정신적(精神的)인 면의 고찰에 치중(置重)하였다. 그러나 우리나라의 재래사상(在來思想)이나 신앙, 또는 동양의 사상 등 태권도철학의 모체(母體)라 할 수 있는 우리의 오랜 정신세계(精神世界)는 방대하기 때문에 이 작은 단원 속에 모두 용해(溶解)시키기는 어려우며 태권도와 어느 정도 연관이 있는 부분을 특히 발췌하였다. 또한 자료(資料)가 충분치 못할 뿐 아니라 빈약한 상태 인 원시시대 및 고조선, 삼국시대, 통일신라, 중세고려까지에 대하여는 연구가 계속 이루어져야 할 것이며 이러한 점을 고려할 때 태권도 철학에 대한 연구는 하나의 시론적 성격(試言論的性格)을 띠었다 할 수 있다.

≫ 2. 우리나라의 재래종교와 사상

「사상이란 그 시대의 종교, 정치, 철학, 사회 등 그 당시 문화와 직접적인 표양관 계(表襄關係)를 이루면서 철학보다도 더 활기차게 문화발전의 동인(動因)으로 작용하는 인간이 지닌 사유 능력의 소산이며 그 사유능력의 주체가 혼(얼)이라 할 수 있다 면 사상은 곧 인간 '얼의 구현인 셈이다'」 우리나라의 사상을 원시종교, 단군 사상, 도교, 불교, 실학, 개화기의 신흥종교사상, 독립운동, 기독교사상 등으로 나누어 설명할 수 있는데 이 장에서는 그 중 우리나라 고유의 원시종교를 중심으로 여기에 외래종교가 유입되어 이루어진 우리의 민속 신앙과 철학에 대하여 고찰하겠다.

어느 민족이든 신앙을 가지고 있으며 우리민족은 자연, 즉 달, 해, 별이나 산천 같은 조화물을 숭배하고 동물이나 괴암기수(怪岩奇樹)같은 물체까지 정령이 있는 것으로 알고 여기에 제사함으로써 정령의 마음을 움직여 인간생활의 길흉을 좌우할 수 있다고 믿었다. 이것을 애니미즘(animism)이라 하는데 부족이나 씨족 등의 지역적 또는 혈연적 집단에 특정한 동식물(totem)을 자기내 집단의 수호신으로 삼는 것을 토테미즘(totemism)이라 하고 어떠한 것이 신성 또는 부정하다 하여 먹지 않거나 접근하지 않는 금기(taboo)로 하는 것을 타부이즘(tabooism)이라고 한다.

또 초자연적인 마술, 주술에 의하여 재난을 물리치고 소원을 성취하려고 하는 것을 매지시즘 (magicism), 즉 마력신앙이라하며 숭배의 대상인 시조조상을 위하고 그의 보호를 바라는 것을 조상숭배(ancestor worship)라고 한다. 또한 무당이 제사를 통하여 악신(惡神)을 물리치고 선신(善神)을 맞이하며 성령의 마음을 움직여 행복을 가져 오게 하려는 것이 샤머니즘(shamanism), 즉 무속신앙이다. 무속신앙은 외래문명이 우리나라에 유입되기 전의 우리사상의 지핵(地核)이었으며, 불교와 도교는 원초기(原初期)에 무속신앙에 접하여 많은 부분이 동질화되기도 하였다. 무당을 의미하는 '사만'은 퉁구스어 saman에서 유래되었으며 여기서 shamanism이란 학술어가 만들어졌다.

같은 의미의 튀르키예어와 알타이어의 'kam'은 'shman'의 음운변화에 불과하며 'saman'의 어근 'Sam'과 같은 것이고 한국의 '삼신'은 이 'sam'신을 뜻할 것이다.

몽고어계통에서는 무당을 buga, udagan, idakon(女巫)등으로 부르며 특히 idakon은 퉁구스족에서도 사용하는 명칭이다. 그러나 이러한 명칭들은 그 의미내용으로 보아 사령자(使靈者)를 뜻하는 퉁구스어 saman과 일치된다. 우리말인 무당(mudang)은 몽고어의 udagan과 그 어원을 같이 할 것이다. 다만 한자의 '무(巫)'가 강하게 작용하여 '니'가 'mu'로 변하여 mudang이 되었으리라 추측한다. 일본의 무녀를 '이다고 (idako)' 또는 '유다(yuda)'라 하는 것은 '이다곤(idakon)'과 우다곤(udagon)의 어원을 같이 하고 있는 듯하다.

우리 나라에서 통용되던 무당의 명칭 중 신선(神仙), 선관(仙官) 등은 도교에서 보살, 법사는 불교에서 유래되었으며巫人의 명칭을 나열하면 다음과 같다.

여자무당(女巫) 칭호: 무당, 만신(滿身), 선관(仙官), 법관(法官) 무녀 신선(神仙), 명도(明圖), 점쟁이, 당골 보살.

남자무당(男巫) 칭호: 박수, 복사(卜師), 점쟁이, 재인(才人), 화랑(花郞), 광대(廣大), 신장(神將), 신방(神房).

성령숭배의 형태는 ①천부신(天父神)에 대한 제례로써 태양숭배를 ②천제신앙(天帝信仰)으로서 성신(星辰)에 대한 숭배를 ③지모신(地母神)에 대한 제사로써 산신, 마을 신, 수신(水神)에 대한 숭배를 ④인령(人靈)에 대하여는 조상신 및 영웅신의 숭배를 나타내고 있다. 이와 같은 숭배의 대상이 되는 성령(聖靈)과 대담할 수 있는 것이 무인이며 치병(治病), 복점(卜占) 진혼송령(鎭魂送靈), 참위(讖偉:미래 길흉, 화복의 조짐이나 그에 대한예언), 제천행사 등을 주관하였으며 또한 이러한 행사를 통하여 집단의식과 결속력을 함양하였다.

무인들의 제사는 대별하여 나라와 고을, 절 그리고 사가(私家)에서 드리는 제사가 있다. 후한서에는 「삼한고속에 여러 '읍'에서는 각각 한 사람을 세워 하나님(天神)을 제사 하는 것을 주관하게 하는데 이것을 천군이라 부른다」라고 기록되어 있으며, 삼국지에는「5월에 김매기를 끝마치면 귀신을 제사 하고 구리가 모여 노래와 춤을 즐기고 술 마시며 밤낮 쉬지 않는다.」라고 하였다.

또한 후한서에 보면「소도(蘇塗)에 큰 나무를 세워 방울과 북을 매달고 귀신을 섬긴다」라고 하여 제사를 전담하는 무축(신령과 통하는 박수)이 소도에 살고 있는데 이들을 선인(仙人), 신인(神人) 또는 천군(天君)이라 하며 천군(天君)은 제정이 분리되기 전에 제사와 정치를 담당하였으므로 이들은 천문, 지리, 의학에 능통하며 신사(神事)를 행하는 방식에도 박식했다고 했으며 이들을 신선(神仙)이라고도 하는데「신령이 신에 들어가서 선도(仙道)를 닦는 사람을 말하며 조식법(調息法)으로 단리수행(丹理修行)[116]하면 불로장생 할 뿐 아니라 초능력을 행사하는 신인(神人)이 될 수 있다고 믿었던 것이다.라고도 하였다. 또한 그 지역은 금기성역이 되어 죄인도 그 안에 들어오면 체포되거나 처벌을 받는 일이 없었다 한다.

이와 같이 당시의 무당은 제천행사를 주관하고 정치를 담당하는 역할과 자신의 신통력을 계발하는 초능력자로서의 역할을 통하여 당시 사회에 지대한 영향력을 행사 하였으며 종족원의 구심점이 되어 종족을 통솔하였다.

씨족, 부족사회에서 이들은 타종족 또는 동물의 공격을 받거나 또는 반대로 동물이나 타종족을 공격하여 목적하는 바를 얻기 위하여 종족의 통솔자는 이들에게 전투를 위한 훈련을 시켰을 것이다. 타종족과 투쟁하여 승리하고자 이들은 체력과 기술 그리고 강인한 정신력이 요구되어 강도 높은 훈련이 행하여졌을 것이다.

우리 민족의 지핵(地核)이라 할 수 있던 무속신앙은 이조 500년과 서구문화가 전래 된 근대를 거치면서 우리문화의 이면으로 사라지는 듯 했다. 그러나 무속신앙은 아직도 우리 민족의 마음속에 자리잡고 있으며 현재도 어업에 종사하는 사람들은 용왕제(龍王祭)를 산을 자주 오르는 사람들은 산신제를 지내며 농사의 풍년을 기원하는 풍년제, 자녀를 가진 부모들이 학교입학을 기원하는 것을 볼 수 있으며 이와 같이 우리민족 속에 그리고 문화 속에 이어져오고 있다

≫ 3. 동양의 사상

1) 불교

B.C 7C무렵 갠지스강 중부는 농업에 적합하여 농업이 발전하고, 중소도시에서 상업 이 발전하면서 정치·통치권은 왕족이, 경제권은 부상(富商)이 갖게 됨에 따라 브라만(제정일치시대 모든 권력독점)이 정치·경제권을 빼앗김으로써 카스트제도가 붕괴 되었다. 카스트제도의 약화로 기존 전통종교인 브라마니즘(brahmanism)이 약화되고 군소 국가의 난립으로 전쟁이 빈발하였으며 이에 따라 언론의 자유가 신장되어 수많은 신흥사상가가 배출되었다.

당시 불타(佛陀)는 우파니샤드의 전변설(轉變說:사물이나 형세가 바뀌어 변함)과 차르바카의 유물론적(물질위주로)[117] 요소설을 종합, 지양하는 철학(각각 緣起說과 四大說 됨)을 바탕으로 당시 인간들에게 '고통과 고뇌를 극복할 수 있으며 그것을 극복한 뒤에 찾아오는 환희와 희망'을 심어준다. 이것은 전환기에 사람들이 요구하는 올바른 사상을 준 것이라고 할 수 있다.

· · · · · · · · ·

116) 단리수행(丹理修行):단(丹:정성)리(理:다스릴): 정성을 다스리는 수행
117) 영혼이나 정신 따위의 실재를 부정하고 우주만물의 궁극적 실체는 물질 뿐이라고 보는 이론

(1) 불타(佛陀)의 근본사상

① 사성제설(四聖제設) 불타가 해설한 직후 그 자신이 처음으로 설법한 이른바 초기법론으로서 소박하나 보다 본원적 배경을 지니고 있다. 사성제(四聖제)란 불타(佛陀)가 발견한 성스러운 4 가지의 진리를 의미한다.

- 고성제(苦聖帝) : 인생은 고(苦)로 차있다는 것으로 경전의 대표적인 고(苦)로서 생, 노, 병, 사를 들고 있으나 그 외에도 싫은 사람과 함께 지내야 하는 것 원증회((怨憎會), 좋아하는 사람과 헤어져야만 하는 것 애별난(愛別難), 구하는 것을 다 얻을 수 없는 것 소구부득(所求不得)이 인생에서의 苦이며 인간자체(오음五蘊, 오음성五陰盛)[118]가 苦의 원천으로 간주된다. 이러한 고야말로 평범한 인간이면 누구나 느끼고 당하는 실상이라는 것이다. 그리 하여 이것은 사법인증(四法印中)의 일체개고설과 일치한다. 불타(佛舵)가 속세에 회의를 품고 출가하게 된 동기도 이 고를 발견하고 그것을 극복할 수 있는 길을 찾으려는 데 있었다. 그 원초적인 문제의식이 다름 아닌 인생고의 해결에 있었으므로 이 고의 문제가 곧 불교사상의 이해를 위한 출발점이 된다.

- 집성제(集聖帝): 고를 느끼게 되는 데에는 원인이 있다는 것, 집(集)이란 고뇌의 집기를 의미하여 번뇌의 다른 이름이기도 하다.

그런 점에서는 마음속의 번잡스러운 갈등이 고의 원인이라고 할 수 있겠으나 보다 근원적인 고의 원인은 갈애(渴愛)와 구명(無明)을 간주된다. 정감의 측면으로는 갈애(渴愛)가 가장 근시적인 苦의 원인이고, 이지(理智)의 측면으로는 무명(無明)이 가장 근원적인 苦의 원인이라는 것이다. 이것은 연기설(緣起說)에서 잘 드러난다.

- 멸성제(滅聖帝): 고(苦)를 멸하는 방법을 말하는 것이며 苦의 일정한 원인이 있어서 생기는 결과로 보는 만큼 그 원인이 없어지면 苦역시 없어짐을 주장한다.

따라서 고멸(苦滅)은 구체적으로 갈애(渴愛)와 무명(無明)을 초극한[119] 경지로서 이것이 바로 열반이며 해탈의 경지이다. 불타의 출가수행의 목적과 이상이 이 경지의 도달에 있었으므로 고멸은 불교사상의 종착점이라고 할 수 있다.

- 도성제(道聖帝): 고(苦)를 멸하는 방법이 있음을 말하는 것이며 苦의 원인은 일정한 방법에 의하여 제거가능을 주장하는 것이다.

불타 자신(佛陀自身)이 수행에 적용했던 "중도"행법을 의미하는데 불고(不苦), 불락 (不樂)의 중도적

....

118) 오음五蘊:다섯 가지 집합. 5종의 군집. 존재의 다섯 가지 구성 요소. 물질과 정신을 다섯 가지로 분류한 것. 환경을 포함하여 중생의 심신을 5종으로 분석한 것. 물질 일반 또는 신체인 *색온(色蘊), 감각 또는 단순한 감정인 *수온(受蘊), 마음에 어떤 모양을 떠올리는 표상 작용인 *상온(想蘊), 의지 또는 잠재적 형성력인 *행온(行蘊), 의식 자체로서 구별하여 아는 인식 또는 식별 작용인 *식온(識蘊). 색온은 신체, 나머지는 마음에 관한 것. 이 다섯 가지 이외에 독립된 실체로서의 자아는 없다는 생각이 여기에 깔려 있다. 오음(五陰), 오중(五衆), *오취온(五取蘊).

119) 넘음, 뛰어넘음

태도를 지키면서 자신의 내심을 올바르게 성찰하는 불타(佛陀)의 방법이 고멸(苦滅)의 방법이라 한다. 이 중도는 다시 팔정도(八正道)로 구체적으로 설명된다. 유한한 인간의 고뇌, 혹은 지복(至福)의 결핍으로 해석하는데 고뇌의 근원은 타나(tanha)에서 찾는다. 타나는 존재, 쾌락, 성공을 갈망하는 욕구를 말하며 이 고뇌는 오직 갈망자체를 극복함으로서만 없어진다는 것이다. 고뇌를 극복하기 위해서 따라야 할 길을 팔정도라 하며, 옳은 견해(定見), 올바른 의도(正思), 올바른 말(正言), 올바른 행동(正業), 올바른 생계(正命), 옳은 노력(正精進), 정당한 심정(正念), 그리고 정당한 명상(暝想)이 그것이다.

② 사법인설(四法人說)

법은 제와 같은 뜻으로 '사물'과 '존재'를 의미하며 사법인설의 내용은 제행무상(諸行無常), 제법무아(諸法無我), 일체개고(一切皆苦), 열반적정(涅槃寂靜)인데 열반적정(涅槃寂靜)이 생략되는 경우는 삼법인설(三法印銳)이라고 한다.

- 제행무상(諸行麻常) : 제행(諸行)이란 감각할 수 있는 '모든현상'을 의미하며 무상(無常)은 상주불법하는 것이 없음을 뜻한다. 결국 모든 현상이 끊임없이 생멸(生滅), 변화하고 있다는 것이다.

- 제법무아(諸;去氣我) : 여기서의 법은 일종의 '존재'를 표시하며 아(我)는 실체의 뜻 과 같다. 모든 것이 끊임없이 변화하고 있으므로 고정불변하는 그 무엇(我)이 있을 수 없다는 사고이다. 이와 같이 변화하는 아를 가아(假我)라 한다면 진아(眞我)는 이상아(理想我)라 할 수 있다.

- 일체개고(一切皆苦) : 인생살이 전체가 고로서의 번뇌를 일으키는 것이라고 주장 하는 것이다. 갈등과 번민을 일으키게 되고 따라서 현실적 경험 일체를 고로 느끼게 된다는 것이다.

- 열반적정(涅槃寂靜) : 열반이란 '서늘하게 식히다' 또는 '불어 끄다'의 의미를 가진 니르바나(nirvana)를 가리킨다. 또한 일체의 번뇌에서 해탈한 불생, 불멸의 높은 경지를 말한다.즉 고로서의 번뇌의 열기 또는 불길을 식힌다던가 불어 끈다는 의미이다. 여기서 번뇌는 마음이 시달려서 괴로운 마음이나 몸을 괴롭히는 모든 망념을 이르는 말이다. 적정(寂靜)은 열반의 경지를 가리키는 말로서 마음의 동요없이 평형과 평정을 얻어 고요해졌음을 나타내는 말이다.

열반적정(涅槃寂靜)은 고의 원인을 근원으로부터 깨닫고 그 원인을 멸절(滅絶)함으로 서 마음의 평온과 평안을 얻은 상태이다. 즉 최고 행복에 도달한 상태를 이른다. 다시 말해 道를 완전히 이루어 모든 번뇌가 끊어진 해탈의 경지를 말한다.

요컨대 열반을 해탈과 같은 '각(覺)의 상태'에 이른 것을 말한다. 불타(각자, Buddha)란 바로 각의 상태에 도달한 사람을 뜻한다.

(2) 연기적 사고방식(緣起的思考方式)

일정한 원인에 의해 苦가 발생했다고 인과관계를 믿는 것이 연기(緣起)의 사고이다. 연기설을 구체적으로 표현하여 인연 연기설이라고도 한다. 인(因)이란 직접적인 원인을 뜻하고 연(緣)이란 간접적(問接的)인 원인으로서 조건을 뜻한다. 이 사고에 의하면 모든 현상의 변화는 각각 이러한 인과 연의 화합에 의한 결과라는 것이다. 이러한 면에서 연기설은 인과설이며 상의설(相依說:서로 의지함)이다. 인(因)이 나쁘더라도 연(緣)에 따라 좋은 결과를 초래할 수 있다는 사고도 있다. 열반, 극락정토의 이상도 이러한 사고에 기초한다.

연기설은 몇 종류로 나누어 설명되나 이중 십이지연기설(十二支緣起說)[120]이 가장, 충실, 애, 취, 유생, 노사를 말한다. 이들 항목은 앞의 항목을 전제 조건 또는 원인으로 하여 존재하기도 하고 반대로 없어지게도 된다는 것이다. 이와 같이 노사현상의 원인을 궁극적으로 무명에까지 연결시켜 12항목으로 설명하는 것이 십이지연기설이다.

중생은 무명에 가려지고 갈애에 속박되어 그릇된 고의 생존을 하고 있다는 것 인데 갈애 보다도 무명을 더 근원적인 원인으로 중요시하는데서 불교사상의 주지적인 성격이 드러난다고 하겠다.

(3) 소송불교와 대승불교

소송불교는 열반을 집착과 욕망을 일으키는 무지로부터의 해방에서 찾으려 한다. 불, 법승을 이 견지에서 해석하며 수행과 요가를 강조하는 것이다. 이에 비해 대승불교는 더 적극적인 방식으로 열반을 추구한다. 창조적인 자비 철학을 바탕으로 인하여 정신세계를 자력으로 성취하여야 할 과제로 이해하고 있다.

(4) 불타의 교훈

불타는 극단적인 행동을 삼가하며 모순 대립을 피하고 중용을 지켜 살도록 가르쳤다. 그 의 견해에 의하면 중용의 길만이 관상(觀想)과 성도(聖道) 즉, 열반에 도달한다고 하였다.

불교에서 중요한 문제는 실전이며 열반에 도달하는 길이다. "길은 목적을 위한 수단이 아니고 목표 자체이다.

· · · · · · · · ·

120) 초기불교 여러 부파 사이에서 학문적 논쟁을 불러일으킨 연기의 사슬
십이지연기론은 산스크리트어로 dvdaga prattyasamutpda('12개의 부분으로 이루어진 연기'라는 뜻)이고 인연에 따른 생성의 사슬 또는 법칙, 즉 인과(因果)의 사슬. 연기는 원래 '인연에 따른 생성'이라는 뜻으로 불교에서 괴로움의 원인과 태어나고 늙고 죽음을 겪으면서 윤회를 계속하게 하는 사건들의 흐름을 기술하는 근본개념이다. 불교는 존재를 물질적·정신적인 현상적 사건들의 상호 관련된 흐름으로서, 결코 그 자체가 실재한다거나 영원하다거나 독립적으로 존재하는 것이 아니라고 본다. 여기에서 사건들은 연속해서 일어나 한 무리의 사건은 또 다른 무리의 사건을 낳는다. 이러한 사건의 연속은 보통 12개의 고리로 이루어진 사슬로 표현한다.

불타는 도덕적 계율과 정신적 성찰을 위하여 모든 신도들에게 다음과 같은 행동을 삼가 하라고 권했다.

즉, 살생하는 일, 도둑질 하는 것, 사음 하는 일, 허언, 음주 등의 행실을 피하라고 했다.

그는 또 비구(比丘)와 비구니(比丘尼)에게는 다섯 가지 계를 더 첨가하였는데 즉, 계절에 맞지 않는 음식물을 먹지 말 것, 가무음곡(歌舞音曲)에 참여하지 말 것, 화환(花環), 묵향(墨香), 약종(藥種)을 쓰지 말 것, 고상(高床), 대상(大床)을 사용하지 말 것, 금(金)이나 은(銀)을 받지 말 것이다.

아울러 올바른 행동이 명상과 성찰의 전제조건이며 열반과 해설(解說)에 경험이 필요한 것임을 강조하였다.

- 보살: 불타가 될 자격을 받았다는 의미
- 처사: 세파의 표면에 나서지 않고 조용히 초야에 묻혀 사는 선비
- 불타: 해탈한 사람을 일컫는 명칭

2) 유교

(1) 예(禮)의 기원

예(禮)의 기원은 고대인의 제례(祭禮)에서 찾아볼 수 있으며 제례는 행위로 표현한 신화요 신화는 언어로 표현하는 제례라고 할 수 있다. 그리고 제례와 신화는 자연과 생활의 질서 유지와 창조적 진행을 위해 결정적인 역할을 하는 것으로 믿고 옛사람들은 이를 되풀이해왔다.

이처럼 예(禮)는 하늘에 (천(天) 혹은 천제(天帝)) 대한 제사로부터 비롯되었다. 즉 원시신앙은 하늘을 숭배하기 위하여 제사라는 일정한 의식을 행할 때 부정을 전제로 정해졌던 여러가지 금기가 곧 예의 원형이었다. 예는 이때의 금기라는 원시적 풍속이 점차 윤리의 차원으로 발달한 결과에 지나지 않았다. 이점은 예의 자형(字形)으로도 알 수 있다. 예(禮)라는 글자가 시(示)와 풍(豊)으로 되었지만 풍(豊)은 본래 제기(祭器)를 나타내는 글자였다고 한다. 그리하여 제기(祭器)를 통하여 드러내는 시(示)는 천제(天帝)의 뜻을 상징하는 것이 본의였다. 이와 같이 예의 기원이 하늘에 대한 제사에 있었기 때문에 예의 규범적 질서의 관념은 본래부터 수직적 차등의 성향을 지니지 않을 수 없었던 것이다.

예(禮)가 제대로 시행된 것은 주(周)초 (문(文)•무주공(武周公))에 봉건제도가 확립 되는 것과 때를 같이 하여 집안에서의 생활규범을 비롯하여 사회생활, 종교생활에도 질서의식을 가지게 하였다. 특히 귀족층의 입장에서 발달한 결과 상하 수직적 질서를 주장하게 되었고 또한 예는 하늘에 대한 제사의 행사에서 비롯되었으므로 자연 수직적인 방향으로 흘러갈 수밖에 없었다.

그리고 주나라 중기에는 지방 제후국에 보급되었고 주말(週末)부터 춘추전국시대에 일반 서민계층에도 보급되었다.

(2) 유(儒)의 기원

주황실의 약화로 인한 제후국의 상대적 융성에 의하여 제후들은 자타국인(自他國人)을 구별치 않고 학식과 재능위주로 인재를 선발함으로 학문이 출세의 지름길이 되므로 출세하고자 하는 사람은 누구나 학문과 재능을 익히게 되었다. 그 당시 귀족이 갖추어야 할 학문은 육예(六藝)〈예(禮), 악(樂), 사(射), 어(御:막을), 서(書), 수(數)〉인데 이러한 학문에 능통한 사람들이 축관(祝官), 사관(史官), 예관(禮官), 악관(樂官) 등이었다. 그런데 이들 중 서민들에게 춘추시대 예를 가르치고 도와주는 사람을 상례자(相禮者)라 하였고 이들의 숫자도 많았다. 또한 당시에 이 상례자를 유(儒)라고 불렀다. 그런데 유는 흔히 '선비'라는 말로 이해되고 있다. 유(儒)의 구성을 보면 사람 '인'과 음식 '수'의 합성어이다. 논어의 서문에 보면「유(儒)는 모(矛)」라고 설명하고 그 뜻은 우유(優柔)로 사람을 가르침을 이른 것이다. 다시 말하면 교육자라는 의미로 이해되고 있다. 한편 동서(同書)에는「유(儒)는 윤(潤)」이라고 하였는데 윤은 젖는다는 의미인 것이다. 마치 백지에 물이 젖어서 번져가서 동화되는 것과 같은 의미로 교육에 비교한 것이다. 주(周)대의 제도에 의하면 사회인을 9계층으로 나누고 그 중에서 세번째를 사(師), 네 번째를 유(儒)라고 하였다. 현(賢)을 가지고 백성을 얻는 것은 사(師)요. 여기에 대하여 도(道)를 가지고 백성을 얻는 것이「유(儒)」라고 설명하고 있다. 현(賢)은 현행자(賢行者)의 현(賢)이므로 국민을 인도하는 것이고 도(道)는 도예인(道藝人)의 도이기 때문에 도예(道藝)를 가지고 국민을 인도하는 것으로 구별하고 있다.

이와 같이 당시 유(儒)는 지식인이라는 뜻으로 공자 역시 상례자(相禮者)인 유자중(儒者中)의 한사람이었다. 그는 생활규범으로서 예(禮)를 실천하도록 하였을 뿐 아니라 그 윤리적 의미와 근거를 밝힌 데서 유(儒)가의 조종(祖宗)이 되었다. 우리가 말하는 유학이란 도(道)를 얻기 위한 학(學)이며 유교는 이와 같은 도(道)를 교도해 전파하는 것이고 유도(儒道)란 이처럼 도(道)를 실천하는 일이다

(3) 공자의 사상

공자는 요(堯), 순(舜), 우(禹), 탕(湯), 문(文), 무(武), 주공(周公)의 도(道)를 집대성하면서 자신의 주의상(主意想)[121]인 -인(仁)을 통하여 가족간, 친구, 사회, 더 나아가서 박시제중(博施濟衆)이라는 전 인류 구제에 목적을 두었다 할 수 있다 유교의 개조(改造)이자 동양최고의 성인인 공자는 성(姓)이 공(孔)이고 이름은 구(丘)이며 자는 중니(仲尼)이다. 공자는 주(周)의 영왕(靈王) 30년(B.C 55기에 노(魯)나라 창평읍(昌平邑)현재의 산동성 곡부(曲阜)에서 태어났다.

춘추시대는 주(周)왕조가 몰락하는 시기로 사회는 혼란에 빠져 있었으며 공자는 세상을 구하는 것이 자기의 사명이라고 확신했고 이상을 실현하려면 고관(高官)의 자리에 올라가야만 한다고 생각했

. . . .

121) 주의상: 뜻과 생각.

다. 그리하여 정치적으로 높은 지위에 올라가 국정을 열심히 보살폈으나 자기의 이상을 실현치 못하고 고향에 돌아와 제자를 가르치는데 헌신적인 노력을 기울었다.

공자가 저술한 저서는 다음과 같다.

역경(易經)〈주역(周易)〉: 인생철학을 논했음

시경(言寺經): 고대의 시가(詩歌)를 수집 정리했음

주예(周禮): 주(周)대의 문물제도와 이에 부수된 사항을 기술한 것

서경(書經): 상고로부터 하(夏), 은(殷), 주(周) 3대에 이르기까지의 정치적 문헌을 수집, 정리 한 것

춘추(春秋): 232년에 걸친 춘추시대를 편년체로 엮은 역사책

악기(樂器): 음악이 정치에 미치는 영향에 대하여 논한 것

이상의 여섯 가지 저술을 육경(六經)이라 불렀고 공자가 제자를 가르치는 교과서로서 사용되었다. 공자이전의 학문은 정부(政府)에 의하여 주도되었으나 공자가 교육을 실시함으로써 귀족만이 받을 수 있었던 교육의 특권이 무너지고 어느 계층이나 원하면 교육을 받을 수 있게 되었다.

공자는 사회생활에서 예(禮)를 중시하였고 예의 궁극적인 목표는 중용(中庸)이었다. 그리고 윤리가 정치에 선행해야 한다고 주창했다. 사회는 다섯가지 인륜관계 즉 군신(君臣), 부자(父子), 부부(夫婦), 장유(長幼), 붕우(朋友)에 기초를 두어야 한다고 하였다. 공자의 주장은 자아의 인격수양을 계속하면 신의 경지에 도달 할 수 있으며 그러기 위해서는 현세를 올바르게 사는 것이 중요하다는 것이었다. 인간들이 서로 사랑하고 아끼는 인류애(仁)를 실현하고 사회질서를 윤리로써 바로 잡고 또 자연과 인간, 물질과 정신의 조화로서 중용지도의 실천을 강조하였다. 인간사회를 다스리는 정치에 대하여는 그 원동력을 천도(天道)를 바라보는 문화적 제도인 예와 진선미(眞善美)의 조화와 극치인 자연미(自然美)의 감화력을 지닌 낙(樂)에 있다고 보며 정치와 제사를 일치시킨 제정일치와 또 정치를 감화와 교육으로 이끄는 정교일치(政敎一致)의 이상으로 이끌어야 한다고 생각하였다.

즉 천도(天道)를 따른 인륜위에서 교화함으로써 스스로 따르게 하는 왕도덕치(王道德治)를 강조한 것이다.

유교는 수신에서 출발하여 제가치국평천하(齊家台國平天下)를 구현하자는 가르침 이며 이러한 목표를 부모와 자식 간의 사람을 바탕으로 한 효(孝)와 사회 협동적 인류애를 바탕으로 인(仁)을 최고의 덕목으로 내걸고 구현하고자 하였다. 이처럼 유교 는 중국사람의 가족 중심적인 세계관을 이론적으로 표현한 것이며 합리적으로 이를 정당화하였으므로 이것을 가족중심주의의 종교라고 부를 수도 있다.

(4) 유교의 발전

유교는 전한(前漢)시대에 정치적ˌ종교적으로 국가의 기본이념이 되었고 특히 제 5 대 무제(武帝)(140-87 BC.在位)는 오경(五經) 즉 시(時), 서(書), 역(易), 예(禮), 춘추 (春秋)를 고전으로 공인하여 관리시험

의 필수과목으로 하였을 뿐만 아니라 무제(武帝)가 시작한 대학에서도 오경이 기본 과목으로 되어 이 오경(五經)을 전문으로 하는 학자를 오교박사(五敎博士)라고 했다.

이 시대에는 유교에 음양설을 혼합하였다고 할 수 있으며 특히 무제의 스승이었던 동중서〈董仲舒〉(177-107 BC.)는 '천인상여(天人相與)'의 설(說)을 주장하였는데 그 내용은 음양을 바탕으로 한 우주적인 조화는 유교의 오륜(친자〈親子〉, 군신〈君臣〉, 부부〈夫婦〉, 장유〈長幼〉, 붕우〈朋友〉관계)에서 이루어지는 사회, 정치적인 조화 속에서 드러나게 된다는 것이다.

후한(後漢)에 이르러서는 천인(天人)에 관한 음양설 등 유교라기보다는 도교 쪽으로 기울어지게 된다. 기원 25년 한(漢)의 통일을 완수한 유수(劉秀)는 "천도(天道)는 스스로 움직이는 것이며 그 동행(動行)은 무위(無爲)이다. 현자황제(賢者黃帝)나 노자는 천의(天意)의 자연에 몸을 맡김으로 해서 진리가 무엇인가를 터득하였다"고 하였다.

그러나 당시의 도교에서는 노자보다도 공자를 더 훌륭한 스승으로 존중하였다.

송(宋) 시대에는 목판인쇄가 발명되고 문화예술이 번창하였으나 식자층은 불교와 도교에 기울어지고 그 당시의 불교 중에 가장 창조적이었던 선종의 근본주장은 "불교의 조직, 신조, 경전 따위를 버리고 불교를 다만 인간자신에 관여하는 것"으로 신봉하는 중국적인 성격을 강조하자는 것이다. 이러한 선종(禪宗)의 수행방법이 유교를 부흥하게 하는 동인이 되었다. 이것을 신유교(新儒敎)라 하며 신유교가 발생하게 되는 배경은 역시 공자의 교훈에서 나왔으나 이 신유교를 신봉하는 사람은 과거에 도교나 불교를 신봉하다가 유교로 전향한 사람들이다. 이 신유교는 불교의 선(禪)이 주관적인 철학만을 강조하고 객관적인 이성의 존재를 부정하는데 반대했다. 왜냐하면 이 신유교는 "보편적으로 타당하며 인간의 마음이 찾아내고 입증할 수 있는 '이(理)'의 이념이 있어야 한다고 했기 때문이다" 결론적으로 "신유교는 일종의 과거의 윤리 도덕신앙을 개정하여 요약한 것이며 그 자체가 시대정신에 호응하는 것"이었다.

신유교는 ①송(宋)시대(960-1279)의 이학(王里學)에 중점을 둔 주자학(朱子學) 일파의 시대 ②명(明)시대(1363-1644)의 심학(心學) 즉 양명학(陽明學)파 시대 ③청(淸)시대(1644-1971)의 고증학(考證學)파 시대의 세 단계를 거쳐서 발전했다.

신유교의 정신을 "도덕함양을 위해서 외경(畏敬)의 생활을 하고 지식육성을 위해서는 종국의 진리를 추구하는 것"이라고 한다. 이것은 지식운동 뿐만 아니라 종교운동 이라 할 수 있다. 신유가들은 사서(四書), 즉 대학(大學), 중용(中庸), 논어(言倫語), 맹자(孟子)를 그 학문의 근본으로 삼았는데 한유는 오경〈五經〉(시경〈言寺經〉 서경〈書經〉 역경〈易經〉 예경〈禮經〉 춘추〈春秋〉)을 중요한 경전으로 취급하였다.

이전 유교에서는 주로 인간관계와 인간의 사회적 의무가 취급되었으나 신유교는 우주에 대한 원리를 이해하는 일을 더 중요시하게 되었으니 이로 말미암아 도덕적인 가치가 도덕을 초월하는 가치로 이전하였다.

송(宋) 시대 이학(理學)의 대표자라 할 수 있는 주자(周子)는 젊어서 불교를 연구하였으나 나중에 불교에 비판적이었으며 그는 만물의 근거와 법칙은 '이(理)'라 하고 이 '이(理)'는 궁극적인 이상이자 원형이 유일한 '이(理)'이며 천지가 창조되기 이전에 벌써 존재하였으며 우주 전체의 궁극적인 표준은 '태극(太極)'이라고 하였다. 신유교의 이(理)학파는 격물치지[122]에 도달하여 연(然)히 오심(五心')의 전체대용이 된다고 믿는다.

13C에는 중국이 몽고족의 지배하에 놓이게 되었고 그들의 종교는 샤머니즘이자 애니미즘이었으나 징기스칸이 많은 지역을 지배한 후 모든 종교에 대하여 관용정책을 사용했다. 그러나 인재등용시 유교의 고전등을 시험과목으로 삼았고 "그 이전 시대에는 황제자신의 종교적 신앙이 무엇이었든 간에 왕조는 하나의 유교적인 제도를 갖추게 되었다.

명조(明朝)〈1368-1644〉는 중앙집권을 강화하고 유교를 국교로 삼고 유교의 고전을 국가시험과목으로 채택함으로써 유교전통에 새로운 바람을 불어넣어 주었다. 이 시대에도 주자학(朱子學)이 강하였지만 왕양명(王陽明)이 신유교의 심학파를 조직적으로 전개하고 이에 맞서게 되었다.

그는 주자의 '격물치지(格物致知)'의 학설과는 달리 "마음이 완전하면 비로소 만물의 이(理)가 분명해진다. 마음 이외에 이(王里)가 없으며 마음이외에 사(事)도 없다"는 자신의 진리를 깨닫게 되었다. 그 후 주자의 이(理)학설을 배격하고 이(理)나 심(心)은 같은 것이며 그것은 우주적인 심(心)의 발로라고 하였다. 그는 "마음의 본체가 즉 천리(天理:하늘의 이치)이며 천리의 조명영각(照明靈覺)[123]이 소위양지(所謂良知)니라"라고 하였다. 여기서 조명(照明)은 빛으로 비추어 밝게 하는 것을 말하며 일정한 관점으로 대상을 비추어 살펴보는 것을 말한다. 또한 영각(靈覺)은 뛰어나게 지혜롭고 총명함을 이야기 한다. 양지(良知)는 경험이나 교육에 의한 것이 아닌 타고난 지능을 이야기 한다.

청(淸)조(1644-1911)에서는 송(宋)이나 명(明)시대의 신유교를 배격하고 불교에 영향을 받지 않은 한(漢)시대의 순수한 유교로 복귀하자는 세력이 많았다.

많은 청시대 유학자중 가장 창의적인 학자는 재진(載震)이며 그는 실증주의적인 입장을 견지하였다. 그의 주장은 "욕망이라는 것도 우리의 본성의 한 부분이기 때문에 그것대로의 존재이유와 권리를 가지고 있으며 그것은 이성 이외에도 생명적인 힘이 존재하는 일과 마찬가지이다"라고 하였다.

3) 도교(道敎)와 도가(道家)사상

도가의 창시자는 노자이다. 중국의 남방(南方) 초(楚)나라 고현〈苦縣〉(지금의 하남성 녹읍현)출생인데 공자가 중국의 북방(황하유역)을 대표한 이상가라면 노자는 남방의 사상을 대표한다고 할 수 있다.

일설에 의하면 노자는 한때 주(周)나라 왕실의 도서 관리자로 일해 오다가 정치적인 이유로 노나라

....

122)   실제 사물의 이치를 연구하여 지식을 완전하게 함.
123)   조명:일정한 관점으로 대상을 비추어 살펴봄, 영각:뛰어나게 지혜롭고 총명함.

에 망명했는데 당시 17세였던 공자가 주례(周禮)에 대해 노자에게 가르침을 청한 일이 있었다는 사실로 미루어 노자의 나이는 공자보다 20세정도 위였을 것으로 보이나 그의 출생 연대는 확실치 않다. 한편 청대(淸代)말의 양계초〈梁啓超〉(1872-1929)는 노자는 공자보다 후세사람이라고 주장하고 있다. 또 빙우한, 전목 등 현대 중국의 석학들도 그렇게 생각하고 있다. 공자의 이상과 노자의 이상을 비교하면 노자는 공자보다 뒤인 전국시대의 사람이라고 생각되기도 한다.

도가사상은 춘추전국시대에 노자를 중심으로 이루어졌고 경전으로서 노자「도덕경(道德經)」이 있는데 그 경전에 관해서는 다음과 같은 일화가 있다. 노자가 만년에 소를 타고 함곡관(函谷關)을 나서려 하는데 노자를 숭배하는 함곡관의 관리가「소생은 선생님을 하늘같이 받들고 있는 사람입니다. 원컨대 한 권의 책을 얻고자 합니다.」하므로 노자가 이에 오천자로 이루어진「도덕경」을 써서 주고 함곡관을 떠났다는 것이다. 이 책에는 노자의 철학사상과 정치사상이 기술되어 있다.

이 사상은 그 당시 계속되는 나라간의 전쟁과 불안한 상태에 지쳐 권력과 부를 얻기 위한 다툼으로부터 시선을 돌려버린 사상가들의 은둔과 도리의 철학이라 할 수 있다. 한편 그들의 핵심적 요소라 할 수 있는 신비주의적인 경향은 초기의 무당(呪術師)으로부터 유래했던 것 같다. 무당이 스스로 감응된 황홀(入神)상태를 통해 신령과 직접 교통한다며 도가주의자들은 무위(無爲), 무념(無念)과 마음의 정진을 통해 망연자실한 무아(無我)의 황홀경을 경험하여 진인(眞人)의 상태에 달함으로써 우주가 하나임을 직접 감지하였다.

(1) 도가(道家)사상

노자는 만물은 무(無) 또는 도(道)에서 생겼으므로 무명(無名)은 천지의 시초이며 유명(有名)은 만물의 어머니이고 천하만물은 유(有)에서 생겼다고 하였으며 또 도(道)는 1을 낳고 1이 2를 낳고 2가 3을 낳고 3은 만물을 낳는다고 하였는데 여기서 하 나는 섞여서 아직 나눠지지 않은 통일체이고, 둘은 하늘과 땅이며 셋은 음양과 충기를 말한다. 이와 같은 음양과 충기로 인해 만물이 생겨나고 도로 인해 음양이 서로 반대하고 서로 생겨나게 함으로써 만물을 변화, 성립시킨다는 것이다. 결국 도(道) 또는 무(無)는 우주의 근원본체이고 만물을 만들었으며 또 천지만물의 존재와 발전을 결정하여 왔다는 것이다.

이 노자의 도(道)는 초감각적이고 절대적인 것이어서 무어라 표현할 수 없는 것이지만 도(道) 또는 대(大)라고 이름 한다는 것이다.

〈도(道)〉〈무(無)〉〈유(有)〉〈일(-)〉등은 모두 어떤 종류의 사물이 아니고 형상을 초월 한 것이다.「장자」천하편에는 관윤 노담에 대해서 말하기를 "그들의 사상체계는 상(常), 무(無), 유(有)로 수립되었고 그들의 관념은 태일(太-)로 주도되었다고 하였는데 여기서의 태일은 곧 도(道)를 가리킨다.「장자」의 천자편에는 "태초에 무(無)가 있었는데 무(無)는 이름이 없었으나 하나가 그로 인해 생겼다. 하나가 있기는 했으나 형(形)은 아직 나타나지 않았다"고 기록되어 있다. 도(道.)는 하나가 생겨난 바이다. 즉 도(道)

가 일(一)을 낳았다는 말이다. 도(道)는 대(大) 또는 태일(太一)이다. 태(太)는 태상황(太上皇), 황태후(皇太后), 노태야(老太爺)라 할 때의 태(太)인데 일(一)에 비해 한층 높기에 태일(太一)이라 했다. 〈상(常)〉과 〈변(變)〉은 상대적이다. 사물은 변하나 도(道)는 불변한다. 그의 변화에 따르는 법칙을 〈상(常)〉이라고 했던 것이다. 예를 들어 천하를 취하려면 항시 무사로써 해야 한다거나, 대부분의 사람들은 일을 함에 있어 언제나 거의 완성단계에 이르러서 실패한다라던지 사람을 죽이는 것은 언제나 죽음을 맡은 자(하늘)가 있어서 죽이는 것이다. 에서와 같이 사물의 변화를 이루는 것은 모두 불변적인 이른바 자연의 법칙이다. 그래서 상(常)이라 칭했던 것이다.

자연법칙들 가운데서 가장 근본적인 것은 곧 "되돌아옴이 도(道)의 운동이다. 반자도지동(反者道之動)" 또 "크기 때문에 어느 곳에나 미친다. 모든 곳에 미치므로 먼 곳까지 이른다. 먼 곳까지 이르는 것은 곧 되돌아옴이다"한 사물의 어떤 성질이 만약 그 극점에 이르도록 발전한다면 그것은 반드시 그 진행되어온 반대방향으로 변하게 되는데 이를 일러 음(反)이리 한다. 노자철학에서는 현상인 만물이 본체인 도(道)로부터 생겨났으므로 만물은 궁극적으로 다시 도(道)(기근(其根))에로 돌아간다고 한다. 이렇게 근원인 도(道)로 돌아가는 것을 복명(復命) 또는 상(常)이라 한다.

이 복명(復命) 또는 상(常)은 영겁(永劫)을 두고도 변치 않는 우주만물의 법칙인데 인간도 만물의 하나이므로 도(道) 운동법칙을 알고 이를 따라야 할 것이다.

도(道)란 만물의 근원이며 이름을 불일 수도 없고 파악 할 수도 없는 것인데 모든 존재의 원인(諸原因)이 도(道)라면 그러한 도(道)는 존재할 수 없는 것이며 만일에 존재할 수 있다면 모든 존재의 원인은 될 수 없기 때문에 노자는 도(道)를 규정하여 무(無)라고 하였다.

도(道)의 본체는 무명(無名), 무상(無常), 무형(無形), 무상(無狀)의 것이지만 그 작용은 무위(無爲)한 것이라고 한다. 무욕(無慾)하여 아무것도 없다는 점에서 작다고 할 수 있지만 만물을 자기에게 귀일(歸一)시키면서도 주인행세를 하지 않고 있는 포용력은 크다고 말할 수 있다. 또한 도(道)는 본래 인간적인 작위가 없으면서(무위)어떤 큰일이라도 이루지 못할 것이 없다(道常無爲). 이것이 노장철학의 근본사상이며 노자의「무위이무불위(無爲而無不爲)」는 본래 천지자연의 조화를 설명하는 말이지만 한편으로는 천지 대자연의 조화의 근원에 있는 무위자연의 도(道)를 자각한 인간이 그대로 행하여야 할 법칙으로서도 이해하고 있다.

이와 같은 무위(無爲), 무욕(無慾), 무지(無知), 무사(無事), 무집(無執)의 이념은 결국 무사(無思), 무심(無心)을 거쳐 무사(無私), 무아(無我)의 경지에까지 이르게 되는데 이것이 무위사상이다. 그리고 그렇게 될 수밖에 없는 인간본질의 노출이 즉 자연인 것이다. 즉 자연이란 아무런 작위나 의식도 가하지 않은 상태, 존재나 변화의 의식조차도 가해지지 않은 있는 그대로의 궁극적인 상태를 말하는 것이다. 즉 노자의 무위(無爲), 무욕(無慾), 무사(無私), 무아(無我)의 상태가 곧 자연인 것이다. 그러므로 자연과 무위(無爲)는 불가분의 관계를 가지며 노자의 사상을 자연무위사상이라고 하는 이유가 여기에 있다.

(2) 도(道)를 추구하는 방법

「장자」의 천지편에 다음과 같은 이야기가 있다. "황제가 적수(赤水)의 북쪽에서 노닐다가 곤륜(崑崙)의 언덕에 올라 남쪽을 바라보고 돌아왔는데 그만 현주(玄珠)[124]를 잃어 버렸다. 이에 지(知)를 시켜 찾게 했으나 찾지 못하고 이주(離珠)[125]를 시켰으나 찾지 못했으며 최후를 끽후[126]를 시켰으나 역시 얻지를 못했다. 이에 상망(象罔)을 시켰더니 그가 찾아냈다. 여기서의 지(知)는 보통 말하는 지식이고 이주(离佳珠)는 감각 이며 끽후는 언변이다. 이들이 찾지 못했으나 오직 상망이 찾았다고 했는데 상망이란 무상 즉 형상을 초월했다는 뜻이다. 이 이야기는 형상을 초월해야 도구를 얻을 수 있음을 의미한다. 이와 같이 형상을 초월해서 얻은 지식이 〈무지(無知)의 지(知)〉 이며 무지(無知)의 지야말로 최고의 지(知)라는 것이다.

도(道)를 얻으려면 지식을 버려야 하며 지식을 버린 후에야 무지(無知)의 지야말로 최고의 지(知)를 얻을 수 있다.

노자는 세속적 가치와는 반대로 생각하여 부정과 반(反)의 논리를 주장하였다. 무 (無)의 효용성을 주장하고 유(有)의 효용성을 부정하며「동(動)」보다는「정(精)」을「만(滿)」보다는「허(虛)」를 중시했으며「백(白)」보다는「흑(黑)」을 「진 (進)」보다는「퇴(退)」를「웅(雄)」보다는「자(雌)」를 성인(成人)보다는 영아(瓔兒)를 강(强)보다는 약(弱)을 가치 있는 것으로 보아왔다. 그러므로 인간들은 누구나 허(虛), 약(弱), 정(靜), 무(無)와 같은 태도로 살아가야 한다고 생각했으며 동시에 무위(無爲), 자연의 태도를 취해야 한다는 것이다. 도가에서 최고의 경지에 도달하는 방법은 전술한 바와 같이 지식의 포기인 무아상태인데 여기에는 두 가지 경우가 있다.

첫째 본래 무지상태에 있는 사람으로서 사물에 대한 분별력이 없으며 이러한 사람들은 자연경계(自然境界)에 있다고 하였다.

둘째 감정을 잊고 만물과 혼연일체가 되어있는 상태의 사람으로서 사물에 대한 식별력과 지식이 있으나 이를 잊고 사는 사람들을 천지경계(天池境界)에 있다고 하였다. 도가(道家)는 유가(儒家)의 인의(仁義)에 반대한다. 인의(仁義)만 행(行)하는 사람은 도덕경계 즉 사회 내적인 것에 구매된다하여 방내인(方內人)이라 한다. 그러나 사회적인 것을 초월한 사람을 방외인(方外人)이라 한다. 유가의 성인은 의로운 행위를 많이 함으로써 자기의 사욕(私慾)을 초극하여 만물과 더불어 혼연일체가 되어 언제나 모든 인류가 나의 동포이며 만물은 나의 친구들이라는 마음을 갖고 있다.

이와 같이 유가의 성인의 마음이 열렬(熱烈)인데 비해 도가의 성인은 항상 세상을 버리고 홀로 독립하여 살기 때문에 마음이 지극히 냉정하다는 것이다.

진인(眞人) 또는 지인(至人)이란 천지와 조화되고 만물과 한몸이 되어 불사(不死), 불생(不生)의 절대경

· · · · · · · · · ·

124) 현주(玄珠):궁극적인 진리나 깨달음.

125) 이주(珠離): 감각이 뛰어난 사람, 눈이 밝은 사람.

126) 끽후(언변):화술이 좋은 사람.

지에 도달한 사람으로서 인간의 궁극적인 행복을 이룬 사람이다.

즉 하늘과 사람이 하나가 되는 혼연상태를 말하며 이것이 도인의 경지이다.

노자의 도가사상은 초현실적이며 현실사회가 혼탁한 까닭은 사람들이 도(道)라는 원리를 추구하지 않고 불완전한 자기의 이성을 바탕으로 하여 그릇된 자기중심의 판단하에 행동하기 때문이라고 생각하였으므로 무위자연의 태도를 취해서 인위적 사회윤리와 통제로부터 벗어나 순리대로 살아가기를 주장했다.

>> 4. 태권도철학

우리나라의 재래종교는 숭배의 대상이나 숭배의 형태 및 용어로 보아 오래 전 알타이산맥을 지나 우리 민족이 동쪽으로 이동하여 올 때 이미 형성되기 시작한 것으로 보인다.

한편 우리나라의 신관(神官)의 명칭에는 불교와 도교의 자취가 엿보이며 제사와 같은 천신의 행사에서는 유교의 흔적이 나타나고 있다. 이와 같이 우리나라의 재래종교라 할 수 있는 오랜 기복신앙은 그 후에 이루어진 동양의 삼대종교 사상인 유(儒)·불(佛)·선(仙) 삼교에서 많은 영향을 받았다. 다시 말해 이들 유·불·선 삼교는 우리나라의 재래신앙에 접목되면서 많은 부분이 용해되고 동화되었을 것이다.

근세에 와서 동학, 증산교(甑山敎), 대종교(大倧敎) 등 새로운 사상·종교가 발생하였으나 여기서 나타나는 중심사상 역시, 예를 들어 동학에 나타나는 단군사상과 유·불·선 삼교의 혼합된 사상형태와 같이 우리민족의 동양삼교(東洋三敎)와 우리 재래사상으로 이루어 온 오랜 전통사상에서 크게 벗어난 것은 아니었다.

우리나라의 전통사상이 무엇인가는 연구하는 학자의 입장이나 관점에 따라 다르며, 한마디로 요약하기는 어렵다. 그러나 단군 사상의 골격은 경천사상(敬天思想)과 홍익인간(弘益人間)에서 볼 수 있으며, 우리나라에 유입된 불교에서는 자비와 해탈을 유교에서는 인과 중용을, 도교에서는 무위자연(無爲自然), 초자연적인 힘 등을 쉽게 떠 올리게 된다. 이와 같은 사상은 우리 민족의 가슴속에 용해되어 맥맥(脈脈)이 이어져 내려오고 있으며, 우리가 학문적으로 무엇을 연구하였거나 어떠한 종교를 신봉하고 있거나 간에 우리의 인생관이나 철학 속에 뒤섞여 오늘에 이르고 있는 것이다.

결국 우리의 재래종교는 제천행사 등을 통하여 태권도와 같은 무술의 발생을 촉진하였으며 어느 경지에 도달하려고 무술을 수련하는 사람이 최고의 경지에 도달하는 어느 순간 맛보는 무아의 경지는 노자의 도에 이룬 경지와 같다고 할 것이다. 어떤 일을 자기의 능력이 미치는 한계이상으로 할 때 사람에게 초인적인 영적존재가 씌었다는 뜻으로 신들린 듯 하다고 표현하는 것과 마찬가지이다. 우리의 재래종교에서는 희생물의 생명을 바치는 일은 나타나고 있지 않다. 그러나 숭배하는 대상을 섬기기 위하여 금기를 지키며 사사로운 일을 희생하였는데 이와 같은 희생정신은 태권도인의 가장 큰 덕목중 하나이다.

입신의 경지와 같은 개념은 불교의 무아무념의 경지에서도 볼 수 있으며 이것이 태권도와 같은 동양무도의 최고의 경지에 많은 영향을 미쳤다. 불교는 참선과 정신통일을 통하여 태권도의 수련방법에 좋은 영향을 미쳤으나 터득한 무술을 가지고 어떻게 살아갈 것인가에 가장 큰 영향을 미쳤다고 보아야 할 것이다.

상급자에 대한 하급자의 존경과 상급자의 솔선수범과 같은 태권도의 규범은 유교의 영향을 받았다고 할 수 있으며 이것이 태권도인 조직의 성격을 형성하고 이를 견고히 하고 있다.

태권도와 같은 동양무술은 도가사상의 영향을 가장 많이 받았다고 할 수 있다. 도가사상은 무술인이 단순한 기능인이 아닌 무도인의 경지에 이르려는 무도 궁극의 목표에 영향을 주었다.

그뿐 아니라 동양무도에서는 도가에서 무위무념(無爲無念)과 마음의 정진을 통하여 진인(眞人)의 상태에 달할 수 있다고 생각한 것과 같이 무술의 달인이 되는 것은 육체의 수련뿐만 아니라 학문과 마음, 즉 정신의 정진을 통하여 이루어진다고 생각하였다. 우리의 옛 이야기에는 무술의 달인이 되고자 스승을 찾는 제자에게 무술보다 우선 마음가짐을 가르치기 위하여 제자가 될 사람을 혹독한 방법으로 마음을 단련시키며 이 관문을 통과하는 사람만이 참 제자로서 받아들여지는 일이 자주 나오는 것을 볼 수 있다. 이러한 것이 참으로 태권도를 가르치고 가르침 받는 삶의 태도인 것이다.

태권도 수련생들이 태권도를 수련하는 동기는 자기발전, 건강증진, 호신술 등으로 생각하고 있으나 정신에 대하여는 별도의 학문적 습득에 의하여 체득된다고 이해하고 있다. 그러나 태권도는 기술을 수련하면서 동시에 정신력을 강화하는 것이다. 태권도인으로서의 자질은 용기(勇氣), 대담성(大膽性), 사려(思慮), 침착(沈着), 인내(忍耐), 민첩성(敏捷性) 등 많은 덕목을 필요로 하나 그 중 가장 중요한 덕목은 극기(克己), 솔선수범(率先垂範), 예의범절준수(禮儀凡節遵守)라 할 수 있다.

첫째 극기(克己)란 자기의 욕심, 충동, 감정 등을 이성으로 눌러 이김을 뜻한다. 인간이 어떠한 목표에 도달하기 위해서 많은 노력이 필요한 것과 같이 태권도 수련생 역시 어떠한 기술의 경지에 도달하기 위해서는 합리적인 연구와 계획은 물론 자기의 게으름과의 싸움, 주위환경과의 싸움 등 많은 장애를 극복하여야하며 극기하는 마음이 없이는 이를 완성할 수 없다.

둘째, 어느 사회에서나 마찬가지겠으나 태권도인은 상급자나 지도자가 후배나 제자 앞에서 태권도의 기술은 물론이고 모든 언행의 모범이 되어야 한다는 것이다. 기술만을 강조한 태권도 기술이 아닌 태권도를 전수하기 위해서는 선배와 지도자가 솔선수범(率先垂範)하여야 하며 솔선수범(率先垂範)을 통하여 올바른 태권도의 전통을 계승, 발전시켜야 할 것이다.

셋째 태권도인이 육체적인 기술이 단련뿐만 아니라 정신적 함양도 도모하려면 인간으로써 지켜야할 윤리규범을 선행적으로 준수해야 한다는 것이다. 인간이 살아가면서 지켜야 할 예의범절을 준수하여야 사회질서가 유지되며 상호존경이 가능할 것이며 그렇지 않으면 강자만이 모든 세력을 가지는 세상이 될 것이다. 그러므로 예의범절준수는 태권도인이 꼭 지켜야 할 사항이다.

이외에서 약자를 보호한다던가 정의를 지키기 위하여 투쟁하는 것, 신의를 지키는 것 등 무도인의 기본적인 덕목이라 할 수 있는 것은 무수히 많다. 이러한 덕목은 태권도인 각자가 갖추는 일도 중요하지만 더 나아가 타인에 대한 진실한 봉사와 지도가 있을 때 개인은 물론 사회도 발전에 기여할 것이다.

≫ 5. 요약

태권도는 우리의 재래신앙과 불교, 유교, 도교 등 우리민족의 전통사상 속에서 발생 되어 우리민족의 역사와 함께 오늘에 이르고 있다.

태권도수련의 목적은 기술을 수련하여 정신 또한 함양하는 것이며 이를 위하여 태권도의 정신에 대한 연구가 필요하다.

본 장의 앞서 이와 같은 목적을 밝혔으며 첫째로 우리나라의 재래종교(在來宗敎)가 어떠한 것이었는가를 고찰하였고, 둘째로 동양의 사상에서는 불교와 도가사상 그리고 유교의 중심사상을 간략히 소개하였으며, 셋째에서는 이러한 사상과 종교가 태권도에 끼친 영향과 태권도인의 덕목에 대하여 고찰하였다.

끝으로 태권도의 목표가 기술의 연마뿐 아니라 정신함양에 있으며, 매일 자기 발전을 위하여 실기와 학문을 공부하며 또한 매일 자기능력 범위 내에서 사회나 타인에게 선행을 베풀어 후세대 발전에 기여하는데 있음을 강조하였다.

제3장 │ 기술

≫ 1. 태권도의 구성요소

홍익인간이 태권도수련의 최종목적이며, 이 목적을 이루기 위한 태권도 구성요소는 다음과 같다.

<표 1> 태권도의 구성요소

구 분	내 용	목 적
정 신	극기	자기마음과의 싸움, 지속적 노력
	예의범절	질서의식 고취, 상대에 대한배려
	솔선수범	힘들고 어려운 일을 먼저 행함
체 력	기초체력(근력, 스피드, 평형성, 협응성, 지구력) 전문체력(각력, 순발력, 민첩성, 유연성, 각지구력)	– 일상생활을 할 수 있는 힘 – 태권도를 수련하는데 필요한 힘
	기본동작 – 기초적인 동작으로 서기, 막기, 지르기, 찌르기, 찍기, 치기, 차기	태권도를 수련하기 위한 움직임 기본지식

기술	보조기술	**준비자세** - 기본준비, 겨루기준비, 겹손준비, 두주먹 허리준비, 보주먹준비, 통밀기준비	
		서기 - 곁다리서기, 꼬아서기, 나란히서기, 뒷굽이, 모서기, 모아서기, 범서기, 앞굽이, 앞서기, 옆서기, 주춤서기, 학다리서기	
		딛기 - 내딛기, 돌아딛기, 모딛기, 물러딛기, 옆딛기, 제자리딛기	
		뛰기 - 높이뛰기, 뛰어넘기, 뛰어돌기	
		잡기 - 상대방의 몸 또는 옷깃을 잡는 행위	
		밀기 - 날개펴기, 밀어내기, 밀쳐내기, 바위밀기, 통밀기, 태산밀기	
		특수품 - 돌쩌귀	
	방어기술	**막기** - 가위막기, 거들어막기, 걷어막기, 걸어막기, 금강막기, 내려막기, 눌러막기, 바깥막기, 받아막기, 비틀어막기, 안막기, 옆막기, 올려막기, 외산틀막기, 차막기, 쳐막기, 황소막기, 헤쳐막기	
		빼기 - 눌러빼기, 틀어빼기, 휘둘러빼기	
		피하기 - 비틀어피하기, 숙여피하기, 젖혀피하기, 틀어피하기	
	공격기술	**지르기** - 금강지르기, 내려지르기, 당겨지르기, 돌려지르기, 'ㄷ'지르기, 뒤지르기, 세워지르기, 옆지르기, 젖혀지르기, 치지르기, 쳇다리지르기, 표적지르기	
		치기 - 거들어치기, 내려치기, 당겨치기, 돌려치기, 뒤치기, 바깥치기, 비틀어치기, 안치기, 앞치기, 옆치기, 올려치기, 제비품치기, 표적치기	
		차기 - 가위차기, 거듭차기, 공중제비차기, 굴러차기, 나래차기, 낚아차기, 내려차기, 다방향차기, 돌개차기, 돌려차기, 두발당성차기, 뒤차기, 뛰어차기, 모둠차기, 밀어차기, 바깥차기, 반달차기, 받아차기, 발붙여차기, 비틀어차기, 안차기, 앞차기, 이어차기, 잡고 차기, 짓찧기, 표적차기, 후려차기	

		찌르기 – 세워찌르기, 엎어찌르기, 젖혀찌르기 찍기 – 모둠손끝으로 목표물을 짧게 공격 꺾기 – 눌러꺾기, 비틀어꺾기 넘기기 – 걸어넘기기, 들어넘기기	
	품 새	태극1장 ~ 태극 8장, 고려, 금강, 태백, 평원, 십진, 지태, 천권, 한수, 일여 ◎ 한국무용, 현대무용, 체조, 태극권, 가라데 품새	① 지식 습득 ② 지식응용 ③ 지속적으로 목표 상향조정 ④ 창작
	격 파	강도 – 송판, 기왓장, 벽돌 등 기술 • 손기술 – 메주먹 격파 – 손날 격파 – 바탕손 격파 – 팔굽 격파 – 주먹 격파 – 등주먹 격파 – 손날 등 격파 • 발기술 – 기본격파(기본발차기) – 기술격파(기술 발차기)	① 자기 마음과의 싸움 ② 계획적이며 지속적인 노력 ③ 지속적로 목표 상향조정 ④ 자신감
	호신술	낙법(전방, 후방, 측방) 잡기(앞, 옆, 뒤, 양쪽) 꺾기(앞, 옆, 뒤, 양쪽) 잡아트리기 자기방어술(좌, 우 모두 사용) – 칼 공격에 대한 방어술 – 상대가 잡을 때 방어술 – 상대가 발 공격 시 방어술 – 상대를 잡아서 꺾기 – 1대 다수 호신술	① 계획적이고 지속적인 노력 ② 좌우, 상하, 앞뒤 모든 신체 부위를 활용하여 수련 ③ 지속적으로 목표 상향조정 ④ 어떠한 여건에서도 자기방어 ⑤ 완전한 준비성
겨루기	겨루기	세번 겨루기(몸통, 얼굴) 한번 겨루기(몸통, 얼굴) 앉아 겨루기, 의자 겨루기 막대 겨루기, 권총 및 총검 겨루기 실전 겨루기	기술, 체력, 정신력 등을 적절히 구사하여 상대를 분석하고 계획 수립 후 실천하여 상대방을 제압 인지발달

>> 2. 품새

또한 태권도의 품새를 고찰하면 조상들이 품새를 어떻게 하였는지 잘 알 수 없으나 이조 정조 14년(서기 1790년)에 관행된 무예도보통지권사 첫머리 권법의 품새는 다음과 같은 순서로 통행된다.

1) 탐마(探馬)세 2)요란주(拗鸞肘)세 3) 현각허이(懸脚虛餌)세 4) 순란주(順鸞肘)세 5) 칠성격(七星擊)세 6) 고사평(高四平)세 7) 도삽(倒揷)세 8) 일삽보(一霎步)세 9) 단편(單鞭)세 10) 복호(伏虎)세 11) 현각허이세(懸脚虛餌) 12) 하삽(下揷)세 13) 당두포(堂頭砲)세 14) 기고(旗鼓)세 15) 중사평(中四平)세 16) 도삽(倒揷)세 17) 도기용(倒騎龍)세 18) 요단편(拗單鞭)세 19) 매복(埋伏)세 20) 현각허이(懸脚虛餌)세 21) 하삽(下揷)세 22) 당두포(堂頭砲)세 23) 기고(旗鼓)세 24) 고사평(高四平)세 25) 도삽(倒揷)세 26) 일삽보(一霎步)세 27) 요단편(拗單鞭)세 28) 오화전신(五花纏身)세 29) 안조측신(雁趙側身)세 과호(誇虎)세 상회립(相回立) 30) 현각허이(懸脚虛餌)세 구이(丘餌)세 31) 안조측신(雁趙側身)세 과호(誇虎)세 상회립(相回立) 32) 현각허이(懸脚虛餌)세 구유(丘劉)세 33) 안조측신(雁趙側身)세 과호(誇虎)세 상회립(相回立) 34) 복호(伏虎)세 금나(擒拿)세 35) 금나(擒拿)세 복호(伏虎)세 도월(度越) 36) 포가(抛架)세 37) 점주(玷肘)세 38) 갑을상부(甲乙相負)

이와 같은 동작순서로 되어 있는데 끝내기에는 두사람이 서로 업어서 상대를 메다 꽂는 방식으로 되어 있다.

이 무예도보통지 권법은 수박희 동작으로써 우리의 씨름과 비슷한 방식일 수 있다. 그러므로 전체적인 동작이 상대방을 거꾸로 트릴 수 있는 격렬한 공격동작은 결핍된 느낌도 없지 않다.[127]

이것이 이조말 그리고 일제하에서 계속되었다.

그 후 1945년 이후 1965, 66년경에는 태극초단(太極初段), 이단(貳段), 삼단(參段), 평안초단(平安初段)서, 오단(五段)까지 발색일, 이(貳) 철기일(鐵騎壹), 이(貳), 삼(參), 십수(手十), 진정(鎭定), 공산구, 운두(雲斗), 노비 1, 2, 3, 54보, 24보 18보 소림장권, 태극권 등 품새를 수련하였고[128] 1966년경에는 최홍희씨가 천지, 단군, 도산, 원효, 율곡, 중군, 퇴계, 화랑, 충무, 광개, 포은, 계백, 유신, 중장, 을지, 삼일, 최영, 고당, 세종, 통일 등 20개의 품새를 만들어 보급하였다. [129]

국기원에서 발행한 품새편 교본에 따르면 태극 1장에서 8장과 고려, 금강, 태백, 평원, 십진, 지태, 천권, 한수, 일여[130]등 새로운 품새를 수록하여 보급시키고 있다.

품새에 대한 정의를 살펴보면 다음과 같은 것이 있다.

127) 體育百科大事典編纂室(1972). 跆拳道 體育百科大事典. 書文堂, C-410.
128) 오세준 씨 면담, 전 YMCA무덕관 관장.
129) 陸軍本部(1966). "跆拳道의 由來" 태권도. p.154~p.155.
130) 국기원(2008). 태권도 품새 교본. 오성출판사.

체육백과대사전의 태권도 편에서는「품새란 상대의 공격을 어떻게 방어하는 것이 효과적인가를 단독 동작으로 연무선을 보행하며 상대를 가상하여 습득할 수 있도록 그 기를 과학적으로 연구, 체계화하여 연결, 종합한 것이다.[131] 라고 하였고 또한 육군본부에서 발행한 태권도 교본에는「품새란 오늘날과 같이 발전된 겨루기 방법이 있기 전까지는 실제의 상대를 놓고 겨루기 하기는 어려웠던 까닭에 상대방이 없이 혼자서 겨루기 할 수 있도록 공방에 필요한 여러 가지의 동작과 움직이는 방법을 이론에 맞도록 엮어 놓은 것」[132]이라고 되어있다.

그리고 대한 태권도협회에서 발행한 태권도교본 품새편에서는 품새에 대하여 다음과 같이 설명하고 있다.「우주는 무한히 넓고 크며 그곳에서 우러나오는 조화는 이루 말할 수 없는 신비로움에 쌓여 있다. 주역에는 자연계 및 인사계의 모든 현상을 음, 양을 겹쳐서 여덟 가지의 상으로 우주의 섭리를 그대로 표현한 팔괘가 있다.」[133]로 하고 있다. 결론적으로 품새란「태권도 기본동작을 응용하여 가상의 적을 상대로 여러 가지 공방의 동작을 합리적이며 이론에 맞는 수련을 통한 태권도 실력 향상과 함께 이를 통하여 수련자 스스로에게 창작의 능력을 배양 시킬 수 있는 활동」인 것이다.

≫ 3. 격파

「격파란 태권도의 발차기, 손끝, 손날 주먹, 팔굽, 이마 등의 기술로서 어떠한 물체를 부숨으로써 정확성, 힘, 속도 및 정신집중의 수련정도를 나타내는 것」이며 격파는 단시간의 수련으로 힘들기 때문에 다음과 같은 과정으로 수련해야 할 것이다.

① 목표설정 ② 계획 ③ 명상을 통하여 수련에 대한 계획을 다시 연구 ④ 지속적 훈련 ⑤ 매 훈련 후 분석 ⑥ 보완

이러한 단계는 지속적인 노력을 통하여 소기의 성과를 이루어 매사에 자신감을 갖게 한다.

1) 격파 분류

(1) 기본 격파

① 주먹 ② 손끝 ③ 손날 ④ 팔굽 ⑤ 무릎 ⑥ 앞차기 ⑦ 옆차기 ⑧ 돌려차기 ⑨ 들어찍기
⑩ 후려차기 ⑪ 뒤돌아 옆차기 ⑫ 뒤돌아 후려차기

131) 體育百科大事典編纂室(1972). 전게서. C-414.
132) 陸軍本部(1966). 전게서. p.154~p.155.
133) 국기원(2008). 전게서.

(2) 응용 격파

① 뛰어 두발모아 앞차기 ② 뛰어 앞차기 ③ 뛰어 두발모아 옆차기 ④ 뛰어 옆차기
⑤ 뛰어 돌려차기 ⑥ 뛰어 후려차기 ⑦ 뛰어 뒤돌아 옆차기 ⑧ 뛰어 뒤돌아 후려차기
⑨ 뛰어 가위차기

(3) 복합 격파

① 원 통과 옆차기 ② 어깨 넘어 옆차기 ③ 사방축 ④ 머리 위에 사과 올려놓고 돌려차기⑤ 일자차기(뛰어 앞으로 차기) ⑥ 공중에서 회전해서 양발앞차기 ⑦ 엎드려 있는 상대방 등에 올라가서 뛰어 앞차기 및 돌려차기 ⑧ 사과를 공중에 띄어 놓고 떨어지는 사과를 뒤돌아 후려차기 또는 다른 발기술로 차기 ⑨ 트릭킹[134]과 체조 기술을 이용한 격파 기술 등 다양하나 현재의 시범 기술은 공중회전의 각도와 디딤 밟고 공중에서 회전하여 격파하는 기술, 트릭킹을 이용하는 기술이 주를 이루고 있다. 기술이 정해지지 않고 수직회전, 수평회전, 사선회전 복합회전, 공중도약, 발차기, 주먹 등이 다양하게 어우러져 새로운 기술들이 지속적으로 발생되고 있다.

≫ 4. 호신술

호신술은 적으로부터 불의의 공격을 받았을 때 자신을 보호하는 기술이다. 마치 사회생활을 할 때 만일을 대비하여 보험을 가입하는 것과 같은 원리이다. 호신술을 수련함으로서 자기마음과 싸움과 계획적이며 지속적인 훈련을 습관화 시키어 매사에 완전한 준비성을 키운다.

■ 호신술 분류(좌우측 병행 수련)
① 꺾기
② 낙법 및 앉아 겨루기

. . . .

134) 실전 무술이 아닌 화려한 무술 동작을 보여주기위한 액션 스포츠. 인간이 맨몸으로 표현할 수 있는 화려함의 끝,트릭킹은 익스트림 스포츠의 일종인 극한의 무술이다.
정식명칭은 Martial arts Tricking (마샬아츠 트릭킹)이다. 흔히 줄여서 트릭킹이라고 부른다.Trick King이 아니다 그리고 트릭킹 하는 사람을 Tricker(트릭커)라고 부른다. 가라데, 우슈, 태권도, 카포에라 등의 여러가지 무술의 발차기와 체조의 공중회전, 비틀기, 그리고 비보잉의 요소들이 결합되고 응용한 동작으로 기술의 다양한 연결을 통해 화려하고 난도 높은 기술 표현을 목적으로 하고 있으며 이미 선진국에서는 현재 새로운 스포츠 경기로 발전하고 있다. 화려한 기술들을 보여주기 위한 무술을 개성있게 표현하는 운동이다.
마샬아츠 트릭킹은 80년대 미국 캘리포니아의 웨스트 코스트 액션 팀(West coast action team)과 같은 무술 단체에서 선보인 곡예 중심의 무술 시범과 NASKA(북미 스포츠 가라데 협회)가 주최한 무술대회에서 시작된 오픈 폼(Open Form) 부문에서 시도된 무술과 곡예 동작의 결합에서 시작되었다.

③ 탁상 겨루기

④ 의자 겨루기

⑤ 단도 겨루기

⑥ 막대기 겨루기

⑦ 총검겨루기

⑧ 일대 다수 겨루기

≫ 5. 겨루기

태권도 겨루기에 대하여 살펴보면 6.25이전에는 2인이 겨루기를 하되 상대방 공격부위 앞에서 멈추며 6.25이후에는 상대방 공격부위에 타격을 주도록 하였으나 주먹으로 안면 공격하는 것은 허용되지 않았다.

1961년 태권도협회가 창설 된 후는 발로 안면과 몸통공격을 허용하고 주먹으로는 몸통 공격만 허용하며 얼굴공격을 허용하지 않았다.

아울러 경기시간은 각 회전 1분 30초씩 2회전에 휴식시간은 30초였으나 그 후 1회전을 2분으로 개정하였다. 다시 각 회전 2분 3회전에 휴식시간은 30초 또는 1분으로 하였다가 최근에는 각 회전 2분 3회전으로 경기를 진행하고 있다.

그리고 1961년부터 태권도 시합에서는 선수들의 피해를 덜기 위하여 가슴과 복부의 대나무로 만든 호구를 착용하게 하였고 선수들간 경기중 발로 안면 공격시 부상에 대한 피해를 줄이고자 1986년 6월 1일 세계태권도연맹에서는 머리보호대 착용을 실시하였다. 또한 2009년 6월 아제르바이잔에서 열린 WT 세계장애인태권도 선수권대회에서 전자호구가 도입되었으며, 2012년 런던올림픽에서 전자호구가 올림픽 태권도 부문 처음으로 사용되었다. 이후 2014년 월드태권도 맨체스타 그랑프리시리즈에서 전자 머리보호대가 사용되었다. 겨루기에 대한 정의를 소개하면 다음과 같은 것이 있다. 겨루기라 함은 태권도 권위를 갖게 해서 중요함과 동시에 기초적 훈련의 성과를 구체적으로 응용할 수 있는 기회이다. [135]

또 겨루기는 일정한 기본형식이 일보 및 삼보 겨루기처럼 잇는 것이 아니고 공방의 응수를 자유자재로 공격과 방어를 연속적으로 행하는 것이다. [136]

그리고 겨루기는 품새에서 습득한 호흡법, 전신법 및 태권도의 궁극목적인 공방의 기를 실제 상황

---

135) 大山倍達(1975). 空手의 沿革 100萬人의 空手. 東都書房, p.164.

136) 松田隆(1975). 第二章 空手編, 謎의 拳法을 求めて. 東京新聞出版局, p.186.

에 맞도록 구성하여 상대방에게 실시함으로써 실전시에 활동할 수 있게끔 채득시키는 것이다.[137]

겨루기라 함은 품새의 실제를 이해하기 위하여 실전에 있어서 변화에 응할 수 있도록 여러 품새를 나타나게 2인을 상대시키는 것을 말한다.

이 겨루기에 일정한 약속 하에 행하는 약속 겨루기와 공격의 기술을 자유로이 할 수 있는 겨루기가 있는 데 겨루기라 함은 일종의 경기형식이다.[138]

한편 육군본부에서 발행한 태권도 교본에서는「겨루기라 함은 실제로 움직이는 상대방에 대하여 여러 가지 변화된 상황 하에서 품새 또는 기본 수련에서 체득한 공격과 방어의 기술을 사실상 적용하는 것이다」[139]라고 정의하고 있다. 즉, 겨루기란 태권도의 정신수양과 기본동작, 품새 및 격파, 호신술을 통하여 숙달된 기술을 통합하여 상대를 제압하는 기술이며 승리를 위해서는 체력과 정신력과 함께 순간적인 판단과 지구력을 강화하는 것이 필요하다. 그리고 이러한 겨루기에서의 경험은 성공적인 사회생활을하는 근간이 될 것이다.

1) 겨루기 분류

① 세번 겨루기(몸통)　　② 세번 겨루기(얼굴)
③ 두번 겨루기　　④한번 겨루기(몸통)
⑤한번 겨루기(얼굴)　　⑥앉아 겨루기
⑦의자 겨루기　　⑧짧은 막대 겨루기
⑨긴 막대 겨루기　　⑩짧은 칼 겨루기
⑪긴 칼 겨루기　　⑫권총 겨루기
⑬총검 겨루기

2) 실전 겨루기 경기

① 딛기 겨루기: 딛기를 이용한 터치 겨루기
② 공격 겨루기: 공격위주의 기술
③ 수비 겨루기: 받아차기 위주의 수비기굴
④ 실전 겨루기: 실전 겨루기 경기(공방 타격기술)

- - - - - - - - -

137)　최홍희(1964). 태권도 교본. 성화출판사, p.164.
138)　體育百科大事典編纂室(1972). 전게서. C-414.
139)　陸軍本部(1966). 전게서. p.193.

》》 6. 발차기

1) 기본 발차기(왼발 · 오른발)

① 앞차기   ② 옆차기

③ 돌려차기   ④ 내려차기

⑤ 뒤차기   ⑥ 후려차기

⑦ 비틀어차기

2) 응용 발차기

① 가위차기   ② 거듭차기   ③ 공중제비차기

④ 굴러차기   ⑤ 나래차기   ⑥ 낚아차기

⑦ 다방향차기   ⑧ 돌개차기   ⑨ 두발당성차기

⑩ 뛰어차기   ⑪ 모둠차기   ⑫ 밀어차기

⑬ 바깥차기   ⑭ 반달차기   ⑮ 받아차기

⑯ 발붙여차기   ⑰ 안차기   ⑱ 이어차기

⑲ 짓찧기   ⑳ 표적차기

3) 발차기 유의점

① 고정자세, 정확한 동작, 거리, 높이, 속도, 힘, 시선, 기압, 동작을 한 후 반드시 분석함, 고정목표

② 고정자세 이동목표(거리, 높이)

③ 이동자세 고정목표(거리, 높이)

④ 이동자세 이동목표(거리, 높이)

제4장 | 용어해설: 태권도 사범

》》 1. 사범(師範)의 의미

學爲人師 行爲世範(학위인사 행위세범)의 약자로서 앞 소절의 마지막 글자인 '師'와 뒷 소절의 마지막 글자인 '範'의 조합이다. 그 뜻은 다름 아닌 '학문은 다른 사람의 스승이 되어야 하고, 행실은 세상의 모범이 되어야 한다'이다. 해당 문구가 등장한 유래를 살펴보면 과거 춘추전국시대 남송(南宋)시대 고종

(高宗)이 4대 성인 중 하나인 공자(孔子)의 72제자 중 덕행(德行)면에서 가장 뛰어났던 안회(顔回)를 평가하면서 이른 말이다. 또한, 청나라 옹정제(雍正帝)의 9대손인 계공(啓功)선생이 북경사범대학 교수와 학장을 역임하면서 이 문구를 친필로 작성하여 교정에 남겼다. 안회는 불우한 환경에서 성장하면서 많은 고초를 겪었으나 오직 덕에 입각한 학문 수양에만 매진하여 공자의 제자들 중 특별한 업적이나 저술활동을 수행하지는 않았으나 덕행에 있어 가장 돋보였기 때문에 사범으로 칭송받게 된다.[140]

≫ 2. 사범과 코치(coach)의 차이점

코치는 경기에 참여하는 선수와 팀이 경쟁 시합에서 가능한 한 최고의 역량을 발휘할 수 있도록 지도하는 지도자를 뜻한다. 현대 사회에서 스포츠의 폭넓은 보급과 활성화는 선수들을 보다 원활히 지도할 수 있는 지도자의 양성과 보급이 요구되었으며 이러한 흐름에 부응하고자 다양한 스포츠 종목 코치가 활동하게 된다. 코치는 선수에게 해당 종목의 이론과 실기만을 지도한다. 그러나 사범은 기술과 이론지도를 통해 수련생의 능력 극대화를 추구함과 동시에 수련생의 올바른 가치관과 인격형성을 긍정적으로 변모시키는 역할을 한다.

<표2> 스포츠와 무도의 차이점

스포츠	비고	무도	비고
기원: 올림픽 제전 스포츠 경기		기원: 무(武=戈+止) 무=창(과)+그칠(지) 무술(武術:무기의 기술), 무예(武藝:무기의 높은 기술), 무도(武道:문과 무가 함께 수련)	
에티켓		예의범절	
성격 ·사회성 ·향상성 ·진실성 ·자유와 평등 ·루이 14세가 매일 궁중에서 연회를 개최하여 많은 참석자들이 건물구석, 큰 나무 밑, 잔디가 있는 곳에서 용변을 보아 궁중정원 관리인이 표식판을 만들어 이를 지키라고 루이 14세가 지시한 것이 배경		·극기, 예의범절, 솔선수범 ·시(시(示):하느님)+풍(풍(豊): 제사지내는 집기) 목욕재계, 음식, 말, 행동 ·정한수: 꼭두새벽 우물, 지푸라기가 없는 우물물만 정한수 ·정성: 인간-신, 수직관계	

· · · · · · · · · ·

140) 이명학(2011). 사범(師範)의 의미. 성균관보 명륜 춘추, 2011.5.6 제380호.

체육관: 선수, 할아버지·아버지·형·동생 모두 친구, 수평관계	도장: 수련생, 사범·선배·친구·후배, 수직 관계	
경기의 최종목표: 협력과 승리	생명이 살아있고, 움직이고, 생각할 수 있을 때까지 매일 실기와 학문을 수련하여 자신의 실력을 쌓았고 또 매일 자기 능력 범위내에서 타인이나 사회에 조금이라도 기여함을 행한다.	
코치: 이론과 연습에서의 운동 지도자는 승리를 위한 실용적인 기술을 증진 시키기 위한 것이다.	〈사범〉 이론과 실천에 더하여 인격 형성에 있어서 인생 전반의 역할 모델	

참고문헌

강원식, 이경명(1999). 태권도 현대사. 보경문화사.

국기원(2008). 태권도 품새 교본. 오성출판사.

국기원(2012). 3급 태권도지도자 연수 교재.

국기원編(2001). 국기 태권도 교본. 오성출판사.

김용옥(1990). 태권도철학의 구성원리. 통나무.

김익수, 원종홍(1983). 동양철학사상개요. 수덕문화사.

김홍석(2008). 신라 화랑과 태권도의 수련활동에 관한 연구. 한국체육과학회지, 17(3), 69-77.

나영일(2006). 태권도 역사 서술에 관한 고찰. 태권도 역사·정신 연구 세미나 자료집, 12-31.

남승현(2002). 태권도 프로그램론. 도서출판 홍경.

노영구(2006). 태권도 前史로써 한국 전근대 徒手武藝의 전개-조선시대를 중심으로-. 태권도 역사·정신 연구 세미나 자료집, 1-11.

리선근(1974).화랑도와 삼국통일: 교양국사 총서 6권. 세종대왕기념사업회.

서울대학교 교육연구소(1995). 교육학 용어사전. 하우동설.

세계태권도연맹(2004). 태권도 및 품새경기규정.

세종대왕기념사업회(2001). 한국고전용어사전.

_____(2012). 경기규칙 및 해설

안호상(1979). 단군과 화랑의 역사적 철학. 사림원.

陸軍本部(1966). "跆拳道의 由來" 跆拳道.

이경명(2002). 태권도의 어제와 오늘. 어문각.

이규석(1986). 우리나라의 태권도역사에 관한 고찰. 대한유도대학 논문집 제2집, 205-226.

_____(1993). 동양사상과 태권도정신에 관한 고찰. 체육과학 연구 논총 제3집, 61-85.

이명학(2011.5.6). 사범(師範)의 의미. 성균관보 명륜 춘추. 제380호.

이용복(1998). 택견. 학민사.

임석진 외(2009). 철학사전. 중원문화.

전덕재, 김문식(2017). 역사로 보는 민주주의. 선거연수원, 119-124.

정삼현(1996)). 한국체육학회지 제 35권 4호. 한국무도사연구. 21세기 교육사.

정운길(1998). 체육종합대사전. 한국사전사 연구사.

體育大百科事典編纂室(1972). 跆拳道 體育大百科事典. 書文堂.

최홍희(1964). 태권도 교본. 성화출판사.

한국스포츠편찬회편(1993). 태권도 교본. 고려출판문화공사.

한국학중앙연구원(1996). 한국민족문화대백과.

홍상래, 이기정(2001). 신편 태권도 대백과. 에듀트릭스.

pmg 지식엔진연구소(2012). 시사상식사전. 박문각.

두산대백과사전(2012). http://www.doopedia.co.kr

大山倍達(1975). 空手의 沿革 100萬人의 空手. 東都書房.

松田隆(1975). 第二章 空手編,謎의 券法을 求めて. 東京新聞出版局.

복합 융합 무술

UFC

복합 융합 무술

제1장 UFC 개관

1. UFC의 개요.

2. 역사

3. 운영주체

4. 이종격투기와의 차이점

제2장 경기 운영방식 및 공인 경기장

1. 경기승패 조건

2. 체급분류

3. 공인 경기장 : The Octagon

제3장 경기규정

제1장 | UFC 개관

>> 1. UFC의 개요

현존하는 스포츠 기관 중 가장 빠른 성장속도를 보이고 있는 UFC는 전문 이종격투기(mixed martial arts, MMA) 대전 행사개최를 기반으로 1993년에 출범하였다. UFC는 대전(對戰) 사업모델을 혁신적으로 바꾸었으며 현재는 가장 주도적인 이종격투기 개최 기관으로 그 위상을 정립하고 있다. 또한 전 세계에 걸쳐 거대 전용 경기장에서 펼쳐지는 다양한 종류의 이종격투기 스포츠를 제공하고 있다.

UFC의 탄생과 그 역사를 살펴보면 약 80년 전 그리스 아테네 근대올림픽 시점으로 거슬러 올라간다. 이 시기에 Vale Tudo로 알려진 브라질 고유의 이종격투기가 지역적 관심을 끌기 시작하였다. 오늘날 UFC는 안전을 가장 중요시하는 통제된 환경 속에서 엘리트 수준의 경쟁력을 갖추기 위해 각기 다른 무술 배경을 가진 선수들에게 다양한 훈련기법 등을 요구한다. 실제로 UFC 선수들은 태권도, 가라테, 주짓수, 권투, 킥복싱, 레슬링 등 다양한 형태의 무술을 연마하고 있다.

>> 2. 역사

특정 무술 중심이 아닌 다양한 무술 기반을 보유하고 있는 선수들을 참가시켜 최후의 승자를 결정하고자 하는 토너먼트 대회를 기획한 아트 데이비(Art Davie)는 1991년 무술과 관련된 업무를 진행하던 중 당시 유술 전문 교육기관을 운영하고 있던 호리온 그레이시(Rorion Gracie)와 조우하게 되며 이듬해인 1992년 아트 데이비는 혼리온 그레이시로부터 유술 지도를 받은 후 당시 영화감독이었던 존 밀리어스와 호리온 그레이시에게 총 8명이 참가하는 이종 무술 간 격투 대회인 World of the Worlds 제안하기에 이르렀다. 이후 1993년 아트 데이비가 대회의 대규모 및 활성화를 위해 설립한 와우 프로모션은 상업화를 위해 투자자를 모집하고 공식적인 사업 동반자로써 SEG가 정립되고 UFC라는 명칭을 도입 당해 11월 12일 미국 콜로라도주 맥니콜스 아레나에서 첫 대회를 개최하기에 이른다.[141]

>> 3. 운영주체

UFC의 운영은 라스베가스에 소재한 Zuffa사가 총괄하며 매년 30개 이상의 생생한 대전 행사와

· · · · · · · · ·

141) 한국어 위키백과사전(2014). http://ko.wikipedia.org

시청 프로그램 등을 전 세계 149개국에 30개 이상의 언어로 제공하고 있다. UFC는 기존 대전 스포츠와는 달리 대규모 미디어와의 연계를 통해 그 보급에 앞장서고 있는데 2011년 UFC는 미국의 FOX Sports Media Group과 7년 동안 방송중계 협정을 체결하였고 대규모 대전 행사를 연간 4회에 걸쳐 방송하기로 합의한 바 있다. UFC는 역동적이고 박진감 넘치는 경기 진행을 바탕으로 전 세계 수천만 명의 팬을 확보하고 있으며 자체 인터넷 웹사이트를 통해 팬들의 접근성과 높이고자 한다.

>> 4. 이종격투기와의 차이점

브라질의 실전 격투 스포츠인 Vale Tudo로부터 유래한 UFC는 1993년 최소한의 경기 규칙을 기반으로 미국에서 창설되었으며 비무장 격투 상황에서 가장 효율적인 무술을 결정짓기 위한 경쟁의 장으로써 개최되었다. 만약 뛰어난 실력자들 중에서 가장 경쟁력 있는 선수로써 두각을 나타내고자 한다면 격투 선수들은 부수적으로 다양한 훈련을 수행해야 한다는 사실을 깨닫게 되었고 이에 따라 UFC 선수들은 입식 혹은 그라운딩 타격 기법을 구사할 수 있는 다재다능하며 균형 잡힌 선수로 변모하기 시작하였다. 이와 같이 다양한 격투 스타일과 기술이 혼합된 격투기를 소위 이종격투기(MMA)라고 지칭한다.

오늘날, UFC는 이종격투기 분야에 있어 가장 선도적인 조직이며 어떠한 예외규정 없이 이종격투기의 통일된 규칙을 철저하게 집행하고 있다. UFC는 매년 전 세계 최상위권에 위치한 20명 이상의 선수들을 구성하여 미국뿐만 아니라 다수의 국가에서 대전 이벤트를 개최하고 있다.

제2장 | 경기 운영방식 및 공인 경기장

>> 1. 경기승패 조건

UFC 경기에서 인정되는 경기 승패 조건은 총 세 가지로 KO(Knock-Out), 경기 중 선수 일방의 항복 선언(Submission) 및 심판의 판정(Decision)에 따라 승패가 결정된다.

1) KO

대전 중 선수 일방이 상대방 선수를 향해 가공할만한 치명적 타격을 입히고 이에 따라 피격된 선수가 캔바스(canvas, 경기장 매트)에 녹다운(knock down)되거나 의식을 잃었을 경우를 KO로 판정한다. UFC는 서로 다른 무술 배경을 지닌 선수들이 참가하여 각자 최선의 기량을 이끌어 내기 위해 전력을 다하므로 많은 체력을 소모한다. 따라서 상대방이 방심한 틈을 파악하여 신속하고 파괴적인 공격을 통해 KO를 이끌어 내는 것은 가방 바람직한 경기 운영이라고 할 수 있다.

2) 항복 선언

항복 선언은 선수 상대방이 초크 홀드(choke hold) 또는 조인트 홀드(joint hold) 기술을 구사하여 더 이상 경기를 수행할 수 없을 경우 기술에 지배당한 선수가 주심(referee)에게 경기 포기를 표시함(tap out)으로써 승패가 결정되는 방식이다. 여기서 초크 홀드는 상대방 선수 목에 압력을 가해 뇌로 도달하는 혈류를 차단함으로써 선수가 경기를 포기하게 하거나 무의식 상태를 유도하고자 하다. 다음으로 조인트 홀드는 문자 그대로 상대방 관절 부위를 최대한 꺾어 극도의 통증을 유발하는 기술이다. 이 기술에 제압된 선수의 경우 선수 생활에 심각한 지장을 초래할 수 있는 부상 방지를 위해 경기 포기선언을 하게 된다.

3) 심판의 판정

경기 도중 KO 혹은 항복 선언이 발생하지 않고 규정된 경기 시간을 전부 소비하였을 경우 심판의 채점으로 승패를 결정하는 방식이다. UFC는 심판 판정 시 판정의 공정성을 확보하기 위해 UFC 본사가 위치한 미국 네바다(Nevada)주 체육위원회에서 위촉한 3명의 심판진에 의해 승패가 결정된다.

UFC는 10점 강제 시스템(10-point must system)이라는 고유의 채점 체계를 채택하고 있는데 각각의 회전(round)에서 승자로 결정된 선수에게는 특별한 반칙을 범하지 않는 한 10점을 부여하고 회전별 패자에게는 9점 이하를 배점하게 된다. 개별 회전별로 산출된 점수를 집계 후 최종 판정을 내리게 된다. UFC는 수많은 관중들이 관전하는 특성상 경기 전반이 노출되어 있으므로 심판진은 판정 시비가 발생하지 않도록 철저히 객관적인 입장에서 판정을 수행할 의무를 진다.

판정의 종류로는 총 4가지가 있는데 심판 전원일치 판정(Unanimous Decision), 분할 판정(Split Decision), 다수결 판정(Majority Decision), 다수결 무승부(Majority Draw)로 제시할 수 있다.

* 심판 전원일치 판정 : 심판 3인 모두 동일한 승자를 지정하는 경우
* 분할 판정 : 심판 2인은 한 선수를 승자로 지정하고 나머지 1인은 상대방 선수를 승자로 지정하는 경우
* 다수결 판정 : 심판 2인은 동일한 승자를 지정하였으나 나머지 1인은 무승부로 결정 한 경우
* 다수결 무승부 : 심판 2인은 무승부로 판정하고 나머지 1인은 승자를 결정한 경우

≫ 2. 체급분류

UFC 경기 운영의 준거 기준이라고 할 수 있는 네바다주 체육위원회 이종격투기(MMA) 통합 규정에는 총 9개 체급이 명시되어 있으나 현재 UFC에서 도입한 체급은 총 8체급으로 플라이급, 밴텀급, 페더급, 라이트급, 웰터급, 미들급, 라이트헤비급, 헤비급으로 구성되어 있다. 중량 측정은 파운드(lbs) 단위로 하며 각 체급별 중량 하한과 상한은 아래와 같다.

- 플라이급   116 ~ 125 파운드
- 밴텀급   126 ~ 135 파운드
- 페더급   136 ~ 145 파운드
- 라이트급   146 ~ 155 파운드
- 웰터급   156 ~ 170 파운드
- 미들급   171 ~ 185 파운드
- 라이트헤비급   186 ~ 205 파운드
- 헤비급   206 ~ 265 파운드

≫ 3. 공인 경기장 : The Octagon

UFC 경기는 일반적인 사각형 링에서 이루어지는 것이 아니라 옥타곤(Octagon)이라는 UFC 고유 경기시설에서 대전이 진행된다. 옥타곤은 8각형이라는 의미이며 이에 따라 경기장은 8각형 링 형태로 설치되어 있다.

옥타곤의 제원을 살펴보면 총 750 제곱피트(square foot) 넓이에 경기장 직선거리는 30피트, 높이는 6피트에 이르며 일종의 케이지(cage) 규격을 갖추고 있다. 경기장 바닥과 벽면은 선수 보호를 위해 부드럽고 탄력이 뛰어난 재질을 사용하고 있으며 코너 부분은 넓은 각도로 설치하여 선수가 코너에서 탈출하지 못하는 상황을 방지하고자 한다. 또한, 8각형 링의 형태를 갖춤으로써 4각형 링을 사용하는 복싱 등 특정 무술을 수련한 선수가 장소적 이점을 누리는 것을 막아 경기의 공정성을 높이고자 한다.

1) 옥타곤의 구성 요소

(1) 선수(fighter)
청코너와 홍코너를 각각 배정받으며 각자의 글러브에는 청색과 홍색 테이프를 부착한다.

(2) 주심(referee)
주심은 총 2인으로 구성되며 이 중 1인은 옥타곤 외부에 위치하며 대전 선수들이 옥타곤에 입장하기 전 선수들의 신체를 검사하며 마우스피스 등 보호 장비 착용 여부를 점검한다. 옥타곤 내부에 위치한 나머지 주심 1인은 경기 규정을 적용, 선수 지시 및 유사 시 경기 속행 여부를 결정한다.

(3) 커트맨(cutmen)
커트맨은 청코너와 홍코너에 각각 위치하면서 선수들이 옥타곤에 입장하기 전 자상(刺傷)이 발생하기 쉬운 눈썹과 뺨에 바셀린은 발라주는 역할을 한다. 커트맨은 선수에게 자상이나 안면 부종이 발생하지 않는 한 회전 간 휴식시간에 선수들과 신체적으로 접촉하지 않는다.

(4) 코너맨(cornermen)
코너맨은 경기 회전 간 휴식 시간에 선수들에게 동기부여를 하거나 지도하는 세컨드 역할을 담당한다. 이들은 선수의 훈련 캠프 소속이며 오직 2인만이 코너맨으로 역할을 수행할 수 있는데 만약 1인의 커트맨이 필요할 경우 코너맨은 1인으로 제한된다. 코너맨은 휴식 중인 선수에게 마사지나 음료 공급, 얼음찜질 등을 제공한다.

(5) 심판(judges)
3인의 공인된 심판들은 각 회전마다 선수들의 경기 결과를 채점하고 심판의 채점을 합산하여 최종 승자를 결정하게 된다.

(6) 사회자(commentators)
사회자는 옥타곤 측면에서 경기와 관련된 내용을 설명하고 경기 종료된 후 사회자는 선수들과 인터뷰를 실시한다.

(7) UFC 임원(UFC executives)
UFC 임원들은 옥타곤 측면에서 경기를 관전한다. 임원들은 선수들 중 누가 KO, 항복 선언 등으로 승리하는 가를 결정한다.

(8) 옥타곤 걸스(the octagon girls)

회전 진행을 알리는 번호판을 들고 옥타곤 외부에 원 모양을 그리며 경기장을 순회하는 역할을 한다.

출처 : UFC 공식 홈페이지(http://www.ufc.com)

<그림 1> 옥타곤 전경 및 구성 요소

제3장 | 경기규정

UFC 경기 운영 관련 규정은 UFC 본사가 소재한 네바다 주 체육위원회의 이종격투기 통합 규정을 기반으로 한다. 본 규정은 UFC뿐만 아니라 네바다 주에서 개최되는 모든 비무장 격투(unarmed combat) 경기가 준수해야 하는 규칙을 포함하고 있다. 해당 규정은 총 17개 조항으로 구성되어 있으며 이종격투기의 정의와 세부적인 운영 방법 등을 명시하고 있다.

제1조 정의(Definitions)

"이종격투기" 란 본 위원회의 통합 규정 및 기타 제반 규칙에 제한되는 경우로써 맞잡고 싸우기, 조르기, 발차기, 주먹 공격 등 특별한 제한 없이 다양한 무술에서 사용하는 기술의 조합이 사용되는 비무장 격투를 의미한다.

"비무장 격투" 란 상대방에게 타격을 가함으로써 상해가 발생할 수 있고 이러한 결과를 합리적으로 예측할 수 있는 모든 형태의 경쟁 격투를 의미한다.

"비무장 격투선수"는 비무장 격투에 참여하는 모든 선수를 의미한다.

"위원회" 란 이종격투기 관련 시합, 전시, 경쟁 경기를 감독하는 적법한 체육위원회 또는 주관 단체를 의미한다.

제2조 체급 분류(Weight Divisions)

체육위원회 또는 본 위원회의 총괄임원이 별도로 승인한 사항을 제외하고 이종격투기 경쟁 경기와 시합의 체급은 다음과 같이 분류된다.

- 플라이급   125 파운드 이하
- 밴텀급   125 파운드 초과 135 파운드 이하
- 페더급   135 파운드 초과 145 파운드 이하
- 라이트급   145 파운드 초과 155 파운드 이하
- 웰터급   155 파운드 초과 170 파운드 이하
- 미들급   170 파운드 초과 185 파운드 이하
- 라이트헤비급   185 파운드 초과 205 파운드 이하
- 헤비급   205 파운드 초과 265 파운드 이하
- 슈퍼헤비급   265 파운드 초과

챔피언십 경기가 아닌 경우 상기 체급별 한계에서 1파운드가 더 허용된다. 챔피언십 경기의 경우 참가자들은 상기 체급별 개체 기준을 반드시 준수해야 한다.

본 위원회는 위원회 자체 심의와 자유재량에 따라 무제한급 경기를 승인할 수 있다. 예컨대, 위원회는 만약 개최 예정인 경기가 공정하고 안전하며 경쟁력을 갖추고 있다고 판단되면 최대 허용 체중이 177파운드인 경기 개최를 결정할 수 있다.

또한, 만약 선수 1인의 체중이 264파운드이고 상대 선수의 체중이 267파운드일 경우 두 선수에게 적용할 수 있는 체급이 상이해도 본 위원회는 경기가 공정하고 안정하며 경쟁력을 갖추고 있다고 판단되면 두 선수 간의 대전을 허용할 수 있다.

A) 이종격투기 경기와 전시는 링 또는 펜스 설치 지역에서 개최되어야 한다.

B) 이종격투기 경기 또는 전시에 사용되는 링은 다음 기준을 충족시켜야 한다.

    (ⅰ) 링은 로프 안쪽을 기준으로 20피트 제곱 이상 32피트 제곱 이하로 설치되어야 한다. 한쪽 코너는 청색 지역으로 표시하면 직선거리로 반대편에 위치한 코너는 홍색 지역으로 표시해야 한다.

    (ⅱ) 링 바닥은 로프로부터 적어도 18인치 길이로 설치되어야 한다. 링 바닥은 적어도 1인치 높이 층으로 구성된 엔솔라이트 또는 이와 유사한 밀폐형 기포가 삽입된 패드 재질을 갖추어야 한다. 패드는 링 플랫폼까지 뻗어 있는 캔바스, 덕 또는 이와 유사한 재질로 표면을 감싸면서 링 로프와 플랫폼의 모서리 부분을 넘어서는 부분으로까지 확대 설치되어야 한다.

    (ⅲ) 링 플랫폼은 경기장 건물 바닥 위로 4피트를 초과해서 설치해서는 안 되며 참가 선수를 위한 적합한 계단이 설치되어야 한다.

    (ⅳ) 링 포스트는 금속 재질이어야 하며 경기장 건물 바닥으로부터 링 바닥 위로 최소 58인치 높이를 갖춘 상태에서 직경 3인치를 초과해서는 안 되며 위원회가 인정한 방식에 따라 적절한 패드가 주입되어야 한다. 링 포스트는 링 로프로부터 적어도 18인치 이상 떨어져 있어야 한다.

    (ⅴ) 직경 1인치 이상의 링 로프가 5개 설치되어야 하며 각각은 부드러운 재질로 감싸야 한다. 가장 낮은 링 로프는 링 바닥 보다 12인치 이상의 높이를 보유해야 한다.

    (ⅵ) 삼각형 보더를 포함한 링 바닥의 모든 부분에는 특별한 예외 없이 어떠한 장애물이나 물체가 존재해서는 안 된다.

C) 이종격투기 경기와 전시에 사용되는 펜스 설치 지역은 다음 요건들을 충족되어야 한다.

    (ⅰ) 펜스 설치 지역은 원형 구조를 갖추어야 하며 적어도 6개의 균등한 면과 20피트 이상 32피트 이하 넓이를 확보해야 한다.

    (ⅱ) 펜스 설치 지역의 바닥은 펜스 설치 지역까지 뻗어 있는 캔바스, 덕 또는 이와 유사한 재질로 표면을 감싸면서 적어도 1인치 높이 층으로 구성된 엔솔라이트 또는 이와 유사한 밀폐형 기포가 삽입된 패드 재질을 갖추어야 한다. 단, 덩어리나 줄기 모양을 가진 재질을 사용해서는 안 된다.

    (ⅲ) 펜스 설치 지역의 플랫폼은 경기장 건물 바닥 위로 4피트를 초과해서 설치해서는 안 되며 참가 선수를 위한 적합한 계단이 설치되어야 한다.

    (ⅳ) 펜스 포스트는 금속 재질이어야 하며 경기장 건물 바닥으로부터 펜스 설치 지역의 바닥 위로 최소 58인치 높이를 갖춘 상태에서 직경 6인치를 초과해서는 안 되며 위원회가 인정한

방식에 따라 적절한 패드가 주입되어야 한다. 링 포스트는 링 로프로부터 적어도 18인치 이상 떨어져 있어야 한다.

(v) 펜스 설치 지역을 감싸는데 사용되는 펜스는 특별한 제한 없이 비닐로 코팅된 체인형 펜스 등 비무장 격투선수들이 펜스 설치 지역 외부로 추락하거나 펜스를 뚫고 나가 경기장 건물 바닥이나 관중들과 충돌하는 것을 방지할 수 있는 재질로 제작되어야 한다.

(vi) 펜스 설치 지역의 모든 금속 부분은 본 위원회가 인정한 방식에 따라 표면 처리와 패드 주입이 이루어져야 하며 비무장 격투선수들에게 불쾌감을 주는 재질은 사용해서는 안 된다.

(vii) 펜스 설치 지역은 반드시 2개의 출입구를 설치해야 한다.

(viii) 비무장 격투선수들이 경기를 진행할 지역 주변 펜스 전역에는 어떠한 장애물도 존재해서는 안 된다.

제4조 의자(Stools)

A) 선수들은 본 위원회로부터 공인된 형태의 의자만을 사용할 수 있다.

B) 선수들의 세컨드는 본 위원회부터 공인된 형태의 의자와 정해진 의자 수만을 사용할 수 있다. 해당 의자들은 개별 선수들의 코너 근처 경기장 외부에 배치해야 한다.

C) 모든 의자는 청결하게 사용해야 하며 개별 시합 종료 후 교체해야 한다.

제5조 장비(Equipment)

개별 시합에 있어 시합 주관자는 양쪽 코너에 청결한 물받이와 플라스틱 물통, 그리고 위원회에서 지시한 각종 공급물품을 제공해야 한다.

제6조 핸드랩핑 명세(Specifications for Handwrapping)

A) 모든 체급에 있어 개별 선수들의 손에 부착하는 붕대는 길이 15야드, 넓이 2인치 이하의 부드러운 거즈로 사용이 제한되며 길이 10피트, 넓이 1인치 이하의 외과용 접착테이프를 부착해야 한다.

B) 외과용 접착테이프는 손목 보호를 위해 선수의 양쪽 손에 직접 부착되어야 한다. 접착테이프는 손등 부분을 2회 교차시키고 전체를 감싸야 하며 주먹을 단단하게 쥐었을 때 주먹을 보호할 수 있어야 한다.

C) 붕대는 손 전체에 걸쳐 균등하게 감아야 한다.

D) 붕대와 접착테이프는 위원회, 세컨드 책임자 및 상대 선수 관리자의 입회하에 탈의실에서 선수의 손에 부착되어야 한다.

E) 위원회의 승인을 받을 때까지 어떠한 상황에서도 선수들은 반드시 글러브를 착용한 상태를 유지해야 한다.

제7조 마우스피스(Mouthpieces)

A) 모든 참가 선수들은 경기 중 마우스피스를 반드시 착용해야 한다. 마우스피스는 경기장에 입회한 의사의 검사와 사용승인이 이루어져야 한다.

B) 선수들이 마우스피스를 미 착용했을 경우 회전을 시작할 수 없다.

C) 만약 경기 도중 불가항력적인 이유로 마우스피스가 벗겨질 경우 주심은 경기 일시정지를 선언하고 마우스피스를 세척한 다음 선수들의 즉각적인 행동을 방해하지 않는 가장 적절한 시점에서 마우스피스를 재삽입해야 한다.

제8조 보호 장비(Protective Equipment)

A) 남성 이종격투기 선수들은 자발적인 선택에 의거하여 본 위원회로부터 공인된 사타구니 보호장비를 착용해야 한다.

B) 여성 이종격투기 선수들은 사타구니 보호 장비 착용이 금지된다.

C) 여성 이종격투기 선수들은 경기 중 가슴 보호 장비 착용해야 한다. 가슴 보호 장비는 본 위원회가 승인한 제품이어야 한다.

제9조 글러브(Gloves)

A) 모든 참가 선수들은 적어도 4온스 이상의 글러브를 착용해야 하며 이는 본 위원회의 승인을 득한 제품이어야 한다. 일반적으로, 글러브는 본 위원회의 승인이 없이는 6온스를 초과해서는 안된다. 다만, 2XL~4XL와 같이 특정 거대 규격을 지닌 글러브의 경우는 6온스를 다소 초과해도 착용을 허용할 수 있다.

B) 글러브는 경기 주관자가 공급하고 본 위원회의 승인을 득한 제품이어야 한다. 어떠한 선수도 경기에 경기 참여 시 개인전용 글러브를 착용해서는 안 된다.

제10조 복장(Apparel)

A) 모든 선수들은 본 위원회에서 승인한 이종격투기 전용 하의(보드 숏), 자전거 경주용 바지, 킥복싱용 하의 또는 기타 하의를 착용해야만 한다.

B) 본 위원회에서 승인된 여성 선수를 위한 필수 착용 상의를 제외하고 경기 중에는 도복 또는 상의 착용이 금지된다.

C) 경기 중 신발과 발바닥에 패드를 착용하는 행위는 금지된다.

제11조 용모(Appearance)

A) 모든 비무장 격투선수들은 청결해야 하며 잘 정돈된 용모를 갖추어야 한다.

B) 선수의 얼굴이나 신체에 과도한 윤활유 또는 외부 물질의 사용은 지양해야 한다. 주심 또는 위원회는 과도한 윤활유나 외부 물질 발견 시 제거해야 한다.

C) 위원회는 머리나 얼굴 부위에 선수 자신과 상대 선수에게 위험을 줄 수 요소가 있는가를 판단해야 하며 경기 감독과 진행을 방해할 수 있는가도 판단해야 한다. 만약 비무장 격투선수에게서 이러한 위험 요소가 발견되거나 경기 진행을 방해할 수 있는 요소들이 발견되면 해당 위험 또는 잠재적 방해 요인들이 위원회가 만족할만한 수준으로 교정될 때까지 해당 선수는 대전에 참여할 수 없다.

D) 비무장 격투선수는 대전 중 어떠한 보석류나 피어싱 장식품 등을 착용할 수 없다.

제12조 회전 수 및 시간(Round Length)

A) 챔피언십 경기가 아닌 이종격투기 대회의 경우 3회전으로 구성되며 회전 간 1분의 휴식 시간이 주어지며 각 회전의 경기 시간은 5분을 초과하지 않는다.

B) 챔피언십 경기인 이종격투기 대회의 경우 5회전으로 구성되며 회전 간 1분의 휴식시간이 주어지며 각 회전의 경기 시간은 5분을 초과하지 않는다.

A) 주심은 경기의 유일한 결정권자이며 경기를 중단시킬 권위를 인정받은 유일한 주체이다. 주심은 경기 중단 결정과 관련하여 링 옆에서 대기하고 있는 의사 또는 위원회로부터 의견을 청취할 수 있다.

B) 주심과 링 옆에서 대기하고 있는 의사는 휴식 시간뿐만 아니라 경기 도중 어느 때라도 링 또는 경기장에 진입할 수 있는 권한을 부여받은 유일한 주체이며 이러한 권한은 경기 종료 시점까지 보장된다.

제14조 판정(Judging)

A) 모든 시합은 경기장으로부터 각각 다른 위치에서 경기를 평가해야만 하는 심판 3인에 의해 평가되고 채점이 이루어진다. 주심은 심판 3인에 포함되지 않는다.

B) 10점 강제 시스템은 시합 채점을 위한 표준 시스템이다. 10점 강제 시스템 하에서 10-10동점인 경우를 제외하고 회전 별 승자에게는 10점을 부여하고 패자에게는 9점 이하를 부여한다.

C) 심판은 효과적인 타격, 접전, 경기장 지배율, 효과적인 공격 및 방어와 같은 이종격투기 기술을 평가해야 하다.

D) 평가는 효과적인 타격, 접전, 경기장 지배율, 효과적인 공격 및 방어의 순서대로 가중치를 적용하고 해당 기술이 시현되었는가를 중심으로 이루어져야 한다.

E) 효과적인 타격은 선수가 가한 유효타 총 회수에 근거하여 판정한다.

F) 효과적인 접전은 유효한 테이크다운과 역습의 성공적인 실행 회수를 고려하여 판정한다. 해당 판정에서 고려해야할 요소들을 예시하면 기립 자세에서 마운트 자세를 취하는 테이크다운, 방어 자세를 마운트 자세로 전환시키는 행위, 그리고 역동적이고 위협적인 방어 행위를 구사하는 바닥에 누워있는 선수 등이다.

G) 경기장 지배율은 선수들 중 어느 선수가 더 시합의 속도, 지역, 위치를 지배하고 있는 가를 근거로 판정한다. 고려해야할 요소들을 예시하면 기립한 상태에서 유효타를 구사함으로써 테이

크다운 상태에서 접전 상대방에게 역공을 가하는 상황, 상대방을 테이크다운 시킨 후 그라운드 공격으로 변화시키는 상황, 위협적인 항목 선언 시도를 창출하는 상황, 방어 자세를 마운트 자세로 변화시키고 타격 기회를 창조해내는 상황 등이다.

H) 효과적인 공격은 앞으로 전진하여 유효타로서 가격하는 것을 의미한다.

I) 효과적인 방어는 상대방의 타격, 테이크다운을 회피하고 공격 행동으로 반격하면서 반전시키는 것을 의미한다.

J) 다음의 제시되는 사항들은 각 회전별로 채점할 경우 심판이 준수해야 하는 객관적인 채점 기준이다.
 i) 선수 2인 모두 동등하게 경기하였으며 어떠한 선수도 해당 회전에서 명백한 우위를 보이지 못하였을 경우 10-10 회전으로 채점한다.
 ii) 선수 2인 중 어느 한 선수가 더 많은 유효타, 접전, 책략을 구사하면서 해당 회전에서 가까스로 승리한 경우 10-9 회전으로 채점한다.
 iii) 선수 2인 중 어느 한 선수가 타격 또는 접전을 구사하면서 해당 회전을 월등하게 지배했을 경우 10-8 회전으로 채점한다.
 iv) 선수 2인 중 어느 한 선수가 타격 또는 접전을 구사하면서 해당 회전을 압도적으로 지배했을 경우 10-7 회전으로 채점한다.

K) 심판은 채점 시 차등제를 적용해야 하며 선수들이 기립해 있거나 바닥에 누워있는 시간을 인식해야 한다. 각각의 경우 판단 기준은 아래와 같다.
 i) 만약 이종격투기 선수가 해당 회전의 대부분을 경기장 매트에 누워 소비하는 경우
    a. 효과적인 접전에 최우선적인 가중치를 부여하고
    b. 효과적인 타격에 그 다음으로 높은 가중치를 부여
 ii) 만약 이종격투기 선수가 해당 회전의 대부분을 기립한 상태로 소비하는 경우
    a. 효과적인 타격에 최우선적인 가중치를 부여하고
    b. 효과적인 접전에 그 다음으로 높은 가중치를 부여
 iii) 만약 해당 회전이 기립 상태와 경기장 매트에 누워서 소비한 비중이 균등한 상태에서 종료된 경우 타격과 접전 각각 동등하게 가중치를 부여한다.

제15조 반칙(Fouls)

A) 이종격투기 경기 또는 전시 도중 다음의 행위가 발생할 경우 주심의 재량에 의거하여 벌칙이 부과된다.

  1) 박치기

  2) 모든 유형의 눈 찌르기

  3) 입으로 무는 행위

  4) 상대방에게 침 뱉기

  5) 머리카락 잡아당기기

  6) 상대방을 마치 낚시 하듯이 낚아채는 행위

  7) 모든 형태의 사타구니 공격

  8) 상대방의 모든 신체 구멍이나 찢어진 또는 베인 상처에 손가락을 삽입하는 행위

  9) 소형 관절 부위를 조작하는 기술

  10) 팔꿈치를 사용하여 수직으로 가격하는 행위

  11) 뒤통수나 척추를 가격하는 행위

  12) 뒤꿈치로 신장(腎臟)을 가격하는 행위

  13) 기도를 움켜쥐는 행동 등 모든 형태의 목구멍 공격

  14) 살을 할퀴기, 꼬집기 또는 비트는 행위

  15) 쇄골을 움켜잡는 행위

  16) 그라운드 상태에 놓인 상대방의 머리를 가격하는 행위

  17) 그라운드 상태에 놓인 상대방의 머리를 무릎으로 가격하는 행위

  18) 그라운드 상태에 놓인 상대방을 밟는 행위

  19) 펜스를 잡고 있는 행위

  20) 상대방의 하의나 글러브를 잡고 있는 행위

  21) 경기 지역 내에서 과격한 언어를 사용

  22) 상대방에게 부상을 유발시키는 비신사적인 행위

  23) 휴식 시간에 상대방을 가격하는 행위

  24) 주심의 보호를 받고 있는 상대방을 공격하는 행위

  25) 회전 종료를 알리는 타종 후 상대방을 공격하는 행위

  26) 일반적으로 용인되지 않는 수준으로 상대방과의 접촉을 회피하거나 고의적 혹은 지속적으로 마우스피스를 떨어뜨리거나 부상을 당한 것처럼 행동하는 등과 같은 소극적 행위 일체

  27) 상대방을 경기장 외부로 던지는 행위

28) 노골적으로 심판의 지시를 무시하는 행위

29) 상대방의 머리나 목을 매트에 내리치는 행위

30) 코너에서 이루어지는 방해 행위

31) 경기를 유리하게 이끌기 위해 머리나 신체에 외부 물질을 사용하는 행위

B) 수차례에 걸쳐 반칙을 범하거나 주심의 재량에 따라 명백한 파울로 선언된 후 해당 선수는 실격 처리될 수 있다.

C) 계측요원은 선수가 반칙을 범했을 경우 해당 선수의 점수에서 1점을 차감할 수 있다. 심판이 아닌 계측요원은 감점 요인을 반영하여 실제 점수를 산출할 책임이 있다.

D) 주심만이 반칙 여부를 판정할 수 있다. 만약 주심이 반칙을 선언하지 않을 경우 심판은 자의적으로 반칙으로 평가해서는 안 되며 점수 계산 시 감점 요인으로 간주해서는 안 된다.

E) 만약 반칙 행위가 발생했다면 다음과 같은 조치가 이루어져야 한다.

 ⅰ) 주심은 타임아웃을 선언해야 한다.

 ⅱ) 주심은 반칙을 가한 선수를 중립 지역으로 위치시켜야 한다.

 ⅲ) 주심은 반칙을 당한 선수의 상태와 안전을 점검해야 한다.

 ⅳ) 주심은 이후 해당 선수의 반칙을 평정해야 하며, 만약 반칙이 유효할 경우 점수를 차감하고 반칙의 고의성 여부 및 1점 감점 여부에 대한 결정을 위원회, 양쪽 코너, 공인 계측요원에게 통보해야 한다.

F) 만약 바닥에 위치한 선수가 반칙을 범했고 상위에 위치한 선수가 부상을 입지 않는 한, 경기는 속행되며 다음과 같은 조치가 취해진다.

 ⅰ) 주심은 구두 상으로 바닥에 위치한 선수의 반칙을 통보한다.

 ⅱ) 해당 회전 종료 후 주심은 반칙을 평정하고 해당 내용을 위원회, 양쪽 코너, 심판진 및 공인 계측요원에게 통보한다.

 ⅲ) 주심은 반칙의 심각성에 따라 경기를 종료시킬 수 있다. 명백한 반칙에 의한 경우, 반칙을 유발한 선수는 실격패로 처리된다.

G) 로 블로우(Low Blow) 반칙

   ⅰ) 로 블로우에 가격 당한 선수는 경기를 속행이 가능하다는 링 주변 의사의 의견이 제시되는 한 최대 5분에 이르는 회복시간이 허용된다.

   ⅱ) 만약 선수가 5분이 경과하지 전에 경기를 속행할 수 있다는 의견을 피력하면 주심은 즉시 경기를 재개해야 한다.

   ⅲ) 만약 5분이 경과한 후에도 경기가 재개되지 못 한다면 해당 경기는 경기가 종료된 시점까지의 결과를 바탕으로 종료해야만 한다.

H) 로 블로우를 제외한 다른 반칙을 당한 선수

   ⅰ) 만약 우발적인 반칙으로 이종격투기 경기가 중단되었다면 주심은 반칙을 당한 선수의 경기 속행 여부를 결정해야 한다. 만약 반칙의 결과로 반칙을 당한 선수가 승리할 수 있는 기회가 심각하게 위협받을 수 있고 해당 반칙이 선수에게 뇌진탕 충격을 주는 정도가 아닐 경우 주심은 5분을 초과하지 않는 범위 내에서 선수의 회복을 돕는 간격을 부여한 후 경기나 전시를 속행할 수 있다. 양쪽 선수를 서로 떼어 놓는 즉시 주심은 우발적인 반칙이었다는 결정을 위원회 대표자에게 통지해야 한다.

   ⅱ) 만약 선수가 주심이 반칙이라고 간주하는 공격을 당했을 경우, 주심은 해당 공격을 중단시키고 타임을 요청해야 한다. 주심은 반칙 공격을 당한 선수를 링 옆 의사에게 데려가서 경기 속행 가능 여부를 검사하도록 한다. 의사는 최대 5분까지 이를 검사할 수 있는 시간을 갖는다. 만약 의사가 경기 속행이 가능하다고 결정하면 주심은 즉시 경기를 재개해야 한다. 로 블로우 반칙 규정과 달리, 선수에게 부여되는 시간은 5분 이내이며 주심의 지시가 있을 경우 경기를 속행해야 한다.

   ⅲ) 로 블로우를 제외한 다른 반칙의 경우, 만약 부상당한 선수가 주심에 의해 경기를 속행하는 데 적절치 않다고 판단된다면 주심은 해당 시합을 즉시 중단할 수 있다. 비록 주어진 5분 이내의 시간 중 상당한 시간이 남아있어도 선수는 남아 있는 시간을 사용할 수 없으며 해당 경기는 중단되어야 한다.

   ⅳ) 만약 주심이 경기를 중단시키고 링 옆 의사의 진단을 받게 해도 의사에게 보장된 검진 시간은 5분을 초과할 수 없다. 만약 5분을 초과할 경우, 경기는 재개될 수 없고 해당 경기는 종료된다.

제16조 정당한 공격과 반칙에 따른 부상 시(Injuries Sustained by Fair Blow and Fouls)

A) 만약 경기 도중 정당한 공격 기술로 인하여 부상이 지속되고 해당 부상이 시합을 중단해야 할 정도로 심각하다면 부상 선수는 TKO패를 당하게 된다.

B) 만약 경기 도중 주심이 고의적인 반칙으로 인정한 행위로 인하여 부상이 지속되고 해당 부당이 시합을 중단해야할 정도로 심각하다면 반칙을 유발한 선수는 실격패로 처리된다.

C) 만약 경기 도중 주심이 고의적인 반칙으로 인정한 행위로 인하여 부상이 지속되고 해당 시합의 속행이 허용된다면 주심은 계측요원에게 통보하여 반칙을 범한 선수의 점수에서 자동적으로 2 점을 차감한다.

D) 만약 경기 도중 주심이 고의적인 반칙으로 인정한 행위로 인하여 부상이 지속되고 부상 선수가 이후 경기를 속행할 수 없고 득점에서 우위에 있다면기술적 우세판정에 따라 승자로 정해진다. 만약 부상 선수가 경기 중단 시점에서 동점이거나 득점이 낮을 경우 해당 시합 결과는 기술적 무승부로 선언된다.

E) 만약 선수가 반칙을 시도하려다 스스로 부상을 입은 경우 주심은 어떠한 조처도 취해서는 안 되며 해당 부상은 공정한 공격에 의한 부상과 동일한 방식으로 취급되어야 한다.

F) 만약 경기 도중 주심이 고의적인 반칙으로 인정한 행위로 인하여 부상이 지속되고 주심이 판단하기에 경기를 즉시 중단시켜야할 정도로 심각하다면 해당 시합은 무효로 한다. 단, 3회전 경기의 경우 2회전이 종료되기 이전에 경기가 중단되거나 5회전 경기의 경우 3회전이 종료되기 이전에 경기가 중단된 경우에 한한다.

G) 만약 경기 도중 주심이 유발적인 반칙으로 인정한 행위로 인하여 부상이 지속되고 주심이 판단하기에 경기를 즉시 중단시켜야할 정도로 심각하다면 해당 시합은 시합 중단 시점을 기준으로 득점에서 우위에 있는 선수에게 기술적 우세판정을 내린다. 단, 3회전 경기의 경우 2회전이 종료해야 하며 5회전 경기의 경우 3회전이 종료된 경우에 한한다.

H) 종료되지 않은 회전은 중단된 시점에서 다른 회전에 적용된 동일한 기준을 사용하여 채점되어야 한다.

제17조 경기 결과 유형(Types of Contest Results)

A) 항복 선언

ⅰ) 물리적인 경기 포기 표시

ⅱ) 구두 경기 포기 표시

B) KO

ⅰ) 주심이 경기를 중단시켰을 때(TKO)

ⅱ) 정당한 공격 기술로 인한 부상이 경기를 중단시켜야 할 정도로 심각할 때(TKO)

ⅲ) 주먹 공격이나 발차기로 인하여 선수가 의식을 잃었을 때(TKO)

C) 채점표에 따른 판정

ⅰ) 심판 전원일치 판정 – 심판 3인 모두 동일한 승자를 지정한 경우

ⅱ) 분할 판정 – 심판 2인은 한 선수를 승자로 지정하고 나머지 1인은 상대방 선수를 승자로 지정하는 경우

ⅲ) 다수결 판정 – 심판 2인은 동일한 승자를 지정하였으나 나머지 1인은 무승부로 결정한 경우

ⅳ) 무승부

a) 심판 전원일치 무승부 – 심판 3인 모두 무승부로 판정한 경우

b) 다수결 무승부 – 심판 2인이 무승부로 판정한 경우

c) 분할 무승부 – 심판 3인 모두 채점이 다른 경우

D) 실격

E) 몰수

F) 기술적 무승부

G) 기술적 판정

H) 무 판정

참고문헌

UFC 공식 홈페이지(2014). UFC discovery section. URL: http://www.ufc.com

한국어 위키백과사전(2014). URL: http://ko.wikipedia.com

< 주요 용어 정리 >

1. 동양사상의 이해를 위한 핵심 용어

1) 정신(精神)

① 사고나 감정의 작용을 다스리는 인간의 마음(정신세계→육체)

② 물질적인 것을 초월한 영적인 존재(성령→물질)

③ 사물에 대한 마음가짐(애국정신, 희생정신)

④ 사물의 근본이 되는 의의나 목적(화랑도 정신, 입법정신)

2) 생각(生覺)

① 머리를 써서 궁리함(思考, 생각을 짜내다).

② 가늠하여 헤아리거나 판단함(分別, 앞뒤 생각없이 한 말).

③ 마음이 쏠림, 바라고 하고 싶은 마음(관심, 욕심, 술생각이 간절하다).

④ 무엇을 이루거나 하려고 마음먹음(그 남자만을 생각하다).

3) 마음

① 사람의 몸에 깃들어서 지식, 감정, 의지 등의 정신활동을 하는 것 또는 그 바탕이 되는 것(마음의 양식이 되는 책)

② 거짓 없는 생각(마음을 터놓고 이야기하다)

③ (외부로부터의 자극에 대하여 일어나는) 기분 느낌. 홀가분한 마음

④ (어떤 사물이나 행동에 대하여) 속으로 꾀하는 뜻

⑤ 心情

⑥ 사랑하는 정

4) 지인(至人) : 덕이 썩 높은 사람

5) 진인(眞人) : 참된 도(道)를 깨달은 사람. 진리를 체득한 사람

6) 도(道)

① 마땅히 지켜야 할 도리

② 종교상으로는 근본이 되는 뜻 또는 깊이 깨달은 지경

7) 덕(德)

① 고매하고 너그러운 도덕적 품성

② 윤리적 의지대로 행동할 수 있는 인격적 능력

③ 은혜나 덕택

④ 공덕의 줄임말

8) 품성(品性) : 사람된 바탕과 성질 성격. 타고난 성품, 부성

9) 삼강(三綱) : 유교 도덕의 기본이 되는 세 가지 도리. 임금과 신하, 아버지와 자식 남편 과 아내 사이에 지켜
       야할 떳떳한 도리

10) 훈고학(訓詁學) : 경서의 어려운 낱말이나 어구를 연구하는 학문

11) 훈고(訓詁) : 경서의 고증, 해명 주석 등을 통틀어 이르는 말

12) 경서(經書) : 사서오경 등 유교의 가르침을 적은 서적, 경전, 전경

13) 격물(格物)

① 주자학에서 사물의 이치를 철저히 연구하여 밝힘.

② 양명학에서 사물의 이치가 있다고 보아 그에 의하여 마음을 바로잡음을 이름.

14) 격물치지(格物致知) : 실제 사물의 이치를 연구하여 지식을 완전하게 함.

15) 양지(良知) : (경험이나 교육에 의한 것이 아닌) 타고난 지능

16) 고매(高邁)하다 : (품위, 학식, 인격 등이) 높고 뛰어나다.

17) 도덕(道德) : 인륜의 대도. 사람으로서 마땅히 지켜야 할 도리 및 그것을 자각하여 실천하는 행위의 총체

18) 윤리(倫理) : 사람이 지켜야 할 도리와 규범

19) 삼매(三昧) : 한 가지에만 마음을 집중시키는 일심불란의 경지

① 불교에서 잡념을 버리고 한 가지 일에만 정신을 집중하는 일

② 다른 말 뒤에 쓰여 그 일에 열중하여 여념이 없음을 이르는 말

2. 서양철학 및 일반론적 핵심 용어

1) 문명(文明) : 인간의 지식이 발달하여 인간 생활이 풍부하고 편리해진 상태. 정신문화 에 대하여 주로 인간의 외면적인 생활 조건이나 질서에 대한 물질문화를 의미함.

2) 문화(文化)
① 인간의 지식이 깨어나 세상이 열리고 생활이 보다 편리하게 되는 일
② 철학에서 진리를 구하고 끊임없이 진보 및 향상을 추구하는 인간의 정신적 활동 또는 그에 따른 정신적, 물질적 성과를 이르는 말(학술, 예술, 종교 등)
③ 문덕(文德)으로서 백성을 가르쳐 이끔.

3) 목적 : 이룩하거나 到達(도달)하려고 하는 목표나 방향. 심리학에서 행위에 앞서서 의지 가 그 실천을 예정하게 하는 것

4) 목표 : (행동을 통하여) 이루거나 도달하려고 함.

5) 전략
① 전쟁, 전투의 계략. 군략, 병략
② 전쟁 목적의 달성을 위한 준비 계획 및 동원. 조직 등에 대한 국가적인 방략
③ (운동 경기나 정치적 승부에서) 투쟁을 위한 전반적 또는 세부적인 방책

6) 전술
① 작전의 수행 방법이나 기술
② 전투에서 부대의 운용 기술이나 부대 상호간의 기동성 있는 배치
③ 정치적 운동이나 투쟁의 방법
④ 운동 경기 등에서 이기기 위한 기술적 수단

7) 진화
① 생물이 오랫동안에 걸쳐 조금씩 변화하여 보다 복잡하고 우수한 종류의 것으로 되어가 는 일
② 사물이 보다 좋고 보다 고도의 것으로 발전하는 일

8) 진보 : 사물의 내용이나 정도가 차츰차츰 나아지거나 나아가는 일

9) 형이상학(形而上學) : 형이상의 존재를 연구하는 철학의 부문

10) 형이하학(形而下學) : 유형물을 대상으로 하는 학문. 물리학, 동식물학 등

11) 귀납법(歸納法) : 개개의 구체적 사실로부터 일반적인 명제 및 법칙을 유도해 내는일

12) 연역법(演繹法) : 보편원리에서 특수한 원리를 도출하고 도출된 의의를 부연하여 진 술하는 방법. 이 방법
　　　　　　　　만이 확실한 인식으로 인도할 수 있다는 견해 로 인해 유리론적(唯理論的, 합리주의) 사유
　　　　　　　　에 적용됨.

13) 이데아(IDEA)
① 철학에서 인간이 감각하는 개개 사물의 원형으로서 모든 존재와 그 인식의 근거가 되 는 것을 뜻함. 이념이
　라고도 함.
② 플라톤이 제시한 이상적인 세계로서 현세는 그 그림자에 불과함.

14) 경험론
① 인식이나 지식의 근원을 감성적인 경험에서만 찾는 철학적 경향. 경험주의
② 경험을 중요시하는 견해

15) 인식론 : 인식이나 지식의 기원, 구조, 범위, 방법 등을 연구하는 철학